# InDesign automatisieren

**Gregor Fellenz** studierte nach seiner Ausbildung zum Mediengestalter für Digital- und Printmedien Druck- und Medientechnik an der Hochschule der Medien in Stuttgart. Während des Studiums konzentrierte er sich vorwiegend auf die Themengebiete XML und Cross-Media-Publishing.

Seit 2004 beschäftigt er sich beruflich mit der automatisierten Erstellung von Publikationen mit InDesign und entwickelt hierfür Workflows. Neben der Implementierung von Publishing-Workflows ist er als Berater und Projektleiter tätig und betreibt einen Blog zum Thema. Seit 2009 ist er Lehrbeauftragter für Cross-Media-Publishing an der Hochschule der Medien.

Gregor Fellenz

# InDesign automatisieren

## Keine Angst vor Skripting, GREP & Co.

dpunkt.verlag

Lektorat: Barbara Lauer, Bonn
Copy-Editing: Alexander Reischert (Redaktion Aluan, Köln)
Satz: Rebecca Barth, Gregor Fellenz
Herstellung: Nadine Thiele
Umschlaggestaltung: Helmut Kraus, www.exclam.de
Druck und Bindung: Media-Print Informationstechnologie, Paderborn

Bibliografische Information der Deutschen Nationalbibliothek
Die Deutsche Nationalbibliothek verzeichnet diese Publikation in der Deutschen Nationalbibliografie; detaillierte bibliografische Daten sind im Internet über http://dnb.d-nb.de abrufbar.

ISBN 978-3-89864-734-2

1. Auflage 2011

Ringstraße 19 B
69115 Heidelberg


5 4 3 2 1 0

# Inhalt

# Einleitung

## Mehr aus InDesign herausholen

Adobe InDesign hat sich zu einem der wichtigsten Desktop-Publishing-Programme entwickelt und ist aus der professionellen Gestaltung und Produktion von Druckerzeugnissen kaum mehr wegzudenken. Die meisten Anwender verwenden allerdings nur die offensichtlichen und gebräuchlichsten Funktionen und Features. Viele Möglichkeiten gehen in der Fülle der Funktionen unter oder es bleibt schlicht keine Zeit, sich während des Tagesgeschäfts damit auseinanderzusetzen. Selbst gestandene InDesign-Profis lernen immer wieder neue Tricks oder Arbeitsweisen hinzu.

Die Produkte, die mit InDesign erstellt werden, sind außerordentlich vielfältig. Die Bereiche der professionellen Anwendung gehen vom Dramaturg im Stadttheater über die klassische Druckvorstufe bis zu serverbasierten Web2Print-Lösungen. Entsprechend vielseitig sind auch die Szenarien und Workflows, in denen InDesign eingesetzt wird.

Wer sollte InDesign automatisieren?

Eine Automatisierung lohnt sich meist nur, wenn wiederkehrende Aufgaben zu lösen oder große Datenmengen zu verarbeiten sind. Klassische Beispiele sind die Katalogproduktion, technische Dokumentationen oder die Buchherstellung. Aber auch die Erstellung von Zeitschriften, Magazinen, Broschüren sowie ganz allgemein von Periodika lassen sich durch Automatisierung gut unterstützen.

Es liegt in der Natur der Sache, dass sich das kreative Gestalten eines neuen Corporate Designs, einer Werbeanzeige oder Ähnlichem kaum automatisieren lässt. Doch selbst in diesem Bereich lassen sich mit Skripting-Kenntnissen Variationen einer Gestaltung erstellen, beispielsweise kann man generell alle Schriftgrößen um einen bestimmten Prozentwert verringern. Denn auch hier gilt: Statt ständig zehnmal klicken, lieber einmal programmieren.

Unabhängig davon kann eine Automatisierung auch die regelbasierte Gestaltung unterstützen, da Ausnahmen einen höheren Aufwand bedeuten und dadurch neu hinterfragt werden. Es muss auch nicht im-

## Verwendung dieses Buchs

Das Buch ist als Praxis- und Lernbuch aufgebaut, das didaktische Konzept beruht auf den Erfahrungen verschiedener Schulungen und meiner Lehrveranstaltung an der Hochschule der Medien in Stuttgart. Alle Skripte werden besprochen und wann immer möglich wurden Beispieldokumente erstellt. Unabhängig davon kann vor allem der zweite Teil auch als Nachschlagewerk verwendet werden.

Das Buch ist in drei Teile gegliedert. Der erste Teil bietet einen sanften Einstieg in die Programmierung und Automatisierung von InDesign. Der zweite Teil ist eine systematische Einführung in die InDesign-Programmierung mit JavaScript. Der dritte Teil enthält praxisorientierte Kochrezepte für konkrete Problemstellungen.

#### I. Teil

Der Einstieg über die Suche und Ersetzung mit GREP in **Kapitel 1** bietet eine in sich geschlossene Heranführung an die abstrakte Formulierung von Lösungen, wie sie auch beim Skripting üblich ist. **Kapitel 2** zeigt, wie Skripte in InDesign installiert werden und wie Sie diese produktiv einsetzen können. In **Kapitel 3** wird das ExtendScript Toolkit, das Werkzeug für die Erstellung von Skripten, vorgestellt. In **Kapitel 4** werden einfache Skripte für alltägliche Praxisprobleme im Detail besprochen. Alle Skripte werden zeilenweise diskutiert und können anhand von Beispieldokumenten ausprobiert werden. Dieses Kapitel enthält alle wichtigen Programmiermethoden, behält aber den Fokus auf einem möglichst sanften Einstieg. An vielen Stellen verweist es auf den systematischen Einstieg im zweiten Teil des Buchs. **Kapitel 5** enthält nützliche Tipps zur Fehlersuche und verrät, wo man Hilfe bekommen kann.

#### II. Teil

Der zweite Teil beginnt in **Kapitel 6** mit einer systematischen Einführung in die Programmiersprache JavaScript. Hier werden alle wichtigen Programmiermethoden und -konzepte für die InDesign-Automatisierung vorgestellt. Das Kapitel schließt mit einem Exkurs zum Thema Unicode, dem Standard für die Kodierung von Zeichen in Schriften und Dateien. **Kapitel 7** dreht sich um das InDesign-Objektmodell. Dieses Kapitel enthält den Schlüssel zur InDesign-Programmierung, es ist als praxisorientierte Referenz aufgebaut. Zu allen Themen finden Sie wieder dokumentierte Beispielskripte.

In **Kapitel 8** wird das Debugging, das »Fehlerfinden«, mit dem ExtendScript Toolkit besprochen. **Kapitel 9** stellt Programmierkonzepte für die Automatisierung von Printprodukten vor und zeigt Best-Practice-Beispiele für gute Skripte.

**III. Teil**

Der dritte Teil ist thematisch in fünf Bereiche aufgeteilt. Zunächst wird das Thema GREP in **Kapitel 10** vertieft und mit Praxisbeispielen abgerundet. Hier sei auch auf die GREP-Referenz auf Seite 340 verwiesen, die alle Metazeichen für die Suche mit GREP enthält.

**Kapitel 11** enthält Rezepte für konkrete Aufgabenstellungen. Sie können die einzelnen Unterkapitel losgelöst voneinander bearbeiten. Für alle Skripte gibt es Beispieldokumente.

In **Kapitel 12** wird ein umfassender Automatisierungs-Workflow mit Word-Dateien vorgestellt. Hier wird eine Word-Datei per Skript in ein nahezu fertig gestaltetes InDesign-Dokument überführt.

**Kapitel 13** stellt den Export für E-Books im Format EPUB vor. Außerdem wird ein Skript für die Optimierung des Exports und die Bearbeitung von EPUB-Dateien besprochen.

In **Kapitel 14** wird der Umgang von InDesign mit XML vorgestellt. Neben den normalen Programmfunktionen werden auch die Möglichkeiten per Skripting erörtert.

### Wegweiser durch das Buch

Für einen umfassenden Einstieg können Sie Teil I und II durchgehend lesen. Alternativ können Sie das Buch auch mit dem Schwerpunkt GREP bzw. Skripting durcharbeiten.

Schwerpunkt GREP

Falls Sie sich zunächst nur für die Suche und Ersetzung mit Regulären Ausdrücken interessieren, ist Kapitel 1 der richtige Einstieg für Sie. Im Unterkapitel 4.8.1 wird gezeigt, wie man mehrere Abfragen automatisiert über eine Textdatei steuert. Weitergehende GREP-Techniken finden Sie in Kapitel 10, das sich in einen Theorie- (→ Unterkapitel 10.1 bis 10.9) und Praxisteil aufteilt (→ Unterkapitel 10.10 bis 10.13). Eine vollständige GREP-Referenz finden Sie auf Seite 340.

Schnelleinstieg Skripting

Wenn Sie bereits Programmiererfahrung haben und direkt mit dem Skripting beginnen wollen, ist der folgende Fahrplan empfehlenswert: Informieren Sie sich in Unterkapitel 2.1 über Installation und Ausführung von Skripten. Springen Sie dann zu Kapitel 3 und erlernen Sie die Verwendung der Entwicklungsumgebung ExtendScript Toolkit. Nach einem kurzen Abstecher zum Skript *Hallo Welt* im Unterkapitel 4.2 können Sie sich in Teil II systematisch in die Programmierung mit JavaScript einarbeiten. Auf wichtige Techniken, die im ersten Teil vorgestellt wurden, wird im Text verwiesen. Bei Ihrem ersten Skriptfehler springen Sie nochmal zurück zu Kapitel 5, das sich mit häufigen Fehlern beschäftigt.

### Skripte und Beispieldaten

Ich habe alle Skripte und die Beispieldaten, die im Buch erwähnt werden, online zur Verfügung gestellt. Sie können die Daten auf der Webseite zum Buch unter http://www.indd-skript.de im Bereich *Downloads* einzeln oder gesammelt herunterladen.

Schriften

In allen Beispieldokumenten werden die Schriften *Bergamo* als Grundschrift und *CartoGothic* als Auszeichnungsschrift verwendet. Die Schriften werden von FontSite kostenfrei zur Verfügung gestellt. Sie finden Sie unter http://www.fontsite.com/free-fonts-download ↗4.

### InDesign-Skripting-Kurzreferenz

Dem Buch liegt eine InDesign-Skripting-Kurzreferenz mit einer Übersicht der wichtigsten Objekte, Eigenschaften und Methoden des InDesign-Objektmodells als Einlegeblatt bei. Wenn Sie diese in einem größeren Format ausdrucken möchten, können Sie das PDF unter http://www.indd-skript.de/idskurzreferenz.pdf herunterladen.

**Hinweis**

Die notwendige Reduktion der Komplexität führt leider manchmal dazu, dass die Skripte nur in den beschriebenen Situationen funktionieren. Um unerwünschte Nebeneffekte auszuschließen, sollten Sie die Skripte nur dann in einem produktiven Umfeld einsetzen, wenn Sie verstanden haben, wie diese genau funktionieren. Spätestens am Ende des ersten Teils sollten Sie die Fähigkeit erlangt haben, die Wirkungen und Nebenwirkungen von Skripten zu verstehen, aber vor allem können Sie dann die Skripte an Ihre eigenen Anforderungen anpassen!

Exkurse

In vielen Fällen kommt man bei der Automatisierung mit Technologien in Berührung, über die man ein eigenes Buch schreiben könnte. Damit das Buch auch für Leser ohne Vorkenntnisse lesbar bleibt, habe ich an diesen Stellen kurze Exkurse eingefügt. Diese bieten nur einen minimalen Einstieg und ersetzen nicht das Studium der Technologie. Im Anhang finden Sie Internetressourcen und Buchempfehlungen.

++ Experten

Einige Themen und Konzepte richten sich an fortgeschrittene Anwender. Diese Bereiche sind wie dieser Absatz hervorgehoben und in der Marginalspalte gekennzeichnet.

Errata

Das Buch ist in dieser ersten Auflage sicher nicht umfassend und trotz vieler Tests nicht fehlerfrei. Eventuelle Fehler werden auf http://www.indd-skript.de im Bereich *Errata* veröffentlicht.

Zu den vorgeschlagenen Lösungen gibt es sicher auch Alternativen, die im Rahmen dieses Buches nicht alle dargestellt werden können. Gerne veröffentliche ich interessante Lösungsalternativen auf der Webseite zum Buch. Schicken Sie Ihre Skriptideen mit einem Hinweis, dass diese zur Veröffentlichung gedacht sind, an *gregor.fellenz@indd-skript.de*. Sie werden zusammen mit weiteren Neuigkeiten im Bereich *Blog* veröffentlicht.

### Tastenkombinationen

Die geläufigen Tastenkombinationen von InDesign setze ich voraus, besonders wichtige oder praktische erwähne ich im Text. Die meisten Tastenkombinationen von InDesign sind unter Windows und Mac identisch. Für die Taste STRG unter Windows wird unter Mac OS CMD bzw. ⌘ verwendet. Im Buch fasse ich die beiden Tasten mit BEFEHL zusammen.

### Formatierungen und deren Bedeutung

| | |
|---|---|
| Hervorhebungen, wichtige Begriffe, Konzepte oder Techniken sowie Dateinamen und Pfade | *Kursiv* |
| Navigation zu Befehlen über InDesign-Menus und Shortcuts sowie Bezeichnungen von InDesign-Dialogen, Bedienfeldern und Menüs | DATEI → NEU |
| Suchanfragen und Ersetzungsanweisungen für die Arbeit mit GREP | `Such- oder Ersetzungstext` |
| Code oder Codebestandteile, die im Text erwähnt werden | `Code` |
| Hervorhebungen im Code | **`Fett`** |
| Hinweise auf wichtige Themen in der Marginalspalte | !¡ |
| Hinweis auf fortgeschrittene Themen in der Marginalspalte | ++ |
| Linkverkürzer, die Zahl in Kombination mit der Adresse http://www.indd-skript.de führt Sie zur Webseite. | ↗ 18 |

### Linkverkürzer

Da niemand zeilenlange Internetadressen aus einem Buch abtippen möchte, habe ich für die meisten Adressen einen Linkverkürzer eingerichtet. Sie erkennen diese Links an dem ↗ Symbol. Die darauffolgende Zahl müssen Sie mit der Adresse *indd-skript.de* kombinieren. Aus ↗ 18 wird also http://www.indd-skript.de/18. Eine Liste mit allen Links finden Sie auf der Webseite im Bereich *Links*.

### Feedback

Ich freue mich über jedes Feedback, Kritik oder Verbesserungsvorschläge und natürlich auch über Fehlermeldungen. Sie können mich unter *gregor.fellenz@indd-skript.de* erreichen.

Neuigkeiten, alternative Lösungsansätze und Korrekturen werde ich auf http://www.indd-skript.de veröffentlichen.

# Teil I Einstieg in die InDesign-Automatisierung

In diesem Teil möchte ich Sie bei Ihren ersten Schritten begleiten. Der Einstieg ist in drei Bereiche aufgeteilt. Zunächst wird das Suchen und die Ersetzung mit GREP vorgestellt (→ Kapitel 1). Im zweiten Bereich liegt der Fokus auf dem Einsatz von Skripten und wie diese verändert werden können (→ Kapitel 2 bis Kapitel 4). Den Abschluss bildet eine Übersicht zur Fehlersuche in Skripten (→ Kapitel 5).

Der Einstig über die GREP-Funktion bringt Ihnen die »Programmiererlogik« anhand von konkreten Beispielen in einem überschaubaren Themengebiet näher. Die dann folgenden Kapitel zum Thema Skripting sind einfach und übersichtlich gehalten. Sie werden in den Beschreibungen viele Verweise auf den zweiten Teil finden, in dem der Fokus auf einer detaillierten und systematischen Einführung in die Sprache JavaScript und das InDesign-Objektmodell liegt.

Wenn Sie Kapitel 4 durchgehen und dabei das erste Mal programmieren, sollten Sie diese Verweise ignorieren und sich zunächst darauf konzentrieren, ein Gefühl für den Programmablauf und die Zusammenhänge zu bekommen. Zeit für Details bleibt danach immer noch.

Wer schon andere Programme geskripted oder in anderen Zusammenhängen programmiert hat, dem wird vieles bekannt vorkommen. Für die Leser mit Hintergrundwissen sind auch die Verweise in den zweiten Teil des Buches gedacht. Die Einführung kann in diesem Fall trotzdem hilfreich sein, da sie zeigt, wie Sie Ihre Programmiererfahrung in InDesign einsetzen können. Außerdem erhalten Sie einen guten Überblick, was und wie mit Skripting sinnvoll automatisiert werden kann.

Unter den Texteingabefeldern kann mit einer Dropdown-Liste der Bereich, der durchsucht werden soll, festgelegt werden. Im Normalfall finden Sie hier die Auswahl zwischen allen Dokumenten und dem aktiven Dokument. Wenn sich die Einfügemarke beim Aufruf des Dialogs in einem Text befindet, finden Sie zusätzlich die Möglichkeiten, den aktuellen Textabschnitt oder den Textabschnitt bis zum Ende zu durchsuchen. Der Textabschnitt beinhaltet den Text des Textrahmens oder den Text der miteinander verketteten Rahmen. Falls Sie einen Text ausgewählt haben, gibt es noch die Möglichkeit, die Auswahl zu durchsuchen.

Unterhalb der Dropdown-Liste können die Such-Optionen eingestellt werden. Mit den Such-Optionen kann festgelegt werden, welche Bereiche durchsucht werden sollen. Im Normalfall ist nur die Suche innerhalb von Fußnoten eingeschaltet. Weiterhin kann man für die Suche und Ersetzung auch die Musterseiten und ausgeblendete Ebenen miteinbeziehen. Gesperrte Ebenen bzw. Objekte und gesperrte Textabschnitte können nur bei der Suche berücksichtigt werden.

Im Gegensatz zu der Textsuche sind in der Registerkarte GREP keine Buttons für die Suche nach einem ganzen Wort und für die Beachtung der Groß/Kleinschreibung vorhanden. Diese Einstellungen werden bei Regulären Ausdrücken im Suchausdruck festgelegt.

Die Suchen/Ersetzen-Funktion von InDesign geht weit über das Suchen und Ersetzen von Buchstaben, Wörtern oder Satzteilen hinaus. InDesign bietet die Möglichkeit, die Suche mit der Angabe von Textformatierungen und Absatzattributen weiter zu verfeinern. Bei der Ersetzung können alle diese Formateinstellungen dann geändert bzw. gesetzt werden. Diese Einstellungen werden in den Feldern FORMAT SUCHEN bzw. FORMAT ERSETZEN angezeigt. Mit der Lupe gelangen Sie zur Formatauswahl, mit dem Mülleimer können Sie die Formateinschränkungen wieder entfernen.

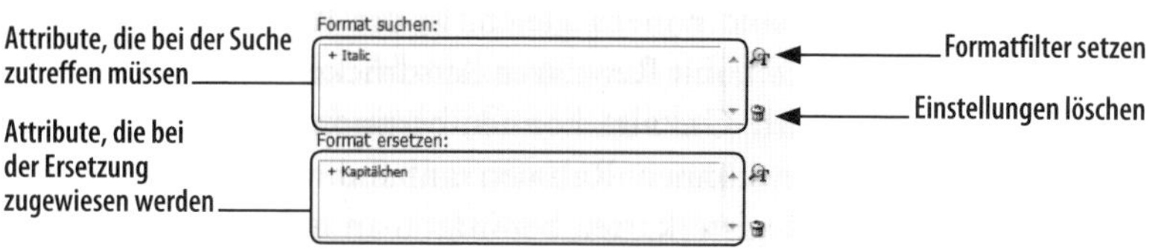


**Abb. 2** Kursive Textstellen als Kapitälchen formatieren

Vermutlich ist Ihnen auch schon aufgefallen, dass der Dialog alle Einstellungen nach dem Schließen beibehält. InDesign vergisst die Einstellungen erst beim Neustart des Programms.

Suchen/Ersetzen-Abfragen abspeichern

Es können auch komplette Suchen/Ersetzen-Abfragen abgespeichert werden. Dazu finden Sie im oberen Bereich des Dialogs eine Dropdown-Liste und den Button zum Speichern bzw. Löschen der aktuellen Abfrage. Interessante Abfragen kann man so für die spätere

Verwendung speichern. Beim Skripting kann man auf die so gespeicherten Abfragen wieder zugreifen.

## 1.2 Die Suche mit Regulären Ausdrücken

Zum Einstieg empfiehlt es sich, einfach Suchanfragen auszuprobieren. Wenn Sie alle Vorkommen in einem Dokument ersetzen, sollten Sie allerdings Vorsicht walten lassen, da die Gefahr besteht, dass ungewollte Suchtreffer erzielt werden.

Zur besseren Übersichtlichkeit sind alle Suchanfragen und Ersetzungsanweisungen in diesem Kapitel `grau` hinterlegt.

### 1.2.1 Zeichen mit spezieller Bedeutung

Mit Regulären Ausdrücken kann man variable Zeichenketten suchen und Suchergebnisse präzise eingrenzen. Diese Flexibilität wird dadurch erreicht, dass einige Zeichen eine besondere Bedeutung haben.

Metazeichen

Wenn man z. B. im Texteingabefeld Suchen `~S` eingibt, findet InDesign geschützte Leerzeichen ^ und nicht die beiden Zeichen ~ und S. Hier wird ein Sonderzeichen durch die Kombination aus dem Tilde-Zeichen mit einem anderen Buchstaben dargestellt. Das Tilde-Zeichen ist hier ein *Metazeichen*. Metazeichen stehen nicht für sich selbst, sondern haben eine besondere Bedeutung.

Maskierung

Außerdem gibt es Zeichen, die selbst eine spezielle Bedeutung haben. So findet man z. B. mit dem Punkt `.` nicht nur das Satzendzeichen, sondern fast jedes beliebige Zeichen. Wenn nur nach einem Punkt gesucht wird, muss die besondere Bedeutung aufgehoben werden. Dies geschieht mit einem vorangestellten Backslash. Nach einem Punkt muss also mit `\.` gesucht werden. Diese Aufhebung der Bedeutung von Zeichen mit spezieller Bedeutung nennt man *Maskierung* (engl. escape) – sie wird übrigens ganz ähnlich auch beim Skripting benötigt.

In Regulären Ausdrücken gibt es Zeichen, um Sonderzeichen zu erzeugen, die Suche genauer zu steuern oder etwas im Suchausdruck zu markieren. Diese Zeichen müssen alle mit dem Backslash maskiert werden, wenn sie buchstäblich gefunden werden sollen:

**Metazeichen bei der Suche mit GREP**

```
\ . * + ? ( ) { } [ ^ $ |~
```

Zunächst ist es nur wichtig, diese zu kennen. Sie werden im Verlauf des Kapitels vorgestellt.

Wenn man `wo bist du?` finden möchte, muss man nach `wo bist du\?` suchen. Der Backslash zählt natürlich auch dazu und wird mit `\\` gefunden.

Die Idee, die Suchanfragen mit Metazeichen zu verfeinern, gab es auch schon vor InDesign CS3 in der normalen Textsuche. Dort gibt es z.B. die Möglichkeit, mit ^p nach einem Absatzende oder ^? nach einem beliebigen Zeichen zu suchen. Hier wird das Caret-Zeichen (Zirkumflex) ^ zur Kennzeichnung von Zeichen mit spezieller Bedeutung verwendet. Wenn man es finden möchte, muss man es ebenfalls mit ^^ maskieren. Diese Möglichkeiten sind für die Textsuche in der Registerkarte TEXT erhalten geblieben.

Falls Sie die Metazeichen der normalen Textsuche kennen, hilft Ihnen das leider kaum bei den Regulären Ausdrücken, da sie ziemlich unterschiedlich sind. Wenn Sie diese nicht kennen, dann machen Sie sich gar nicht erst die Mühe, sie zu lernen, da diese weitaus weniger Möglichkeiten bieten.

Die Problematik mit den Metazeichen ist der einzige Grund, zuweilen noch die normale Suche in der Registerkarte TEXT zu verwenden. Wenn man nur eine bestimmte Zeichenfolge sucht, muss man sich dort (mit Ausnahme des Caret-Zeichens) nicht um die Maskierung kümmern.

### 1.2.2 Variable Zeichen auswählen

Platzhalter

Ganz normale Suchtexte funktionieren auch mit GREP. Wenn nach `Max` gesucht wird, kann der Name durch `Moritz` ersetzt werden. Interessant wird es erst durch die so genannten *Platzhalter* (engl. wildcard).

Die im Folgenden vorgestellten Zeichen mit einer speziellen Bedeutung finden Sie im Flyout-Menü @ neben dem Suchen/Ersetzen-Textfeld.

**Abb. 3**
Platzhalter Flyout-Menü

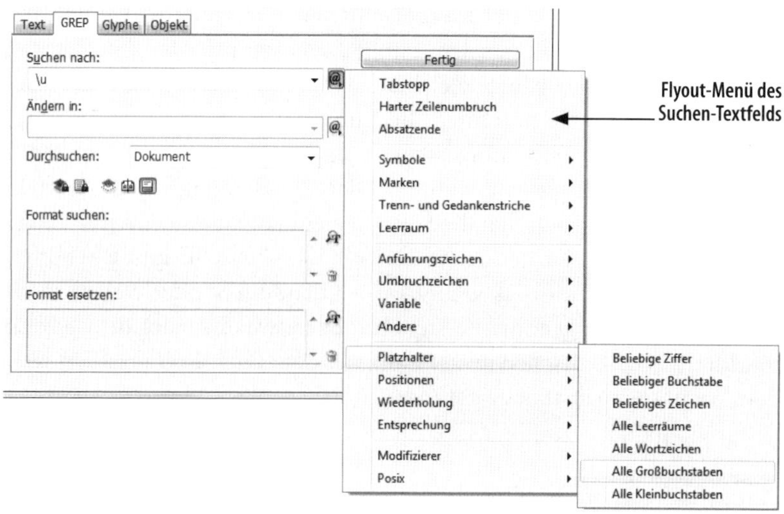


Beliebige Zeichen finden

Der wichtigste und einfachste Platzhalter ist der Punkt `.`. Mit ihm kann jedes beliebige Zeichen, mit Ausnahme vom Absatzende (hierzu zählt der normale Zeilenumbruch ¶ und auch alle anderen Umbruchzeichen wie z.B. Seitenumbruch) und dem harten Zeilenumbruch (Soft-Return) ¬, gefunden werden. Mit `..` würde man zwei beliebige, aufeinanderfolgende Zeichen finden.

Platzhalter repräsentieren eine bestimmte Menge an Zeichen und werden deswegen als *Zeichenklassen* bezeichnet. Wenn Sie einen Punkt in das Suchen-Feld eingeben und die Suche mehrmals ausführen, wird ein Zeichen nach dem anderen gefunden.

Die Suche nach `Max.` findet nicht nur `Max.`, sondern auch `Maxi` mit i und ohne Punkt sowie auch alle anderen Formen von `Max0` bis `Max:`. Mit der Suche nach `d..` könnte man z.B. alle Wörter finden, die mit `d` beginnen und mindestens drei Buchstaben lang sind.

Um die Verwendung von Zeichenklassen zu verdeutlichen, greife ich auf das nächste Unterkapitel vor und führe die Möglichkeit ein, mit dem Plus-Zeichen mehrere Zeichen vom gleichen Typ zu suchen. Wenn man ein `+` hinter eine Zeichenklasse setzt, wird das erste und alle folgenden zusammenhängenden Zeichen der Zeichenklasse gefunden. Wenn man das Plus-Zeichen mit der Zeichenklasse Punkt kombiniert `.+`, werden entsprechend alle Zeichen bis zum Absatzende oder einem harten Zeilenumbruch gefunden.

### Zeichenklassen

Neben dem Punkt gibt es noch einige andere nützliche Zeichenklassen. Diese werden alle aus Kombinationen mit dem Backslash gebildet.

Mit `\u` findet man einen beliebigen Großbuchstaben, mit `\l` einen Kleinbuchstaben. Mit `M\l+` findet man entsprechend alle Wörter, die mit einem großen `M` beginnen und denen Kleinbuchstaben folgen: `Max`, `Moritz`, `Montag`, `Mars` usw., aber nicht `MacOS`.

Entsprechend findet man mit `\u\l+` alle Wörter, die mit einem Großbuchstaben beginnen, mit `\l+` alle kleingeschriebenen.

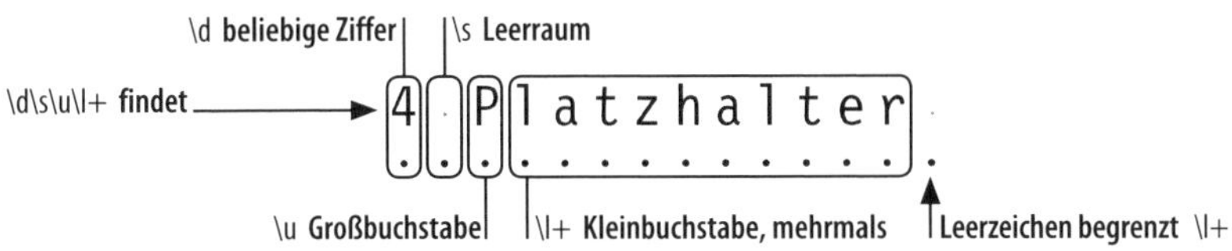


**Abb. 4**
Verhalten von Platzhaltern

Eine weitere wichtige Zeichenklasse sind Zahlen. Alle Ziffern von 0 bis 9 können mit `\d` gefunden werden. Alle beliebigen Ziffern in einem Text finden Sie mit `\d+`. Später zeige ich noch die Möglichkeit, auch Ziffern mit Nachkommastellen in den Suchausdruck miteinzubeziehen.

Mit `\s` findet man alle Leerräume, also u.a. Leerzeichen, geschützte Leerzeichen ^, Festabstände wie z.B. Halbgeviert ⁻, den Tabulator » und Zeilenschaltungen ¶ bzw. ¬. Bei anspruchsvollen Layouts, in denen mikrotypografische Anpassungen vorgenommen werden sollen, kann man damit sehr gut verschiedene Kombinationen suchen und durch eine Ersetzung vereinheitlichen. Mit dem Suchausdruck `\d\smm` findet man z.B. alle Kombination einer Zahl und der angehangenen

**Auf dem Mac findet InDesign CS3 mit \s nur Tabulatoren, Umbrüche und das Leerzeichen, aber keine Festabstände.**

Maßeinheit mm unabhängig vom Leerraum, der dazwischen verwendet wurde.

Zeichenklassen negieren

Außerdem hat man die Möglichkeit, die Bedeutung der Zeichenklassen umzudrehen, d.h. also alle Zeichen, die ihr *nicht* entsprechen, zu suchen. So kann man mit `\D` alles außer Ziffern finden – hier findet man neben Buchstaben auch Leerräume, Satzzeichen etc.

**Tab. 1**
Oft verwendete vordefinierte Zeichenklassen

| Zeichen-klasse | Beschreibung |
|---|---|
| . | Ein beliebiges Zeichen, aber nicht das Absatzende (Return) oder einen erzwungenen Zeilenumbruch (Soft-Return) |
| \u | Alle Großbuchstaben (engl. uppercase). Findet keine elektronisch versal **TT** gestellten Texte. |
| \l | Alle Kleinbuchstaben (engl. lowercase) |
| \d | Alle Ziffern (engl. digits) 0–9. Keine Brüche und nur elektronisch hoch- oder tiefgestellte Zahlen. |
| \D | Alles außer Ziffern |
| \s | Alle Weißräume, also alle Festabstände, Tabulatoren und Umbruchzeichen (engl. space). Auf dem Mac findet InDesign CS3 mit \s nur Tabulatoren, Umbrüche und das Leerzeichen, aber keine Festabstände. |
| \S | Wieder genau das Gegenteil, also keine Weißräume |

### Zeichenauswahl

Im Flyout-Menü finden Sie die Zeichenauswahl unter ENTSPRECHUNG → ZEICHENSATZ

Etwas genauer als mit Zeichenklassen kann man mit einer *Zeichenauswahl* suchen. Hier können die Zeichen, die gesucht werden sollen, selbst festgelegt werden – man kann sozusagen seine eigene Zeichenklasse definieren. Eine Zeichenauswahl wird innerhalb von eckigen Klammern [] festgelegt. So findet man mit dem Ausdruck `S[kc]ript` die Variationen Skript und Script. Innerhalb der eckigen Klammern können beliebig viele Zeichen eingetragen werden, die im Suchtreffer an der entsprechenden Position vorkommen können. Ein anderes Beispiel wäre die Suche nach `Buch[st]abe` mit der man z.B. Buchstabendreher zwischen s und t auflösen kann. Mit der Suche nach `[gjpqy]` wiederum würde man alle Buchstaben mit Unterlängen finden – bei kursiven Schriften kämen noch *f* und *ß* hinzu.

Noch flexibler wird eine Zeichenauswahl durch die Möglichkeit, Bereiche festzulegen. Bereiche werden mit einem Bindestrich zwischen dem ersten und letzten Zeichen des Bereichs definiert. Die Anfrage `200[5-9]` findet alle Jahreszahlen zwischen 2005 und 2009. Mit der Anfrage `[A-N]` findet man alle Großbuchstaben zwischen A und N. Solche Bereiche kann man gut zur Formatierung von Listen, in denen z.B. Produktnummern nach einem bestimmten Schema festgelegt sind, verwenden. Vorstellbar ist z.B. eine Produktnummer, die mit `1` oder `2` beginnt, dann mit einem Buchstaben zwischen `A` und `N` weitergeht, gefolgt von noch zwei weiteren Ziffern. Der passende Ausdruck dafür wäre `[12][A-N]\d\d`.

Negative Zeichenauswahl

Weiterhin können auch negative Zeichenmengen angegeben werden. Hier kann man Zeichen festlegen, die nicht vorkommen dürfen. Dies wird mit dem Zirkumflex bzw. Caret-Zeichen ^ erreicht. Die Anfrage `InDesign CS[^3-9]` findet alle InDesign CS-Versionen vor CS3, wobei die Version CS auch ohne die Ziffer 1 gefunden wird, da das folgende Zeichen – vermutlich ein Leerzeichen – ebenfalls nicht in der Menge aller Zeichen zwischen `3` und `9` enthalten ist. Genauso könnte man mit `Abbildung\s[^\d]:` alle Abbildungslegenden finden, die noch keine Nummerierung haben.

Innerhalb der Zeichenauswahl gibt es andere Metazeichen, hier haben nur die schließende eckige Klammer `]`, der Zirkumflex ^, das Tilde-Zeichen ~ und der Bindestrich - eine besondere Bedeutung. Für die Maskierung braucht man wieder den Backslash. Zwischen den eckigen Klammern sind nur die folgenden Zeichen reserviert:

**Metazeichen bei der Festlegung einer Zeichenauswahl**

```
] ^ - \ ~
```

Die im vorhergehenden Abschnitt genannten Metazeichen haben hier keine besondere Bedeutung mehr und müssen deshalb nicht maskiert werden. Die Suche nach `[.\-]` findet alle Punkte und Divis-Zeichen.

Innerhalb einer Zeichenauswahl können auch Zeichenklassen eingesetzt werden. Mit `[\d,]` findet man Zahlen mit Nachkommastellen – eventuell muss noch der Punkt hinzugefügt werden.

Mit `[\dA-N]+` würde man wieder die oben erwähnte Produktnummer finden. Diese Anfrage ist aber weit weniger präzise, weil Reihenfolge und Länge der Nummer nicht festgelegt sind.

Wörter finden

Mit dem Ausdruck `[\u\l\-]+` könnte man die Zeichenklassen von Groß- und Kleinbuchstaben sowie den Bindestrich suchen, also praktisch alle Wörter. Vielleicht kennen oder finden Sie die Zeichenklasse `\w`, die »offiziell« für diesen Zweck gedacht ist. Mit `\w` findet man jedoch alle Buchstaben, Zahlen und den Unterstrich, für die Suche nach Wörtern ist das eher unbrauchbar.

#### Variable Wortteile

Wenn man nicht nach Zeichenmengen, sondern nach variierenden Wortteilen suchen möchte, müssen die Variationen in runde Klammern geschrieben und mit dem senkrechten Strich | unterteilt werden.

Die Suche nach `(Java|Apple|VB)Script` findet alle drei Programmiersprachen innerhalb des Textes. Genauso kann natürlich auch einfach nach zwei verschiedenen optionalen Wörtern gesucht werden –

`(Martin|Moritz)` findet beide Vorkommen im Text. Es liegt auf der Hand, dass diese Suchanfrage deutlich präziser ist als die ebenfalls erfolgreiche Suche nach allen Buchstaben der beiden Namen mit `[Martinoiz]+`.

### 1.2.3 Sonderzeichen

Viele Zeichen können nicht direkt in die Such- bzw. Ersetzungsanfrage eingegeben werden. So ist es z.B. nicht möglich, eine Zeilenschaltung direkt in das Texteingabefeld einzugeben. Bei anderen Zeichen ist dies zwar prinzipiell möglich, aber ein geschütztes Leerzeichen wäre im Texteingabefeld nicht von einem normalen Leerzeichen zu unterscheiden. Die dritte Klasse bilden die Zeichen mit einer besonderen Bedeutung. Wenn die eigentlichen Zeichen gefunden werden sollen, müssen diese, wie am Anfang beschrieben, mit dem Backslash maskiert werden.

Tabulator und Zeilenumbrüche werden in Regulären Ausdrücken mit dem Backslash erzeugt. Einen oder mehrere Tabulatoren findet man z.B. mit dem Suchausdruck `\t+`.

**Tab. 2** Standardsonderzeichen für die Suche mit Regulären Ausdrücken

| GREP | Zeichen | Beschreibung |
|---|---|---|
| \t | » | Tabulator |
| \r | ¶, ⌄, ⌄… | Absatzende bzw. Zeilenschaltung (Return), aber auch Rahmenumbruch, Seitenumbruch etc. |
| \n | ¬ | Erzwungener Zeilenwechsel (Soft-Return) |

Alle weiteren Sonderzeichen werden mit der Tilde `~` erzeugt. Alle Sonderzeichen, die so erzeugt werden, finden Sie nach Bereichen sortiert im zweiten und dritten Abschnitt des Flyout-Menüs neben dem Suchen-Feld.

**Abb. 5** Sonderzeichen-Auswahl im Suchen/Ersetzen-Dialog

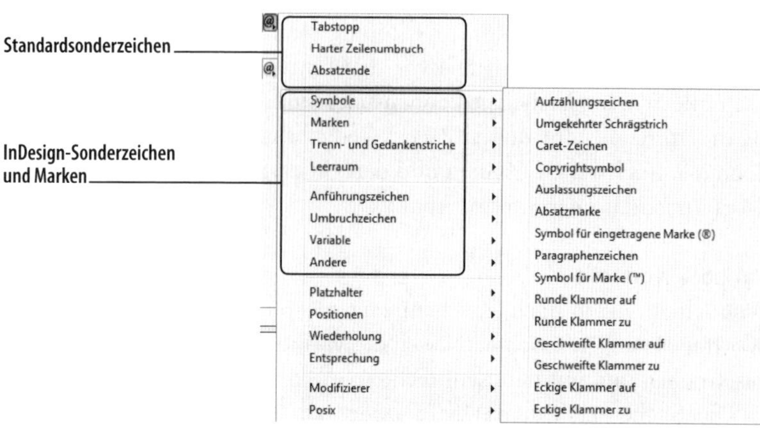


Nach einem geschützten Leerzeichen sucht man z.B. mit `~S`, nach bedingten Trennzeichen mit `~-`. Interessant ist die Möglichkeit, dass auch

Indexmarken `~I`, verankerte Objekte `~a` und Textvariablen `~v` gesucht werden können.

Grundsätzlich können Sie alle Zeichen auch per Copy & Paste in die Texteingabefelder des Suchen/Ersetzen-Dialogs einfügen. InDesign erzeugt dann automatisch die richtige Kombination mit der Tilde. Die folgende Tabelle zeigt einige oft gebräuchliche Sonderzeichen, eine vollständige Übersicht finden Sie im Anhang A 2.

**Tab. 3** InDesign-Sonderzeichen in Regulären Ausdrücken

| GREP | Zeichen | Beschreibung |
|---|---|---|
| `~S` | ^ | Geschütztes Leerzeichen |
| `~m` | | Geviert |
| `~>` | | Halbgeviert |
| `~<` | | Achtelgeviert |
| `~b` | ¶ | Standardzeilenumbruch |
| `~=` | – | Halbgeviertstrich, Gedankenstrich |
| `~-` | - | Bedingter Trennstrich |
| `~i` | † | Einzug bis hierhin Zeichen |
| `~I` | | Indexmarke |
| `~a` | ¥ | Marker für verankerte Objekte |
| `~v` | | Alle Textvariablen |
| `\~` | ~ | Tilde |

Kombinationen mit der Tilde gelten nur in InDesign und können nicht in anderen Programmen, die Reguläre Ausdrücke unterstützen, eingesetzt werden.

++ Unicode-Zeichen finden

Neben diesen festgelegten Zeichen gibt es auch die Möglichkeit, ein Zeichen über den *Unicode*-Codepoint festzulegen. Dazu muss der hexadezimale Codepoint des Zeichens bekannt sein. Nach dem Zeichen ¾ suchen Sie mit `\x{00BE}`, das €-Symbol finden Sie mit `\x{20AC}`. Den Codepoint eines markierten Zeichens kann man in InDesign in der Mitte des Informationsfensters ablesen (Fenster → Informationen).

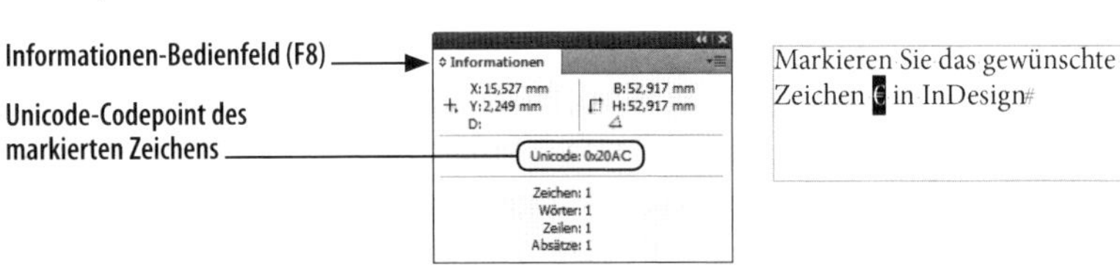


**Abb. 6** Informationen Bedienfeld

Das Fragezeichen hat je nach Kontext unterschiedliche Bedeutungen.

Um die Wiederholungszeichen zu zügeln, kann ein Fragezeichen verwendet werden. Hinter einem Wiederholungszeichen bedeutet es, dass nur die kleinstmögliche Anzahl Treffer gefunden werden soll. Mit dem Ausdruck `.+?\.` wird nur noch der erste Satz eines Absatzes gefunden. Das Fragezeichen hat also mehrere Bedeutungen: Hinter einem Zeichen oder einer Zeichenklasse bewirkt es, dass das Suchzeichen im Treffer ein- oder keinmal vorkommen darf. Hinter einem Wiederholungszeichen regelt es, dass so wenige Zeichen wie möglich gefunden werden.

Das Fragezeichen sollte immer eingesetzt werden, wenn die Gefahr besteht, dass die nächste Fundstelle nach einem Wiederholungszeichen nicht eindeutig ist. Wenn z.B. in Klammern gesetzter Text gesucht wird `(also dieser hier)`, ist es durchaus möglich, dass innerhalb des Absatzes noch ein weiterer Text in runden Klammern steht `(hier ist der zweite)`. Wenn man nun mit einem gierigen Wiederholungszeichen `\(.+\)` sucht, findet man den gesamten Text von der ersten bis zur letzten runden Klammer. Hier sollte man stattdessen mit dem Ausdruck `\(.+?\)` arbeiten. Achten Sie auch darauf, dass die spezielle Bedeutung der runden Klammern durch die Maskierung mit dem Backslash aufgehoben werden muss.

### Genaue Anzahl der Vorkommen festlegen

Noch genauer kann mit geschweiften Klammern `{}` festgelegt werden, wie oft ein Zeichen oder eine Zeichenklasse vorkommen darf. Eine Zahl innerhalb der geschweiften Klammern legt fest, wie viele Vorkommen des Zeichens oder der Zeichenklasse erlaubt sind. So findet man mit `\d{4}` alle vierstelligen Zahlen.

Wenn man einen Wiederholungsbereich festlegen möchte, muss die minimale und maximale Anzahl der Vorkommen angegeben werden. Beide Werte werden durch ein Komma getrennt. Zwei- oder dreistellige Zahlen findet man entsprechend mit `\d{2,3}`.

**Tab. 5** Genaue Anzahl von Wiederholungen festlegen

| Wiederholungen | Beschreibung |
|---|---|
| `{n}` | Der Suchbegriff muss exakt n-mal vorkommen. |
| `{n,m}` | Der Suchbegriff Ausdruck muss mindestens n-mal und darf maximal m-mal vorkommen. |
| `{n,}` | Der Suchbegriff Ausdruck muss mindestens n-mal und darf öfter vorkommen. |

## 1.3 Genaue Positionen ermitteln

Absatzanfang

Eine Suche kann oft noch genauer durch die Positionsangabe im Absatz eingegrenzt werden. Mit dem `^` kann festgelegt werden, dass der folgenden Suchausdruck am Beginn eines Absatzes stehen muss. Der Ausdruck `^\s+` findet Leerräume zu Beginn eines Absatzes sowie leere Absätze – und damit wahrscheinlich Fehler.

Absatzende

Das Ende eines Absatzes kann mit `$` festgelegt werden. Vermutlich falsche Leerräume am Ende eines Absatzes werden entsprechend mit dem Ausdruck `\s+$` gefunden. Das Zirkumflex bzw. Caret-Zeichen muss vor dem Suchausdruck, das Dollar-Zeichen nach dem Suchausdruck stehen.

In Listen aus Datenbanken oder Excel stehen einzelne Datensätze meist in einer Zeile. Vorausgesetzt im Staubsauger-Beispiel würden die Produktnummern und Beschreibungen jeweils in einer Zeile stehen, könnte man die Suche mit dem Ausdruck `^[12][A-N]\d{2}\s.+$` noch weiter verfeinern.

Wortgrenze

Mit dem Zeichen `\b` kann der Anfang oder das Ende eines Wortes, also eine Wortgrenze (engl. word boundary) bestimmt werden. Mit der Suche nach `\b[\u\l]*mal\b` findet man `mal`, `einmal`, `zweimal`, `dreimal`, aber auch `Einmal` usw. Mit der Suche nach `\bZeit\l*\b` findet man Wörter wie `Zeit`, `Zeitpunkt`, `Zeitraum` etc.

Positionsangaben wie `\b`, `^`, `$` usw. definieren nur die Grenzen bzw. Positionen, sie treffen nicht die Zeichen, die die Grenze definieren. Ein `$` trifft bei der Suche nicht die Zeilenschaltung am Ende des Absatzes.

## 1.4 Praxisbeispiel Preisliste

Als Praxisbeispiel stelle ich die Entwicklung eines Regulären Ausdrucks vor, der verschieden formatierte Preisangaben in einer Preisliste findet. Die Beispiele finden Sie im Dokument *1-3_Preisliste.indd* aus dem Download-Bereich des Buchs. Die Datei liegt im Ordner *Teil_I*.

**Listing 1**
Preisliste
(1-3_Preisliste.indd)

```
Besonders günstige Textsuche 1 EUR
Wiederholungen kosten mehr 5900 EUR
Zeichenklassen finden für nur 2EUR
Mehr Raum 3     EUR
Suche mit Varianten 4 €
Nachkommastellen 100,10 EUR
Mit Punkt und Komma 150.99 EUR
Positionsangaben 200,00 EUR
```

Ich beginne damit, mit der Zeichenklasse Ziffern `\d` alle Zahlen zu lokalisieren. Sie erkennen gleich, dass damit nur einstellige Preise gefunden werden. Die Anzahl der Ziffern müsste mit Wiederholungszeichen `+`, variabel gehalten sein. Mit `\d+` findet man jetzt auch teurere Gegenstände, z. B. `59000`.

Als Nächstes beziehe ich die Währungseinheit mit ein. Da nicht bekannt ist, ob zwischen Zahl und Währungseinheit ein Leerraum steht, kann dies mit dem Fragezeichen optional gehalten und mit `\d+\s?EUR` gefunden werden. Falls es auch mal zwei oder mehr Leerräume zwischen Preis und Währungseinheit geben kann, sollte man dies mit dem Wiederholungszeichen Sternchen berücksichtigen: `\d+\s*EUR`. Falls die Währungseinheit manchmal auch mit dem Euro-Symbol angegeben ist, muss dies als Variante mit `\d+\s?(EUR|€)` berücksichtigt werden.

Noch flexibler wäre es, wenn zusätzlich auch Preise mit Cent-Beträgen gefunden würden. Die Suchanfrage könnte `\d+,?\d*\s*(EUR|€)` lauten. Präziser wäre es, wenn man mit den geschweiften Klammern maximal zwei Nachkommastellen festlegen würde: `\d+,?\d{0,2}\s*(EUR|€)`. Wenn man nun noch mit `\d+[.,]?\d{0,2}\s*(EUR|€)` in Betracht zieht, dass die Nachkommastellen anstatt mit Kommas auch mit Punkt abgetrennt werden könnten, sollten alle Preise im Text gefunden werden. Der Ausdruck sieht zwar nicht mehr schön aus, ist aber mit etwas Übung gar nicht so schwer zu lesen. Zusätzlich ließe sich die Suche noch mit Positionsangaben verfeinern. Wenn alle Preise am Ende eines Absatzes stehen, kann diese Position mit einem Dollar-Zeichen markiert werden:

```
\d+[.,]?\d{0,2}\s*(EUR|€)$.
```

Eine weitere Anforderung könnte sein, noch zusätzlich den Text vor dem Preis zu finden. Dies gelingt mit `.+?\s+\d+[.,]?\d{0,2}\s*(EUR|€)$`, hier werden zunächst mit `.+?\s+` beliebig viele Zeichen bis zu den oder dem letzten Leerzeichen vor dem Preis lokalisiert.

Reguläre Ausdrücke mit Leerzeichen formatieren

Um Reguläre Ausdrücke etwas besser lesbar zu machen, kann man mit dem Befehl `(?x)` zu Beginn des Ausdrucks festlegen, dass Leerzeichen im Ausdruck ignoriert werden sollen. Mit Hilfe dieser Anweisung kann man Leerzeichen zur Formatierung der Suche verwenden. Den vorherigen Ausdruck könnte man damit z. B. wie folgt gliedern:

```
(?x) .+? \s+ \d+[.,]?\d{0,2} \s* (EUR|€)$
```

Wenn Leerzeichen im Suchausdruck ignoriert werden, müssen Leerzeichen, die gefunden werden sollen, über eine Zeichenklasse gesucht werden. Ein einzelnes Leerzeichen wird mit `[ ]` gefunden.

Im nächsten Unterkapitel zeige ich, wie man die Preisangaben bei der Ersetzung vereinheitlichen kann – gemeint sind natürlich nicht die Preise, sondern die Zwischenräume und die Trennung der Nachkommastellen.

## 1.5 Intelligenter ersetzen

Neben der Suche kann man mit GREP natürlich auch Ersetzungen vornehmen. Reguläre Ausdrücke bieten die Möglichkeit, das Suchergebnis bei der Ersetzung weiterzuverwenden. Der Zugriff auf die Fundstellen geschieht mit so genannten *Rückwärtsreferenzen* (engl. back references) in der Ersetzungsanfrage.

Fundstellen

Wenn man in der Suche mit Zeichenklassen wie z.B. dem Punkt einen Textteil sucht, ist bei der Formulierung der Ersetzung nicht bekannt, welcher Text gefunden werden wird. Wenn man z.B. mit der Anfrage `[\w.]+?@` den ersten Teil aller E-Mail-Adressen sucht, weiß man bei der Formulierung einer Ersetzung zunächst nicht, wie diese lauten. Gesetzt den Fall, man möchte bei der Ersetzung das Wort `E-Mail:` vor die Adressen schreiben, braucht man die Möglichkeit, auf die gefundenen Stellen zuzugreifen.

Der einfachste Fall ist, dass Sie die ganze Fundstelle in der Ersetzung verwenden möchten. Dazu tragen Sie im Ändern-Texteingabefeld `$0` ein, im Beispiel mit der E-Mail-Adresse also `E-Mail: $0`. Wenn Sie nun ALLE ÄNDERN anwählen, wird vor jeder E-Mail-Adresse `E-Mail:` eingetragen, die eigentliche Adresse bleibt erhalten.

Wenn man im vorhergehenden Beispiel mit der Preisliste die Währungsangaben, Kommastellen und Weißräume vereinheitlichen will, kommt man mit dem Inhalt der gesamten Fundstelle nicht weiter. Hier bietet sich die Möglichkeit an, in der Suche bestimmte Bereiche mit runden Klammern `()` zusammenzufassen und sich diese für die Ersetzung zu merken. Bei der Ersetzung kann dann auf bis zu neun markierte Stellen zugegriffen werden. Die Fundstellen bzw. Rückwärtsreferenzen werden in der Ersetzung mit `$1`, `$2` usw. angegeben. Diese Metazeichen finden Sie auch im Flyout-Menü neben dem Ändern-Feld @ unter dem Punkt GEFUNDEN.

Tab. 6
Zugriff auf Fundstellen bei der Ersetzung

| Fundstelle | Beschreibung |
|---|---|
| `$0` | Das gesamte Suchergebnis |
| `$1,$2 … $9` | Im Suchausdruck mit Klammern markierte Fundstellen |

Konkret setzt man den Teil des Suchbegriffs, den man weiterverwenden möchte, in runde Klammern. Um bei den Preisen z.B. den Preis in der Suche zu markieren, könnte man `(\d+[.,]?\d{0,2}\s*)(EUR|€)$` schreiben. Bei der Ersetzung könnte man dann mit `$1 EUR` die Währungsangabe für alle Preise vereinheitlichen.

**Runde Klammern markieren Fundstellen und variable Wortteile.**

Bei dieser Anfrage bemerkt man, dass die Klammern eine doppelte Bedeutung haben: Einerseits können damit variable Wortbestandteile in der Suche markiert werden, andererseits können sie Fundstellen

- Wenn ein mehrseitiges PDF auf einzelnen Seiten platziert werden muss, bietet sich das Skript **PlaceMultipagePDF.jsx** an. Es platziert alle Seiten einer PDF-Datei wahlweise in das gerade geöffnete oder in ein neues Dokument.
- Die Anforderung, alle Texte einer InDesign-Datei für ein Textverarbeitungsprogramm zur Verfügung zu stellen, erfüllen Sie mit **ExportAllStories.jsx**. Das Skript exportiert alle Textabschnitte – wahlweise in Text-, RTF- oder InDesign-Tagged-Text-Dateien.
- Das wohl produktivste Skript ist **FindChangeByList.jsx**. Es kann wiederkehrende Suchen/Ersetzen-Aufgaben hintereinander abarbeiten. Das Skript wird über eine Textdatei, die in jeder Zeile eine Suchen/Ersetzen-Aufgabe enthält, gesteuert. Die dafür benötigte Datei *FindChangeList.txt* befindet sich im Ordner *FindChangeSupport*. Die mitgelieferte Datei enthält eine englische Anleitung und ein paar Beispiele. Wie man die Textdatei mit eigenen Suchen/Ersetzen-Aufgaben erweitern kann, stelle ich in Unterkapitel 4.8 im Detail vor.

**Mit InDesign CS3 wurde ein fehlerhaftes FindChangeByList-Skript ausgeliefert. Laden Sie eine korrigierte Version unter ↗6 herunter.**

## 2.3 Skripte zum Download

Die Beispielskripte von Adobe sind hilfreich, aber in der täglichen Arbeit verlangen dann natürlich immer ausgerechnet andere Probleme nach einer Lösung.

Viele Programmierer stellen auf ihren Seiten kostenlose Skripte zur Verfügung, die erstaunlich produktiv sind.* Wenn man einen Überblick über die bereits gelösten Probleme hat, ist es oft nicht mehr nötig, selbst zu programmieren. Aber auch als Steinbruch bzw. Ideensammlung für eigene Lösungen ist es hilfreich, viele Skripte zu kennen. Die Installation und Ausführung der Skripte ist inzwischen ein Leichtes, Sie müssen nur noch das richtige aus dem Netz fischen. Auf den vorgestellten Seiten finden Sie meist wieder Linksammlungen auf andere Seiten und Inhalte. Bei Bedarf können Sie hier Ihren Jahresurlaub verbringen.

Auch wenn die hier vorgestellten Seiten schon länger online sind, kann bei Internetquellen doch nicht gewährleistet werden, dass die Seiten auch in Zukunft noch erreichbar sind. Leider ist eine solche Auswahl immer subjektiv und ich habe sicherlich einige erwähnenswerte Seiten übersehen. Über Hinweise zu fehlenden Seiten freue ich mich!

Eine erweiterte Fassung dieser Liste wird auf meinem Blog im Bereich *Connect* http://www.indesignblog.com ständig weitergepflegt.

* Dahinter steht oft ein Open-Source Gedanke und die Idee der Community etwas zurückzugeben. Programmieren und Softwareentwicklung basiert auf einem offenen Austausch von Ideen und Konzepten. Jeder Programmierer freut sich über ein Dankeschön. Wenn Sie die Skripte produktiv einsetzen, denken Sie doch mal über eine Würdigung der Arbeit nach.

## 1.5 Intelligenter ersetzen

Neben der Suche kann man mit GREP natürlich auch Ersetzungen vornehmen. Reguläre Ausdrücke bieten die Möglichkeit, das Suchergebnis bei der Ersetzung weiterzuverwenden. Der Zugriff auf die Fundstellen geschieht mit so genannten *Rückwärtsreferenzen* (engl. back references) in der Ersetzungsanfrage.

Fundstellen

Wenn man in der Suche mit Zeichenklassen wie z.B. dem Punkt einen Textteil sucht, ist bei der Formulierung der Ersetzung nicht bekannt, welcher Text gefunden werden wird. Wenn man z.B. mit der Anfrage `[\w.]+?@` den ersten Teil aller E-Mail-Adressen sucht, weiß man bei der Formulierung einer Ersetzung zunächst nicht, wie diese lauten. Gesetzt den Fall, man möchte bei der Ersetzung das Wort `E-Mail:` vor die Adressen schreiben, braucht man die Möglichkeit, auf die gefundenen Stellen zuzugreifen.

Der einfachste Fall ist, dass Sie die ganze Fundstelle in der Ersetzung verwenden möchten. Dazu tragen Sie im Ändern-Texteingabefeld `$0` ein, im Beispiel mit der E-Mail-Adresse also `E-Mail: $0`. Wenn Sie nun ALLE ÄNDERN anwählen, wird vor jeder E-Mail-Adresse `E-Mail:` eingetragen, die eigentliche Adresse bleibt erhalten.

Wenn man im vorhergehenden Beispiel mit der Preisliste die Währungsangaben, Kommastellen und Weißräume vereinheitlichen will, kommt man mit dem Inhalt der gesamten Fundstelle nicht weiter. Hier bietet sich die Möglichkeit an, in der Suche bestimmte Bereiche mit runden Klammern `()` zusammenzufassen und sich diese für die Ersetzung zu merken. Bei der Ersetzung kann dann auf bis zu neun markierte Stellen zugegriffen werden. Die Fundstellen bzw. Rückwärtsreferenzen werden in der Ersetzung mit `$1`, `$2` usw. angegeben. Diese Metazeichen finden Sie auch im Flyout-Menü neben dem Ändern-Feld @ unter dem Punkt GEFUNDEN.

**Tab. 6**
Zugriff auf Fundstellen bei der Ersetzung

| Fundstelle | Beschreibung |
|---|---|
| `$0` | Das gesamte Suchergebnis |
| `$1,$2 ... $9` | Im Suchausdruck mit Klammern markierte Fundstellen |

Konkret setzt man den Teil des Suchbegriffs, den man weiterverwenden möchte, in runde Klammern. Um bei den Preisen z.B. den Preis in der Suche zu markieren, könnte man `(\d+[.,]?\d{0,2}\s*)(EUR|€)$` schreiben. Bei der Ersetzung könnte man dann mit `$1 EUR` die Währungsangabe für alle Preise vereinheitlichen.

Bei dieser Anfrage bemerkt man, dass die Klammern eine doppelte Bedeutung haben: Einerseits können damit variable Wortbestandteile in der Suche markiert werden, andererseits können sie Fundstellen

**Runde Klammern markieren Fundstellen und variable Wortteile.**

markieren. Das ist kein großes Problem, man muss nur darauf achten, dass die variablen Wortbestandteile auch in der Zählung der Fundstellen berücksichtigt werden. In `$2` würde sich je nach Treffer `EUR` oder € befinden. Die Fundstelle `$2` wird aber in der Ersetzung nicht verwendet und deswegen ignoriert.

Für die Preisliste könnte man zusätzlich noch die Anforderung aufstellen, dass zwischen Text und Preis ein Tabulator stehen muss und dass die Preise mit einem Komma getrennt werden müssen. Die Suchanfrage müsste dann wie folgt mit Klammern gegliedert werden: `(.+?)\s+(\d+)[.,]?(\d{0,2})\s*(EUR|€)$`. Achten Sie darauf, dass die Weißräume und die Auswahl aus Komma und Punkt für die Ersetzungsgruppen ausgespart wurden. Die Ersetzung müsste dann `$1\t$2,$3 EUR` lauten.

**Abb. 9** Markierte Fundstellen in der Ersetzung verwenden

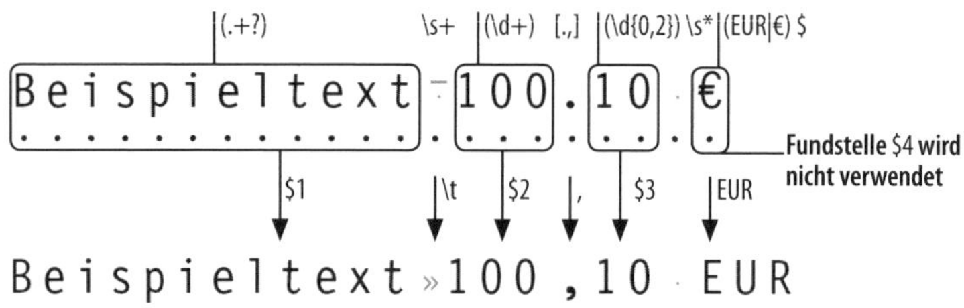


Das Ergebnis ist allerdings noch nicht ganz befriedigend: Auch Preise ohne Nachkommastellen erhalten durch die Ersetzung ein Komma. Am einfachsten ist es, dies durch eine zweite Ersetzung zu korrigieren. Eine geeignete Suche wäre `(\d), EUR`, die Ersetzung lautet dann `$1 EUR`.

Mit einem Skript, wie es in Unterkapitel 4.9 vorgestellt wird, könnte man die Ersetzung auch in einem Schritt vornehmen.

Maskierung

Vergessen Sie nicht, dass bei der Ersetzung ebenfalls Metazeichen maskiert werden müssen. Ein `\t` wird in einen Tabulator umgesetzt, InDesign-Sonderzeichen werden wie bei der Suche mit dem Tilde-Zeichen gebildet. Da die Wiederholungszeichen und Klammern keine besondere Bedeutung mehr haben, müssen Sie nur noch auf die folgenden Zeichen achten:

**Metazeichen bei der Ersetzung mit GREP**

\ $ ~

## 1.6 Noch mehr finden

Im Standardverhalten endet ein Suchausdruck spätestens am Ende eines Absatzes. Der `.` findet alle Zeichen bis auf die Umbruchzeichen am Absatzende `\r` und den erzwungenen Zeilenumbruch `\n`. Der Ausdruck `.+` endet also spätestens, wenn er auf eines der beiden Zeichen trifft.

Suchmodus

Wenn Sie über mehrere Absätze suchen wollen, kann die Suche in den Einzeilenmodus umgeschaltet werden. In diesem Modus wird der gesamte Text als eine Zeile interpretiert. Genauer gesagt werden die Zeichen `\r` und `\n` auch vom `.` getroffen. Der Einzeilenmodus wird mit `(?s)` (single line mode) zu Beginn des Suchausdrucks eingeschaltet. Mit `(?s).+` findet man den gesamten Text eines Textabschnitts auf einmal. Die Suchmodi finden Sie im Flyout-Menü unter MODIFIZIERER.

Wenn Sie die Unterscheidung in Groß- und Kleinschreibung ausschalten wollen, erreichen Sie dies über den Modus `(?i)` (case insensitive). Der Ausdruck `(?i)z\.B\.` findet entsprechend `Z.B.`, `z.B.` und auch die fehlerhaften `Z.b.` oder `z.b.`

Die beiden Modi könnten auch in der Form `(?is)` kombiniert werden, die Reihenfolge ist egal. Wenn Sie Leerräume bei der Suche mit `(?x)` ignorieren, gehört das `x` ebenfalls in die Klammer.

## 1.7 GREP-Stile

Seit InDesign CS4 gibt es in den Absatzformaten den Unterpunkt GREP-STIL. Hier kann ein Regulärer Ausdruck in Kombination mit einem Zeichenformat angegeben werden. Wenn der Ausdruck eine Textstelle im Absatz trifft, wird das Zeichenformat angewendet. Das Prinzip ist ähnlich wie die Anwendung von verschachtelten Formaten. Mit GREP-Stilen können nur Formatierungen vorgenommen werden; es ist nicht möglich, Ersetzungen durchzuführen.

Der Klassiker aller GREP-Stile wird bereits vorausgefüllt, wenn Sie einen GREP-Stil hinzufügen: Ziffern im Fließtext etwas kleiner darstellen. Die Suchanfrage ist bekannt: `\d+`. Sie müssen nur noch bei FORMAT ANWENDEN: ein geeignetes Zeichenformat auswählen.

**Abb. 10**
GREP-Stile innerhalb von Absatzformaten

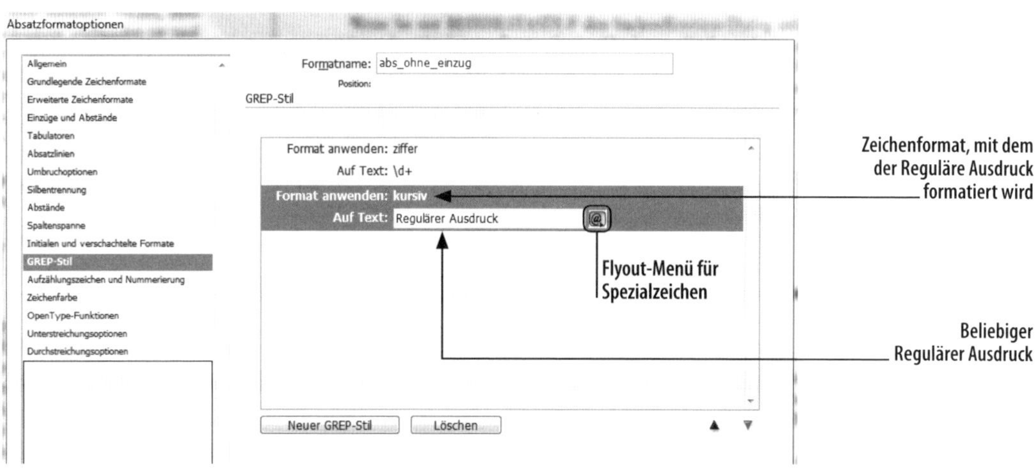

- Wenn ein mehrseitiges PDF auf einzelnen Seiten platziert werden muss, bietet sich das Skript **PlaceMultipagePDF.jsx** an. Es platziert alle Seiten einer PDF-Datei wahlweise in das gerade geöffnete oder in ein neues Dokument.
- Die Anforderung, alle Texte einer InDesign-Datei für ein Textverarbeitungsprogramm zur Verfügung zu stellen, erfüllen Sie mit **ExportAllStories.jsx**. Das Skript exportiert alle Textabschnitte – wahlweise in Text-, RTF- oder InDesign-Tagged-Text-Dateien.
- Das wohl produktivste Skript ist **FindChangeByList.jsx**. Es kann wiederkehrende Suchen/Ersetzen-Aufgaben hintereinander abarbeiten. Das Skript wird über eine Textdatei, die in jeder Zeile eine Suchen/Ersetzen-Aufgabe enthält, gesteuert. Die dafür benötigte Datei *FindChangeList.txt* befindet sich im Ordner *FindChangeSupport*. Die mitgelieferte Datei enthält eine englische Anleitung und ein paar Beispiele. Wie man die Textdatei mit eigenen Suchen/Ersetzen-Aufgaben erweitern kann, stelle ich in Unterkapitel 4.8 im Detail vor.

**Mit InDesign CS3 wurde ein fehlerhaftes FindChangeByList-Skript ausgeliefert. Laden Sie eine korrigierte Version unter ↗6 herunter.**

## 2.3 Skripte zum Download

Die Beispielskripte von Adobe sind hilfreich, aber in der täglichen Arbeit verlangen dann natürlich immer ausgerechnet andere Probleme nach einer Lösung.

Viele Programmierer stellen auf ihren Seiten kostenlose Skripte zur Verfügung, die erstaunlich produktiv sind.* Wenn man einen Überblick über die bereits gelösten Probleme hat, ist es oft nicht mehr nötig, selbst zu programmieren. Aber auch als Steinbruch bzw. Ideensammlung für eigene Lösungen ist es hilfreich, viele Skripte zu kennen. Die Installation und Ausführung der Skripte ist inzwischen ein Leichtes, Sie müssen nur noch das richtige aus dem Netz fischen. Auf den vorgestellten Seiten finden Sie meist wieder Linksammlungen auf andere Seiten und Inhalte. Bei Bedarf können Sie hier Ihren Jahresurlaub verbringen.

Auch wenn die hier vorgestellten Seiten schon länger online sind, kann bei Internetquellen doch nicht gewährleistet werden, dass die Seiten auch in Zukunft noch erreichbar sind. Leider ist eine solche Auswahl immer subjektiv und ich habe sicherlich einige erwähnenswerte Seiten übersehen. Über Hinweise zu fehlenden Seiten freue ich mich!

Eine erweiterte Fassung dieser Liste wird auf meinem Blog im Bereich *Connect* http://www.indesignblog.com ständig weitergepflegt.

* Dahinter steht oft ein Open-Source Gedanke und die Idee der Community etwas zurückzugeben. Programmieren und Softwareentwicklung basiert auf einem offenen Austausch von Ideen und Konzepten. Jeder Programmierer freut sich über ein Dankeschön. Wenn Sie die Skripte produktiv einsetzen, denken Sie doch mal über eine Würdigung der Arbeit nach.

**Skriptsammlung des Forums HilfDirSelbst.ch** ↗ 7

Auf dieser Seite werden die Skripte verschiedener Autoren des gleichnamigen, exzellenten Forums gesammelt. Durch die Kategorisierung findet man schnell alle Skripte zu einem Themenbereich. Aufwändigere Skripte sind nur für Premium-Mitglieder erreichbar.

Die Skripte sind kommentiert und müssen selbst in eine Textdatei mit der Endung *.jsx* gespeichert werden. Verwenden Sie dazu doch einfach das ExtendScript Toolkit (→ Kapitel 3).

**Adobes automatisiertes Publishing** ↗ 8

Die Seite enthält vielfältige Informationen zu automatisierten Workflows mit XML und Skripting. Im Unterpunkt *Ressourcen für die Skripterstellung* finden Sie die offiziellen Publikationen von Adobe. Dort gibt es für die InDesign-Versionen CS3, CS4 und CS5 englischsprachige Tutorials (Übung zur Skripterstellung) und jeweils eine Skripting-Referenz (Skripthandbuch). Die Referenz ist recht übersichtlich und kann gut als Nachschlagewerk neben diesem Buch verwendet werden. Zu den Tutorials gibt es zahlreiche Beispielskripte, die als ZIP-Archiv heruntergeladen werden können.

**Adobe Exchange** ↗ 9

Der offizielle »Marktplatz« für Skripte von Adobe enthält einige nützliche Skripte. Wer z. B. Kalender automatisch aufbauen möchte, wird hier fündig.

**InDesign Secrets** ↗ 10

Die vermutlich am besten gepflegte Seite zum Thema InDesign. Hier werden ständig neue Tipps und Tricks rund um InDesign vorgestellt. Die Seite ist in englischer Sprache verfasst. Skripte finden Sie im Bereich *Resources → Plugins and Scripts* oder in der gleichnamigen Blog-Kategorie.

**InDesign-FAQ** ↗ 11

In dem Blog von Gerald Singelmann finden Sie neben interessanten Tipps und Tricks im Unterpunkt *Skripte* interessante Lösungen.

**Scriptopedia** ↗ 12

Die Seite Scriptopedia wird von Loïc Aigon betrieben und stellt regelmäßig neue Skripte für alle Creative Suite-Applikationen vor.

**InDesign Snippets** ↗ 13

Diese Seite hat sich zum Ziel gesetzt, systematisch Beispielcode für die Erstellung von InDesign-Skripten zu sammeln. Hier findet man viele gut erklärte Codeschnipsel, die konkrete Skripting-Probleme lösen.

**Indiscripts** ↗ 14

Auf den Seiten von Marc Auret findet man eher anspruchsvollere Skripte und Lösungen. Seine Blog-Einträge mit Erklärungen zu komplexen Skripting-Problemen sind legendär.

**Peter Kahrel** ↗ 15

Peter Kahrel bietet interessante Skripte zur Textbearbeitung und dem Umgang mit GREP bzw. Regulären Ausdrücken.

**Dave Saunders** ↗ 16

Dave Saunders ist ähnlich wie Peter Kahrel ein Veteran der InDesign-Programmierung. Auch wenn die Seite seit 2008 nicht mehr aktualisiert wird, finden sich hier viele interessante Gedanken und Skripte für InDesign.

**InDesignScript.de** ↗ 17

Auf der Seite von Stefan Rakete finden Sie ein Einführung in JavaScript, viele nützliche Skripte und sogar ein Forum.

**<indesignblog.com/>** ↗ 18

Auf meinem Blog finden Sie weitergehende Themen und aktuelle Veröffentlichungen rund um das Thema automatisiertes Publishing.

# 3 Adobe ExtendScript Toolkit

Entwicklungsumgebungen werden auch als IDE (engl. integrated development environment) bezeichnet.

Bevor man beginnt, eigene Skripte zu entwickeln, sollte man sich mit dem passenden Werkzeug auseinandersetzen. Da Skripte letztlich reine Textdateien sind, könnte man sie mit einem normalen Texteditor erstellen. Um möglichst effizient zu programmieren, sind aber einige Hilfsmittel wünschenswert. Zum Skripting kann eine so genannte *Entwicklungsumgebung* eingesetzt werden. Adobe hat dafür das Programm ExtendScript Toolkit entwickelt.

Das *ExtendScript Toolkit* ist das zentrale Programm, um Skripte für InDesign zu entwickeln. Es wird mit jeder InDesign-Version ausgeliefert und ist auf die Entwicklung von JavaScript-Programmen für InDesign abgestimmt. Es eignet sich auch gut, um ein Verständnis für die Programmierung zu entwickeln, da man alle Skripte im Einzelschrittmodus nachvollziehen kann. Unter InDesign CS3 heißt es *ExtendScript Toolkit* 2, unter CS4 und CS5 heißt es *ExtendScript Toolkit CS4* bzw. *CS5*, Sie müssen immer das zu Ihrer InDesign-Version passende wählen. Wenn Sie InDesign mit den Standardoptionen installiert haben, ist das ExtendScript Toolkit bereits installiert. Falls Sie es bei der Installation abgewählt haben, müssen Sie es nachinstallieren.

**Abb. 12**
ExtendScript Toolkit

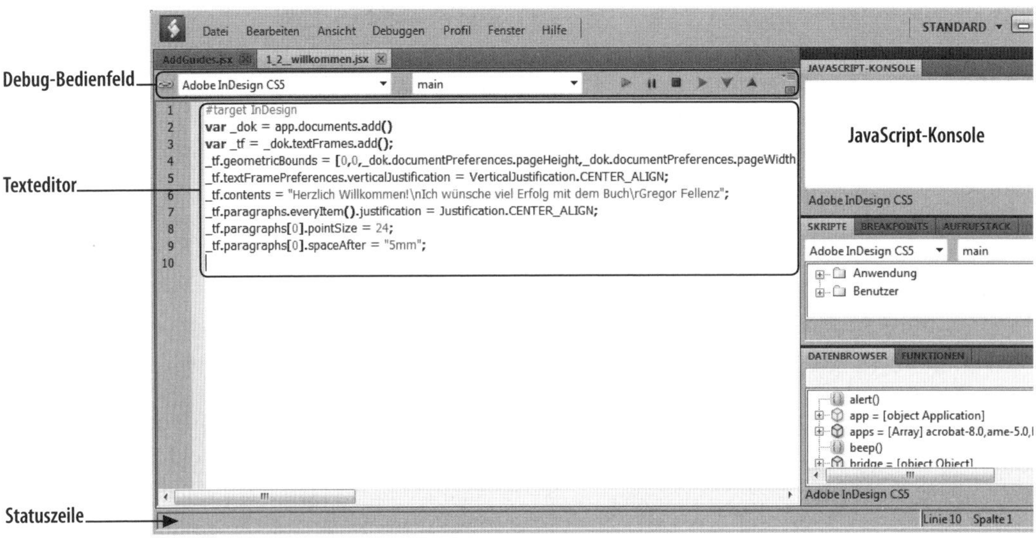

Sie haben das unscheinbare Programm vermutlich noch nie benutzt, bei der Programmierung wird es Sie nun ständig begleiten. Ich empfehle alle Übungen und Eigenentwicklungen im ExtendScript Toolkit zu erstellen. Da ich den sperrigen Programmnamen oft im Text verwenden muss, kürze ich es meist mit *ESTK* ab.

Starten Sie zunächst das ESTK und öffnen Sie das bereits bekannte Skript *2_Willkommen.jsx* (Datei → Öffnen). Alternativ können Sie auch das bereits installierte Skript im Skript-Bedienfeld von InDesign auswählen und dann entweder über das Flyout-Menü mit der Funktion Skript bearbeiten oder mit der rechten Maustaste und dem gleichen Befehl das ESTK aufrufen. Wenn Sie mehrere Versionen von InDesign installiert haben, achten Sie darauf, dass die richtige Version vom ESTK geöffnet wird.

**Falls Sie verschiedene Versionen von InDesign installiert haben, achten Sie darauf, das passende ESTK zu öffnen.**

Das Skript selbst soll zunächst nicht besprochen werden. Ausführliche Informationen zu den einzelnen Befehlen finden Sie im weiteren Verlauf des Buches. Zu Beginn empfehle ich, dass Sie sich zunächst auf die Bedienung des ESTK und den Ablauf des Skripts konzentrieren.

Das ESTK kann auch zur Programmierung von anderen Creative Suite-Programmen wie Photoshop oder Illustrator verwendet werden, deswegen muss für jedes Skript immer die *Zielapplikation* festgelegt werden, also das Programm, mit dem gearbeitet werden soll. Diese Einstellung wird im Debug-Bedienfeld in der linken Dropdown-Liste vorgenommen. Wählen Sie hier Adobe InDesign.

Wenn InDesign gestartet ist, erscheint ein geschlossenes grünes Verknüpfungssymbol, ansonsten sehen Sie ein rotes Symbol. Wenn Sie auf das Verknüpfungssymbol klicken, kann die Verbindung zu InDesign hergestellt bzw. unterbrochen werden. Gegebenenfalls wird InDesign gestartet.

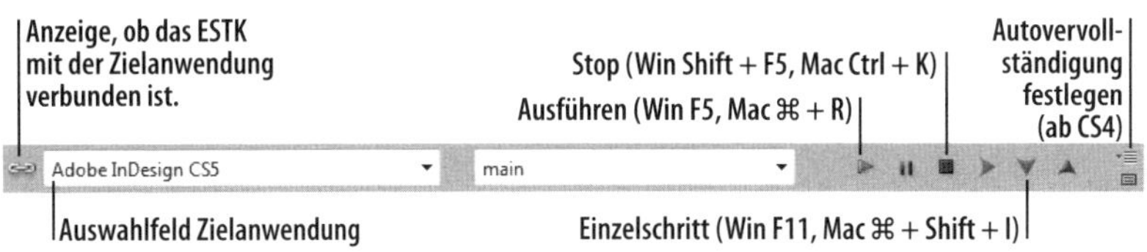


**Abb. 13** Debug-Bedienfeld des ESTK

Skripte ausführen

Der größte Vorteil des ESTK im Vergleich zu einem Texteditor liegt darin, dass es mit der Zielapplikation verbunden ist. So können Skripte direkt aus dem ESTK ausgeführt werden. Im Debug-Bedienfeld finden sich die dafür notwendigen Buttons: Mit dem grünen Pfeil kann ein Skript in der Zielapplikation ausgeführt werden. Der Menü-Befehl dazu lautet Debuggen → Ausführen, der Tastaturbefehl unter Windows F5 bzw. unter Mac Os Befehl + R. Das Ergebnis entspricht einem Doppelklick auf das Skript im Skripten-Bedienfeld von InDesign. Das ESTK leitet die einzelnen Befehle aus dem Skript weiter, es steuert InDesign.

Einzelschrittmodus

Mit dem blauen, nach unten gerichteten Pfeil ▼ können Einzelschritte ausgeführt werden (DEBUGGEN → STEP INTO/HINEINSPRINGEN oder Windows F11 bzw. Mac OS BEFEHL + SHIFT + I). Der Einzelschrittmodus verdeutlicht den Programm- bzw. Skriptablauf. Bei einem einfachen Skript geht der JavaScript Interpreter jede einzelne Zeile von oben nach unten durch und führt den entsprechenden Befehl aus. Die aktuelle Zeile im Programmablauf wird gelb hinterlegt. Wenn der nächste Schritt veranlasst wird, wird diese Zeile ausgeführt.

Wenn Sie die Fenster von ESTK und InDesign auf dem Monitor nebeneinander stellen, kann man das Ergebnis jedes einzelnen Schrittes in InDesign erkennen.

Fehlerhafte Codezeilen werden rot markiert.

Wenn fehlerhafte Skripte im ESTK ausgeführt werden, bleibt der Interpreter in der Zeile stehen, die den Fehler verursacht. Die Zeile wird rot eingefärbt und in der Statuszeile wird die Fehlermeldung angezeigt.

Als Beispiel fügen Sie den folgenden, fehlerhaften Code in die erste Zeile des Skripts ein.

```
var _tf = app.textFrames[0];
```

Wenn Sie den Code ausführen, wird die Zeile rot eingefärbt und in der Statuszeile erscheint die Fehlermeldung `Objekt unterstützt die Eigenschaft oder Methode textFrames nicht`. Der Grund für den Fehler ist im Moment nicht so wichtig. Für die Neugierigen: Die Zeile funktioniert nicht, weil die Textrahmen zu einem Dokument und nicht zum Programm InDesign, das mit `app` adressiert wird, gehören.

Um die Ausführung zu beenden, muss der Button ■ (DEBUGGEN → STOPPEN oder Windows SHIFT + F5 bzw. Mac OS CTRL + K) gedrückt werden.

**Abb. 14**
Fehleranzeige im ESTK

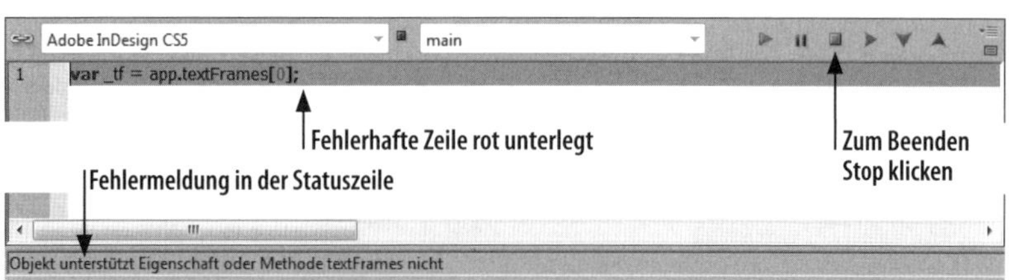


Direkteingabe über die JavaScript-Konsole

In das Fenster JAVASCRIPT-KONSOLE können Befehle eingegeben werden, die direkt in der Zielapplikation ausgeführt werden. Wenn Sie dort die Zeile `app.name` eingeben und mit Return bestätigen, wird in der Zeile darunter das Ergebnis `Adobe InDesign` zurückgeliefert. Sie werden es schon erraten haben: Mit dem Befehl `app.name` wird der Name der aktuellen Zielapplikation abgefragt.

Die Konsole kann auch während des Programmablaufs, beispielsweise im Einzelschrittmodus, verwendet werden. In diesem Fall kann man gut die Werte von Variablen oder Eigenschaften verfolgen. Die genaue Bedeutung von Eigenschaften und Variablen wird an anderer Stelle erklärt. Gehen Sie im Willkommensskript mit dem Einzelschrittmodus bis Zeile 6 und fragen Sie den Inhalt des Textrahmens mit dem Befehl `_tf.contents` ab. Es gibt kein sichtbares Ergebnis, weil der Textrahmen noch keinen Inhalt enthält. Nach einem weiteren Einzelschritt ist die Zeile ausgeführt und das Ergebnis der gleichen Abfrage ist der Willkommenstext aus dem Textrahmen.

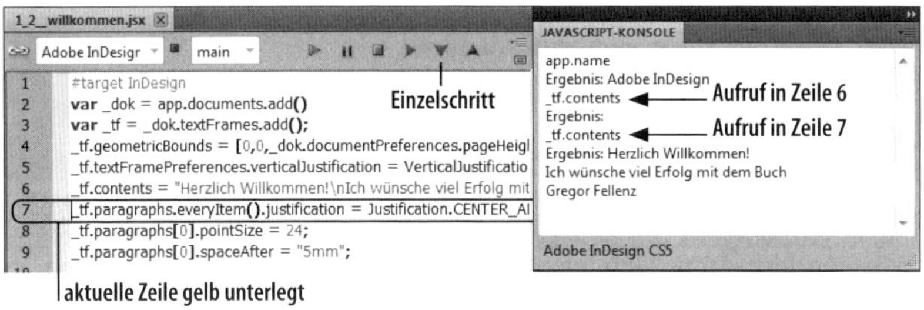


**Abb. 15**
JavaScript-Konsole im Einzelschrittmodus

Code-Vervollständigung

Als weitere Hilfestellung bietet das ESTK eine automatische Codevervollständigung an. Diese Funktion versucht beim Tippen anhand der ersten Buchstaben zu erraten, welchen Befehl Sie gerade eingeben wollen. Mit dieser Hilfe kann man sich lästige Tippfehler bei der Entwicklung ersparen.

Prüfen Sie zunächst, ob die Funktion in Ihrer Installation aktiviert ist. Öffnen Sie die Voreinstellungen (Bearbeiten → Voreinstellungen ... oder Befehl + K) und setzen im Bereich Hilfe gegebenenfalls einen Haken bei Autom. Vervollständigung aktivieren. Für das ESTK von InDesign CS4 und CS5 müssen Sie zusätzlich noch im Flyout-Menü des Debug-Bedienfelds die zu Ihrer Installation passende Auswahl treffen. Für InDesign CS4 wäre es z.B. Adobe InDesign CS4 (6.0) Object Model. Leider ist das ESTK in diesem Menü manchmal vergesslich; wenn die automatische Vervollständigung nicht mehr funktioniert, prüfen Sie zunächst, ob im Flyout-Menü noch etwas angewählt ist.

**Abb. 16**
Aktivieren der automatischen Vervollständigung unter CS4 und CS5

chen sind meist aus dem Englischen abgeleitet und so spricht auch der InDesign-Roboter so etwas Ähnliches wie Englisch.

Bei der Erstellung von Skripten sollte man sich zuerst überlegen, *was* in *welcher* Reihenfolge erledigt werden muss.

**Was weiß der Roboter über InDesign?** Zum Arbeiten fährt der Roboter in die Werkshalle und findet dort alle Werkzeuge sowie das Dokument, das er bearbeiten soll. Man muss dem Roboter sagen, mit welchen Werkzeugen er das Dokument bearbeiten soll.

Welche Aufträge man ihm geben kann, steht in einem großen Verzeichnis. Hier findet man alle Funktionen, Attribute und Einstellungen und die Informationen, wie man auf das Dokument mit seinen Seiten, Texten und Bildern zugreifen kann. Das Verzeichnis nennt man *Objektmodell*. Das Verzeichnis ist ähnlich wie der Stammbaum einer großen Familie aufgebaut, in alle Richtungen bestehen Verwandtschaftsbeziehungen. Der Ursprung der Familie ist das Programm InDesign. Alle dem Ursprung untergeordneten Einträge sind dessen Kinder. Die Kinder haben weitere Kinder und Enkelkinder. Die Kinder einer Seite sind z.B. die auf der Seite enthaltenen Text- und Bildrahmen. Im Objektmodell ist ein Textrahmen ein Kind von einer Seite, das Elternobjekt einer Seite ist das Dokument, in dem die Seiten enthalten sind. Da in der Familie alle mit allen verbunden sind, kann der Roboter über die Eltern-Kind-Beziehungen jeden beliebigen Eintrag im Verzeichnis finden.

**Wie arbeitet der Roboter?** Der Roboter versucht Schritt für Schritt alles auszuführen, was man ihm sagt. Leider kann man ihm nicht einfach befehlen: »Füge eine neue Seite ein«, sondern man muss ihm sagen, wo er das Werkzeug im Verzeichnis finden kann. Im konkreten Fall muss man im Verzeichnis den Eintrag finden, unter dem die Seiten gespeichert sind: Von der Wurzel, also dem Programm, geht man zu den Dokumenten. Ein Kind des Dokuments sind die Seiten des Dokuments. Diesem Kindobjekt kann man nun sagen, dass eine neue Seite hinzugefügt werden soll. Ein erster Vorschlag wäre:

```
InDesign → Dokument → Seiten → Seite hinzufügen
```

Und ganz ähnlich ist es auch:

```
app.activeDocument.pages.add()
```

Zum Glück ist der Roboter nicht vergesslich, sondern kann sich fast alles merken. Allerdings müssen man ihm sagen, unter welchem Namen er es sich gemerkt hat. Diese Gedächtnisstützen nennt man *Variablen*. Die eben erstellte Seite könnte man in einer Variablen speichern.

Eine andere wichtige Eigenschaft des Roboters ist, dass er Entscheidungen treffen kann. Wenn man ihm sagt, wie er sich in bestimmten

Fällen zu verhalten hat, wird er immer genau das machen, was gerade angebracht ist. Wenn z.B. auf einer linken Seite etwas anderes als auf einer rechten Seite gemacht werden soll, kann man ihm für beide Fälle eine Handlungsanweisung geben. Die Anweisungen im Programm des Roboters haben dann eine *Verzweigung*.

Richtig produktiv wird der Roboter, wenn man ihn einen ganzen Stapel Arbeit wegarbeiten lässt. So kann man ihn z.B. beauftragen, auf allen Seiten des Dokuments einige Arbeitsschritte auszuführen. Bei diesem Widerholungsmodus spricht man von *Schleifen*.

## 4.2 Hello World

Die Einführung in eine Programmiersprache beginnt traditionell mit einem Programm, das den Text »Hello World« erzeugt.

Das folgende Skript ist nicht wirklich nützlich, sondern stellt lediglich den Text »Hallo Welt« in einem Hinweisfenster dar. Für die Ausführung starten Sie das ExtendScript Toolkit passend zu Ihrer Version von InDesign und öffnen das Skript *4-2_HelloWorld-1.jsx*. Alle Skripte dieses Kapitels finden Sie im Download-Bereich zum Buch im Ordner *Teil_I*. Falls Sie die Skripte lieber abtippen möchten, achten Sie auf die exakte Schreibweise, insbesondere die Groß-/Kleinschreibung.

Das Skript können Sie mit der AUSFÜHREN-TASTE ▶ oder über das Menü DEBUGGEN → AUSFÜHREN (F5) starten.

**Listing 2**
4-2_HelloWorld-1.jsx

```
1  #target InDesign
2  alert("Hallo Welt");
```

1 Mit `#target InDesign` wird die aktuellste Version von InDesign als Zielapplikation festgelegt. Diese Zeile erspart Ihnen vor allem das lästige Einstellen der Zielapplikation im Debug-Bedienfeld des ExtendScript Toolkit.

2 Die JavaScript-Funktion `alert()` erstellt ein Hinweisfenster mit dem Text, der innerhalb der runden Klammern übergeben wurde. Der Text wird durch die Anführungszeichen gekennzeichnet.

Langweilig? Sie wollen einen Text in ein InDesign-Dokument einfügen? Öffnen Sie InDesign und erstellen Sie ein neues Dokument, darin einen Textrahmen und wählen Sie diesen aus. Wechseln Sie nun ins ExtendScript Toolkit und führen Sie das Skript *4-2_HelloWorld-2.jsx* aus:

**Listing 3**
4-2_HelloWorld-2.jsx

```
1  #target InDesign
2  app.selection[0].contents = "Hallo Welt!";
```

2 Der Code `app.selection[0].contents` besteht aus drei Teilen, die jeweils durch einen *Punkt* getrennt werden.

1. Mit `app` spricht man die Applikation, in diesem Fall InDesign, an.
2. Mit `selection[0]` wird das gerade ausgewählte Objekt angesprochen. Die Null in den eckigen Klammern ist ein Index und der Tatsache geschuldet, dass mehrere Objekte selektiert sein könnten.
3. In der *Eigenschaft* `contents` befindet sich eigentlich der Textinhalt des Textrahmens. (Wenn der ausgewählte Textrahmen bereits Text enthält, wird dieser durch das Skript gelöscht.)

Dem Wert der Eigenschaft `contents` wird mit dem Gleichheitszeichen `=` ein neuer Wert *zugewiesen*. Der Inhalt des Textrahmens wird mit `Hallo Welt!` überschrieben. Innerhalb der beiden Anführungszeichen auf der rechten Seite kann ein beliebiger Text geschrieben werden. Wenn Sie möchten, passen Sie den Text `Hallo Welt!` an, um ein ganz persönliches erstes Skript in JavaScript zu erstellen. Mehr zu den *Punkten*, *Eigenschaften* und *Zuweisungen* finden Sie im nächsten Unterkapitel.

## 4.3 Textrahmen formatieren

Mit dem folgenden Skript wird gezeigt, wie Sie Attribute von InDesign-Objekten ansprechen und verändern können.

Unter CS3 und CS4 werden Objektformate als Objektstile bezeichnet.

Als Beispiel soll mit einem Skript ein ausgewählter Textrahmen mit einem bestimmten Layout versehen und der Inhalt automatisch formatiert werden. Diese Anforderung ergibt sich oft bei Infokästen, die im ganzen Produkt mit dem gleichen Layout gestaltet werden sollen. Die einfachste Form des Skripts könnte auch mit einem Objektformat und aufeinanderfolgenden Absatzformaten gelöst werden. Sobald aber eine Option angewendet werden soll, die nicht über ein Objektformat abgebildet werden kann, stößt dieses Verfahren an seine Grenzen.

Beim Skripting können praktisch alle Funktionen aus der normalen Benutzeroberfläche verwendet werden. Anders formuliert: Alles, was Sie per Hand ausführen können, kann auch programmiert werden. Daher ist es oft hilfreich, sich zunächst darüber klar zu werden, in welcher Reihenfolge und mit welchen InDesign-Funktionen das Problem effizient gelöst werden kann.

Im Skript soll der gerade ausgewählte Textrahmen wie der Infokasten in der folgenden Abbildung gestaltet werden.

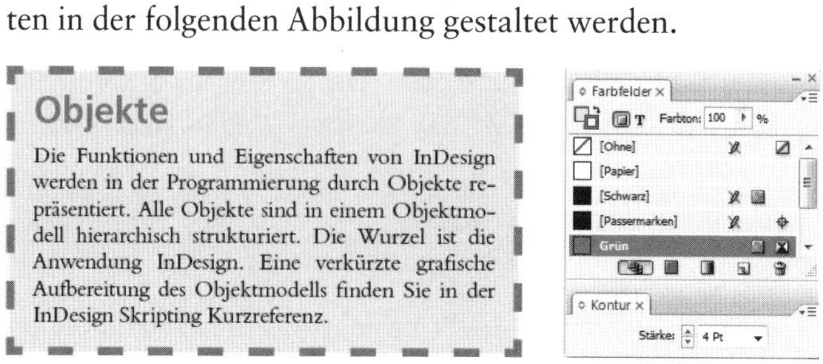


**Abb. 18** Layoutbeispiel Infokasten

Der Rahmen erhält eine grüne Kontur und eine graue Hinterlegung. In der ersten Zeile steht immer die Überschrift, alle folgenden Absätze werden mit der Grundschrift formatiert. Der Textrahmen soll zudem automatisch auf die erforderliche Größe angepasst werden. Das Layoutbeispiel finden Sie auch in der Datei *4-3_Infokasten.indd*.

Ohne Skripting könnte man das Problem in den folgenden Schritten lösen:

Abfolge der Arbeitsschritte

1. Textrahmen auswählen
2. Im Bedienfeld KONTUR die Stärke 4 Punkt und den Typ des Rahmens einstellen
3. Im Bedienfeld FARBFELDER die Konturfarbe auf das Farbfeld GRÜN und den Hintergrund auf das Farbfeld GRAU einstellen
4. Alle Absätze markieren und das Absatzformat INFOKASTEN_TEXT aus dem Bedienfeld ABSATZFORMATE anwenden
5. Den ersten Absatz markieren und das Absatzformat INFOKASTEN_U1 anwenden
6. Den Rahmen mit der Funktion RAHMEN AUF GRÖSSE EINPASSEN auf die gewünschte Größe anpassen

Diese Schritte können auch von einem Skript erledigt werden:

**Listing 4**
4-3_Auswahl Formatieren-1.jsx

```
1 #target InDesign
2 var _auswahl = app.selection[0];
3 _auswahl.strokeWeight = 4;
4 _auswahl.strokeType = "Striche";
5 _auswahl.strokeColor = "Grün";
6 _auswahl.fillColor = "Grau";
7 _auswahl.paragraphs.everyItem().appliedParagraphStyle =
  "infokasten_text";
8 _auswahl.paragraphs.firstItem().appliedParagraphStyle =
  "infokasten_u1";
9 _auswahl.fit(FitOptions.FRAME_TO_CONTENT);
```

Damit das Skript funktioniert, muss im Dokument *4-3_Infokasten.indd* ein Textrahmen ausgewählt sein. Der Programmablauf geht zeilenweise von oben nach unten. Jede Zeile führt eine Teilaufgabe aus. Dies können Sie gut nachvollziehen, wenn Sie das Skript im Einzelschrittmodus ▼ (DEBUGGEN → STEP INTO/HINEINSPRINGEN oder F11) ausführen.

Variablen

```
var _auswahl = app.selection[0];
```

2 Mit dem Schlüsselwort `var` wird in JavaScript eine *Variable* festgelegt. Schlüsselwörter sind im ExtendScript Toolkit durch ihre blaue und fette Formatierung leicht zu erkennen.

Eine Variable ist ein Platzhalter, in dem während der Abarbeitung des Skripts etwas gespeichert werden kann. In diesem Skript erleichtert das vor allem die Lesbarkeit, weil in allen folgenden Zeilen auf die

einem Fehler oder einem nicht gewünschten Ergebnis endet. Sobald das ESTK eine Zeichenkette entdeckt, wird diese rot dargestellt. Für den Beginn reicht es, wenn Sie darauf achten, Zeichenketten immer in Anführungszeichen zu setzen.

**Zeichenketten**
Texte bzw. Zeichenketten müssen mit Anführungszeichen umschlossen werden. Zeichenketten werden auch als String bezeichnet.

Zahlen

Zahlen werden von Zeichenketten unterschieden. Im ESTK werden sie grün dargestellt. Die Unterscheidung ist für die Verwendung wichtig. Mit Zahlen kann man beispielsweise rechnen, mit Texten nicht. Zeile 3 im Skript könnte auch folgendermaßen geschrieben werden:

**Nachkommastellen müssen mit Punkten abgetrennt werden.**

```
_auswahl.strokeWeight = 1.5 + 2.5;
```

Das Ergebnis ist ebenfalls eine Strichstärke von 4 Punkt. Achten Sie darauf, einen Punkt zur Abtrennung der Nachkommastellen zu verwenden. Dies entspricht der üblichen Schreibweise im englischen Sprachraum.

**Zahlen**
Zahlen werden ohne Anführungszeichen verwendet. Mit Zahlenwerten kann man Rechenoperationen durchführen. Nachkommastellen werden mit einem Punkt abgetrennt.

Weitere Informationen zu Zeichenketten und Zahlen finden Sie im Unterkapitel 6.5.

```
_auswahl.paragraphs.everyItem().appliedParagraphStyle = "infokasten_text";
_auswahl.paragraphs.firstItem().appliedParagraphStyle = "infokasten_ul";
```

7–8 Hier werden Absatzformate den Absätzen des Textrahmens zugewiesen. Das Absatzformat ist jedoch keine Eigenschaft des Textrahmens, sondern der sich darin befindenden Absätze. In der bekannten Punktnotation wird zunächst an die Variable `_auswahl` die Eigenschaft `paragraphs` angehängt. Hier handelt es sich um die Sammlung aller Absätze des Textrahmens. *Sammlungen* gibt es für alle Objekttypen. Innerhalb von Sammlungen befinden sich alle entsprechenden Objekte – in der Sammlung `Paragraphs` also `Paragraph`-Objekte. Im folgenden Unterkapitel werden Sammlungen näher vorgestellt.

Methoden

Jede Sammlung stellt unter anderem die *Methoden* `everyItem()` und `firstItem()` zur Verfügung. Diese geben als Ergebnis jeweils alle Objekte bzw. das erste Objekt aus der Sammlung zurück. In der Syntax unterscheiden sich Methoden von Eigenschaften zunächst einmal nur durch die angehängten runden Klammern `()`.

Die Unterscheidung zwischen Eigenschaften und Methoden ist nicht immer ganz einfach. Allgemein kann man sagen, dass Methoden immer etwas machen. Methoden kann man auch keine Werte zuweisen, vielmehr liefern sie Werte zurück. Fast alle Sammlungen haben z.B. die Methode `add()`, mit der ein neues Objekt erstellt werden kann. Das neu erstellte Objekt wird von der Methode zurückgeliefert und könnte z.B. in einer Variable gespeichert werden.

Einige Methoden können zusätzlich mit Werten, die innerhalb der runden Klammern übergeben werden, gesteuert werden. Diese Werte nennt man *Parameter*.

**Methoden**
Methoden erledigen eine bestimmte Aufgabe. Man erkennt sie an den runden Klammern, die einen oder mehrere Parameter aufnehmen können.

Funktionen vs. Methoden

Im »Hello World«-Skript aus dem vorherigen Unterkapitel wurde die Funktion `alert()` verwendet. Funktionen und Methoden sind eigentlich das Gleiche. In der Fachsprache werden Funktionen, die zu Objekten gehören, als Methoden bezeichnet. Beim InDesign-Skripting arbeitet man meist mit Objekten. Der Begriff Funktion wird in diesem Buch fast ausschließlich für Programmfunktionen von InDesign verwendet. Weitere Informationen zu Methoden und Funktionen finden Sie in Unterkapitel 6.10.

Aus den Ergebnissen der Methode kann dann mit der Punktnotation eine Eigenschaft ausgewählt werden. Praktischerweise wird bei `everyItem()` gleich die jeweilige Eigenschaft aller Absätze ausgewählt. Über die Eigenschaft `appliedParagraphStyle` kann ein anderes Absatzformat zugewiesen werden. Auch beim Namen des Absatzformats muss auf die exakte Schreibweise geachtet werden.

```
_auswahl.fit(FitOptions.FRAME_TO_CONTENT);
```

9 Hier wird die Methode `fit()` aufgerufen. Der Punkt zwischen Objekt und Methode ist bekannt, neu ist der Wert, der in den runden Klammern übergeben wird. Hier wird eine Anweisung für die Ausführung übergeben. Konkret wird die Methode `fit()` mit dem Parameter `FitOptions.FRAME_TO_CONTENT` aufgerufen, um den Textrahmen auf die Größe zu bringen, die vom Text benötigt wird. Das Skript führt den entsprechenden Menü-Befehl aus.

Für die konkrete Programmierung ergeben sich fünf generelle Punkte:

- **Syntax:** Die Schreibweise muss exakt eingehalten werden.
- **Punktnotation:** Mit dem Punkt werden verschiedene Hierarchiestufen adressiert.

- **Objekte** repräsentieren Texte, Rahmen, Seiten und sogar das Programm InDesign. Sie haben Eigenschaften, die die Informationen über die Objekte enthalten.
- **Eigenschaften** werden mit dem **Zuweisungsoperator** = gesetzt. Der Wert rechts vom Gleichheitszeichen wird der Eigenschaft links davon zugewiesen.
- **Methoden** liefern ein Ergebnis.

Alternativer Lösungsansatz

Das Skript zeigt die Adressierung und den Umgang mit Objekten und Eigenschaften, ist aber nicht der effizienteste Weg, die Aufgabe zu lösen. Grundsätzlich sollten wiederkehrende Formatdefinitionen auch über die entsprechenden Formatvorlagen abgebildet werden. Bei der Programmierung wird dieses Vorgehen noch wichtiger: Bevor mühsam alle Eigenschaften zusammengesucht sind, kann man bequem in der gewohnten Arbeitsumgebung ein Objektformat zusammenstellen. Dieses kann darüber hinaus noch global verändert werden.

Im InDesign-Dokument *4-3_Infokasten.indd* ist das Objektformat `infokasten` angelegt, der bereits Schritt 1 bis 5 enthält und zusätzlich noch den Versatzabstand des Textrahmens festlegt. Mit der Verwendung des Objektformats kann das Skript deutlich verkürzt werden:

**Listing 5**
4-3_Auswahl Formatieren-2.jsx

```
1  #target InDesign
2  var _auswahl = app.selection[0];
3  var _objektFormat = app.activeDocument.objectStyles.
   itemByName("infokasten");
4  _auswahl.appliedObjectStyle = _objektFormat;
5  _auswahl.fit(FitOptions.FRAME_TO_CONTENT);
```

Objektformat zuweisen

```
var _objektFormat = app.activeDocument.objectStyles.
  itemByName("infokasten");
```

3 Wenn man ein Objektformat zuweisen möchte, kann man leider nicht wie im vorherigen Beispiel einfach den Namen verwenden. Die genaue Vorgehensweise zur Lokalisierung des Objektformats wird später besprochen – hier reicht es zu wissen, dass in der Variablen `_objektFormat` das Objektformat mit dem Namen `infokasten` gespeichert ist. Für die fehlerfreie Ausführung muss das Objektformat `infokasten` vorhanden sein.

```
_auswahl.appliedObjectStyle = _objektFormat;
```

4 Die Eigenschaft `appliedObjectStyle` gehört zum Textrahmen und kann deswegen direkt über die Variable `_auswahl` angesprochen werden. Ihr wird die Variable, die das Objektformat `infokasten` enthält, zugewiesen.

Namen von Eigenschaften und Methoden finden

Wie kommt man aber nun zu den Namen der einzelnen Eigenschaften? Neben der Syntax ist das die größte Herausforderung beim Programmieren.

Oft verwendete Eigenschaften und Methoden finden Sie in der InDesign-Skripting-Kurzreferenz. Die Referenz ist für die ersten Skripte und als »Spickzettel« hilfreich. Die ganze Fülle der Möglichkeiten findet sich im *Objektmodell*, das jedoch anfangs schwer zu überblicken ist. Ich empfehle, sich erst einmal darauf zu konzentrieren, die vorgestellten Skripte zu verstehen und einfache Änderungen vorzunehmen. Details zum Objektmodell und wie damit effizient gearbeitet werden kann, finden sich in Kapitel 7.

Das Objektmodell, die Sammlung aller Eigenschaften und Methoden, ist in englischer Sprache und die Namen entsprechen den Menüs und Optionen der englischen Sprachversion. Nun hat kaum jemand eine englische InDesign-Version*. Deswegen habe ich im Download-Bereich zum Buch im Ordner *Allgemeine Skripte* das Skript *Eigenschaften Anzeigen.jsx* zur Verfügung gestellt. Mit diesem Hilfsskript können alle Eigenschaften eines gerade markierten Objekts ausgelesen und in einer Textdatei abgespeichert werden. Erschrecken Sie nicht bei der ersten Ausführung, das Ergebnis ist meist sehr lang und unübersichtlich, da alle Eigenschaften aufgelistet sind. Aus dem Hinweisfenster kann man per Copy & Paste die Namen der Eigenschaften in eigene Skripte übernehmen.

### Rahmengrößen anpassen

Die Methode `fit()` passt bei mehrzeiligen Textrahmen nur die Höhe des Rahmens an. Mit einem Skript kann man zusätzlich auch die Breite des Textrahmens festlegen. Das folgende Beispiel zeigt, wie man dem ausgewählten Infokasten eine Breite von 85 mm zuweist.

**Listing 6**
4-3_Auswahl Formatieren-Breite.jsx

```
1 #target InDesign
2 var _auswahl = app.selection[0];
3 var _objektFormat = app.activeDocument.objectStyles.
  itemByName("infokasten");
4 _auswahl.appliedObjectStyle = _objektFormat;
5 var _koordinaten = _auswahl.visibleBounds;
6 _koordinaten[3] = _koordinaten[1] + 85; //x2
7 _auswahl.visibleBounds = _koordinaten;
8 _auswahl.fit(FitOptions.FRAME_TO_CONTENT);
```

Koordinaten von Rahmenobjekten

`var _koordinaten = _auswahl.visibleBounds;`
5 In dieser Zeile wird die Eigenschaft `visibleBounds` des ausgewählten Rahmenobjekts in der Variablen `_koordinaten` gespeichert.

Die Breite eines Textrahmens ist leider nicht über eine Eigenschaft einstellbar. Stattdessen muss man mit der Eigenschaft `visibleBounds`, die alle vier Koordinaten des Textrahmens enthält, arbeiten. Die Koordinaten beziehen sich auf die linke obere und rechte untere Ecke des Rahmens. Diese Herangehensweise ist grundsätzlich anders als die im

* Im Internet finden sich Anleitungen wie Sie die Sprache von InDesign in der Registry eines Windows Rechner umstellen können. Mac OS: ↗19 Windows: ↗20

Bedienfeld STEUERUNG von InDesign. Dort kann man die x- und y-Koordinate sowie Breite und Höhe ablesen bzw. verändern.

**Abb. 20** Steuerung-Bedienfeld: Koordinaten und Referenzpunkt

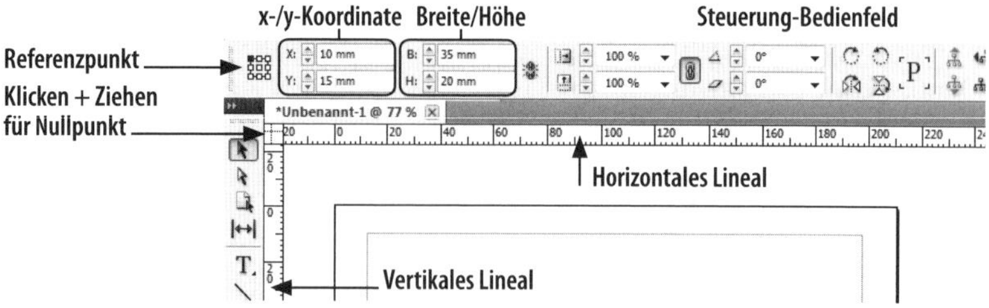


Die Angaben im Steuerung-Bedienfeld beziehen sich auf den Referenzpunkt, die Einheiten der Werte entsprechen denen der Lineale.

Die Maße entsprechen der Anzeige im Bedienfeld Steuerung wenn die Option, ABMESSUNGEN ENTHALTEN KONTURENSTÄRKE angewählt ist.

Die Eigenschaft `visibleBounds` enthält vier Werte, die mit Hilfe der eckigen Klammern abgerufen werden können. An der Stelle `visibleBounds[0]` ist die vertikale Position der linken oberen Ecke (y1), an `visibleBounds[1]` die horizontale Position (x1), an `visibleBounds[2]` die vertikale Position der rechten unteren Ecke (y2) und an `visibleBounds[3]` die horizontale Position (x2) des Rahmens auf der Seite gespeichert.

**Abb. 21** Koordinaten von Rahmenobjekten

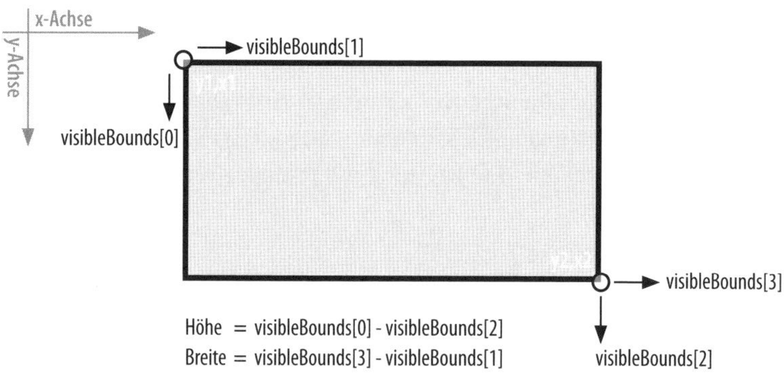


Diese Angabe ist etwas ungewohnt, weil die x- und y-Werte vertauscht sind und die Angaben von Breite bzw. Höhe über die Koordinaten abgebildet werden. Um sich damit vertraut zu machen, habe ich im Ordner *Allgemeine_Skripte* das Hilfsskript *ShowVisibleBounds.jsx* zur Verfügung gestellt. Vor der Ausführung muss ein Rahmen in InDesign ausgewählt sein. Das Skript gibt im Fenster JAVASCRIPT-KONSOLE des ExtendScript Toolkit die Koordinaten des Rahmens aus.

Die Rahmenbreite ergibt sich, wenn man den rechten x-Wert vom linken x-Wert abzieht.

```
var _breite = _auswahl.visibleBounds[3] - _auswahl.visibleBounds[1];
```

Die Höhe eines Rahmens berechnet man entsprechend mit der Differenz aus dem unteren y-Wert und oberen y-Wert.

```
var _hoehe = _auswahl.visibleBounds[2] - _auswahl.visibleBounds[0];
```

Die Eigenschaft `visibleBounds` ist leider nicht so einfach veränderbar. Wie das gemacht werden muss, zeigen die folgenden Zeilen.

```
_koordinaten[3] = _koordinaten[1] + 85;
```

Die Koordinaten anpassen

6 In dieser Zeile wird die Breite neu festgelegt. Dazu wird der horizontalen Position rechts (x2) die Summe aus der horizontalen Position links und der neuen Breite zugewiesen. Im konkreten Beispiel ergibt sich daraus eine Breite von 85 mm. Wenn man die Höhe auf 100 mm einstellen wollte, müsste man mit der folgenden Zeile die untere vertikale Koordinate (y2) neu zuweisen: `_koordinaten[2] = _koordinaten[0] + 100;`

```
_auswahl.visibleBounds = _koordinaten;
```

7 Die in der letzten Zeile veränderten Koordinaten müssen nun wieder der Eigenschaft `visibleBounds` zugewiesen werden. Der Rahmen steht danach an der gleichen Position, hat aber eine Breite von 85 mm. Für Größenänderungen per Skript muss der hier vorgestellte Weg verwendet werden. Eine direkte Zuweisung der einzelnen Werte von `visibleBounds`, also z. B. ~~`visibleBounds[0] = 10`~~, ist nicht möglich.

Weitere Informationen über den Umgang mit Rahmenobjekten finden Sie in Unterkapitel 7.8.

Maßeinheiten und Voreinstellungen

Falls Ihr Textrahmen nicht 85 mm breit geworden ist, haben Sie wahrscheinlich nicht die Maßeinheit Millimeter an den Linealen eingestellt. Beim Skripting werden die Maßeinheiten, die in den Linealen eingestellt sind, verwendet. Zum Festlegen der Maßeinheiten in einem Dokument klicken Sie mit der rechten Maustaste auf das Lineal. Im erscheinenden Kontextmenü kann die gewünschte Einheit auswählt werden. Achten Sie darauf, dass das horizontale und das vertikale Lineal mit verschiedenen Maßeinheiten »messen« können. Alternativ können in den Voreinstellungen unter Einheiten und Einstellungen die Maßeinheiten eingestellt werden. Wenn dabei kein Dokument geöffnet ist, gelten die Werte für alle neu angelegten Dokumente.

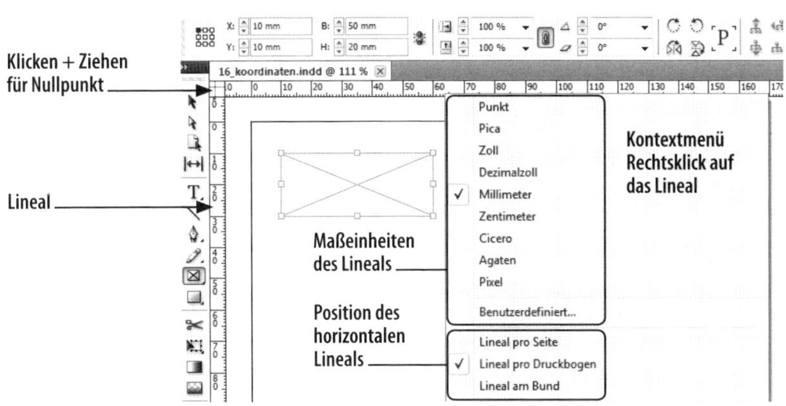


**Abb. 22** Einstellen der Maßeinheiten an den Linealen

Die Maßeinheiten können auch per Skript gesetzt werden:

```
app.activeDocument.viewPreferences.horizontalMeasurementUnits =
   MeasurementUnits.MILLIMETERS;
app.activeDocument.viewPreferences.verticalMeasurementUnits =
   MeasurementUnits.MILLIMETERS;
```

Im Skript *4-3_Masseinheiten.jsx* ist dies umgesetzt. Diese Einstellungen werden oft benötigt und man kann sie gut in einer Datei, die man als Vorlage für alle Skripte verwendet, abspeichern.

## 4.4 Spaltenbreite festlegen

In diesem Kapitel wird der Umgang mit Objekten und deren Eigenschaften beim Skripting genauer beleuchtet. Als Beispiel wähle ich die Zuordnung von Spaltenbreiten in einer Tabelle.

In InDesign ist es nicht möglich, den Spalten oder Zeilen einer Tabelle automatisch eine feste Breite bzw. Höhe zuzuweisen. Eine entsprechende Funktion ist bei den Tabellen- und Zeichenformaten leider nicht vorgesehen. Im folgenden Skript wird eine Lösung vorgestellt, mit der die Spaltenbreiten direkt eingestellt werden können.

Wie üblich ist es hilfreich, sich zunächst zu überlegen, was das Skript überhaupt machen soll, und dies als »Trockenübung« in InDesign auszuführen. Wenn in InDesign eine neue Tabelle erstellt wird, werden die Spaltenbreiten gleichmäßig auf die Breite des Textrahmens verteilt. Dieses Verhalten ist wenig nützlich, weil meist bestimmte Spalten eine feste Breite erhalten sollen und die restlichen aufgeteilt werden müssen. Für das Beispiel gehe ich davon aus, dass die erste Spalte immer 25 mm breit und die Breiten aller folgenden Spalten gleichmäßig über den verbleibenden Raum verteilt werden sollen. Die Arbeitsschritte könnten wie folgt aussehen:

Abfolge der Arbeitsschritte

1. Eine neue Tabelle anlegen. Für das Beispiel verwende ich eine Tabelle mit sechs Spalten.
2. Die erste Spalte markieren und die Spaltenbreite auf 25 mm setzen
3. Die Spaltenbreite für die restlichen Spalten errechnen:
   Spaltenbreite = Textrahmenbreite - 25 mm / Anzahl restliche Spalten
4. Die restlichen Spalten markieren und die Spaltenbreite zuweisen

Mit einem Skript ergibt sich der folgende Ablauf:

**Listing 7**
4-4_SpaltenbreiteFestlegen-1.jsx

```
#target InDesign
var _table = app.selection[0];
_table.columns[0].width = 25;
var _spAnzahl = _table.columns.length;
var _textRahmenBreite = 100;
var _breite = (_textRahmenBreite - 25)/(_spAnzahl - 1);
_table.columns.itemByRange(1, _spAnzahl - 1).width = _breite;
```

Zum Testen der Skripte in diesem Unterkapitel kann das Dokument *4-4_Tabellen.indd* verwendet werden.

```
var _table = app.selection[0];
```

2 Über den bereits bekannten Weg wird die aktuelle Auswahl in die Variable `_table` gespeichert. Dies setzt natürlich voraus, dass eine vollständige Tabelle im InDesign-Dokument vorhanden und mit dem Textauswahlwerkzeug markiert ist. Das Verfahren ist nicht besonders flexibel: Sobald Sie die Einfügemarke in einer Zelle oder neben der Tabelle platzieren, bricht das Skript ab. In diesem Falle wird im ExtendScript Toolkit die dritte Zeile rot markiert und in der Statuszeile findet sich die Fehlermeldung `Objekt unterstützt die Eigenschaft oder Methode columns nicht`. Die aktuelle Auswahl ist die Einfügemarke, und diese hat keine Eigenschaft `columns` – sie enthält auch keine Spalten. Auch wenn Sie mehrere Tabellen verarbeiten wollen, müssen alle Tabellen einzeln angewählt werden. Weitere Möglichkeiten, um per Skript an eine Tabelle zu »kommen«, diskutiere ich später.

```
_table.columns[0].width = 25;
```

3 In der Variablen `_table` befindet sich die Tabelle. Diese hat die Eigenschaft `columns`, über die alle Spalten angesprochen werden können. Die erste Spalte wird mit `columns[0]` angesprochen. Die Eigenschaft `width` enthält die Breite der Spalte. Der Wert der Eigenschaft wird dann mit dem Gleichheitszeichen auf 25 gesetzt. Die Maßeinheit leitet sich wieder aus den Einstellungen des Lineals ab. Die Punktnotation für die Adressierung der einzelnen Eigenschaften ist inzwischen ein alter Hut. Die eckigen Klammern mit der 0 erinnern an die Notation, mit der auf die aktuelle Auswahl zugegriffen werden kann. Was es damit genau auf sich hat, habe ich Ihnen bis jetzt allerdings vorenthalten.

Sammlungen

Bereits im vorigen Beispiel wurde die Sammlung `paragraphs` verwendet, um auf alle Absätze eines Textrahmens zuzugreifen. Das Problem bei der Adressierung von Objekten ist oft deren variable Anzahl. Eine Tabelle kann eine, sechs oder mehr Spalten haben, ein Textrahmen kann einen oder mehrere Absätze enthalten. Ein leerer Textrahmen enthält gar keinen Absatz. Trotzdem muss man bei der Programmierung, genauer gesagt bei der Adressierung, auf alle Absätze oder Spalten, die vorhanden sind, zugreifen können. Eine Anzahl fix festzulegen, wäre sehr unflexibel und würde auch nicht dem tatsächlichen Verhalten des Programms entsprechen. Deswegen gibt es so genannte *Sammlungen*, die alle Objekte enthalten und zugänglich machen. Sie sind die Vermittler zwischen den Hierarchien im Objektmodell. Sammlungen erkennt man gut am Plural des eigentlichen Objektnamens.

Das Objekt `column` (Spalte) wird über die Sammlung `columns` (Spalten) zugänglich gemacht. Die einfachste Form der Adressierung ist die

Die Zählung in Sammlungen beginnt bei 0.

über den Index in eckigen Klammern. Hier ist darauf zu achten, dass die Zählung immer bei 0 beginnt, mit `columns[0]` wird die erste Spalte adressiert. Mit dem Index wird also aus allen Objekten ein einzelnes ausgewählt, das dann weiterverarbeitet werden kann. Die Eigenschaft `width` gehört nicht zur Sammlung, sondern zu einer einzelnen Spalte.

**Sammlungen von Objekten**
Fast alle Objekte werden in einer Sammlung zusammengefasst. Sammlungen erkennt man am Plural des eigentlichen Objektnamens. Über den Index in eckigen Klammern kann auf ein bestimmtes Element der Sammlung zugegriffen werden. Die Zählung beginnt bei 0.

Sammlungen funktionieren alle gleich und bieten hilfreiche Methoden an. Im vorigen Beispiel wurden schon die Methoden `everyItem()` und `firstItem()` verwendet, in diesem Beispiel kommt noch `itemByRange()` zum Einsatz.

Außerdem haben alle Sammlungen die Eigenschaft `length`, die die Anzahl der enthaltenen Objekte ausgibt. Mehr zu Sammlungen und ihren Methoden finden Sie in Unterkapitel 7.4. Falls Sie schon Programmiererfahrung haben, fallen Ihnen sicherlich die Ähnlichkeiten zu Arrays auf. Sammlungen sind allerdings keine Arrays, sondern haben eine andere Funktionalität. Auf die Unterschiede wird im eben genannten Unterkapitel eingegangen.

```
var _spAnzahl = _table.columns.length;
```

4 In der Variablen `_spAnzahl` wird die Anzahl der Spalten gespeichert. Um die Spaltenanzahl der Tabelle zu ermitteln, wird die Eigenschaft `length` der Sammlung `columns` verwendet. Wie bereits erwähnt, haben alle Sammlungen die Eigenschaft `length`, mit der die Anzahl der Objekte innerhalb der Sammlung abgefragt werden kann. Es wird die absolute Anzahl der Elemente angezeigt, die Zählung beginnt im Gegensatz zum Index nicht bei 0. Im Beispiel enthält die Variable die Zahl 6.

```
var _textRahmenBreite = 100;
```

5 In der Variablen `_textRahmenBreite` wird die gewünschte Tabellenbreite gespeichert. Sie können die Zahl frei wählen bzw. ihrer gewünschten Textrahmenbreite anpassen.

```
var _breite = (_textRahmenBreite - 25)/(_spAnzahl - 1);
```

6 In dieser Zeile wird die Spaltenbreite für die restlichen Spalten berechnet und in der Variablen `_breite` gespeichert. Die Spaltenbreite ist das Ergebnis einer Rechenaufgabe, die die gespeicherten Werte der Variablen `_textRahmenBreite` und `_spAnzahl` verwendet. Nachdem von der Gesamtbreite die Breite der ersten Spalte abgezogen wurde, wird das Ergebnis durch die Anzahl der restlichen Spalten geteilt.

**Tab. 7** Rechenoperatoren

| | |
|---|---|
| + | Addition |
| - | Subtraktion |
| * | Multiplikation |
| / | Division |

Im konkreten Beispiel ist der Wert von `_textRahmenBreite` 100, die Anzahl der Spalten `_spAnzahl` ist 6. Also (100 - 25) / (6 - 1). Das Ergebnis ist 15. Kurz gesagt: Mit Zahlen kann in JavaScript normal gerechnet werden (→ Tabelle 7). Es gelten die üblichen Rechenregeln, Klammern können zur Priorisierung verwendet werden.

Mehrere Spalten auswählen

```
_table.columns.itemByRange(1, _spAnzahl - 1).width = _breite;
```

7 Hier wird die Breite der Spalten 2 bis 6 eingestellt. Alle Spalten der Tabelle sind in der Sammlung `columns` enthalten. Sammlungen können nicht nur über den Index mit den eckigen Klammern angesprochen werden, sondern auch über verschiedene Methoden. Die Methode `itemByRange(from, to)` ist fast selbsterklärend: Die Methode gibt alle Objekte aus einem bestimmten Bereich zurück. Der Bereich wird mit den beiden Parametern `from` und `to` eingegrenzt. Beide Parameter enthalten einen Index.

Der Index zählt wie üblich von 0, d.h., der Wert `1` des Parameters `from` weist die Methode an, in der zweiten Spalte mit der Auswahl zu beginnen. Der zweite Parameter `to` übergibt den Index, bei dem die Auswahl beendet wird (im Beispiel die Spaltenanzahl minus 1, als Ergebnis erhält man fünf Spalten). Wenn man immer nur mit sechsspaltigen Tabellen arbeiten würde, könnte man hier einfach die Werte 1 bzw. 5 eintragen. Das Skript arbeitet aber auch mit Tabellen, die mehr oder weniger Spalten haben.

Bei allen Spalten wird dann der Wert für die Breite neu gesetzt. Das Ergebnis ist mit einer Auswahl aller fünf Spalten vergleichbar, auch dieser kann eine Spaltenbreite für alle Spalten der Auswahl zugewiesen werden.

Alle Spalten auswählen

Die erste Spalte wurde in Zeile 3 über den Index `[0]` adressiert, Spalte 2 bis 5 mit der Methode `itemByRange()`. Beide Methoden liefern das bzw. die Objekte für den weiteren Zugriff auf die Eigenschaft `width`. Versuchen Sie nicht, mit ~~`_table.columns.width`~~ allen Spalten eine einheitliche Breite zuzuweisen. Sammlungen enthalten Objekte und stellen diese zur Verfügung, Sammlungen können aber nicht die Eigenschaften der enthaltenen Objekte direkt adressieren. Es muss immer spezifiziert werden, welche Objekte verwendet werden sollen. Dies geschieht entweder über die eckigen Klammern oder Methoden wie z.B. `everyItem()` oder `itemByRange()`.

**Sammlungen vs. Objekte**

Sammlungen enthalten Objekte und stellen diese zur Verfügung. Sie sind Vermittler zwischen den Hierarchien im Objektmodell. Sammlungen können nicht direkt auf die Eigenschaften der Objekte zugreifen.

### Die Auswahl vereinfachen

Damit das Skript noch effizienter verwendet werden kann, soll es auch möglich sein, die Einfügemarke einfach innerhalb der Tabelle zu positionieren. Dazu muss die zweite Zeile wie folgt geschrieben werden:

Navigation im Objektmodell

```
var _table = app.selection[0].parent.parent;
```

Hier wird zweimal die Eigenschaft `parent` auf der aktuellen Auswahl aufgerufen. Alle Objekte haben die Eigenschaft `parent`, mit der man im Objektmodell in der Hierarchie nach oben navigieren kann. Als aktuelle Auswahl wurde die Einfügemarke vorausgesetzt. Die Einfügemarke ist im Objektmodell ein Kind der Tabellenzelle, beim ersten Aufruf von `parent` gelangt man zur Tabellenzelle. Die Zelle wiederum ist ein Kind der Tabelle – für diese Beziehung wird das zweite `parent` eingesetzt.

Bis jetzt haben Sie in der Objekthierarchie mit der Punktnotation die Auswahl immer genauer spezifiziert. Sie sind sozusagen einem Pfad von der Wurzel bis zum gewünschten Objekt gefolgt. Mit `parent` geht man den umgekehrten Weg. Die folgende Abbildung zeigt exemplarisch die vollständige Hierarchie zwischen Programm und der Einfügemarke in der Tabelle.

**Abb. 23** Eltern-Kind-Beziehungen

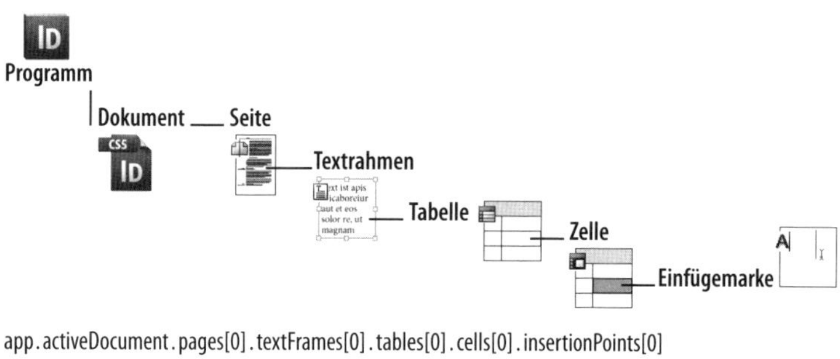


Mit dem Pfade `app.activeDocument.pages[0].textFrames[0].tables[0]` kann man die erste Tabelle im ersten Textrahmen auf der ersten Seite erreichen.

Andersherum könnte man bei Bedarf von der Variablen `_table`, in der die Tabelle gespeichert ist, über `_table.parent.parent` die aktuelle Seite oder mit einem weiteren `.parent` das aktuelle Dokument erreichen. Mit InDesign CS5 erreicht man die Seite über `_table.parent.parentPage`.

**Objektmodell**

Das Objektmodell enthält Definitionen aller Objekte, also die Summe der Eigenschaften und Methoden, die mittels Skripting angesprochen werden. Es ist hierarchisch strukturiert, die Wurzel ist die Anwendung `app`. Eigenschaften und Methoden können mit der Punktnotation adressiert werden. Mit `parent` kann auf das Elternobjekt zugegriffen werden.

Die hierarchische Struktur des Objektmodells kann man gut in der InDesign-Skripting-Kurzreferenz erkennen.

Bedingte Anweisungen

Die oben beschriebene Auswahl der Tabelle über die Einfügemarke funktioniert. Wenn die Einfügemarke nicht in einer Tabellenzelle positioniert ist oder etwas anderes ausgewählt wurde, produziert das Skript einen Fehler. Elegant wäre es, wenn das Skript prüfen könnte, ob sich die Einfügemarke an einer gültigen Position befindet. Anders formuliert: Nur *wenn* diese Bedingung erfüllt ist, soll das Skript ausgeführt werden. Dazu benötigt man eine *Bedingte Anweisung,* die nur dann ausgeführt wird, wenn eine bestimmte Voraussetzung erfüllt ist.

Zunächst muss man sich überlegen, welche Voraussetzung überhaupt erfüllt sein soll. Hier müsste das Skript prüfen, ob das zweite Elternelement der Auswahl eine Tabelle ist. Der *Typ* eines Objekts ist leider nicht ganz offensichtlich. Dazu muss der Name `name` der Eigenschaft `constructor` abgefragt werden. Der Name des Objekts muss dann mit der entsprechenden Zeichenkette verglichen werden. Das Gleichheitszeichen kommt dafür nicht mehr in Frage, weil es schon für die Zuweisung von Variablen und Eigenschaften verwendet wird. Zum Vergleich wird in JavaScript das Gleichheitszeichen doppelt `==` verwendet. Konkret sieht der Vergleich so aus:

```
app.selection[0].parent.parent.constructor.name == "Table"
```

Das Ergebnis des Vergleichs kann nur wahr oder falsch sein: Entweder ist der Name des Objekttyps `Table` oder er ist es nicht, hier wird wie üblich genau auf die Groß-/Kleinschreibung geachtet.

**Vergleiche**
Vergleiche können mit dem doppelten Gleichheitszeichen == durchgeführt werden. Das Ergebnis eines Vergleichs ist eindeutig entweder wahr oder falsch.

**Das einfache Gleichheitszeichen wird nicht für Vergleiche, sondern nur für Zuweisungen verwendet.**

Für eine Bedingte Anweisung benötigt man allerdings noch etwas mehr:

**Listing 8**
Bedingte Anweisung mit if

```
if (app.selection[0].parent.parent.constructor.name == "Table"){
  var _table = app.selection[0].parent.parent;
  // Weiter mit dem normalen Code ...
}
```

Die Syntax des Codeschnipsels beinhaltet gleich drei neue Elemente:

- das reservierte Wort `if`, mit dem die Abfrage eingeleitet wird.
- den Vergleich für die Abfrage (`app.selection[0].parent.parent.constructor.name == "Table"`) in runden Klammern.
- die geschweiften Klammern `{}`, die den Block mit der Bedingten Anweisung umschließen.

Nur wenn die Abfrage in den runden Klammern bzw. der Vergleich zutrifft, wird der Code in den geschweiften Klammern ausgeführt. Ansonsten wird der Code übersprungen.

if-Abfrage

Bedingte Anweisungen und Verzweigungen werden sehr oft verwendet, da sich hiermit Programme gestalten lassen, die je nach Situation anders entscheiden. Die Syntax einer if-Abfrage sollten Sie sich einprägen. Sie besteht immer aus dem einleitenden `if`, einem Vergleich in runden Klammern und den geschweiften Klammern für den Anweisungsblock, der bei zutreffender Voraussetzung ausgeführt werden soll. Vergessen Sie nicht die geöffneten geschweiften Klammern nach dem Anweisungsblock wieder zu schließen!

**Listing 9**
Syntax der if-Abfrage

```
if (Vergleich) {
  // Anweisungen ...
}
```

Um den Code übersichtlicher zu gestalten, sollten die Anweisungen innerhalb der geschweiften Klammern eingerückt werden. Das ESTK erledigt das automatisch für Sie.

**if-Abfrage**
Mit einer if-Abfrage kann ein Programmabschnitt festgelegt werden, der nur unter einer bestimmten Voraussetzung ausgeführt wird.

Wenn allerdings gar nichts ausgewählt ist, produziert das Skript den Fehler `undefined ist kein Objekt`. Dies liegt daran, dass das Objekt `selection[0]` nicht existiert, in Skriptsprache also `undefined` ist.

Die notwendige Prüfung wäre z. B. über die Abfrage der Eigenschaft `length` zu bewerkstelligen. Die Anzahl der ausgewählten Objekte – wenn die Einfügemarke aktiv ist, ist diese »ausgewählt« – muss 1 entsprechen:

```
if (app.selection.length == 1) { //...
```

if-Abfragen schachteln

Am einfachsten ist es, die beiden if-Abfragen ineinanderzuschachteln. Die zweite if-Abfrage steht dann innerhalb der geschweiften Klammern der ersten. Die Umsetzung der Anpassungen habe ich in Skript *4-4_SpaltenbreiteFestlegen-2.jsx* vorgenommen.

Mehr zu Bedingten Anweisungen und Verzweigungen erfahren Sie in Unterkapitel 4.6 oder in der Referenz im Unterkapitel 6.6.

### Tabellen- und Zellenformate zuweisen

Zum Abschluss wird es wieder einfacher und gleichzeitig richtig produktiv. Neben der Breite möchte man der Tabelle vielleicht ein Tabellenformat oder allen Zellen einer Spalte ein Zellenformat zuweisen. Im Dokument *4-4_Tabellen.indd* sind bereits passende Tabellen- und

Zeichenformatvorlagen angelegt. Ein angepasstes Skript finden Sie in der Datei *4-4_SpaltenbreiteFestlegen-3.jsx*.

Die Zuweisung eines Tabellenformats ist leicht. Da die Tabelle bereits in der Variablen `_table` gespeichert ist, muss nur noch die entsprechende Eigenschaft gesetzt werden.

```
_table.appliedTableStyle = "Name des Tabellenformats";
```

Alle Zellen einer Spalte auswählen

Zellenformate können allerdings nicht Spalten, sondern nur Zellen zugewiesen werden. Die Spalten (`columns`) enthalten aber die Sammlung `cells` und damit alle Zellen. Es muss zunächst die Sammlung der Zellen `cells` adressiert werden. Danach müssen alle Zellen der Sammlung mit der Methode `everyItem()` abgerufen werden.

Wenn beispielsweise alle Zellen der zweiten Spalte mit dem Zellformat `spalte2` formatiert werden sollen, dann nutzen Sie folgenden Code:

```
_table.columns[1].cells.everyItem().appliedCellStyle = "spalte2";
```

Das entsprechende Zellenformat muss in der Datei angelegt sein.

Alle Zellen einer Zeile auswählen

Mit ganzen Zeilen (`rows`) geht das natürlich auch. Alle Zellen der dritten Zeile werden wie folgt adressiert:

```
_table.rows[2].cells.everyItem().appliedCellStyle = "zeile3";
```

Damit sind Sie jetzt auch endlich die Beschränkungen der Tabellenformatierung durch Tabellenformate los. In Tabellenformaten können leider nur die Kopf- und Fußzeilen sowie die rechte und linke Spalte mit Zellenformaten automatisch belegt werden. Sie können jetzt beliebige Spalten, Zeilen oder mit der Methode `itemByRange()` sogar Bereiche mit speziellen Zellenformaten formatieren.

### Variable Breite

Ein Problem ist noch, dass die Breite der Tabelle in der Variablen `_textRahmenBreite` fix auf den Wert 100 festgelegt ist. Mit den beiden folgenden Zeilen wird die Breite des Textrahmens errechnet und der Variablen `_textRahmenBreite` zugewiesen. Zunächst muss man von der Tabelle mit der Eigenschaft `parent` zum Textrahmen navigieren. Der Textrahmen wird in der Variablen `_parentTf` zwischengespeichert. Dann werden die Koordinaten aus der Eigenschaft `visibleBounds` für die Berechnung der Breite verwendet.

```
var _parentTf = _table.parent;
var _textRahmenBreite = _parentTf.visibleBounds[3] - _parentTf.
   visibleBounds[1];
```

In der Datei *4-4_spaltenbreiteFestlegen-4.jsx* sind die entsprechenden Zeilen angepasst.

## 4.5 Mit Text arbeiten

In den vorigen Unterkapiteln wurde mit einem Rahmenobjekt und einer Tabelle gearbeitet. Text und Texteigenschaften sind aber natürlich genauso detailliert skriptbar. Im nächsten Beispiel wird für das Skripting von sich wiederholenden Aufgaben eine *Schleife* verwendet.

Als Beispiel stelle ich eine Lösung vor, mit der alle Schriftgrößen in einem Dokument um einen bestimmten Prozentwert verändert werden. Dies kann sehr praktisch bei der Entwicklung eines neuen Layouts sein. Man kann dann per Knopfdruck die Wirkung von veränderten Schriftgrößen im Layout prüfen. Als Beispieldokument habe ich die Datei *4-5_TextBearbeiten.indd* mit Texten in verschiedenen Schriftgrößen vorbereitet.

Ohne Skripting müsste man alle Textbereiche im Dokument auswählen und die neue Schriftgröße zuweisen. Mit Skripting geht das eigentlich genauso, nur automatisch:

**Listing 10**
4-5_Schriftgroesse Veraendern-1.jsx

```
1 #target InDesign
2 var _dok = app.activeDocument;
3 var _textAbschnitt = _dok.stories[0];
4 var _textBereiche = _textAbschnitt.textStyleRanges;
5 for (var i = 0; i < _textBereiche.length; i++) {
6   var _textBereich = _textBereiche[i];
7   _textBereich.pointSize = _textBereich.pointSize * 1.1;
8 }
```

`var _dok = app.activeDocument;`

2 Als Einstiegspunkt für das Skript wähle ich in diesem Skript nicht die aktuelle Auswahl, sondern das aktive Dokument. Die Eigenschaft `activeDocument` des Objekts `app` wird dazu in der Variablen `_dok` gespeichert. Damit das Skript funktioniert, muss ein Dokument geöffnet sein.

Ein Textabschnitt kann Text aus mehreren Textrahmen enthalten.

`var _textAbschnitt = _dok.stories[0];`

3 Hier wird der erste Textabschnitt des Dokuments gewählt. InDesign verwaltet Text in Textabschnitten (engl. stories) und Textrahmen (engl. textframes). Textabschnitte können über mehrere verknüpfte Textrahmen verteilt sein. Wenn der Textrahmen keine Verknüpfung hat, ist der Inhalt des Textrahmens mit dem Textabschnitt identisch. Es gibt also mindestens so viele Textabschnitte wie Textrahmen. Den gesamten Textabschnitt verschiedener Textrahmen kann man im Texteditor betrachten: Bearbeiten → Im Textmodus bearbeiten (Befehl + Y).

**Abb. 24**
Textabschnitte vs. Textrahmen

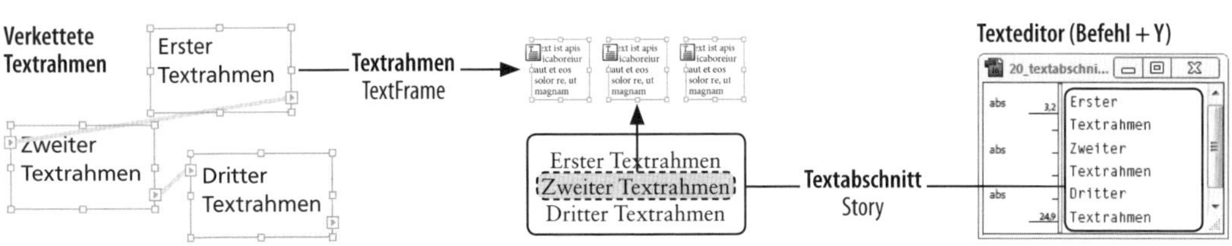

Der Index in den eckigen Klammern dient zur Positionsbestimmung innerhalb der Sammlung. Das aktuelle Skript verwendet immer den Textabschnitt mit dem Index 0, also jenen, der zuletzt erstellt wurde.

Unterschiedlich formatierte Bereiche

```
var _textBereiche = _textAbschnitt.textStyleRanges;
```

4 In dieser Zeile wird die Sammlung `textStyleRanges` in der Variablen `_textBereiche` gespeichert. Eine `TextStyleRange` ist ein eigenständig formatierter Bereich. In der Sammlung befinden sich jetzt also Referenzen auf alle andersartig formatierten Texte in der ersten Story.

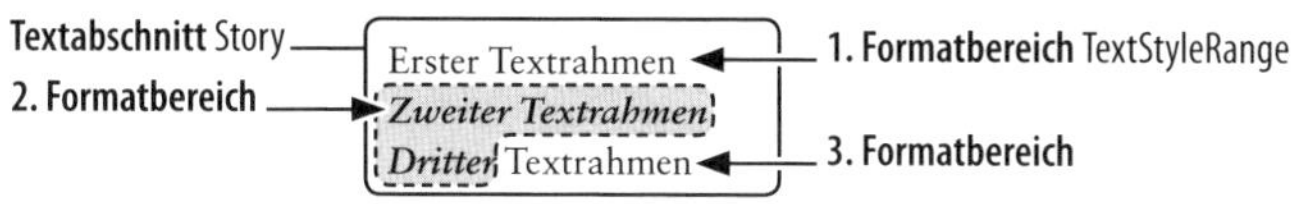


**Abb. 25**
TextStyleRanges

Man hätte diese Zeile auch ohne die Hilfsvariable `_textAbschnitt` kürzer fassen können:

```
var _textBereiche = _dok.stories[0].textStyleRanges;
```

Die Variable `_textAbschnitt` ist ein Platzhalter für den Wert `_dok.stories[0]` und wird stellvertretend für diesen Ausdruck verwendet. Oftmals ist es für das Verständnis und die Übersicht sinnvoller, ein Skript etwas länger, dafür aber übersichtlicher zu schreiben.

Wiederkehrende Aufgaben mit einer Schleife bearbeiten

```
for (var i = 0; i < _textBereiche.length; i++) {
   var _textBereich = _textBereiche[i];
   //...
}
```

5–8 In diesen Zeilen werden alle formatierten Textbereiche durchlaufen und verändert. Wichtig ist zunächst, den Mechanismus der Wiederholung bzw. die Schleife, die für das Abarbeiten der Textbereiche zuständig ist, zu verstehen.

for-Schleife

Für die Wiederholung wird eine *for-Schleife* eingesetzt, die alle Elemente der Sammlung durchläuft. Vereinfacht gesagt »liest« die Schleife die Sammlung von Anfang bis Ende durch. Sammlungen eignen sich gut für Schleifen, da oft mit allen enthaltenen Objekten etwas »gemacht« werden soll.

Damit Schleifen arbeiten können, benötigt man einen Start- und einen Endwert. Diese beiden Werte legen fest, wie oft eine Schleife durchlaufen werden soll. Bei Sammlungen ist der Startwert meist das erste, der Endwert das letzte Objekt der Sammlung. Eine so genannte *Zählvariable* wird vom Start- bis zum Endwert bei jedem Durchlauf um einen Wert erhöht. Die Zählvariable wird innerhalb der Schleife als Index zur Adressierung der Objekte verwendet. Damit die Schleife ein Ende findet, benötigt man eine *Ausführungsbedingung*. Hier wird meist eine Abfrage verwendet, die prüft, ob die Zählvariable kleiner als der Endwert ist.

Zunächst aber ein Blick auf die Syntax:

- Das Schlüsselwort `for` leitet die Schleife ein.
- In runden Klammern steht die *Zählvariable*, die *Abfrage*, wie oft die Schleife durchlaufen werden soll, und die Angabe, um welchen Wert die Zählvariable pro Schleifendurchlauf erhöht werden soll.
- Die Zählvariable muss numerisch sein.
- Die geschweiften Klammern `{}` umschließen den Anweisungsblock (Schleifenrumpf), der wiederholt ausgeführt werden soll.

Den grundsätzlichen Aufbau sollten Sie sich merken, da for-Schleifen oft verwendet werden:

**Listing 11**
Syntax einer for-Schleife

```
for (Zählvariable; Ausführungsbedingung; Erhöhung der Zählvariable) {
  // Schleifenrumpf
  //Hier kann auf den aktuellen Wert der Zählvariable zugegriffen
  werden
}
```

**Schleifen**
Eine Schleife wiederholt einen Anweisungsblock, den Schleifenrumpf. Die Schleife endet, wenn die Ausführungsbedingung nicht mehr zutrifft. Innerhalb der Schleife kann auf die Zählvariable zugegriffen werden.

Die runden Klammern sind eine eigene Betrachtung wert. Innerhalb der runden Klammern sind drei Teile zu unterscheiden, die durch zwei Semikola getrennt werden:

Steuerung der Schleife

```
(var i = 0; i < _textBereiche.length; i++)
```

- Mit `var i = 0` wird eine Variable festgelegt, die innerhalb der Schleife als Zählvariable verwendet werden kann. Der Name der Variablen ist nicht festgelegt, sie wird üblicherweise mit `i` bezeichnet. Die Variable wird im Schleifenrumpf als Index für die Sammlung verwendet. Für die Adressierung des ersten Objekts in der Sammlung wird der Index 0 benötigt – dieser Wert wird auch der Zählvariable als Startwert übergeben.
- Die Ausführungsbedingung `i < _textBereiche.length` ist ein Vergleich. Üblicherweise legt man fest, dass die Zählvariable kleiner als die Länge der Objekte in der Sammlung bleiben muss. Damit wird sichergestellt, dass alle Objekte besucht werden. Der letzte Wert, bei dem der Vergleich zutrifft, ist `_textBereiche.length - 1`. Das ist auch der Wert, mit dem das letzte Objekt der Sammlung angesprochen werden kann.
- Mit dem Befehl `i++` wird die Zählvariable um eins erhöht. Dies ist nur eine bequeme Kurzform von `i = i + 1`. Sie können in JavaScript hinter jede Zahl zwei Pluszeichen ++ stellen und sie damit

um eins erhöhen. Beachten Sie, dass die Erhöhung erst nach dem Schleifendurchlauf stattfindet, im Schleifenrumpf also noch der Wert gilt, der für den Vergleich verwendet wurde. Konkret: Beim ersten Schleifendurchlauf hat `i` den Wert 0, am Ende des Anweisungsblocks wird der Wert auf 1 erhöht, der dann beim zweiten Durchlauf gültig ist.

Der spannende Punkt ist der Zugriff auf die Sammlung `_textBereiche` in Zeile 6. Die Zählvariable fungiert als Index. Je nach Wert der Zählvariable wird mit Hilfe der eckigen Klammern ein anderes Objekt aus der Sammlung adressiert.

Angenommen Sie haben ein Dokument mit den drei unterschiedlich formatierten Texten »**erster**«, »***zweiter***« und »<u>*dritter*</u>«. In der Sammlung `_textBereiche` sind dann alle drei Textbereiche enthalten. Der Ablauf des Skripts ist dann wie folgt:

**Tab. 8**
Ablauf der for-Schleife

| Durchlauf | Wert der Variablen `i` | Ergebnis der Ausführungsbedingung | Tatsächlicher Aufruf `_textBereiche[i]` | Inhalt der adressierten Eigenschaft |
|---|---|---|---|---|
| 1 | 0 | trifft zu (wahr) | `_textBereiche[0]` | **Erster** |
| 2 | 1 | trifft zu (wahr) | `_textBereiche[1]` | ***Zweiter*** |
| 3 | 2 | trifft zu (wahr) | `_textBereiche[2]` | <u>Dritter</u> |
| Ende | 3 | trifft nicht zu (falsch) | – | – |

Wenn Sie zum Testen den Text aller formatierten Textbereiche eines Dokuments jeweils in einem eigenen Hinweisfenster ausgeben wollen, ergibt sich der folgende Code.

```
for (var i = 0; i < _textBereiche.length; i++) {
   alert("Text an der Stelle i=" + i + ": " + _textBereiche[i].contents);
}
```

**Das Hinweisfenster kann je nach Inhalt eines Textbereichs sehr groß werden.**

Weitere Informationen zu *for-Schleifen* finden Sie in Unterkapitel 6.9. Dort wird auch die etwas anders funktionierende *while-Schleife* erläutert.

```
_textBereich.pointSize = _textBereich.pointSize * 1.1;
```

7 In der Variablen `_textBereich` wird mit Hilfe der for-Schleife jeweils *ein* unterschiedlich formatierter Textbereich gespeichert. Jeder Textbereich hat die Eigenschaft `pointSize`, die den Wert der Schriftgröße in Punkt enthält. Im Beispiel wird dieser Eigenschaft ein um 10 % größerer Wert zugewiesen. Der Wert ergibt sich aus der Berechnung aktuelle Schriftgröße multipliziert mit `1.1`. Achten Sie bei Zahlen darauf, dass Nachkommastellen mit dem Punkt und nicht mit dem Komma abgetrennt werden.

### Auf alle Textabschnitte zugreifen

for-Schleifen verschachteln

Mit der for-Schleife wurden im vorigen Skript alle Textbereiche besucht. Sämtliche Textabschnitte (stories) eines Dokuments kann man natürlich ebenso durchlaufen. Dazu müssen zwei for-Schleifen ineinander geschachtelt werden:

**Listing 12**
4-5_Schriftgroesse Veraendern-2.jsx

```
1  #target InDesign
2  var _dok = app.activeDocument;
3  var _textAbschnitte = _dok.stories;
4  for (var k = 0; k < _textAbschnitte.length; k++) {
5    var _textAbschnitt = _textAbschnitte[k];
6    var _textBereiche = _textAbschnitt.textStyleRanges;
7    for (var i = 0; i < _textBereiche.length; i++) {
8      var _textBereich = _textBereiche[i];
9      _textBereich.pointSize = _textBereich.pointSize * 1.1;
10   }
11 }
```

```
var _textAbschnitte = _dok.stories;
```

3 In dieser Version des Skripts wird nicht mehr der erste Textabschnitt, sondern die Sammlung aller Textabschnitte in der Variablen _textAbschnitte gespeichert.

```
for (var k = 0; k < _textAbschnitte.length; k++) {
   var _textAbschnitt = _textAbschnitte[k];
   // Schleifenrumpf...
}
```

4–11 Die erste for-Schleife läuft durch alle Textabschnitte des Dokuments. Da die beiden Schleifen ineinander geschachtelt werden, muss eine neue Zählvariable verwendet werden. Wenn man für beide Schleifen die gleiche Variable i verwenden würde, würde sie in der zweiten Schleife überschrieben und das Skript dann nicht mehr funktionieren.

**! Beachten Sie die korrekte Schachtelung der geschweiften Klammern**

Achten Sie auf die Schachtelung der geschweiften Klammern. Der Anweisungsblock der ersten for-Schleife enthält die komplette zweite for-Schleife inklusive ihres Anweisungsblocks.

Die Schleife funktioniert genauso wie die Schleife über die Textbereiche, nur dass in diesem Fall alle Textabschnitte abgearbeitet werden. In Zeile 5 wird der Textabschnitt mit dem Index der Zählvariable in der Variablen _textAbschnitt gespeichert.

```
var _textBereiche = _textAbschnitt.textStyleRanges;
```

6 In die Variable _textBereiche werden jetzt nicht mehr alle formatierten Textbereiche des ersten Textabschnitts gespeichert, sondern jeweils alle Textbereiche des Textabschnitts, die in der Variablen _textAbschnitt enthalten sind.

```
for (var i = 0; i < _textBereiche.length; i++) {
   // Schleifenrumpf...
}
```

7–10 Die zweite for-Schleife hat den gleichen Ablauf wie im vorigen Skript.

### Text verschwinden lassen

Mit dem Wissen über for-Schleifen lässt sich jetzt auch ein kleines Skript erstellen, welches den Text einer Auswahl immer kleiner werden lässt. Für das gewünschte Ergebnis müsste man per Hand jeden Buchstaben anwählen und verkleinern.

**Text verschwinden lassen...**

Abb. 26
Text verschwinden lassen

Das Skript geht durch alle Buchstaben der Auswahl und verkleinert diese in Abhängigkeit der Anzahl aller Buchstaben und des gewünschten Verkleinerungsfaktors. Die eigentliche Herausforderung liegt in der Berechnung des Werts, der von der aktuellen Schriftgröße abgezogen werden muss:

Listing 13
4-5_AuswahlVerkleinern.jsx

```
1  #target InDesign
2  var _auswahl = app.selection[0];
3  var _schriftG = _auswahl.characters[0].pointSize;
4  var _kleinsterBuchstabe = _schriftG * 0.4; // 40 Prozent
5  var _laenge = _auswahl.characters.length;
6  var _schrittWeite = (_schriftG - _kleinsterBuchstabe) / _laenge;
7  for (var i = 1; i < _auswahl.characters.length; i++) {
8    var _buchstabe = _auswahl.characters[i];
9    _aktuellerAbzug = _schrittWeite * i;
10   _buchstabe.pointSize = _schriftG - _aktuellerAbzug;
11 }
```

```
var _auswahl = app.selection[0];
```

2 Das Skript arbeitet wieder mit der aktuellen Auswahl in InDesign, der zu verkleinernde Text muss ausgewählt sein.

```
var _schriftG = _auswahl.characters[0].pointSize;
var _kleinsterBuchstabe = _schriftG * 0.4; // 40 Prozent
var _laenge = _auswahl.characters.length;
var _schrittWeite = (_schriftG - _kleinsterBuchstabe) / _laenge;
```

3–6 Hier wird die Schrittweite berechnet, mit der die Buchstaben kleiner werden. Zur besseren Übersichtlichkeit werden alle Zwischenwerte in eigene Variablen gespeichert.

In `_schriftG` ist die Schriftgröße des ersten Zeichens der Auswahl gespeichert. Die Auswahl besteht aus einem Text. In Texten oder Absätzen können neben den bereits bekannten formatierten Textbereichen (engl. text style range) auch einzelne Zeichen (engl. characters) ausgewählt werden. In der Sammlung `Characters` befinden sich alle

Zeichen der Auswahl. Die Eigenschaft characters enthält die Sammlung aller Zeichen, entsprechend kann mit characters[0] auf das erste Zeichen zugegriffen werden.

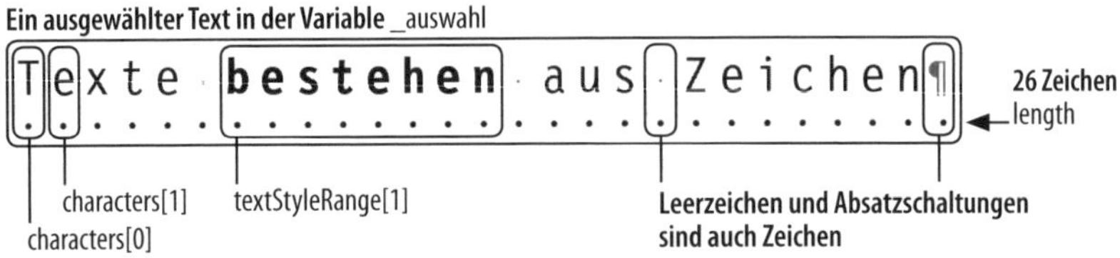


**Abb. 27** Die Sammlung Characters

In _kleinsterBuchstabe ist der Wert gespeichert, den der kleinste Buchstabe erhalten soll. Im Beispiel sind es 40 % der Originalgröße.

In der Variablen _laenge ist die Anzahl der Objekte in der Sammlung Characters gespeichert, also die Anzahl der Buchstaben in der Auswahl.

Danach wird die Schrittweite, mit der die Buchstaben kleiner werden sollen, berechnet. Diese Variable wird dann in der folgenden for-Schleife verwendet. Letztlich handelt es sich um eine Rechenaufgabe. Für die Schrittweite wird der Wert des kleinsten Zeichens von der Schriftgröße abgezogen. Die Differenz wird dann durch die Anzahl der Buchstaben geteilt.

Alle Buchstaben ansprechen

```
for (var i = 1; i < _auswahl.characters.length; i++) {
   var _buchstabe = _auswahl.characters[i];
   // Schleifenrumpf...
}
```

7–11 Da der erste Buchstabe die Originalgröße behalten soll, muss er nicht mit der for-Schleife angesteuert werden. Diese for-Schleife beginnt deswegen mit der Zählung bei 1. Beim Schleifendurchlauf wird dann der erste Buchstabe ausgelassen. Ansonsten entspricht die Syntax der der vorherigen Schleifen.

```
_aktuellerAbzug = _schrittWeite * i;
_buchstabe[i].pointSize = _schriftG - _aktuellerAbzug;
```

9–10 Die Variable _aktuellerAbzug enthält den Wert, der von der Schriftgröße des aktuellen Buchstabens abgezogen werden muss. Für die Berechnung muss die Schrittweite mit dem aktuellen Wert der Zählvariable i multipliziert werden. Dieser Wert wird dann von der Variablen _schriftG, die die Originalschriftgröße enthält, abgezogen.

Wenn Sie weitere Informationen über Textobjekte suchen, ist Unterkapitel 7.10 das richtige.

## 4.6 Bilder auf Blitzer prüfen

Im folgenden Unterkapitel werden Abfragen und Schleifen kombiniert, um eine wiederkehrende Aufgabe effizient abzuarbeiten.

Preflight (ab CS4)

Die Preflight-Funktion von InDesign (die Funktion steht erst ab Version CS4 zur Verfügung) bietet viele Möglichkeiten, Dokumente automatisch nach Fehlern zu durchsuchen, die die Qualität oder Druckbarkeit beeinflussen. Das Preflight-Bedienfeld wird über FENSTER → AUSGABE → PREFLIGHT aufgerufen.

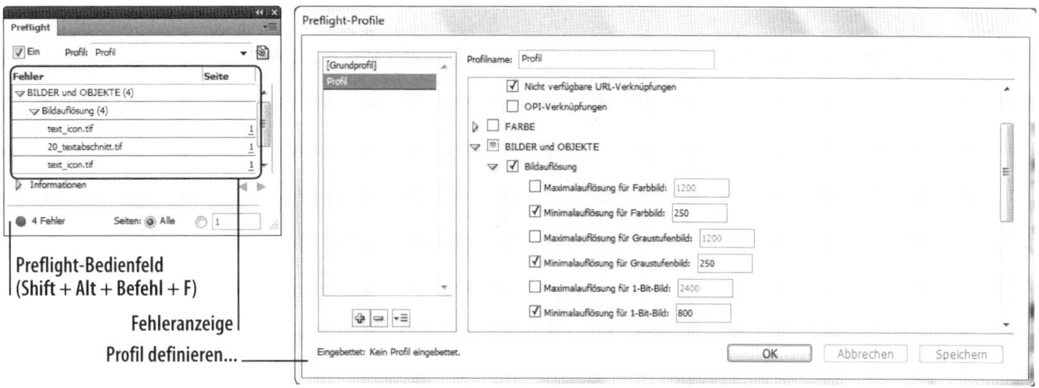


**Abb. 28**
Preflight-Bedienfeld

Mit der Funktion PROFILE DEFINIEREN … aus dem Flyout-Menü des Bedienfelds kann ein eigenes Profil zusammengestellt werden. Ich benutze gerne die Prüfung nach Auflösung und Farbraum, da sich erfahrungsgemäß oft Bilder in Dokumente einschleichen, deren Qualität für den Druck nicht ausreichend ist. Wie so oft sind zwar viele Optionen vorhanden, aber eine Prüfung nach Blitzern, also weißen Rändern zwischen Bildinhalt und Kontur, fehlt. Mittels Skripting kann diese Funktion recht einfach selbst programmiert werden. Wer noch mit InDesign CS3 arbeitet, kann natürlich auch die Auflösung und den Farbraum der Bilder mit einem Skript prüfen.

Eigene Preflight-Prüfungen per Skript

Für die Prüfung benötigt man zunächst alle Bilder, die in einem Dokument enthalten sind. Bei jedem einzelnen Bild muss dann geprüft werden, ob es einen Versatz zwischen Bildrahmen und Bild gibt. Der Bildinhalt selbst kann nicht geprüft werden: Wenn die platzierte Bilddatei einen weißen Rahmen hat, fällt dies bei dieser Prüfung nicht auf.

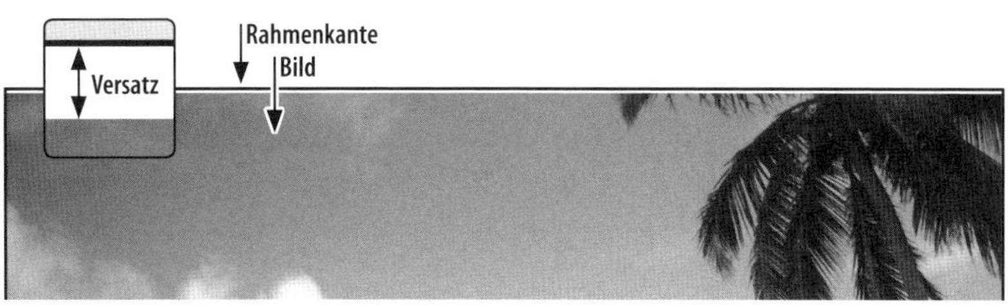


**Abb. 29**
Prüfung auf Versatz zwischen Bild und Bildrahmen

Neben einer visuellen Prüfung kann man in InDesign den Versatz zwischen Bild und Rahmen im Bedienfeld STEUERUNG ablesen, man müsste aber bei jedem Bild den linken oberen sowie linken unteren Referenzpunkt anwählen und das Feld X+ bzw. Y+ prüfen. Beim Skripting muss man mit der Eigenschaft `geometricBounds` arbeiten. Diese ist sehr ähnlich zur bereits bekannten Eigenschaft `visibleBounds` (→ Seite 57). In `geometricBounds` sind die eigentlichen Koordinaten des Rahmens, in `visibleBounds` die Koordinaten inklusive der Kontur enthalten. Bei Rahmen ohne Kontur sind sie entsprechend identisch. Für das folgende Skript kann die Datei *4-6_Blitzer.indd* verwendet werden.

**Listing 14**
4-6_BilderPruefen-1.jsx

```
1  #target InDesign
2  var _dok = app.activeDocument;
3  var _alleBilder = _dok.allGraphics;
4  for (var i = 0; i < _alleBilder.length; i++) {
5    var _bild = _alleBilder[i];
6    var _bildRahmen = _bild.parent;
7    if (_bild.geometricBounds[0] > _bildRahmen.geometricBounds[0]) {
8      alert("Vertikaler Versatz oben bei " + _bild.itemLink.name);
9    }
10   if (_bild.geometricBounds[1] > _bildRahmen.geometricBounds[1]) {
11     alert("Horizontaler Versatz links bei " + _bild.itemLink.name);
12   }
13   if (_bild.geometricBounds[2] < _bildRahmen.geometricBounds[2]) {
14     alert("Vertikaler Versatz unten bei " + _bild.itemLink.name);
15   }
16   if (_bild.geometricBounds[3] < _bildRahmen.geometricBounds[3]) {
17     alert("Horizontaler Versatz rechts bei " + _bild.itemLink.name);
18   }
19 }
```

```
var _dok = app.activeDocument;
```

2 Wie im vorigen Unterkapitel wird eine Referenz auf das gerade aktive Dokument in der Variablen `_dok` abgespeichert.

```
var _alleBilder = _dok.allGraphics;
```

3 Alle Bilder eines Dokuments können über die Eigenschaft `allGraphics` ausgewertet werden. Hier handelt es sich nicht um eine *Sammlung*, sondern um eine Liste* von Objekten – der Fachbegriff dafür ist *Array*. Der Unterschied zwischen Sammlung und Array ist momentan noch nicht so wichtig, die Eigenschaft `allGraphics` spart aber eine Menge Programmiercode.

Vereinfacht gesagt, befinden sich im Array `allGraphics` die Inhalte des Bedienfelds VERKNÜPFUNGEN (FENSTER → VERKNÜPFUNGEN).

---

* Der Begriff *Liste* ist eigentlich falsch, die genaue Übersetzung des englischen Begriffs ist *Reihe* oder *Aufreihung*. In der Informatik spricht man von *Feldern*. Ich halte den Begriff Liste allerdings für zutreffender, da eine nummerierte Liste die Datenstruktur gut veranschaulicht.

Der Array ist mit einem Index durchnummeriert, die Nummerierung ist für die Adressierung der einzelnen Elemente wichtig.

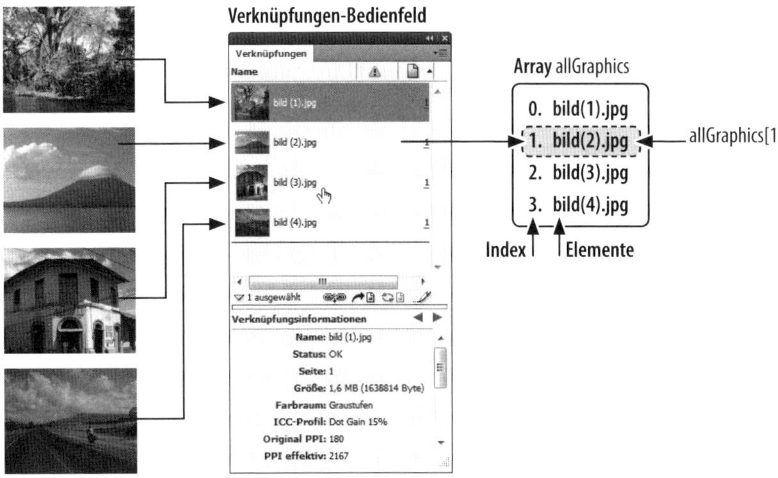


**Abb. 30** Zusammenhang zwischen dem Bedienfeld Verknüpfungen und dem Array allGraphics

Array

Ein Array enthält eine Reihe von Objekten, auf die mit einem Index, der die Position angibt, zugegriffen werden kann. Die einzelnen Objekte werden wie bei Sammlungen über eckige Klammern und den Index adressiert. Die Zählung des Index beginnt wie bei Sammlungen mit 0. Arrays haben auch die Eigenschaft `length`, die die Anzahl der enthaltenen Objekte ausgibt.

**Arrays**

In Arrays können mehrere Werte oder Objekte zusammengefasst werden. Die einzelnen Elemente sind über einen Index adressierbar.

Innerhalb der folgenden for-Schleife wird der Zugriff auf die einzelnen Elemente des Arrays gezeigt. Weiterführende Informationen zu Arrays und deren Methoden finden Sie in Unterkapitel 6.8. Jetzt geht es zurück zum eigentlichen Code:

Arrays in Schleifen einsetzen

```
for (var i = 0; i < _alleBilder.length; i++) {
   var _bild = _alleBilder[i];
   // Schleifenrumpf...
}
```

4–19 Für die Betrachtung der einzelnen Bilder wird eine *for-Schleife* eingesetzt, die alle Elemente des Arrays durchläuft. Arrays können, genau wie Sammlungen, für Schleifen eingesetzt werden.

Wenn Sie z.B. alle Bilder des Dokuments in einem Hinweisfenster ausgeben wollen, ergibt sich ein ähnlicher Code wie bei der Ausgabe der formatierten Textbereiche.

```
for (var i = 0; i < _alleBilder.length; i++) {
   alert("Bild " + i + " heißt " + _alleBilder[i].itemLink.name);
}
```

Für den Zugriff auf die Elemente des Arrays werden die eckigen Klammern verwendet. Hier muss man wissen, dass die Verknüpfungsinformationen des Bildes in einem eigenen `Link`-Objekt, das man über die Eigenschaft `itemLink` erreichen kann, gespeichert sind. Erst dieses Objekt hat die Eigenschaft `name`, die den Dateinamen des Bildes enthält.

Der Ablauf der for-Schleife durch einen Array oder eine Sammlung ist sehr ähnlich. In einem Dokument mit den drei Bildern `sonne.jpg`, `mond.jpg` und `sterne.jpg` sieht der Zugriff auf den Array `_alleBilder` in Zeile 5 folgendermaßen aus:

**Tab. 9**
Ablauf der for-Schleife

| Durchlauf | Wert der Variablen `i` | Ergebnis der Ausführungsbedingung | Tatsächlicher Aufruf des Arrays `_alleBilder[i]` | Adressiertes Element |
|---|---|---|---|---|
| 1 | 0 | trifft zu (wahr) | `_alleBilder[0]` | sonne.jpg |
| 2 | 1 | trifft zu (wahr) | `_alleBilder[1]` | mond.jpg |
| 3 | 2 | trifft zu (wahr) | `_alleBilder[2]` | sterne.jpg |
| Ende | 3 | trifft nicht zu (falsch) | – | – |

```
var _bildRahmen = _bild.parent;
```

6 Diese Zeile ist dann wieder erfrischend einfach: Über die Eigenschaft `parent` wird auf den Rahmen zugegriffen, in dem das Bild platziert ist. Diese Eltern-Kind-Beziehung im Objektmodell entspricht auch dem normalen Verhalten von InDesign: Ein Bild ist in einem Rahmen platziert. Bilder haben braune Hilfslinien und können mit dem Direktauswahl-Werkzeug ausgewählt werden. Die zugehörigen Rahmen haben blaue Hilfslinien und werden mit dem Auswahlwerkzeug selektiert.

**Abb. 31**
Bild und Bildrahmen

```
if (_bild.geometricBounds[0] > _bildRahmen.geometricBounds[0]) {
   alert("Vertikaler Versatz oben bei " + _bild.itemLink.name);
}
```

7–18 Es folgen vier *Bedingte Anweisungen*, die jeweils überprüfen, ob ein Versatz zwischen Bild und Bildrahmen besteht. Die Anatomie ist seit dem letzten Unterkapitel bekannt: Wichtig ist das reservierte Wort `if`, der Vergleich in den runden Klammern und der auszuführende Code in den geschweiften Klammern.

Bild und Bildrahmen haben beide die Eigenschaft `geometricBounds`, in der die Koordinaten des jeweiligen Objekts gespeichert sind. Die

Koordinaten sind ebenfalls in einem Array gespeichert. Der Vergleich der *if-Abfrage* prüft allerdings nicht mit dem doppelten Gleichheitszeichen `==`, ob zwei Werte identisch sind, sondern ob die Koordinate des Bildes größer als die des Bildrahmens ist. Ein Blitzer an der oberen Rahmenkante entsteht, wenn die Bildkante unterhalb der Rahmenkante steht. Dann ist die vertikale Koordinate der Bildkante *größer* > als die des Rahmens. Im Dokument *4-6_Blitzer.indd* sind die Konturen der Rahmen im Bedienfeld KONTUR auf den Wert KONTUREN AUSSEN AUSRICHTEN gestellt. Die Standardeinstellung von InDesign ist KONTUR MITTIG AUSRICHTEN. Für diesen Fall müsste das Skript noch die halbe Konturenstärke (Eigenschaft `strokeWeight`) berücksichtigen.

Wenn die Bedingung zutrifft, wird der Anweisungsblock zwischen den geschweiften Klammern ausgeführt – bei der ersten Abfrage nur Zeile 8. Dort wird mit Hilfe der JavaScript-Funktion `alert()` ein Hinweisfenster mit der Position des Rahmenversatzes und dem Bildnamen ausgegeben. Den Bildnamen findet man in der Eigenschaft `itemLink`, die zu der Verknüpfung führt.

```
if (_bild.geometricBounds[2] < _bildRahmen.geometricBounds[2]) { //...
```

13+16 Bei der Prüfung der rechten und unteren Rahmenkante muss der Vergleich prüfen, ob die Koordinate der Bildkante *kleiner* < als die der Rahmenkante ist.

Prüfungen mit Vergleichsoperatoren

Für Vergleiche kann eine ganze Reihe von *Vergleichsoperatoren* eingesetzt werden. Der Operator steht immer zwischen zwei Werten, vergleicht also den linken Wert mit dem rechts vom Operator.

```
(WertLinks OPERATOR WertRechts)
```

Vergleiche sind so angelegt, dass sie immer ein eindeutiges Ergebnis zurückliefern: *wahr* oder *falsch*. Das Ergebnis »vielleicht« gibt es in der Programmierung nicht. Es wäre auch unklar, was man mit einem solchen Ergebnis anfangen sollte.

**Tab. 10**
Oft gebräuchliche Vergleichsoperatoren in JavaScript

| **Vergleichsoperator** | **Beschreibung: Der Vergleich trifft zu, wenn …** | **Beispiel für einen zutreffenden Vergleich** | **Beispiel für einen nicht zutreffenden Vergleich** |
|---|---|---|---|
| `==` | beide Werte **gleich** bzw. identisch sind. | `1 == 1`<br>`"Text" == "Text"` | `1 == 2`<br>`"Text" == "2. Text"` |
| `<` | der linke Wert **kleiner** als der rechts vom Operator ist. | `1 < 2` | `100 < 5` |
| `>` | der linke Wert **größer** als der rechts vom Operator ist. | `2 > 1` | `5 > 100` |

Weitere Operatoren für Vergleiche finden Sie im Unterkapitel 6.7.

### Objekte auswählen

Das Hinweisfenster mit dem Namen des fehlerhaften Bildes ist ganz nett. In der Praxis ist es allerdings eher umständlich, im Bedienfeld VERKNÜPFUNGEN nachzuschlagen, wo sich das problematische Bild im Dokument befindet. Hier wäre es praktisch, wenn das Skript die Seite mit dem fehlerhaften Bild anzeigen und das Bild auswählen würde. Danach sollte die Skriptausführung beendet werden, damit der Benutzer den Fehler korrigieren kann.

Man könnte jetzt einfach den Code für das Anzeigen eines Objekts in alle vier if-Abfragen einbauen. In diesem Fall würde das Skript aber unübersichtlich und sehr lang werden. Besser wäre es, alle Fehler pro Bild einzusammeln und im Falle von mindestens einem Fehler den Rahmen anzuzeigen.

Dazu muss man zunächst eine Variable definieren, in der man sich merken kann, ob überhaupt ein Fehler auftritt. Außerdem wird eine Variable für die Fehlermeldungen benötigt. Diese muss gegebenenfalls in den Anweisungsblöcken der einzelnen Abfragen erweitert werden. Ob ein Fehler aufgetreten ist, wird am Ende des Schleifenrumpfs mit einer weiteren if-Abfrage geprüft. Dort wird dann der Rahmen ausgewählt und die Seite angezeigt, auf dem er sich befindet.

**Listing 15**
4-6_BilderPruefen-2.jsx

```
#target InDesign
var _dok = app.activeDocument;
var _alleBilder = _dok.allGraphics;
for (var i = 0; i < _alleBilder.length; i++) {
  var _bild = _alleBilder[i];
  var _bildRahmen = _bild.parent;
  var _fehler = false;
  var _fehlerMeldung = "";
  if (_bild.geometricBounds[0] > _bildRahmen.geometricBounds[0]) {
    _fehlerMeldung= _fehlerMeldung + "Vertikaler Versatz oben\n";
    _fehler = true;
  }
  if (_bild.geometricBounds[1] > _bildRahmen.geometricBounds[1]) {
    _fehlerMeldung= _fehlerMeldung + "Horizontaler Versatz links\n";
    _fehler = true;
  }
  if (_bild.geometricBounds[2] < _bildRahmen.geometricBounds[2]) {
    _fehlerMeldung = _fehlerMeldung + "Vertikaler Versatz unten\n";
    _fehler = true;
  }
  if (_bild.geometricBounds[3] < _bildRahmen.geometricBounds[3]) {
    _fehlerMeldung= _fehlerMeldung+ "Horizontaler Versatz rechts\n";
    _fehler = true;
  }
```

```
25   if (_fehler) {
26     app.activeWindow.activePage = _bildRahmen.parent; // Nur CS3
27     app.select(_bildRahmen);
28     app.activeWindow.zoom(ZoomOptions.FIT_PAGE);
29     alert(_bild.itemLink.name + "\n" + _fehlerMeldung);
30     break;
31   }
32 }
```

`var _fehler = false;`

7 Der Variablen `_fehler` wird der Wert `false` zugewiesen. Das Wort `false` wird im ESTK blau eingefärbt und ist ein reserviertes Wort mit einer speziellen Bedeutung. Es bedeutet »falsch« und hat in der Programmierung die gleiche Bedeutung wie ein nicht zutreffender Vergleich. Genauer gesagt liefert ein nicht zutreffender Vergleich den Wert `false` zurück. Für einen zutreffenden Vergleich gibt es natürlich noch das Gegenstück `true`.

Boolesche Werte

Die Werte `true` und `false` sind entweder Ergebnisse von Abfragen oder können auch direkt im Skript zugewiesen werden. Diese Werte werden auch *Boolesche Werte* genannt. Eine if-Abfrage wird nur ausgeführt, wenn innerhalb der runden Klammern `true` steht. Der Wert `true` muss allerdings nicht durch einen Vergleich entstanden sein.

**Wahr oder falsch**

Die Werte **`true`** und **`false`** sind Ergebnisse von Vergleichen. Sie können einer Variablen auch direkt zugewiesen werden. If-Abfragen werden bei `true` ausgeführt, im Fall von `false` nicht.

`_fehler = true;`

11+15+19+23 Falls ein Fehler aufgetreten ist, also der Anweisungsblock durchlaufen wird, wird die Variable `_fehler` mit dem Wert `true` belegt. Dies kann auch mehrmals passieren, ändert aber nichts daran, dass dann die if-Abfrage in Zeile 25 ausgeführt wird.

`var _fehlerMeldung = "";`

8 Bevor man die Prüfung beginnt, wird der Variablen `_fehlerMeldung` eine leere Zeichenkette zugewiesen.

`_fehlerMeldung = _fehlerMeldung + "Vertikaler Versatz oben\n";`

10+14+18+22 Falls die Bedingung der if-Abfrage in der vorigen Zeile zutrifft, wird die Variable jeweils mit dem Hinweis auf die Position des Fehlers erweitert. Der Trick besteht darin, einfach an den Inhalt der Variablen den neuen Fehler mit einem + anzuhängen. Zeichenketten können mit dem +-Zeichen beliebig zusammengefügt werden. Das Zeichen `\n` am Ende der Zeile ist das Steuerzeichen für einen Zeilenumbruch. Ein spezielles Steuerzeichen ist notwendig, da in der Zeichenkette kein Zeilenumbruch eingefügt werden kann.

```
if (_fehler) {
   // Anweisungen
}
```

25–31 Der Anweisungsblock dieser if-Abfrage wird nur dann ausgeführt, wenn die Variable `_fehler` den Wert `true` enthält. Immer wenn es einen oder mehrere Blitzer im Bildrahmen gab, soll der Rahmen ausgewählt und angezeigt werden. Die Steuerung der if-Abfrage wird in diesem Fall durch die Auswertung der Variablen `_fehler` vorgenommen, die vorher auf `true` oder `false` gesetzt wurde.

**Unter CS3 muss zunächst die Seite aktiviert werden.**

```
app.activeWindow.activePage = _bildRahmen.parent; //CS3
```

26 Um ein Objekt auszuwählen, muss man in InDesign CS3 die Seite aktivieren, auf der sich das Bild befindet. Dazu wird der Eigenschaft `activePage` ein Seitenobjekt zugewiesen. In der Eigenschaft `parent` des Bildrahmens befindet sich unter CS3/CS4 normalerweise die Seite, auf der sich der Rahmen befindet. Unter CS5 gibt es die Eigenschaft `parentPage`, die immer zur Seite führt.

Unter CS4 ist Zeile 26 optional, unter CS5 müssen Sie sie weglassen bzw. das Skript *4-6_BilderPruefen-2-CS5.jsx* verwenden.

```
app.select(_bildRahmen);
```

27 Der Bildrahmen wird mit `select()` ausgewählt. Der Methode wird das auszuwählende Objekt als Parameter übergeben. Die Methode entspricht einer ganz normalen Auswahl in der Benutzeroberfläche.

Ab CS4 wechselt InDesign bei der Veränderung der Zoomstufe automatisch auf die Seite, auf der sich das aktuell ausgewählte Objekt befindet.

```
app.activeWindow.zoom(ZoomOptions.FIT_PAGE);
```

28 In dieser Zeile wird mit Hilfe der Methode `zoom()` die Seite angezeigt, auf der sich der Rahmen befindet. Mit dem Parameter `ZoomOptions.FIT_PAGE` der Methode `zoom()` wird festgelegt, dass die Ansicht auf Seitengröße eingepasst wird.

```
alert(_bild.itemLink.name + "\n" + _fehlerMeldung);
```

29 Mit der JavaScript-Funktion `alert()` wird die Fehlermeldung in einem Hinweisfenster ausgegeben.

Eine Schleife mit `break` verlassen

```
break;
```

30 Das Skript muss nach der Auswahl von Seite und Bild anhalten, damit der Fehler vom Anwender behoben werden kann. Dazu kann man die for-Schleife mit dem reservierten Wort `break` beenden. Der Befehl `break` beendet eine Schleife unabhängig von der Auswertung der Ausführungsbedingung und dem Wert der Zählvariable.

Weitere Prüfungen unter CS3

Auf der Webseite zum Buch finden Sie ein Zusatzkapitel in dem weitere Preflight-Prüfungen für InDesign CS3 vorgestellt werden.

## 4.7 Seiten und Objekte finden

Im Folgenden soll der Umgang mit Seiten und Mustervorlagen beim Skripting sowie das gezielte Adressieren von Objekten gezeigt werden.

Wann immer möglich, sollte in InDesign mit *Mustervorlagen* gearbeitet werden. Leider kann man Mustervorlagen nicht automatisch in Abhängigkeit des Inhalts der Seite vergeben. Dies wird aber immer dann nötig, wenn die erste Seite eines Kapitels anders als die restlichen gestaltet werden soll. Als Beispiel habe ich die Datei *4-7_Seiten Durchlaufen.indd* vorbereitet. Das Dokument enthält drei Kapitel mit Platzhaltertext. Die Kapitelüberschriften sind mit dem Absatzformat `u1` ausgezeichnet. Im Absatzformat ist unter UMBRUCHOPTIONEN festgelegt, dass die Überschrift immer auf einer neuen rechten Seite beginnt. Außerdem gibt es Mustervorlagen mit den Namen `normal` und `kapitelstart`. Name und Präfix einer Mustervorlage können über das Flyout-Menü des Bedienfelds SEITEN mit der Funktion MUSTERVORLAGENOPTIONEN angepasst werden.

Oft wird auch der Begriff Musterseiten verwendet, er bezieht sich eigentlich auf eine einzelne Seite der Mustervorlage.

Auf der Mustervorlage `kapitelstart` ist rechts oben ein blauer Rahmen zu sehen. Im Layout soll dieser den Beginn eines Kapitels hervorheben und hinter der Überschrift liegen. Diese Mustervorlage soll also nur auf Seiten mit Überschriften angewendet werden. Das Layout ist recht schlicht, reicht aber für das Beispiel vollkommen aus.

**Abb. 32** Mustervorlagen und Seiten

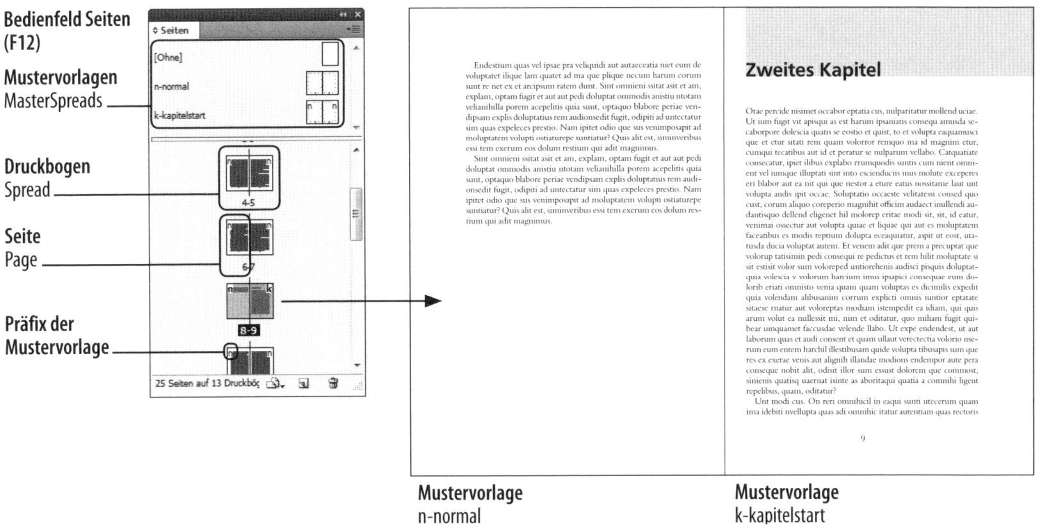


Im Leben ohne Skripting müsste man das Dokument durchscrollen und bei jeder Überschrift die entsprechende Mustervorlage anwenden. Das Skript dafür sieht folgendermaßen aus:

**Listing 16**
4-7_Seiten Durchlaufen-1.jsx

```
1  #target InDesign
2  var _dok = app.activeDocument;
3  var _alleSeiten = _dok.pages;
4  for (var i = 0; i < _alleSeiten.length; i++) {
5    var _seite = _alleSeiten[i];
6    if (_seite.textFrames.length > 0) {
7      var _tf = _seite.textFrames[0];
8      if (_tf.paragraphs[0].appliedParagraphStyle.name == "u1") {
9        _seite.appliedMaster = _dok.masterSpreads.itemByName(
         "k-kapitelstart");
10     }
11   }
12 }
```

Auf alle Seiten des Dokuments zugreifen

```
var _dok = app.activeDocument;
var _alleSeiten = _dok.pages;
```

2–3 Als Einstiegspunkt bietet sich wieder das aktive Dokument an. Alle Seiten des Dokuments befinden sich in einer Sammlung, auf die man mit der Eigenschaft `pages` zugreifen kann. Die Referenz auf alle Seiten wird in der Variablen `_alleSeiten` gespeichert. Der Inhalt der Sammlung ist mit dem Seiten-Bedienfeld vergleichbar. Jede Seite ist enthalten, die Seitenzahl kann man vereinfacht mit dem Index vergleichen – wobei Sie Index und Seitenzahl nicht verwechseln sollten. Die Seitenzahl beginnt nicht bei 0, sondern normalerweise bei 1. Der Startwert kann sogar beliebig festgelegt werden.

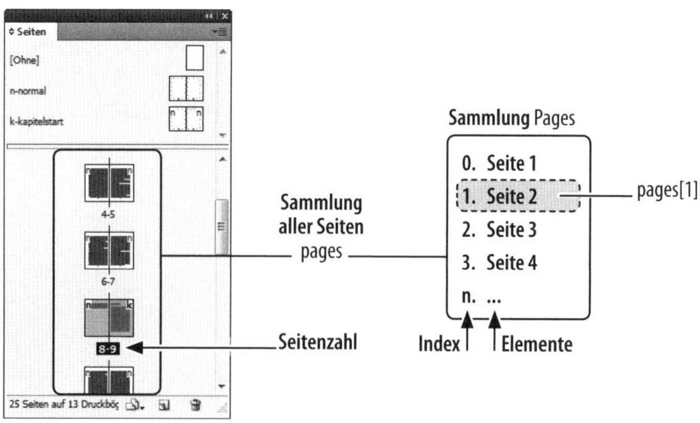


**Abb. 33** Zusammenhang zwischen Seiten-Bedienfeld und Sammlung

```
for (var i = 0; i < _alleSeiten.length; i++) {
  var _seite = _alleSeiten[i];
  //...
```

4–11 Die einzelnen Seiten werden mit Hilfe einer *for-Schleife* aufgesucht. Die Zählvariable `i` wird innerhalb des Schleifenrumpfs verwendet, um die Seiten in der Sammlung `_alleSeiten` über den Index zu adressieren. Die Schleife bzw. der Schleifenrumpf endet mit der geschweiften Klammer in Zeile 12.

```
if (_seite.textFrames.length > 0) { //...
```

6 Zu einer Seite gehören die auf ihr platzierten Rahmen und Objekte – im Objektmodell spiegelt sich das wider. Alle Textrahmen befinden sich in einer Sammlung, die Sie über die Eigenschaft `textFrames` erreichen. In dieser Zeile wird mit einer if-Abfrage sichergestellt, dass nur Seiten, die einen Textrahmen enthalten, verarbeitet werden. Dies ist dann der Fall, wenn in `textFrames` mindestens ein Objekt – also ein Textrahmen – enthalten ist. Dann ist die Eigenschaft `length` größer als 0. Wenn dies nicht der Fall ist, kann sich das Skript die restliche Arbeit sparen und der Anweisungsblock in den geschweiften Klammern von Zeile 6 bis 11 wird übersprungen.

```
_var _tf = _seite.textFrames[0];
```

7 Zu diesem Zeitpunkt ist sichergestellt, dass die Seite mindestens einen Textrahmen enthält. Im Skript gehe ich sehr vereinfacht davon aus, dass es auf der Seite nur einen Textrahmen gibt bzw. dass der erste Textrahmen – der mit dem Index 0 – auf der Seite auch den Haupttext enthält. Weiter unten erkläre ich eine bessere Methode, die sicherstellt, dass immer der richtige Textrahmen ausgewählt wird.

```
if (_tf.paragraphs[0].appliedParagraphStyle.name == "u1") {
   // Anweisungsblock
}
```

8–10 Hier wird geprüft, ob das Skript die Mustervorlage `kapitelstart` zuweisen muss. Da das Absatzformat `u1` immer auf einer neuen Seite beginnt, kann davon ausgegangen werden, dass nur der erste Absatz eines Textrahmens – also `_tf.paragraphs[0]` – für die Prüfung herangezogen werden muss. Die Eigenschaft `appliedParagraphStyle` enthält das Objekt `ParagraphStyle` mit allen Eigenschaften des Absatzformats. Der Name des Absatzformats ist in der Eigenschaft `name` gespeichert. Wenn der Wert der Eigenschaft Zeichenfolge `u1` entspricht, wird der Anweisungsblock ausgeführt.

Eine Mustervorlage zuweisen

```
_seite.appliedMaster = _dok.masterSpreads.itemByName("k-kapitelstart");
```

9 Die eigentliche Tätigkeit des Skripts steht in dieser Zeile: Der aktuellen Seite wird die Mustervorlage `kapitelstart` zugewiesen.

Die Eigenschaft `appliedMaster` enthält die zugewiesene Mustervorlage, ihr kann auch eine andere Mustervorlage zugewiesen werden. Die entspricht im normalen Programm der Funktion Mustervorlage auf Seite anwenden ... aus dem Flyout-Menü des Seiten-Bedienfelds.

Die Mustervorlagen gehören zum Dokument. Die Eigenschaft `masterSpreads` repräsentiert die Sammlung mit allen Mustervorlagen. Die Methode `itemByName()` liefert die Mustervorlage mit dem Namen, der als Parameter übergeben wurde, zurück. Wichtig ist, dass die Mustervorlage auf ihren vollständigen Namen hört. Dieser wird aus dem Präfix (k), einem Bindestrich und dem eigentlichen Namen (kapitelstart) zusammengesetzt. Der vollständige Name erscheint auch im Seiten-Bedienfeld.

Weitere Informationen über Seiten und Mustervorlagen erhalten Sie in Unterkapitel 7.7.

### Einzüge nach der Überschrift entfernen

Mit dem Grundgerüst des Skripts können auch noch andere Aufgaben automatisiert werden. Der erste Absatz nach einer Überschrift wird normalerweise ohne Einzug formatiert. Im vorhergehenden Skript wird bereits der Absatz mit der Überschrift referenziert. Mit einer kleinen Erweiterung kann dies auch in diesem Skript erledigt werden.

**Listing 17** Den nächsten Absatz erreichen (Auszug aus 4-7_Seiten Durchlaufen-2.jsx)

```
8  var _ersterAbsatz = _tf.paragraphs[0];
9  if (_ersterAbsatz.appliedParagraphStyle.name == "ul") {
10   _seite.appliedMaster = _dok.masterSpreads.itemByName
     ("k-kapitelstart");
11   _tf.paragraphs.nextItem(_ersterAbsatz).appliedParagraphStyle =
     "grundschrift_ohne_einzug";
12 }
```

```
var _ersterAbsatz = _tf.paragraphs[0];
```

8 Damit das Skript etwas übersichtlicher wird, speichere ich den ersten Absatz des Textrahmens in einer Variablen.

```
_tf.paragraphs.nextItem(_ersterAbsatz).appliedParagraphStyle =
   "grundschrift_ohne_einzug";
```

11 Hier wird der auf den ersten Absatz folgende Absatz adressiert – also der zweite. Dazu wird die Methode nextItem() verwendet. Als Parameter wird der Absatz übergeben, dessen nachfolgender gefunden werden soll. Die Methode nextItem() gehört zur Sammlung aller Absätze. Sie gehört wie firstItem() und everyItem() nicht zum eigentlichen Absatzobjekt! Das Absatzobjekt, das sich in der Variablen _ersterAbsatz befindet, wird als Startpunkt für die Suche innerhalb der Sammlung verwendet.

Übrigens haben alle Sammlungen diese Methode, man könnte mit ihr z. B. auch eine nachfolgende Seite ansprechen.

**! Die Methode nextItem() wird bei umfangreichen Textabschnitten sehr langsam.**

Im konkreten Fall könnte man den zweiten Absatz auch über _tf.paragraphs[1] erreichen, die hier vorgestellte Lösung ist aber unabhängig vom Index und dadurch deutlich flexibler. Bei langen Texten wird die Methode nextItem() sehr langsam, verwenden Sie dann die auf Seite 278 vorgestellte Alternative.

### 4.7.1 Objekte mit Namen versehen

Die erste Version des Skripts ist wie üblich noch recht unflexibel. Es wird immer nur der Inhalt des ersten Textrahmens auf der Seite geprüft. Sobald mehrere Textrahmen auf der Seite stehen, funktioniert das Skript nicht mehr zuverlässig. Der Index des Textrahmens bezieht sich übrigens nicht auf die Position, sondern auf die Erstellungsreihenfolge. Der Textrahmen mit dem Index 0 wurde als Letztes erstellt.

Skriptetiketten und Objektnamen

Beim Skripting ist es hilfreich, auf Seitenobjekte direkt zugreifen zu können. Dafür gibt es in InDesign die Möglichkeit, Objekten einen Namen zuzuweisen. Über diesen Namen kann man dann im Skript bequem auf die entsprechenden Objekte zugreifen. Leider hat sich die Namensvergabe in der Version CS5 geändert.

Wenn Sie mit der Version CS3 oder CS4 arbeiten, müssen Sie das Bedienfeld Skriptetikett aufrufen: Fenster → Automatisierung → Skriptetikett. Mit diesem Bedienfeld kann man einem markierten Objekt einen beliebigen Namen zuweisen. Im Beispieldokument wird der Name `hauptttext` für die beiden Textrahmen auf den Musterseiten verwendet. Der Name kann für beide Textrahmen gleich sein, weil sie auf verschiedenen Seiten stehen und die Textrahmen im Skript über die Seite gesucht werden.

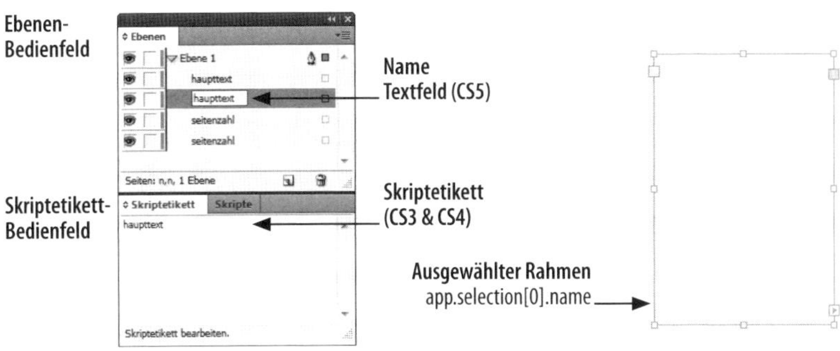


**Abb. 34**
Skriptetikett und Ebenen-Bedienfeld für die Namensgebung

In InDesign CS5 gibt es zwar weiterhin das Bedienfeld Skriptetikett, die hier vergebenen Namen werden aber nicht mehr ausgewertet. Ab InDesign CS5 müssen die Namen im Bedienfeld Ebenen eingetragen werden. Das Bedienfeld für die Ebenen erreichen Sie über Fenster → Ebenen. Danach muss das Objekt im Layout ausgewählt werden, es wird dann automatisch auch in der Ebene angewählt. Ein einzelner Klick auf das Objekt im Bedienfeld Ebenen öffnet ein Texteingabefeld neben dem Objekt. In dieses Feld kann dann `haupttext` eingetragen werden.

Für das folgende Skript benötigen die Textrahmen auf den Musterseiten das Skriptetikett `haupttext` (CS3 und CS4) bzw. den gleichen Namen im Ebenen-Bedienfeld (CS5). Das Dokument 4-7_*Seiten Durchlaufen.indd* ist bereits vorbereitet, für InDesign CS5 können Sie *4-7_SeitenDurchlaufen-CS5.indd* verwenden.

**Listing 18**
Auszug aus 4-7_Seiten Durchlaufen-3.jsx

```
6  var _tf = _seite.textFrames.itemByName("haupttext");
7  if (_tf != null) {
8    var _ersterAbsatz = _tf.paragraphs[0];
     //...
13 }
```

```
var _tf = _seite.textFrames.itemByName("haupttext");
```

6 Ähnlich wie bei den Mustervorlagen kann mit der Methode `itemByName()` ein Objekt aus der Sammlung der Textrahmen ausgewählt werden. In der Variablen `_tf` wird der Textrahmen mit dem Skriptetikett oder Namen `haupttext` gespeichert.

Was passiert aber, wenn kein Objekt mit dem Namen vorhanden ist? Dann ist das Ergebnis eine Referenz auf ein ungültiges Objekt – d.h. in Nicht-Informatikersprache: Die Variable `_tf` ist leer. Für diesen Zustand gibt es das Schlüsselwort `null`. Es bedeutet, dass das Ergebnis nicht existiert bzw. ungültig ist. Der Wert `null` ist allerdings nicht identisch mit dem Zahlenwert 0!

**null**
Das reservierte Wort null entspricht der Bedeutung leer, unbestimmt oder ungültig. Der Wert von null ist »ohne Wert«.

```
if (_tf != null) {
  //...
}
```

7–13 Die if-Abfrage fragt in dieser Version nicht mehr, ob es überhaupt Textrahmen auf der Seite gibt. Auch wenn es keinen Textrahmen mit dem Namen `haupttext` gibt, könnten andere Textrahmen auf der Seite platziert sein.

Ab InDesign CS4 kann man mit der Eigenschaft `isValid` prüfen, ob ein Objekt existiert (→ Seite 156)

In der Abfrage prüft man stattdessen, ob das Ergebnis der Abfrage `itemByName()` aus Zeile 6 gültig ist. Neu ist der Vergleichsoperator `!=`. Mit ihm kann geprüft werden, ob ein Wert genau nicht dem anderen entspricht, also die Negation. Der Vergleichsoperator sagt also aus, dass die Werte ungleich sind. Entsprechend liefert der Vergleich `5 != 6` das Ergebnis `true` zurück.

### 4.7.2 Objekte von der Musterseite lösen

Die Methode `itemByName()` funktioniert nur mit Objekten, die auf der aktuellen Seite verfügbar sind. Im Beispieldokument sind die Textrahmen für die automatischen Seitenzahlen mit dem Skriptetikett bzw. Namen `seitenzahl` ausgezeichnet. Die Seitenzahlen werden auf allen Seiten angezeigt, die zughörigen Textrahmen können aber nicht ausgewählt werden. Das ist auch logisch, denn sie gehören zur Musterseite und sind auf der Seite nur als virtuelle Kopie dargestellt. In InDesign muss man sie erst lösen, bevor man sie bearbeiten kann.

Denkbar ist z. B. die Anforderung, dass alle Seitenzahlen von Seiten entfernt werden sollen, auf denen der Rahmen `haupttext` nur zur Hälfte gefüllt ist. Dies ist in der Beispieldatei auf Seite 8 der Fall. Für ein Skript müssen zwei Aufgaben gelöst werden:

1. Herausfinden, ob der Textrahmen `haupttext` zur Hälfte gefüllt ist. Im Beispiel ist dies der Fall, wenn er weniger als 17 Zeilen enthält.
2. Das Musterseitenobjekt `seitenzahl` finden, lösen und löschen.

Das Skript muss dafür wie folgt modifiziert werden:

**Listing 19**
Auszug aus 4-7_Seiten Durchlaufen-4.jsx

```
17 if (_tf.lines.length < 17) {
18   var _musterSeiten = _dok.masterSpreads.itemByName("n-normal");
19   var _seitenzahlTF = _musterSeiten.pages[0].textFrames.
     itemByName("seitenzahl");
20   var _geloesterTF = _seitenzahlTF.override(_seite);
21   _geloesterTF.remove();
22 }
```

```
if (_tf.lines.length < 17) { //...
```

17–22 Die if-Abfrage befindet sich im Anweisungsblock der ersten Abfrage, die sichergestellt hat, dass überhaupt ein Textrahmen mit dem Namen `haupttext` existiert. Die Abfrage, ob der Textrahmen zur Hälfte gefüllt ist, ist einfacher als gedacht. Es kann einfach die Eigenschaft `lines` ausgewertet werden, die die Sammlung mit allen Textzeilen (engl. line) enthält. Wenn weniger als 17 Objekte in der Sammlung sind, ist der Textrahmen nur zur Hälfte gefüllt.

```
var _musterSeiten = _dok.masterSpreads.itemByName("n-normal");
```

18 Die beiden Musterseiten `n-normal` werden in der Variablen `_musterSeiten` gespeichert. Die Abfrage mit `itemByName()` entspricht der Auswahl der Musterseite `k-kapitelstart` in Zeile 10. In der Variablen ist jetzt ein Mustervorlagenobjekt gespeichert. Dies entspricht der Montagefläche mit beiden Musterseiten.

```
var _seitenzahlTF = _musterSeiten.pages[0].textFrames.
  itemByName("seitenzahl");
```

19 Hier wird der Textrahmen mit dem Namen `seitenzahl` auf der linken Musterseite ausgewählt und in der Variablen `_seitenZahlTF` gespeichert.

Beachten Sie, dass zunächst die erste Seite – also die linke Seite – auf der Montagefläche mit `pages[0]` adressiert wird. Wenn alle Textrahmen mit dem Namen `seitenzahl` von der Montagefläche abgerufen werden, ist nicht mehr sichergestellt, ob der Textrahmen der rechten Seite oder der linken Seite zurückgeliefert wird, da beide den Namen `seitenzahl` haben. Weil aber die Überschrift immer auf einer rechten Seite beginnt, kann zunächst davon ausgegangen werden, dass nur Seitenzahlen auf linken Seiten entfernt werden müssen.

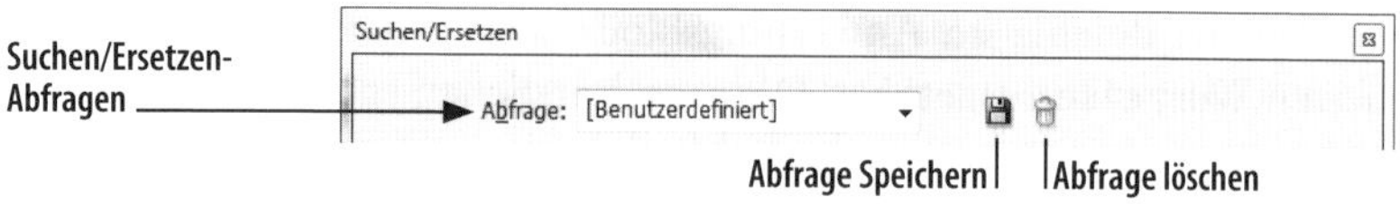


**Abb. 35** Suchen/Ersetzen-Abfragen speichern

Diese Abfrage `MaxMoritz` wird dann im folgenden Skript geladen und vom Skript ausgeführt. Dieses Skript zeigt exemplarisch die Verwendung von Suchen/Ersetzen-Abfragen; produktiv wird es erst, wenn man mehrere Abfragen hintereinander ausführen lässt.

**Listing 21** 4-8_SuchenUndErsetzen-1.jsx

```
1 #target InDesign
2 app.loadFindChangeQuery("MaxMoritz", SearchModes.GREP_SEARCH);
3 app.activeDocument.changeGrep();
```

**Achten Sie auf die exakte Schreibweise des Namens.**

2 Innerhalb des Skripts wird als Erstes die Abfrage `MaxMoritz` geladen. Die Methode `loadFindChangeQuery()` gehört zur Anwendung und wird direkt über `app` angesteuert. Die Methode übernimmt zwei Parameter. Der erste Parameter beinhaltet den Namen der Abfrage, der zweite Parameter den Typ der Abfrage. Für die vier verschiedenen Suchtypen muss einer der folgenden, sich selbst erklärenden Parameter verwendet werden:

- `SearchModes.TEXT_SEARCH`
- `SearchModes.GREP_SEARCH`
- `SearchModes.GLYPH_SEARCH`
- `SearchModes.OBJECT_SEARCH`

`app.activeDocument.changeGrep();`

3 Die Anforderungen aus der Suchen/Ersetzen-Abfragen werden mit der Methode `changeGrep()` im aktuell geöffneten Dokument ausgeführt. Die Methode muss ebenfalls mit dem Suchtyp korrespondieren.

- `changeText()` für die Text-Suche
- `changeGrep()` für die Suche mit GREP
- `changeGlyph()` für die Suche nach Glyphen
- `changeObject()` für die Suche nach Objekten

Die Einstellungen der Suche selbst setzen

Bei der Verwendung von Suchen/Ersetzen-Abfragen muss man sicherstellen, dass die Abfragen an dem Arbeitsplatz, an dem das Skript ausgeführt wird, verfügbar sind. Deswegen stelle ich in der Praxis oft die Eigenschaften für die gewünschte Abfrage direkt ein. Im Skript wird dann keine Abfrage geladen, sondern der Suchen/Ersetzen-Dialog direkt per Skript gesteuert. Das folgende Skript zeigt, wie die Einstellungen für das Suchen und Ersetzen per GREP vorgenommen werden.

**Listing 22** 4-8_SuchenUndErsetzen-2.jsx

```
#target InDesign
app.findGrepPreferences = NothingEnum.nothing;
app.findGrepPreferences.findWhat= "Max";
app.changeGrepPreferences = NothingEnum.nothing;
app.changeGrepPreferences.changeTo= "Moritz";
app.activeDocument.changeGrep();
```

```
app.findGrepPreferences = NothingEnum.nothing;
```

2 Die Eigenschaft `findGrepPreferences` gehört zur Anwendung. Hierüber können alle Such-Einstellungen gesetzt werden, die Sie auch im normalen Dialog eingeben können.

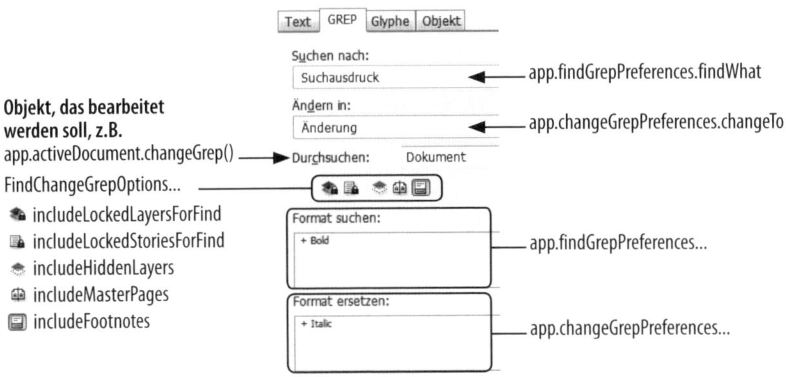


**Abb. 36**
Skripteinstellungen im Suchen/Ersetzen-Dialog

Als Erstes werden eventuell vorhandene Einstellungen im Bereich Suche mit dem Wert `NothingEnum.nothing` gelöscht. InDesign merkt sich die Einstellungen im Dialog, auch wenn dieser geschlossen ist. Dies ist im normalen Umgang mit der Funktion recht praktisch. Beim Skripting gibt es jedoch böse Überraschungen, wenn in den Such-Einstellungen noch Werte der vorherigen Suche gesetzt sind.

**In `...Preferences` sind keine Sammlungen enthalten.**

In Voreinstellungen (engl. preferences) können meist mehrere Werte gesetzt werden, deswegen stehen die Namen der Eigenschaften in der Pluralform. Es handelt sich hier aber ausnahmsweise nicht um Sammlungen. Der Aufruf ~~`app.findGrepPreferences[0]`~~ funktioniert nicht!

```
app.findGrepPreferences.findWhat= "Max";
```

3 Die Eigenschaft `findWhat` in dieser Zeile entspricht dem Texteingabefeld SUCHEN im Suchen/Ersetzen-Dialog. Es wird nach der Zeichenfolge `Max` gesucht.

```
app.changeGrepPreferences = NothingEnum.nothing;
```

4 Die Einstellungen für die Ersetzung müssen analog zu denen der Suche zurückgesetzt werden.

```
app.changeGrepPreferences.changeTo= "Moritz";
```

5 Die Eigenschaft `changeTo` entspricht dem Texteingabefeld ÄNDERN.

```
app.activeDocument.changeGrep();
```

6 Die Methode `changeGrep()` führt die Ersetzung im aktuellen Dokument aus, sie entspricht dem Button ALLE ÄNDERN aus dem Suchen/Ersetzen-Dialog. Die Methode kann von vielen Objekten aus gestartet werden, Sie können auch nur einen einzelnen Textrahmen oder Absatz durchsuchen.

**InDesign »merkt« sich die Einstellungen.**

Nach der Ausführung des Skripts stehen noch `Max` und `Moritz` in den entsprechenden Feldern des Suchen/Ersetzen-Dialogs. Um das zu verhindern, müssen die `findGrepPreferences` und `ChangeGrepPreferences` am Ende des Skripts erneut auf den Wert `NothingEnum.nothing` gesetzt werden.

Um ein Skript zu überprüfen, kann es aber durchaus hilfreich sein, die Werte nach Beendigung nicht zu löschen. So kann man nach Ablauf des Skripts bequem nachprüfen, ob die Anfrage aus dem Skript korrekt im Suchen/Ersetzen-Dialog angekommen ist.

Such-Optionen

Die Such-Optionen, also z.B. ob gesperrte Ebenen oder Musterseiten mit in die Suche aufgenommen werden sollen, sind Eigenschaften von `app.findChangeGrepOptions` und müssen bei Bedarf ebenfalls eingestellt werden. Dies wird in Unterkapitel 7.13 gezeigt.

Formate suchen und ersetzen

Im unteren Bereich des Suchen/Ersetzen-Dialogs können die Such-Einstellungen mit Formatangaben weiter verfeinert werden. Wenn nur Formatangaben und keine Suchbegriffe eingegeben werden, werden alle Textstellen, auf die die Formatangaben zutreffen, gefunden. Falls zusätzlich noch Formatangaben für die Änderung eingetragen werden, können die Formatierungen ersetzt werden.

**Abb. 37**
Änderung der Formatangaben im Suchen/Ersetzen-Dialog

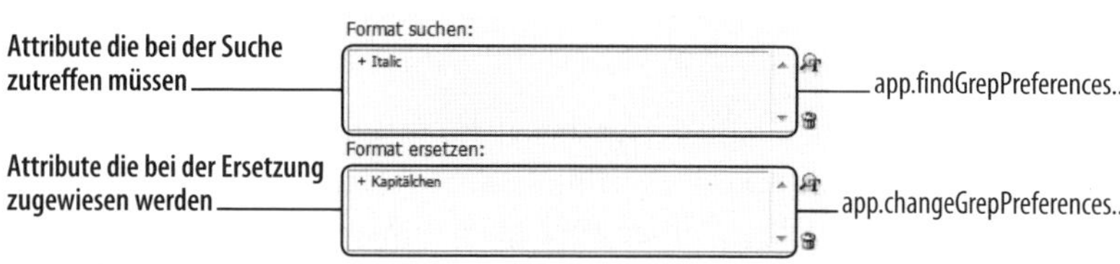


Diese Einstellungen können natürlich auch in Skripten verwendet werden. Das folgende Beispiel zeigt, wie man alle Textstellen, auf denen der Schriftschnitt `Italic` angewendet ist, mit dem Schriftschnitt `Bold` formatiert – also alle kursiven Texte in fett gesetzte Texte umwandelt. Dies setzt natürlich voraus, dass die Schriftschnitte der Schriftarten den entsprechenden Namen haben und vorhanden sind.

**Listing 23**
4-8_SuchenUndErsetzen-3.jsx

```
1 #target InDesign
2 app.findGrepPreferences = NothingEnum.nothing;
3 app.findGrepPreferences.fontStyle = "Italic";
4 app.changeGrepPreferences = NothingEnum.nothing;
5 app.changeGrepPreferences.fontStyle = "Bold";
6 app.activeDocument.changeGrep();
```

`app.findGrepPreferences.fontStyle = "Italic";`

3 Mit der Eigenschaft `fontStyle` wird der Schriftschnitt für die Suchvorgaben festgelegt. Der Name muss als String übergeben werden.

```
app.changeGrepPreferences.fontStyle = "Bold";
```

5 Bei den Vorgaben für die Ersetzung wird ähnlich verfahren, wobei man auch noch zusätzlich Angaben für die Formatierung vergeben könnte. In der Suche bzw. bei der Ersetzung können alle Formateinstellungen, die auf Absatz- und Zeichenebene eingestellt werden können, verwendet werden. Die Wichtigsten finden Sie in der folgenden Tabelle. Die Eigenschaften müssen Sie wie in den oben gezeigten Skripten an `findGrepPreferences` bzw. `changeGrepPreferences` mit dem Punkt anhängen.

**Tab. 11** Eigenschaften für Suchen/Ersetzen-Einstellungen

| **Eigenschaft** | **Beschreibung, findet/ersetzt …** |
|---|---|
| `findWhat = "Suche"` | Suchanfrage (nur `findGrepPreferences`) |
| `changeTo = "Ersetzung"` | Ersetzungsangabe (nur `changeGrepPreferences`) |
| `appliedCharacterStyle = "Name des Formats"` | die angewendete Zeichenformatvorlage |
| `appliedParagraphStyle "Name des Formats"` | die angewendete Absatzformatvorlage |
| `appliedFont = "Name der Schrift"` | die Schriftart |
| `fontStyle = "Name des Schriftschnitts"` | den Schriftschnitt |
| `pointSize = 12` | die Schriftgröße |
| `position = Position.SUBSCRIPT` | tiefgestellten Text |
| `position = Position.SUPERSCRIPT` | hochgestellten Text |
| `capitalization = Capitalization.ALL_CAPS` | Versalien |
| `capitalization = Capitalization.SMALL_CAPS` | Kapitälchen |
| `fillColor = "Name der Farbe"` | Schriftfarbe |
| `justification = justification.LEFT_JUSTIFIED` | Blocksatz |
| `justification = Justification.RIGHT_ALIGN` | rechtsbündigen Text |
| `justification = Justification.LEFT_ALIGN` | linksbündigen Text |
| `justification = Justification.CENTER_ALIGN` | zentrierten Text |

Leider kann man in der InDesign-Suche nicht negativ suchen, also nach Texten, die eine bestimmte Eigenschaft nicht aufweisen. In Unterkapitel 11.6 finden Sie eine Möglichkeit, nach abweichenden Textstellen zu suchen.

### 4.8.1 Adobe-Skript FindChangeByList

Mit InDesign CS3 wurde ein fehlerhaftes FindChangeByList-Skript ausgeliefert. Laden Sie eine korrigierte Version unter 21 herunter.

Mit dem Hintergrund ist nun die Anpassung des von Adobe mitgelieferten Skripts *FindChangeByList.jsx* kein Problem. Mit ihm können wiederkehrende Suchen/Ersetzen-Aufgaben hintereinander abgearbeitet werden. Das Skript finden Sie im Ordner *Samples*, Unterordner *JavaScript* des Skript-Bedienfelds.

Das Skript wird über eine Textdatei, die in jeder Zeile eine Suchen/Ersetzen-Aufgabe enthält, gesteuert. Die dafür benötigte Datei *FindChangeList.txt* befindet sich im Ordner *FindChangeSupport*. Die mitgelieferte Datei enthält eine englische Anleitung und ein paar Beispiele.

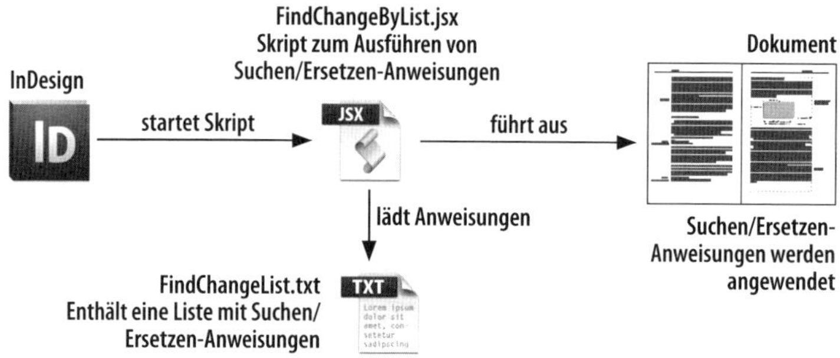


**Abb. 38** Zusammenhang InDesign, Skript und Textdatei

Ich stelle zunächst den Aufbau der Textdatei vor und erläutere dann, wie die Datei erweitert werden kann.

Aufbau der Datei FindChangeList.txt

Zur Analyse öffnen Sie die Textdatei *FindChangeList.txt* in einem beliebigen Texteditor oder im ExtendScript Toolkit. Jede Zeile setzt sich aus vier Teilen zusammen, die durch einen *Tabulatorschritt* getrennt werden müssen.

Der erste Teil definiert den *Suchtyp*. Hier stehen die Schlüsselwörter `text` für die normale Textsuche, `grep` für die Suche mit Regulären Ausdrücken und `glyph` für die Suche nach bestimmten Glyphen zur Verfügung.

1. Die zweite Spalte enthält den Suchausdruck. Die Syntax ist in der Form `{findWhat:"SUCHE"}` festgelegt. Innherhalb der Anführungszeichen muss die Suchfolge, die im InDesign-Dialog in das Textfeld SUCHEN eingetragen würde, geschrieben werden.
2. Die dritte Spalte enthält die Ersetzungsanweisung in einer ganz ähnlichen Syntax: `{changeTo:"ERSETZUNG"}`. Der Bereich zwischen den Anführungszeichen korrespondiert mit dem Textfeld ÄNDERN.
3. Im vierten Teil kann die Suche genauer eingegrenzt werden, die Optionen entsprechen den Buttons unterhalb der Suchfelder.
4. Optional kann danach noch ein beliebiger Text zur Beschreibung der Aufgabe verwendet werden.

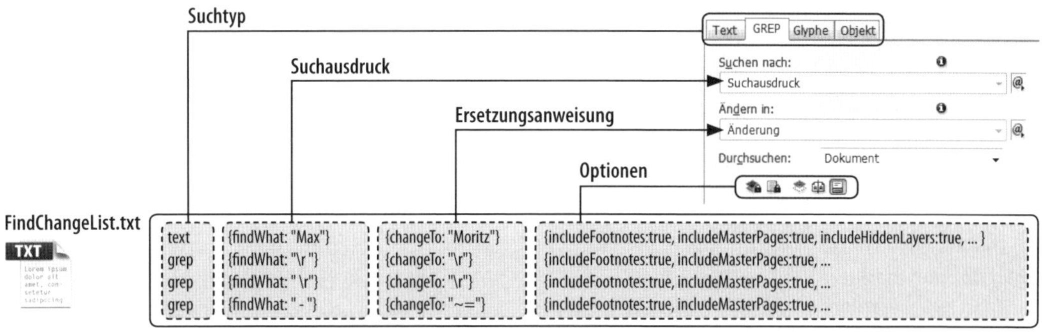


**Abb. 39** Zusammenhang zwischen Suchen/Ersetzen-Dialog und FindChangeList.txt

Die Anweisungen der Liste innerhalb der geschweiften Klammern entsprechen den JavaScript-Eigenschaften.

Alle Zeilen, die mit zwei Schrägstrichen // (Forward Slash) beginnen, werden ignoriert und können für Kommentare verwendet werden.

Als Beispiel, wie sich die Liste erweitern lässt, zeige ich die GREP-Suche nach einem fälschlich gesetzten Bindestrich, der in einen Gedankenstrich geändert und mit einem geschützten Leerzeichen vor dem Zeilenumbruch geschützt werden soll. Aus diesen vier Angaben ergibt sich die folgende Zeile, die man am besten nach der letzten Zeile in der Datei hinzufügt.

Die Datei *4-8_FindChangeList.txt* enthält bereits die folgenden Anpassungen, sie kann mit dem Dokument *4-8_FindChangeListTest.indd* getestet werden.

Speichern Sie diese Datei mit dem Namen *FindChangeList.txt* im Ordner *FindChangeSupport* bei den Adobe-Beispielskripten.

```
grep {findWhat:" - "} {changeTo:"~S~= "} {includeFootnotes:true,
   includeMasterPages:true, includeHiddenLayers:true}
```

Zunächst muss man sich für einen *Suchtyp* entscheiden. Für die GREP-Suche muss die Zeile mit dem Wort `grep` beginnen.

Dann sollte die eigentliche Aufgabe mit dem normalen InDesign-Dialog getestet werden.

- In der Registerkarte GREP wird nach der Zeichenfolge ` - ` gesucht.
- Geändert wird die Zeichenfolge in `~S~= `, wobei `~S` für ein geschütztes Leerzeichen ^ und `~=` für den Gedankenstrich steht.

Für den Suchausdruck in der ersten geschweiften Klammer ergibt sich `{findWhat:" - "}`, für die Ersetzungsanweisung in der zweiten `{changeTo:"~S~= "}`. Für die *Such-Optionen* werden die Standardwerte von den bereits vorhandenen Abfragen übernommen.

Einige übliche Fehler wie falsch gesetzte Satzzeichen oder Klammern sind im folgenden Listing umgesetzt.

**Listing 24** Weitere Suchanfragen für den Suchtyp grep aus der Datei 4-8_FindChangeList.txt

```
14 grep   {findWhat:" +\\."}   {changeTo:"."}
   {includeFootnotes:true, includeMasterPages:true,
   includeHiddenLayers:true}
15 grep   {findWhat:" +;"}     {changeTo:";"}   {...}
16 grep   {findWhat:" +,"}     {changeTo:","}   {...}
17 grep   {findWhat:"\\( +"}   {changeTo:"("}   {...}
18 grep   {findWhat:" +\\)"}   {changeTo:")"}   {...}
```

**! Der Backslash muss hier doppelt maskiert werden.**

Achten Sie auf die Maskierung der Zeichenklasse Punkt und der runden Klammer in Zeile 14, 17 und 18. Sie ist mit einem doppelten Backslash \\ ausgeführt. Dies entsteht dadurch, dass die Textdatei zunächst als JavaScript-Zeichenkette interpretiert wird. Dort wird der Backslash aber bereits für die Maskierung von Steuerzeichen verwendet und hat ebenfalls eine besondere Bedeutung. Damit der Backslash bei der GREP-Suche ankommt, muss er zunächst für JavaScript und dann für die GREP-Suche maskiert werden. Dies klingt kompliziert, für die Arbeit mit der Textdatei kann man sich aber einfach merken, dass alle umgekehrten Schrägstriche verdoppelt werden müssen.

Ich empfehle direkt nach dem Platzieren einer externen Textquelle, wie z.B. einem Word-Dokument, die Daten mit den angeführten Suchanfragen automatisch zu bereinigen. Wenn Ihr Dokument bereits layoutet ist, kann es dabei zu ungewollten Umbruchänderungen kommen.

Falls Sie für verschiedene Projekte unterschiedliche Listen anlegen und diese bei der Ausführung auswählen wollen, verändern Sie einfach den Namen des Ordners *FindChangeSupport*. Danach fragt das Skript bei jeder Ausführung nach der zu verarbeitenden Liste.

In Unterkapitel 10.13 wird eine Steuerliste mit Festabständen für mikrotypografische Korrekturen vorgestellt.

## 4.9 Suchen, finden und verändern

Für komplexere Anforderungen reichen die Möglichkeiten der Suchen/Ersetzen-Funktion von InDesign nicht aus. Insbesondere wenn bestimmte Stellen in einem Dokument nicht einfach nur ersetzt, sondern nach bestimmten Regeln bearbeitet werden müssen, stößt die Funktion an ihre Grenzen. Die Einschränkungen können mit dem folgenden Skript aufgehoben werden.

Mit Suchergebnissen arbeiten

Die Idee für das Skript ist, die Suche wie gewohnt von InDesign ausführen zu lassen, die Ersetzung aber über eine eigene Funktion zu steuern. Für das Skript müssen die folgenden Schritte umgesetzt werden:

1. die Suchen/Ersetzen-Abfragen definieren
2. Anweisungen für die Ersetzung programmieren

In einem ersten Beispiel sollen alle Vorkommen des Wortes `Abbildung` innerhalb von Bildlegenden durch die Abkürzung `Abb.` ersetzt werden. Im normalen Text soll es weiterhin ausgeschrieben bleiben. Es wird vorausgesetzt, dass die Bildlegenden in Textrahmen stehen, die eindeutig durch das Objektformat `Legende` erkennbar sind. Als Beispieldokument können Sie die Datei *4-9_FindAndDo.indd* verwenden.

Das im Folgenden vorgestellte Skript setzt eine abgespeicherte GREP-Abfrage mit dem Namen `finde_Abbildung` voraus. Die Abfrage enthält lediglich die Suche nach dem Wort `Abbildung`.

**Listing 25**
4-9_FindAndDo-1.jsx

```
1  #target InDesign
2  app.loadFindChangeQuery("finde_Abbildung", SearchModes.GREP_SEARCH);
3  var _ergebnisse = app.activeDocument.findGrep(true);
4  for (var i = 0; i < _ergebnisse.length; i++) {
5    var _ergebnis = _ergebnisse[i];
6    if (_ergebnis.parentTextFrames[0].appliedObjectStyle.name ==
         "legende") {
7      _ergebnis.contents = "Abb.";
8    }
9  }
```

`app.loadFindChangeQuery("finde_Abbildung", SearchModes.GREP_SEARCH);`
2 Als Erstes wird die Suchabfrage `finde_Abbildung` mit der Methode `loadFindChangeQuery()` geladen.

`var _ergebnisse = app.activeDocument.findGrep(true);`
3 Dann wird die Suche innerhalb des aktuellen Dokuments mit der Methode `findGrep()` ausgeführt und in der Variablen `_ergebnisse` abgelegt. Im Gegensatz zur Methode `changeGrep()` führt `findGrep()` nur die Suche aus. Die Ergebnisse der Suche werden als Array zurückgeliefert, jedes einzelne Ergebnis ist ein Textobjekt.

Mit `findGrep(true)` rückwärts suchen

Normalerweise wird ein Dokument vorwärts durchsucht. Alternativ kann man die Methode `findGrep()` auch anweisen, das Dokument rückwärts zu durchsuchen. Dazu muss man die Methode mit dem Parameter `true` aufrufen. Der Grund für die Rückwärtssuche ist, dass oftmals die Textreihenfolge im Dokument durch das Skript verändert wird. Wenn man vorne im Dokument die Textlänge verändert, werden die nachfolgenden Trefferstellen verschoben. InDesign würde nach der ersten Veränderung nur noch falsche Textstellen anspringen.

```
for (var i = 0; i < _ergebnisse.length; i++) {
   var _ergebnis = _ergebnisse[i];
   //...
}
```

4–9 Innerhalb der for-Schleife werden alle Ergebnisse durchlaufen. Zum Aufruf der einzelnen Ergebnisse aus dem Ergebnis-Array `_ergebnisse` wird die Zählvariable `i` verwendet. Das jeweilige Ergebnis wird in der Variablen `_ergebnis` abgelegt.

Den Textrahmen erreicht man über die Eigenschaft `parentTextFrames`.

```
if (_ergebnis.parentTextFrames[0].appliedObjectStyle.name ==
    "legende") {
    //...
}
```

6–8 Der Vergleich der if-Abfrage prüft zunächst, ob der Textrahmen, in dem sich das Ergebnis befindet, mit dem Objektformat `legende` formatiert ist. Der dem Suchergebnis zugehörige Textrahmen wird nicht mit `parent`, sondern mit `parentTextFrames[0]` adressiert. Die Eigenschaft `parent` würde zum Textabschnitt, der sich aus den Inhalten der verketteten Rahmen zusammensetzt, führen. Das angewendete Objektformat kann über die Eigenschaft `appliedObjectStyle` abgerufen werden. Der Name des Objektformats wiederum befindet sich in der Eigenschaft `name`.

```
_ergebnis.contents = "Abb.";
```

7 Die Eigenschaft `contents` aller Suchergebnisse enthält den Wert `Abbildung`, denn danach wurde gesucht. In den einzelnen Ergebnissen wird der Inhalt mit dem gewünschten Wert überschrieben.

Die Abfrage des Objektformats ist nur eine von vielen Möglichkeiten. Denkbar wäre es auch, die Textrahmen danach zu prüfen, ob sie nur einen Absatz enthalten, innerhalb einer Gruppe mit einem Bild stehen oder andere bestimmte Eigenschaften aufweisen.

### Seitenverweise verändern

Mit diesem Skript als Grundgerüst kann die Suchfunktion fast beliebig ausgebaut werden. Dazu ein weiteres Beispiel aus der Praxis: Alle Seitenverweise in einem Dokument wurden vom Auftraggeber »per Hand« aufgelöst, nun verschob sich der Umbruch ab Seite 106 um vier Seiten. Mit der normalen Suchfunktion hätte das bedeutet, alle Seitenverweise von Hand durchzugehen und je nach Position zu verändern oder zu ignorieren. Bei 500 Verweisen wäre dies ziemlich zeitaufwändig geworden.

Das zugehörige Skript muss also zunächst alle Seitenverweise eindeutig auffinden und dann entscheiden, ob die Seitenzahl unverändert übernommen oder um 4 erhöht wird. Alternativ zu der Verwendung einer abgespeicherten Suchen/Ersetzen-Abfrage setze ich die Eigenschaften direkt per Skript. Als Testdokument können Sie *4-9_Seitenverweise.indd* verwenden.

**Listing 26** Seitenverweise verändern (4-9_FindAndDo-2.jsx)

```
#target InDesign
app.findGrepPreferences = NothingEnum.nothing;
app.findGrepPreferences.findWhat = "\\(S\\.\\s\\d+\\)";
var _ergebnisse = app.activeDocument.findGrep(true);
app.findGrepPreferences.findWhat = "\\d+";
```

```
6  for (var i =0; i < _ergebnisse.length ; i++) {
7    _ergebnis = _ergebnisse[i];
8    var _ergebnis2 = _ergebnis.findGrep();
9    var _zahl = Number(_ergebnis2[0].contents);
10   if (_zahl >= 106) {
11     _zahl = _zahl + 4;
12     _ergebnis.contents = "(S. " + _zahl + ")";
13   }
14 }
```

Die Seitenverweise per GREP finden

```
app.findGrepPreferences.findWhat = "\\(S\\.\\s\\d+\\)";
```

3 Hier kommt jetzt das gesammelte Wissen über Reguläre Ausdrücke zum Einsatz. Um die Seitenverweise zu finden, wird der Ausdruck `\(S\.\s\d+\)` benötigt. Die runde Klammer muss mit einem Backslash maskiert werden, da nicht eine Rückwärtsreferenz benötigt wird, sondern nach den runden Klammern, die im Text vorkommen, gesucht werden soll. Das `S` wird buchstäblich gesucht. Der Punkt muss ebenfalls maskiert werden, weil der Punkt und nicht ein beliebiges Zeichen gesucht wird. Dazwischen steht ein Leerraum `\s`. Dann folgt die eigentliche Seitenzahl, die mit der Zeichenklasse `\d` und dem Wiederholungszeichen + gefunden werden soll. Am Schluss des Ausdrucks steht wieder die maskierte schließende runde Klammer.

**Maskierung des Backslashs in JavaScript-Zeichenketten**

Im Code des Skripts fallen die vielen doppelten Backslash-Zeichen auf. Sie werden benötigt, weil der Backslash im JavaScript-String eine besondere Bedeutung hat. Damit im Regulären Ausdruck ein Backslash ankommt, muss er bereits im JavaScript-String maskiert werden. Aus \\ wird nach der Auflösung durch den JavaScript Interpreter \.

Da sich bei der doppelten Maskierung gerne Fehler einschleichen, empfehle ich für die Entwicklung von eigenen Skripten die Ausführung nach dem Setzen der Suchanweisung zu stoppen und dann im Suchen/Ersetzen-Dialog zu prüfen, ob die Suchanweisung richtig angekommen ist.

```
var _ergebnisse = app.activeDocument.findGrep(true);
```

4 Das Ergebnis der Suche mit `findGrep()` wird in der Variablen `_ergebnisse` gespeichert.

```
app.findGrepPreferences.findWhat = "\\d+";
```

5 Diese Zeile macht auf den ersten Blick keinen Sinn, da die Suche bereits durchgeführt wurde. In der for-Schleife muss jedoch nochmals jedes Suchergebnis nach der eigentlichen Seitenzahl durchsucht werden.

Das Suchergebnis enthält nicht nur die Seitenzahl, sondern die komplette Fundstelle, also z.B. `(S. 150)`. Die Such-Einstellungen stellt man aus Performancegründen jedoch nicht bei jedem Schleifendurchlauf, sondern einmalig vorher ein. Mit dem Regulären Ausdruck `\\d+` wird die eigentliche Zahl gefunden.

Aber warum muss überhaupt erneut gesucht werden? Man könnte doch auch eine Rückwärtsreferenz verwenden, also bei der Suche die Zahl gruppieren: `\(S\.\s(\d+)\)` und dann in der Ersetzung mit `$1` auf diese zugreifen (zur Verwendung von Rückwärtsreferenzen und Fundstellen siehe Unterkapitel 1.5).

Das Problem ist, dass bei der Suche mit der Methode `findGrep()` nur die vollständigen Treffer zurückgeliefert werden. Im Array `_ergebnisse` steht jeweils nur der vollständige Treffer, also `$0` – die einzelnen Fundstellen sind nicht enthalten.

Wenn die Methode `changeGrep()` für die Ersetzung verwendet würde, könnten Rückwärtsreferenzen verwendet werden. Da das Skript aber über die Möglichkeiten der normalen GREP-Ersetzung hinausgeht, muss hier die Ersetzung neu programmiert werden.

```
var _ergebnis2 = _ergebnis.findGrep();
```

8 Hier wird aus dem ersten Suchergebnis die eigentliche Seitenzahl mit der Such-Einstellung aus Zeile 5 ermittelt.

Einen String in eine Zahl verwandeln

```
var _zahl = Number(_ergebnis2[0].contents);
```

9 Das Ergebnis der Suche in der Variablen `_ergebnis2` ist ein InDesign-Textobjekt. Der Inhalt `contents` enthält einen String. Dieser enthält zwar Ziffern, ist aber keine echte Zahl. Um eine Zahl zum Rechnen und Vergleichen zu erhalten, muss der Inhalt der Variablen mit `Number()` in eine Zahl verwandelt werden. Das Ergebnis wird in der Variablen `_zahl` gespeichert.

```
if (_zahl >= 106) { //...
```

10–13 In der Abfrage wird geprüft, ob die in der Variablen `_zahl` gespeicherte Zahl größer oder gleich `106` ist. Wenn dies der Fall ist, wird der Anweisungsblock zwischen den geschweiften Klammern ausgeführt.

```
_zahl = _zahl + 4;
_ergebnis.contents = "(S. " + _zahl + ")";
```

11+12 Innerhalb des Anweisungsblocks wird der Wert der Variablen `_zahl` um `4` erhöht und an die Textstelle des Ergebnisses geschrieben.

Zahlen in Strings verwandeln

In den beiden Zeilen wird die unterschiedliche Funktion des +-Operators bei der Addition von Zahlen bzw. dem Zusammenfügen von Zeichenketten deutlich. Wenn es um Zahlen geht, ergeben `106 + 4 = 110`. Wenn es um Zeichenketten geht, ergibt sich aus `"(S. " + 110 + ")"` der Text `(S. 110)`. JavaScript verändert die Zahl 110 automatisch in einen String, wenn sie mit dem Plus-Zeichen zu einem anderen String hinzugefügt wird. Dies liegt daran, dass die Wertigkeit von Strings höher als die von Zahlen ist. Aus der Zeichenkette `"106"` plus der Zahl `4` ergibt sich der String `"1064"`.

Rechnen können Sie nur mit echten Zahlen, gegebenenfalls müssen Zeichenketten mit `Number()` in Zahlen verwandelt werden. Details dazu finden Sie im Unterkapitel 6.5.

# 5 Fehlersuche

In diesem Kapitel werden beliebte Fehler und passende Lösungsmöglichkeiten diskutiert. Danach finden Sie noch eine Übersicht zu den beiden wichtigsten Foren, in denen Sie mit anderen Anwendern Skripte diskutieren können.

## 5.1 Häufige Fehler und Lösungen

Beim Schreiben von Skripten treten leider immer wieder Fehler auf. In den meisten Fällen bricht ein Skript ab oder es startet erst gar nicht. Wichtig ist es herauszufinden, wo der Fehler liegt, und sich in Ruhe zu überlegen, wie man ihn beheben kann. Wenn ein Skript, das vom Skript-Bedienfeld in InDesign gestartet wurde, einen Fehler enthält, wird die Fehlermeldung zusammen mit der Zeile, in der der Fehler aufgetreten ist, angezeigt. In diesem Fall ist es am besten, wenn man das Skript im ESTK öffnet, nochmals ausführt und den Fehler dort reproduziert. Im ESTK haben Sie die Möglichkeit, den Code zu analysieren und das Skript im Einzelschrittmodus schrittweise zu durchlaufen.

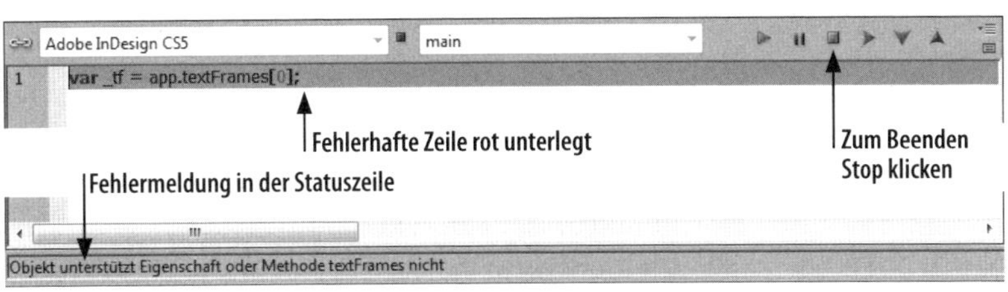


**Abb. 40**
Fehleranzeige im ESTK

Bei Fehlern im Skriptablauf wird die Zeile vom ESTK rot markiert. Als Erstes sollten Sie immer in der Statuszeile des ESTK nachsehen. Dort wird die Beschreibung des Problems angezeigt. Manchmal kommt es vor, dass ein Fehler erst später zum Tragen kommt, dann steht die rote Markierung erst in dieser Zeile. Bei Variablen müsste man dann z.B. prüfen, ob diese im vorhergehenden Code die richtigen Werte erhalten haben.

Wichtig ist es, die Übersicht zu behalten. Versuchen Sie zunächst nachzuvollziehen, was der Fehler bedeuten könnte. Wenn Ihnen das nicht gelingt, gehen Sie das Skript Schritt für Schritt im Einzelschrittmodus ▼ durch und prüfen systematisch, was in den jeweiligen Zeilen passieren soll. Während der Ausführung können Sie in der JavaScript-Konsole (FENSTER → JAVASCRIPT-KONSOLE) Befehle eingeben oder den Wert von Variablen auswerten. Dies bietet sich an, um zu prüfen, ob das Skript auch wirklich das macht, was Sie vermuten.

Manchmal kann es hilfreich sein, ein Teilstück des Codes neu zu schreiben. Im schlimmsten Fall kann es auch sinnvoll sein, ein ganz neues Skript zu erstellen. Hier kann man die funktionierenden Teile übernehmen und langsam erweitern.

Syntaxfehler

Wenn es sich um einen *Syntaxfehler* handelt, also eine fehlerhafte Schreibweise, wird das Skript gar nicht erst ausgeführt. In der Statuszeile erscheint `Syntaxfehler`. Prüfen Sie die folgenden Punkte:

- Exakte Schreibweise: Achten Sie auch auf die Groß/Kleinschreibung. Alle Eigenschaften und Methoden von Objekten beginnen mit einem Kleinbuchstaben.
- Klammern: Sind alle Klammern – runde, geschweifte und eckige – paarweise verwendet? Die Fehlermarkierung steht hier bei der öffnenden Klammer, da der JavaScript Interpreter nicht ahnen kann, wo die Klammer geschlossen werden muss.
- Anführungszeichen: Sind diese paarweise verwendet? Verwenden Sie für Zeichenketten nur die geraden Anführungszeichen (Zollzeichen), typografische Anführungszeichen sind nicht erlaubt.

Laufzeitfehler

Ob ein Skript erfolgreich gestartet ist, erkennen Sie im ESTK am rotierenden Kreis rechts neben der Statuszeile und daran, dass die Stopp-Taste im Bedienfeld aktiviert ist. Wenn es während der Ausführung zu einem Fehler kommt, handelt es sich um einen *Laufzeitfehler*. Um den Fehler zu beheben, muss das Skript mit DEBUGGEN → STOPPEN (SHIFT + F5) beendet werden. Merken Sie sich vorher die Fehlermeldung, da nach dem Beenden des Skripts in der Statuszeile `Execution Finished` erscheint. Vor dem Beenden können in der JavaScript-Konsole Variablen und Befehle im aktuellen Kontext geprüft werden.

Ein häufiger Laufzeitfehler lautet `Objekt ist ungültig`. Die Ursache sind meist Objekte, die über die eckigen Klammern oder Methoden wie `everyItem()` bzw. `itemByName()` adressiert wurden. Der Fehler tritt allerdings nicht bei der Adressierung, sondern beim Aufruf einer Eigenschaft oder Methode mit dem Punktoperator auf. Dies liegt daran, dass der Interpreter erst zu diesem Zeitpunkt das Objekt tatsächlich ansprechen will. Wenn der Fehler bei einer selbst deklarierten Variable auftritt, dann prüfen Sie, ob das Objekt, welches der Variablen zugewiesen wurde, wirklich vorhanden ist.

Wenn Sie den folgenden Code ausführen, ohne dass ein Dokument geöffnet ist, tritt der Fehler in der zweiten Zeile auf:

```
var _dok = app.documents[0];
_dok.name;
```

In diesem Zusammenhang tritt auch der Fehler `Objekt unterstützt Eigenschaft oder Methode... nicht` auf. In diesem Falle ist das Objekt gültig, aber es existiert keine Eigenschaft oder Methode mit dem entsprechenden Namen. Hier muss man die Schreibweise prüfen und ob das Objekt überhaupt eine entsprechende Eigenschaft bzw. Methode hat. Ebenfalls häufig ist der Fehler `... ist undefiniert`. Er tritt auf, wenn man eine nicht deklarierte Variable einer Eigenschaft zuweisen oder in einem Vergleich verwenden möchte. Meistens handelt es sich um einen Tippfehler im Namen der Variablen. Manchmal kommt es auch vor, dass eine Zeichenfolge versehentlich nicht mit Anführungszeichen gekennzeichnet wurde.

Im Kapitel 8 finden Sie weitere Methoden, um Skripte zu analysieren und Fehler zu finden.

## 5.2 Hilfe finden

Oftmals fehlt nur ein kleines Detail oder ein Denkanstoß, um ein Skript fertig zu stellen. Hier gilt im Zweifelsfall: Besser nachgefragt als gleich aufgegeben. Es gibt im Wesentlichen zwei Webforen, in denen Sie Hilfe zum Thema InDesign und JavaScript erhalten können:

1. Das offizielle Forum von Adobe in englischer Sprache: ↗22
2. In der Skriptwerkstatt des Portals HilfDirSelbst wird Deutsch gesprochen: ↗23

In beiden Foren tummeln sich viele hilfsbereite Fachleute, die außerordentlich gute und schnelle Antworten geben. Hier gelten – wie eigentlich überall – die üblichen Regeln der Netiquette: Freundlichkeit, Lesbarkeit und Verständlichkeit.

Eine Anfrage sollte immer eine genaue Problembeschreibung und das gewünschte Ergebnis, also was Sie eigentlich erreichen wollen, beinhalten. Außerdem sollten Sie immer Ihre InDesign-Version und die verwendete Skriptsprache (in Ihrem Fall wahrscheinlich JavaScript) erwähnen.

**Bei Fragen in den Foren immer Betriebssytem, InDesign-Version und Skriptsprache angeben**

Niemand antwortet gerne auf unspezifische Fragen oder Aufforderungen, doch bitte direkt die ganze Lösung zu erstellen. Die Teilnehmer in den Foren beteiligen sich dort in ihrer Freizeit und aus Hilfsbereitschaft – die Foren sind nicht mit dem Adobe-Support zu verwechseln.

Eine Frage richtig und präzise zu formulieren, ist nicht nur ein Akt der Höflichkeit, sondern hilft auch das Problem richtig zu verstehen. Manchmal fällt einem beim Formulieren der Frage schon die Lösung ein.

# Teil II InDesign-Programmierung mit JavaScript

Ich hoffe, diese ersten Skripte haben Sie neugierig auf den Rest des Buches gemacht. In diesem Teil finden Sie zunächst eine systematische Einführung in die Programmierung mit JavaScript und nachfolgend eine Übersicht über das Objektmodell von InDesign – also alle Funktionen, die per Skripting gesteuert werden können. Vieles wird Ihnen nun schon bekannt vorkommen.

Die einzelnen Punkte werden anhand von Beispielen erklärt, allerdings sind diese nicht mehr in komplette Skripte eingebettet und aufgrund seines strukturierten Aufbaus ist dieser Teil nicht immer so nah an der Praxis wie die Einführung – dafür kann er auch als Referenz oder Nachschlagewerk verwendet werden. Ich habe versucht, alle notwendigen Sprachkonstrukte und die wichtigsten Aspekte des Objektmodells darzustellen. Wer darüber hinaus Informationen sucht, findet diese in den vollständigen Referenzwerken, die im Anhang A 3 aufgelistet sind.

Alle Skriptdateien und Beispieldokumente finden Sie im Ordner *Teil_II*. Ich empfehle, die Skripte zum besseren Verständnis direkt im ExtendScript Toolkit nachzuvollziehen.

Kapitel 6 wiederholt und vervollständigt Ihr Wissen über den Sprachkern von JavaScript. Es bietet gleichzeitig die Möglichkeit eines klassischen Einstiegs in die Programmierung. Wenn Sie bereits Programmiererfahrung haben, können Sie hier schnell die Unterschiede und Gemeinsamkeiten zu Ihrem vorhandenen Wissen abgleichen.

In Kapitel 7 wird das InDesign-Objektmodell näher besprochen. Hier finden Sie einen systematischen Überblick über alle Funktionen und Objekte, die innerhalb von InDesign über Skripting angesprochen werden können.

In Kapitel 8 geht es noch einmal um die Fehlersuche, das Debugging. Hier wird auch der Umgang mit der Entwicklungsumgebung ExtendScript Toolkit vertieft.

Kapitel 9 enthält generelle Betrachtungen zur Skripterstellung und wie Sie effizient Skripte schreiben. Dazu zählen sowohl Programmierkonzepte als auch InDesign-Techniken.

# 6 Einführung in JavaScript

Das folgende Kapitel enthält eine Einführung in alle wichtigen Konzepte und Methoden von JavaScript. Von den Schreibregeln (Syntax) bis zum Abfangen von Fehlern werden alle Aspekte der Sprache besprochen. Der hier vorgestellte Sprachkern von JavaScript kann für die Programmierung aller Anwendungen der Creative Suite verwendet werden.

## 6.1 Warum JavaScript?

InDesign kann mit JavaScript, Visual Basic Script (VBScript) und AppleScript automatisiert werden. Da AppleScript und VBScript plattformabhängig sind – ersteres läuft nur mit InDesign unter Mac OS, letzteres nur unter Windows –, werden die meisten Skripte in JavaScript entwickelt.

Ein weiterer Vorteil ist, dass die Sprache aus der Web-Programmierung bekannt ist. Der Sprachkern ist kompatibel, lediglich der Zugriff über das Document Object Model (DOM) auf Webseiten bzw. InDesign unterscheidet sich. Das in Flash verwendete ActionScript basiert ebenfalls auf JavaScript.

Außerdem ist JavaScript eine verhältnismäßig leicht zu erlernende Sprache. Die Einführung in Kapitel 4 hat gezeigt, dass man auch ohne profunde Kenntnisse erfolgreich Probleme lösen kann. Ein tieferes Verständnis kann trotzdem nicht schaden, denn dieses wird für den effizienten Umgang mit der Sprache benötigt.

## 6.2 Was ist JavaScript?

JavaScript ist eine Skriptsprache, die ursprünglich für die Webprogrammierung entwickelt wurde. Der Sprachkern ist unter dem Namen ECMAScript* standardisiert.

ExtendScript

Adobe hat JavaScript um einige Funktionen erweitert. Diese Version heißt *ExtendScript*, der Name wird aber kaum verwendet. In diesem

* Ecma International ist eine Organisation zur Normung von Informations- und Kommunikationssystemen und Unterhaltungselektronik.

Buch spreche ich auch meist von JavaScript, eine Unterscheidung nehme ich nur bei Unterschieden zwischen Standard- und Adobe-Implementierung vor. ExtendScript kommt bei allen Adobe-Anwendungen, die Skripting unterstützen, zum Einsatz.

Die Skripte werden im Anwendungsprogramm, bei InDesign-Skripten innerhalb von InDesign, ausgeführt. Die Ausführung wird vom *JavaScript Interpreter* übernommen, der eng mit dem Programm verbunden ist. Im Gegensatz zu Programmiersprachen wie C++ oder Java können keine eigenständigen Programme geschrieben werden.

JavaScript Interpreter

## 6.3 Wie es aussehen muss – Syntax

Im ersten Teil wurde schon darauf hingewiesen: Bei der Programmierung muss man sich an bestimmte Schreibweisen und Konventionen halten. Diese Regeln werden in der *Syntax* einer Programmiersprache zusammengefasst. Eine feste Syntax ist nötig, damit der Code vom JavaScript Interpreter korrekt und eindeutig ausgeführt werden kann. Die Regeln sind deutlich übersichtlicher als die Grammatik und Rechtschreibung einer normalen Sprache, allerdings ist der Interpreter nicht in der Lage, mit Unschärfen umzugehen.

Anders formuliert können nur erlaubte Konstruktionen ausgeführt werden, alles andere führt zu einem Fehler, einem so genannten Syntaxfehler.

JavaScript ist in manchen Bereichen tolerant, trotzdem sollte man sich von vornherein einen guten Stil angewöhnen. Komplexere Skripte werden sonst schnell sehr unleserlich.

#### Exakte Schreibung

JavaScript unterscheidet Groß- und Kleinschreibung bei Befehlen und selbst definierten Namen von Variablen. Namen und Befehle müssen konsistent in der gleichen Schreibung verwendet werden. Der Befehl `if` muss wie alle Befehle immer klein geschrieben werden und wird in der Schreibung `If` nicht erkannt. Genauso ist die Variable mit dem Namen `_einName` nicht identisch mit `_einname`.

#### Reservierte Wörter

Es gibt eine Reihe von *reservierten Wörtern*, die für Befehle des Sprachkerns verwendet werden und eine spezielle Bedeutung haben. Zum Beispiel leitet das Wort `if` eine Bedingte Anweisung oder Verzweigung ein und darf deswegen nur in diesem Kontext verwendet werden. Reservierte Wörter werden vom ExtendScript Toolkit blau und fett hervorgehoben und sind so einfach zu erkennen. Eine abschließende Liste brauchen Sie also nicht auswendig zu lernen.

Die Formatierung des Codes im ESTK kann unter EINSTELLUNGEN … → SCHRIFTEN UND FARBEN geändert werden.

### Leerraum und Befehlsende

Grundsätzlich spielt Leerraum, also Leerzeichen, Tabulatoren und Zeilenschaltungen, keine Rolle für die Interpretation des Codes. Zur besseren Übersichtlichkeit empfiehlt es sich allerdings, grundsätzlich nur einen Befehl in eine Zeile zu schreiben und Leerzeichen zwischen den einzelnen Teilen zu setzen. Der Code

```
var
_eineZahl=
1;
```

funktioniert zwar, aber in der Schreibweise

```
var _eineZahl = 1;
```

ist er deutlich übersichtlicher und damit vorzuziehen.

JavaScript versucht automatisch das Ende eines Befehls zu bestimmen. Ein Semikolon am Zeilenende, das das Ende des Befehls markiert, ist optional. Ich empfehle immer ein Semikolon zu verwenden, dies entspricht einem guten Programmierstil (in vielen anderen Sprachen ist es nicht optional) und es gibt bestimmte Spezialfälle, in denen der JavaScript Interpreter ohne das Semikolon den Befehl nicht eindeutig identifizieren kann.

### Kommentare

Mit Befehl + Shift + K kann man im ESTK Zeilen ein- und auskommentieren.

Kommentare sind Bereiche im Code, die vom Interpreter ignoriert werden. Sie können zur Beschreibung eingesetzt werden und erleichtern das Verständnis beim Lesen des Codes erheblich. Kommentare werden mit zwei Schrägstrichen // eingeleitet. Alles, was danach bis zum Zeilenende kommt, wird ignoriert. Das ESTK färbt Kommentare grün. Mit dem Tastaturbefehl Befehl + Shift + K können die gerade markierten Zeilen ein- bzw. auskommentiert werden.

```
// Dies ist ein Kommentar
```

Zusätzlich werden alle Texte nach einem Schrägstrich und Sternchen /* bis zum Auftreten eines Sternchens mit folgendem Schrägstrich */ als Kommentar erkannt. In dieser Form können Kommentare auch über mehrere Zeilen gehen.

```
/* Kommentar über
mehrere
Zeilen */
```

### Klammern

Es kommen verschiedene Arten von Klammern zum Einsatz. Achten Sie darauf, diese wieder zu schließen. Um keine schließende Klammer zu vergessen, tippe ich meist beide hintereinander ein und gehe dann mit der Einfügemarke einen Schritt zurück, um den Inhalt einzugeben.

- Runde Klammern () werden für Bedingungen in if-Abfragen, für Schleifendefinitionen, für die Parameterübergabe von Methoden und Funktionen sowie innerhalb von Berechnungen von Zahlen verwendet.
- Eckige Klammern [] werden für den Zugriff auf Sammlungen und Arrays sowie für die Definition von Arrays verwendet.
- Geschweifte Klammern {} umschließen die Codeblöcke von Abfragen, Schleifen und selbst entwickelten Funktionen.

## 6.4 Variablen

Ein wichtiges Konzept bei der Programmierung ist die Möglichkeit, Informationen in *Variablen* zu speichern. In Variablen können Werte abgelegt werden, die im späteren Verlauf des Skripts wiederverwendet werden sollen. Mit ihnen kann man Skripte übersichtlicher gestalten und den Zugriff auf Werte abkürzen. Variablen sind während des Programmablaufs veränderbar bzw. können neu zugewiesen werden.

Im einfachsten Fall wird ein Skript durch die Verwendung von Variablen übersichtlicher, weil nicht mehr jedes Mal von Neuem der Wert eingetragen werden muss. Dieser Faktor ist auch bei der Entwicklung von Skripten nicht zu unterschätzen, da mit Hilfe von Variablen ein Wert nur an einer Stelle aktualisiert werden muss.

Unabdingbar sind sie allerdings, wenn man sich Werte oder Informationen merken muss, die nur während der Laufzeit vorhanden sind. Um dies zu verdeutlichen, stelle man sich vor, dass man das gerade ausgewählte Objekt in einer Variable speichert. Der Wert der Variablen entspricht dann z.B. einem bestimmten Textrahmen im Dokument. Im weiteren Verlauf des Skripts soll ein Rechteck ausgewählt werden. Die aktuelle Auswahl enthält nun dieses Rechteck und nicht mehr den ursprünglichen Textrahmen. Der Textrahmen kann dann im späteren Verlauf des Skripts nicht mehr über die aktuelle Auswahl angesprochen werden. In einer Variable wäre der Textrahmen aber für die komplette Laufzeit des Skripts gespeichert.

Variablen deklarieren

Variablen werden mit dem reservierten Wort `var` festgelegt bzw. deklariert. Dem JavaScript Interpreter wird so mitgeteilt, dass es sich um eine Variable mit einem bestimmten Namen handelt.

```
var _name;
```

Achten Sie darauf, jede Variable nur einmalig mit `var` zu deklarieren. Wenn Sie im späteren Verlauf des Skripts andere Werte zuweisen möchten, sollten diese direkt zugewiesen werden.

Variablen zu Beginn deklarieren

Profis bevorzugen es, alle Variablen zu Beginn des Skripts oder einer Funktion zu deklarieren. Dazu kann man einfach alle Variablen, die im Skript bzw. der Funktion benötigt werden, durch Kommas getrennt aufzählen:

```
var _ersteVariable, _zweiteVariable, _dritteVariable;
```

Der Hintergrund ist, dass der JavaScript Interpreter bei der Ausführung zunächst alle Variablen einliest und mit dieser Schreibweise Fehler durch uneindeutigen Code vermieden werden können. Der Code wird dadurch aber deutlich unübersichtlicher, so dass ich in diesem Buch darauf verzichte.

Namen von Variablen

Die Namen von Variablen bzw. in der Fachsprache *Bezeichner* (engl. identifier) müssen bestimmten Regeln entsprechen. Wichtig ist, dass diese nur mit Buchstaben oder dem Unterstrich _ beginnen dürfen. Sie dürfen keine Leerzeichen und Sonderzeichen beinhalten. Obwohl JavaScript in Unicode kodiert ist und damit auch Umlaute etc. erlaubt wären, empfehle ich, Namen nur aus dem Standardalphabet zu bilden. Beachten Sie auch, dass reservierte Wörter nicht als Namen verwendet werden können.

In diesem Buch verwende ich für die Namen von Variablen durchgehend den Unterstrich an erster Stelle. Dies hat den Vorteil, dass immer klar ist, wann eine Variable im Code verwendet wird. Dies ist meine eigene Syntaxhervorhebung, da das ESTK Variablen nicht besonders kennzeichnet.

Werte zuweisen

Nachdem die Variable mit `var` deklariert wurde, hat sie noch keinen Wert, genauer gesagt hat sie den Wert `undefined`. Das Wort `undefined` ist in JavaScript leider nicht reserviert, sollte aber wie ein reserviertes Wort verwendet werden. Normalerweise weist man einer Variable direkt einen Wert mit dem Gleichheitszeichen `=` zu.

```
var _name = "Max";
```

In diesem Fall wird die Zeichenkette `Max` der Variablen `_name` zugewiesen. Das einfache Gleichheitszeichen ist ein *Zuweisungsoperator*.

Jederzeit könnte mit einer erneuten Zuweisung ein anderer Wert in der Variablen gespeichert werden.

```
_name = "Ein anderer Textwert";
```

Wenn man sich dies in einem kurzen Skript verdeutlichen möchte, bietet sich die JavaScript-Funktion `alert()` an. Die Funktion zeigt den Wert der Variablen in einem Hinweisfenster an. Details zu Funktionen finden Sie in Unterkapitel 6.10. Im Moment reicht es, sie wie in den Beispielen angegeben einzusetzen.

```
var _name = "Erster Wert";
alert(_name);
_name = 150;
alert(_name);
```

**Listing 27**
Deklaration und Zuweisung einer Variable (6-4_Variablen.jsx)

Typisierung

Für erfahrene Entwickler ist es wahrscheinlich verwunderlich, dass man der Variablen auch einen ganz anderen *Datentyp* zuweisen kann. Mit

```
_name = 150;
```

wird die Zahl 150 in einer Variable `_name` gespeichert, die vorher eine Zeichenkette enthalten hat. Dies liegt daran, dass JavaScript keine feste Typisierung für Variablen kennt. Für Einsteiger macht es das Leben deutlich leichter.

JavaScript muss intern trotzdem Datentypen unterscheiden. Die wichtigsten Typen, Zahlen und Zeichenketten, werden im nächsten Unterkapitel beschrieben.

++ Scope

Ebenfalls an erfahrene Programmierer richtet sich die Betrachtung der Sichtbarkeit bzw. des *Gültigkeitsbereichs* (engl. scope) einer Variable. In JavaScript sind Variablen grundsätzlich global gültig, also im ganzen Skript verwendbar. Eine Ausnahme bilden Variablen, die innerhalb einer Funktion deklariert werden. Diese sind nur innerhalb der Funktion bekannt.

Das eventuell aus anderen Programmiersprachen bekannte Konzept des *Block-Scopes* gibt es nicht. Hier geht es um Variablen, die innerhalb von Codeblöcken, also innerhalb von geschweiften Klammern, definiert wurden und in vielen Programmiersprachen auch nur dort verwendbar sind. Wer tiefer einsteigen möchte, kann das Skript *6-4_VariablenScope.jsx* analysieren.

## 6.5 Zahlen und Zeichenketten

JavaScript kennt im Gegensatz zu vielen anderen Programmiersprachen nur jeweils einen Datentyp für Zahlen und Zeichenketten.

### Zahlen

Zahlen werden ohne besondere Kennzeichnung in den Programmcode geschrieben. Das ESTK färbt sie grün ein.

```
var _eineZahl = 10;
```

Nachkommastellen mit einem Punkt abtrennen

Nachkommastellen müssen, wie im englischen Sprachraum üblich, mit einem Punkt abgetrennt werden.

```
var _eineZahl = 4.15;
```

Es können auch negative Zahlen verwendet werden, dazu wird einfach ein Minus vor die Zahl gesetzt.

```
var _eineNegativeZahl = -5;
```

Zahlen werden intern als so genannte 64-Bit-Gleitkomma-Zahlen (Floating Point) gespeichert. Für den normalen Programmieralltag bedeutet dies, dass fast beliebig große bzw. kleine Zahlen verwendet werden können.

Praktisch ist die Möglichkeit, mit Zahlen direkt zu rechnen. Eine einfache Addition kann z.B. mit dem Plus-Zeichen durchgeführt werden.

**Tab. 12**
Rechenoperatoren

| | |
|---|---|
| + | Addition |
| - | Subtraktion |
| * | Multiplikation |
| / | Division |
| ++ | Inkrement, die Zahl wird um 1 erhöht |
| -- | Dekrement, die Zahl wird um 1 verringert |

```
var _summe = 10 + 5;
```

In der Variablen `_summe` wird das Ergebnis 15 gespeichert. Die üblichen Rechenoperatoren sind ebenso verwendbar. Es gelten die Rechenregeln wie z.B. »Punkt vor Strich«. Runde Klammern können zur Priorisierung verwendet werden. Tabelle 12 fasst die Operatoren zusammen. Die Operatoren `++` und `--` werden meist in Schleifen verwendet. Sie sind eine Kurzschreibung der Form `_zahl = _zahl + 1` respektive `_zahl = _zahl - 1`. Sie erhöhen bzw. verringern den Wert einer Zahl um 1.

Zahlen werden zur Adressierung eingesetzt.

In der InDesign-Programmierung arbeitet man oft mit dem Datentyp Zahl, ohne dies richtig wahrzunehmen. Die Adressierung einer Seite im Dokument mit

```
app.activeDocument.pages[5];
```

oder die Festlegung der Schriftgröße eines Absatzes

```
app.activeDocument.pages[5].textFrames[0].paragraphs[2].pointSize = 12;
```

wird jeweils mit Zahlen ausgeführt.

#### Zeichenketten

Eine Zeichenkette ist eine Folge beliebiger Zeichen, kurz ein normaler Text. Zeichenketten werden oft mit dem englischen Fachbegriff *String* bezeichnet, dies kann mit Kette oder Schnur übersetzt werden.

Zeichenketten werden durch einfache oder doppelte Anführungszeichen gekennzeichnet. Bei doppelten Anführungszeichen wird der String im ESTK rot, bei einfachen lila eingefärbt. Die beiden Formen sind in der Praxis identisch.

```
var _string = "Ein Text";
var _string2 = 'Ein anderer Text';
```

JavaScript verwendet für Zeichenketten intern den 16-Bit-Unicode-Zeichensatz. Da das ESTK die Skripte ebenfalls in Unicode abspeichert, können Sie alle Zeichen direkt ins Skript schreiben. Für das Verständnis von JavaScript ist ein tieferes Wissen über den Unicode-Standard für die Zeichenkodierung nicht notwendig. Einen Exkurs zum Thema finden Sie auf Seite 142.

JavaScript-Steuerzeichen

Ein Problem bilden die Steuerzeichen, insbesondere die Zeilenschaltungen und die Anführungszeichen. Falls sie buchstäblich in der Zeichenkette gebraucht werden, müssen sie maskiert werden, da sie sonst das Ende des Strings markieren würden. Diese Maskierung wird wie in Regulären Ausdrücken mit dem Backslash vorgenommen. In der Programmierung spricht man von *Escape Sequences*. Die folgende Tabelle zeigt häufig verwendete Zeichen, die mit der Maskierung durch den Backslash erzeugt werden können.

**Tab. 13** Maskierung von Steuerzeichen (Escape Sequences)

| Steuerzeichen | Beschreibung (Unicode-Zeichen) |
|---|---|
| `\n` | Erzwungener Zeilenumbruch, neue Zeile, Newline Character (`\u000A`) |
| `\r` | Absatzende, Carriage Return (`\u000D`) |
| `\"` | Doppeltes Anführungszeichen, eigentlich Zollzeichen (`\u0022`) |
| `\'` | Einfaches Anführungszeichen, eigentlich Zollzeichen (`\u0027`) |
| `\\` | Der Backslash selbst (`\u005C`) |

Beachten Sie, dass das Backslash-Zeichen auch maskiert werden muss – es wird sonst ignoriert.

Wenn zwei Zeichenketten zusammengefügt werden sollen, kann das mit dem Plus-Operator erreicht werden.

**Listing 28** Strings zusammenführen (6-5_StringZusammen.jsx)

```
var _ersterString = "Ich bin der Erste. "
var _zweiterString = "Ich bin der Zweite.";
var _ergebnis = _ersterString + _zweiterString;
```

Die Variable `_ergebnis` enthält beide Zeichenketten. Die Zusammenführung gelingt auch ohne den Umweg über Variablen:

```
var _ergebnis = "Ich bin der Erste. " + "Ich bin der Zweite.";
```

Wenn Zahlen und Strings gemischt werden, erfolgt eine automatische Konvertierung der Zahlen in Zeichenketten. Das Ergebnis von

```
var _ergebnis = "1" + 1;
```

ist die Zeichenkette `11` und nicht etwa die Zahl `2`.

Methoden von Strings

JavaScript bietet darüber hinaus einige praktische Methoden, die die Arbeit mit Zeichenketten erleichtern. Methoden werden erst in Unterkapitel 6.10 näher erläutert. Im Folgenden reicht es, wenn Sie deren Wirkung auf Zeichenketten nachvollziehen.

Zunächst sollte man sich noch einmal vergegenwärtigen, dass sich eine Zeichenkette aus einzelnen Buchstaben zusammensetzt. Innerhalb einer Zeichenkette können diese entsprechend auch einzeln angesprochen werden. Dazu wird die Position bzw. der Index des jeweiligen

Buchstabens in eckige Klammern hinter den String geschrieben. Die Zählung beginnt, wie in der Programmierung üblich, bei 0.

```
var _string = "Ich bin eine Zeichenkette";
var _ersteZeichen = _string[0];
```

Die Position eines Zeichens mit indexOf() ermitteln

Die Variable _ersteZeichen enthält den Buchstaben I. Das hilft in der Regel aber nicht weiter, weil man normalerweise die Position eines Zeichens innerhalb eines Strings herausfinden möchte. Mit der Methode indexOf() kann die erste Position einer Zeichenkette innerhalb der eigentlichen Zeichenkette bestimmt werden.

```
var _string = "Ich bin der Erste. Ich bin der Zweite";
var _position = _string.indexOf("I");
```

In der Variablen _position ist die Zahl 0 gespeichert, da das erste Vorkommen von I an der ersten Stelle in der Zeichenkette ist (auch hier wird von null gezählt). Für die Position von bin schreibt man:

```
var _position = _string.indexOf("bin");
```

In _position ist jetzt die Zahl 4 enthalten, da das Wort bin an der fünften Stelle im String steht.

Die Methode bietet sich auch an, um herauszufinden, ob ein bestimmter Text überhaupt in der Zeichenkette vorkommt. Wenn der Text nicht enthalten ist, ist das Ergebnis der Methode -1.

Die Methode lastIndexOf() arbeitet analog und liefert die letzte Position innerhalb der Zeichenkette zurück.

Mit substring() einen Teilstring ausschneiden

Mit den Positionsangaben der beiden Methoden kann man elegant Teilstücke aus Zeichenketten entnehmen. Dafür bietet sich die Methode substring() an. Diese Methode schneidet einen Teilstring aus einem anderen String aus. Dafür benötigt sie die Informationen über den Start- und Endpunkt des Teilstrings als Parameter. Wenn man z.B. aus dem obigen Beispiel den ersten Satz ausschneiden möchte, schreibt man:

**Listing 29**
Teilstring ermitteln (6-5_substring.jsx)

```
var _string = "Ich bin der Erste. Ich bin der Zweite";
var _positionPunkt = _string.indexOf(".");
var _ersterSatz = _string.substring(0, _positionPunkt);
```

Die Variable _ersterSatz enthält jetzt den Teilstring Ich bin der Erste – allerdings ohne Punkt, weil die Endposition nicht mitausgeschnitten wird. Für den vollständigen Satz müsste man also _string.substring(0, _positionPunkt + 1) schreiben.

Text mit replace() ersetzen

Mit der Methode replace() kann man Ersetzungen in Zeichenketten vornehmen. Hier können bei Bedarf auch Reguläre Ausdrücke eingesetzt werden. Die Funktion übernimmt zwei Parameter, der erste ist für die Suche zuständig, der zweite für die Ersetzungsanweisung. Die Methode liefert das Ergebnis zurück, das man üblicherweise in einer Variable speichert oder in einer anderen Methode weiterverwendet.

```
1 var _string = "Ein Beispieltext mit der Ziffern 65 und 75";
2 var _ergebnis = _string.replace("Beispieltext", "Ersetzung");
3 _ergebnis = _string.replace(/\d+/g, "[$0]");
```

**Listing 30**
Ersetzung im String
(6-5_replace.jsx)

In Zeile 2 wird eine normale Textersetzung durchgeführt, hier werden in beiden Parametern Strings übergeben. Interessanter ist Zeile 3, hier wird im ersten Parameter der Reguläre Ausdruck `\d+` übergeben. Er muss mit Forward Slashs umgeben werden. Mit dem Buchstaben `g` wird gesteuert, dass die Ersetzung global ausgeführt werden soll. Die Ersetzungsanweisung `[$0]` wird hingegen als normaler String übergeben.

Neben dem globalen Modus `g` kann auch noch mit `i` unabhängig von Groß-/Kleinschreibung gesucht werden, z. B. `/e-?mail/i`

In der InDesign-Programmierung trifft man im Zusammenhang mit Zeichenketten oft auf die Eigenschaft `contents`, die den Inhalt eines Textrahmens, Absatzes oder ganz allgemein von Textobjekten enthält.

```
app.activeDocument.pages[0].textFrames[0].contents = "Zeichenkette!";
```

Verwechseln Sie aber nicht die InDesign-Textobjekte mit Zeichenketten. Die Textobjekte enthalten weit mehr Informationen, z. B. die Schriftart, -größe und -farbe, als einfache Zeichenketten. InDesign-Textobjekte werden in Unterkapitel 7.10 detailliert vorgestellt.

**Textobjekte und Strings sind völlig verschieden.**

### Typumwandlungen

Oft kommt es vor, dass eine Zahl als Zeichenkette vorliegt, weil sie z. B. als Suchergebnis aus einem InDesign-Text kommt oder als Benutzereingabe übergeben wurde. Da man mit Texten nicht rechnen kann, muss in diesem Fall die Zeichenkette mit der JavaScript-Funktion `parseFloat()` in eine Zahl verwandelt werden. Der Name der Funktion leitet sich vom englischen *parse* (analysieren) und dem Datentyp *Float*, der eine Zahl mit Nachkommawerten enthalten kann, ab.

```
var _zahlAlsText = "10";
var _zahl = parseFloat (_zahlAlsText);
alert(10 + _zahl);
```

**Listing 31**
Explizite Typumwandlung
(6-5_ZahlZuString.jsx)

Die Methode `parseFloat()` versucht einen String zu analysieren. So kann sie auch aus der Zeichenkette `10.1 Gramm` die Zahl `10.1` extrahieren, für Nachkommastellen muss ein Punkt verwendet werden. Sobald die Zeichenkette mit einem Buchstaben beginnt, scheitert sie allerdings und liefert den Wert `NaN` zurück, der für *Not a Number* steht.

**Gegebenenfalls müssen Kommas mit `replace(",", ".")` ersetzt werden.**

Umgekehrt stellt sich das Problem genauso. Wenn man eine Zahl, die man als Ergebnis einer Berechnung erhalten hat, dem Inhalt eines Textrahmens zuweisen möchte, gibt es einen Fehler.

```
app.activeDocument.textFrames[0].contents = 6;
```

Für die Umwandlung muss man zu der Zahl eine leere Zeichenkette hinzufügen. Dies geschieht am einfachsten mit dem Verkettungsoperator +.

```
app.activeDocument.textFrames[0].contents = 6 + "";
```

Sie können die Umwandlung auch explizit mit dem Befehl `String(6)` ausführen.

## 6.6 Datenkraken – Objekte

Neben Zahlen und Zeichenketten gibt es noch andere Möglichkeiten, mit Informationen in der Programmierung umzugehen. Um komplexere Daten abzubilden, bietet JavaScript *Objekte* an. In Objekten können *Eigenschaften* und *Methoden* gespeichert werden, auf die während der Programmierung zugegriffen werden kann. Bei der InDesign-Programmierung kommt man spätestens bei der Verwendung des Objektmodells (*Document Object Model*) mit Objekten in Berührung. Das Objektmodell ist der Zugangsschlüssel zu InDesign, ihm ist das Kapitel 7 gewidmet.

Da man in Skripten selten eigene Objekte erstellen muss, erkläre ich nicht die Regeln zur Erstellung. Wer diese in der Programmierung verwenden möchte, findet entsprechende Informationen in der Literatur oder in den Internetquellen.

Interessanter ist die Betrachtung, wie mit Objekten bzw. deren Eigenschaften und Methoden umgegangen werden muss.

Eigenschaften

*Eigenschaften* enthalten Informationen zu einem bestimmten Objekt. Das bereits aus Unterkapitel 4.3 bekannte Objekt `TextFrame` enthält z.B. alle Einstellungen, Attribute und den Inhalt eines InDesign-Textrahmens. Das `TextFrame`-Objekt gehört allerdings nicht zum Sprachkern von JavaScript, sondern wurde von Adobe für die Programmierung von InDesign erstellt und ist auch nur in Zusammenhang mit InDesign bzw. dem InDesign-Objektmodell verwendbar.

Eigenschaften werden mit dem Punktoperator adressiert.

Um auf eine Eigenschaft zuzugreifen, wird der *Punktoperator* verwendet: Zwischen Objekt und Eigenschaft wird ein Punkt `.` gesetzt. Im Objektmodell wird der erste Buchstabe von Eigenschaften und Methoden grundsätzlich kleingeschrieben.

```
var _textFrame = app.activeDocument.textFrames[0];
alert(_textFrame.contents);
```

Im Beispiel enthält die Variable `_textFrame` ein Objekt vom Typ `TextFrame` aus der Sammlung der Textrahmen, die über die Eigenschaft `textFrames` adressiert wird. Das Verhalten von Sammlungen wurde in Unterkapitel 4.4 bereits kurz angesprochen.

Die Eigenschaft `contents` enthält eine Zeichenkette mit dem Inhalt des Textrahmens. Weitere Eigenschaften können Zahlen (z.B. die Drehung `absoluteRotationAngle`), Arrays (→ Unterkapitel 6.8) (z.B. die Koordinaten `geometricBounds`), aber auch wieder andere Objekte enthalten (z.B. das Objektformat in der Eigenschaft `appliedObjectStyle`). Durch diese Verkettung der Eigenschaften kommt das Objektmodell mit seiner Eltern-Kind-Hierarchie zustande.

Lese- und Schreibzugriff

Eigenschaften können veränderbar (*read/write*) oder nur lesbar (*readonly*) sein. InDesign vergibt z.B. für jedes Objekt eine eindeutige

ID zur Identifikation (die Eigenschaft heißt `id`). Diese kann nicht per Skripting verändert werden, der Inhalt in der Eigenschaft `contents` hingegen schon.

Methoden

Ähnlich ist es mit *Methoden*, die an das Objekt gebunden sind. Man erreicht sie ebenfalls über den Punkt. Methoden erkennt man daran, dass nach dem Namen runde Klammern stehen.

```
_textFrame.remove();
```

Die Methode `remove()` löscht den Textrahmen aus dem Dokument. Im Gegensatz zu Eigenschaften haben Methoden eine Aufgabe, sie »machen« etwas. Außerdem können Methoden mit Parametern gesteuert werden, die innerhalb der runden Klammern übergeben werden und Ergebnisse zurückliefern. Details dazu finden Sie in Unterkapitel 6.10.

**with-Statements**

In JavaScript gibt es die Möglichkeit, mit *with-Statements* das Setzen von Eigenschaften eines Objekts etwas übersichtlicher zu gestalten. Dieses Verfahren kommt vor allem bei der Arbeit mit Voreinstellungen (→ Unterkapitel 7.6) und der Gestaltung von Benutzeroberflächen (→ Unterkapitel 7.15) zum Einsatz. Die grundsätzliche Syntax dafür lautet:

```
with (Objekt) {
   eigenschaft = "Objekt.eigenschaft einen Text zuweisen";
   eigenschaft2 = 42;
}
```

Nach dem Befehl `with` wird in runden Klammern das Objekt (z.B. in einer Variable) übergeben, auf dem verschiedene Eigenschaften gesetzt werden sollen. Innerhalb der folgenden geschweiften Klammern versucht JavaScript dann die Eigenschaften dem Objekt zuzuordnen, also den Punktoperator auszuführen. In der zweiten Zeile wird beispielsweise `eigenschaft` in `Objekt.eigenschaft` aufgelöst.

Mit with-Statements können auch mehrere Objekte ineinander verschachtelt werden. Dieses Verfahren ist insgesamt fehleranfällig, weil es nicht immer klar ist, zu welchem Objekt eine Eigenschaft gehört.

**!i Setzen Sie with-Statements nur für Voreinstellungen und Benutzeroberflächen ein.**

Außerhalb der Arbeit mit Voreinstellungen und der Gestaltung von Benutzeroberflächen rate ich deswegen von der Verwendung von with-Statements ab.

**Nicht vorhandene Objekte**

Im Zusammenhang mit Objekten kommt es manchmal vor, dass man auf ein Objekt zugreifen möchte, das gar nicht existiert. In Unterkapitel 4.7 wird z.B. über die Methode `itemByName()` ein Textrahmen gesucht. Wenn dieser Textrahmen nicht im Dokument vorhanden ist, liefert die Methode ein ungültiges Objekt zurück.

Das Gleiche kann passieren, wenn man im Objektmodell auf ein Objekt zugreifen möchte, das nicht existiert. Wenn kein Dokument geöffnet ist, kann man zwar über `app.documents[0]` ein Dokument adressieren – tatsächlich existiert aber kein Dokument und somit auch keine Repräsentation als Objekt.

null

Für diesen und ähnliche Fälle gibt es das reservierte Wort `null`. Es entspricht der Bedeutung »leer« bzw. »unbestimmt«. Mit Bedingungen, die im folgenden Unterkapitel eingeführt werden, kann man dann bestimmen, ob ein Objekt existiert.

## 6.7 Entscheidungen treffen – Abfragen und Verzweigungen

Eigene Skripte werden dann spannend, wenn man flexibel auf bestimmte Situationen reagieren kann. Dazu benötigt man eine Kontrollstruktur, die eine Entweder-oder-Frage verarbeiten kann. Diese Kontrollstruktur muss in der Lage sein, eine Frage auszuwerten und je nach Antwort alternative Anweisungen auszuführen.

Wenn Ihr Skript z.B. mit dem in InDesign aktiven Dokument arbeiten soll, wäre es praktisch zu prüfen, ob überhaupt ein Dokument geöffnet ist. Zusätzlich wäre es sinnvoll, dem Anwender eine Rückmeldung zu geben, damit er weiß, warum das Skript nicht ausgeführt wurde.

**Abb. 41**
Entweder-oder-Frage

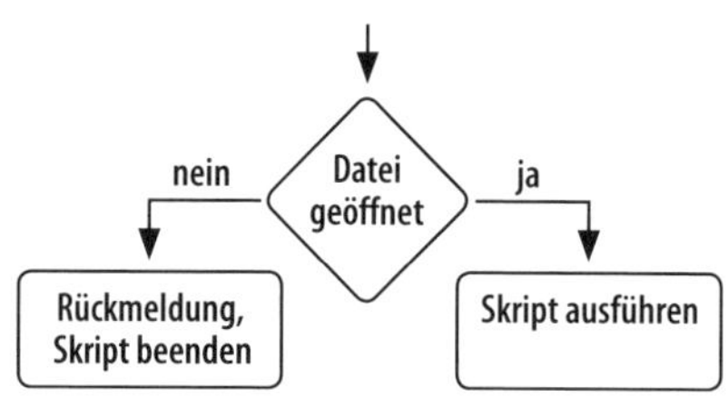


Für Verzweigungen benötigt man zunächst eine eindeutige Abfrage, anhand derer der JavaScript Interpreter den weiteren Ablauf steuern kann. Die sinnvolle Formulierung dieser *Bedingung* ist nicht immer ganz einfach. So könnte man im obigen Beispiel fragen, ob mindestens ein Dokument geöffnet ist. Genauso könnte man aber auch umgekehrt fragen, ob gerade kein Dokument geöffnet ist. Die Abfrage, ob genau ein Dokument geöffnet ist, wäre für die meisten Anwendungsfälle zu speziell.

### Bedingte Anweisungen

Der einfachste Fall ist eine *Bedingte Anweisung* mit einer *if-Abfrage;* das `if` (engl. wenn) leitet den Entweder-Teil ein.

**Listing 32**
Bedingte Anweisung
(6-7_ifAbfrage.jsx)

```
if (app.documents.length > 0) {
  var _dok = app.activeDocument;
  // ...
}
```

Die if-Abfrage prüft zunächst, ob die *Bedingung* innerhalb der runden Klammern zutrifft. *Wenn* dies der Fall ist, werden die Anweisungen, die mit den geschweiften Klammern umschlossen sind, ausgeführt.

In der Bedingung wird die Anzahl der offenen Dokumente geprüft. Konkret prüft man dazu, ob die Eigenschaft `length` größer als 0 ist. Die Bedingung trifft auch zu, wenn zwei oder mehr Dokumente geöffnet sind.

Eine andere Abfrage, ob der Name der gerade geöffneten Datei genau dem String `test.indd` entspricht, sieht wie folgt aus:

```
if (app.activeDocument.name == "test.indd") { //...
```

Hier ist auf die doppelten Gleichheitszeichen zu achten, das einfache wird bereits für die Zuweisung verwendet. Bei der Verwendung von einfachen Gleichheitszeichen kommt es zu einer Ausführung des Codeblocks, wenn die Zuweisung erfolgreich verlaufen ist. Dies ist ein beliebter Fehler innerhalb von Skripten.

**Achten Sie auf die korrekte Verwendung von == und =.**

Für die Bedingung können verschiedene Vergleichsoperatoren eingesetzt werden, die folgende Tabelle enthält eine Übersicht.

**Tab. 14** Vergleichsoperatoren in JavaScript

| Vergleichs-operator | Beschreibung: Der Vergleich trifft zu, wenn … | Beispiel für einen zutreffenden Vergleich | Beispiel für einen nicht zutreffenden Vergleich |
|---|---|---|---|
| `==` | beide Werte gleich bzw. identisch sind. | `1 == 1`<br>`"Text" == "Text"` | `1 == 2`<br>`"Text" == "2. Text"` |
| `!=` | beide Werte ungleich sind. | `1 != 2`<br>`"Text" != "2. Text"` | `1 != 1`<br>`"Text" != "Text"` |
| `<` | der linke Wert kleiner als der rechts vom Operator ist. | `1 < 2` | `100 < 5` |
| `<=` | der linke Wert kleiner oder gleich dem rechts vom Operator ist. | `1 <= 1` | `100 < 99.9` |
| `>` | der linke Wert größer als der rechts vom Operator ist. | `2 > 1` | `5 > 100` |
| `>=` | der linke Wert größer oder gleich dem rechts vom Operator ist. | `2 >= 2` | `99.9 >= 100` |

Die Bedingung innerhalb der runden Klammern muss immer richtig oder falsch sein. Das Ergebnis eines Vergleichs kann immer nur einen der beiden Werte annehmen. Die Ergebnisse werden durch die reservierten Wörter `true` und `false` repräsentiert. Diese beiden Werte nennt man *Boolesche Werte* und der Datentyp, der diese beiden Zustände repräsentieren kann, heißt *Boolean*.

Boolesche Werte

Die if-Abfrage prüft eigentlich nur, ob das Ergebnis des Vergleichs den Wert `true` hat. Man könnte in die runden Klammern auch `true` oder `false` eintragen. Eine Abfrage der Form `if (true) { //...` würde immer ausgeführt.

### Verzweigungen

Neben der einfachen Bedingten Anweisung gibt es auch noch die Möglichkeit der *Verzweigung*. In dieser Form bleibt die if-Abfrage gleich. Für den Fall, dass die Bedingung nicht zutrifft, wird ein zusätzlicher Codeblock hinter dem reservierten Wort `else` (engl. sonst) geschrieben.

**Abb. 42** Anatomie einer Verzweigung

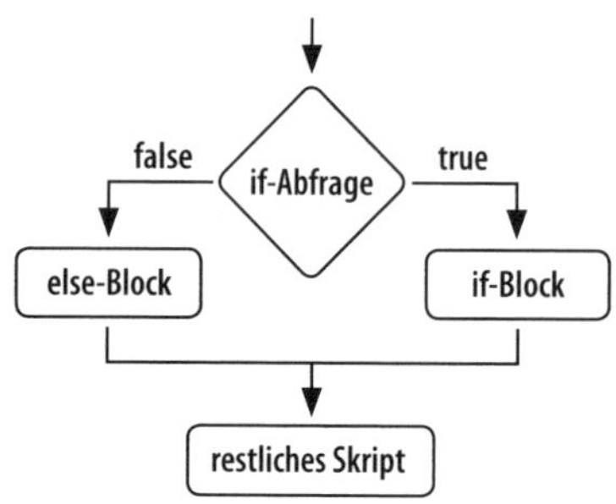


**Listing 33** Verzweigung (6-7_Verzweigung-1.jsx)

```
if (app.documents.length > 0) {
  var _dok = app.activeDocument;
  //...
} else {
  alert("Kein Dokument geöffnet");
}
```

Wenn die Bedingung nicht zutrifft, wird der zweite Codeblock ausgeführt. In diesem Fall wird der Anwender mit einem Hinweisfenster darüber informiert, dass kein Dokument geöffnet ist.

Die geschweiften Klammern weglassen

Eigentlich sind die geschweiften Klammern nur notwendig, wenn mehr als ein Befehl im Codeblock ausgeführt werden muss. Ich empfehle diese aber grundsätzlich zu verwenden, um Fehler durch unklare else-Blöcke zu vermeiden. Sobald Sie Ihren Code gut lesen können bzw. wenn Sie schon Erfahrung haben, sind die geschweiften Klammern bei einzelnen Befehlen eher störend. Ab wann ein Code »selbstdokumentierend« oder unleserlich wird, hängt von Ihrer Erfahrung und Routine ab. Die Einrückung der Codeblöcke ist ebenfalls nicht vorgeschrieben, sie macht den Code aber besser lesbar.

Verzweigungen mit else if

Eine Sonderform der Verzweigung ergibt sich, wenn mehrere Abfragen verarbeitet werden sollen. Stellen Sie sich vor, in einem Dokument sind Rahmen bzw. Seitenobjekte auf vier verschiedene Ebenen verteilt. Wenn Sie das gerade ausgewählte Objekt in Abhängigkeit von der Ebene bearbeiten wollen, ergeben sich mehr als zwei unterscheidbare Fälle. In diesem Fall können Sie mit `else if` weitere Bedingungen stellen:

**Listing 34** Verzweigung mit else if (6-7_Verzweigung-2.jsx)

```
var _auswahl = app.selection[0];
if (_auswahl.itemLayer.name == "Ebene1") {
  alert("Auswahl ist auf Ebene1");
} else if (_auswahl.itemLayer.name == "Ebene2") {
  alert("Auswahl ist auf Ebene2");
```

```
6  } else if (_auswahl.itemLayer.name == "Ebene3") {
7     alert("Auswahl ist auf Ebene3");
8  } else {
9     alert("Auswahl ist nicht auf Ebene1, Ebene2 oder Ebene3");
10 }
```

Das Skript setzt ein Dokument mit drei Ebenen und den entsprechenden Namen voraus. Als Bedingung wird der Name der Ebene, auf dem sich die Auswahl befindet, geprüft. Wenn die erste Bedingung nicht erfüllt wird, wird in Zeile 4 die zweite, bzw. in Zeile 6 die dritte Bedingung hinter `else if` ausgewertet. Wenn diese ebenfalls nicht zutrifft, springt die Ausführung in den letzten else-Block in Zeile 8.

Sie könnten dies natürlich auch über verschachtelte if-else-Abfragen lösen, dies kann aber ziemlich unübersichtlich werden.

**Existenz von Objekten prüfen**

Auf Seite 119 wurde bereits die Problematik mit nicht existierenden Objekten angesprochen. Mit einer if-Abfrage kann man dieses Problem in den Griff bekommen.

Wenn man mit der Methode `itemByName()` einen konkreten Textrahmen, hier mit dem Namen `tf`, adressieren möchte, liefert die Methode immer ein Textrahmenobjekt zurück, auch wenn dieses Objekt gar nicht existiert. Erst wenn man auf eine Eigenschaft des Objekts zugreifen möchte, kommt es zu einem Fehler, da gar kein Textrahmen mit dem Namen existiert. Wenn die folgenden Codezeilen in einem Dokument ohne benannten Textrahmen ausgeführt werden, tritt dieser Fehler auf. In der Statuszeile erscheint `Objekt ist ungültig`.

```
var _dokument = app.documents[0];
_dokument.textFrames.itemByName("tf").contents;
```

Um dies zu verhindern, kann man über den Vergleich mit dem Wert `null` prüfen, ob der Textrahmen existiert oder nicht.

```
var _dokument = app.documents[0];
if (_dokument.textFrames.itemByName("tf")== null) {
   alert("Kein Textrahmen mit dem Namen 'tf' vorhanden!");
}
```

**Listing 35**
Existenz eines Objekts prüfen (6-7_Objekt Vorhanden.jsx)

Der Vergleich mit `null` stellt sicher, dass das gewünschte Objekt auch vorhanden ist. In diesem Zusammenhang arbeitet man oft mit dem Ungleich-Operator `!=`, da meist nur eine Bearbeitung notwendig ist, wenn das Objekt existiert. Ab InDesign CS4 sollte man die Existenz eines InDesign-Objekts mit der Eigenschaft `isValid` prüfen. Informationen zu diesem Verfahren finden Sie auf Seite 156.

Fallunterscheidungen mit switch

Falls Sie bereits mit anderen Programmiersprachen gearbeitet haben, kennen Sie vielleicht die Fallunterscheidung mit `switch` (dt. Schalter). Hier können beliebig viele Fälle unterschieden werden. Da diese Form eher selten verwendet wird und im Zweifel auch über Verzweigungen bzw. die else-if-Konstruktion realisiert werden kann, bespreche ich sie nicht. In der Literatur und in den Internetquellen finden Sie Details zu dieser Programmiertechnik.

### Komplexere Abfragen

Vergleiche verknüpfen

Neben den einfachen Vergleichen kann man auch komplexere Bedingungen formulieren. Dazu können mehrere Abfragen miteinander verknüpft werden. Sie können also innerhalb einer Abfrage zwei Vergleiche prüfen. Dazu stehen zwei logische Operatoren zur Verfügung. Wenn *beide* Bedingungen erfüllt sein müssen, kommt der so genannte Und-Operator `&&` zum Einsatz. Sie könnten z. B. fragen, ob die Position eines Rahmenobjekts vertikal und horizontal einem bestimmten Wert entspricht.

```
if (_tf.geometricBounds[0] > 10 && _tf.geometricBounds[1] > 10) { //...
```

Wenn nur *eine der beiden* Bedingungen erfüllt sein muss, kann der Oder-Operator `||` verwendet werden. Dieser liefert auch dann `true`, wenn nur einer der beiden Vergleiche erfüllt wird.

Negation mit dem !

Ein weiterer Operator ist der Nicht-Operator `!`. Mit diesem Operator wird eine *Negation* auf einem booleschen Wert ausgeführt. Aus `true` wird `false` und umgekehrt. Das ist vor allem praktisch, um lesbaren Code zu schreiben, und wird daher oft verwendet.

**Tab. 15** Logische Operatoren in JavaScript

| Operator | Beschreibung | Beispiel für eine zutreffende Verknüpfung | Beispiel für eine nicht zutreffende Verknüpfung |
|---|---|---|---|
| `&&` | Die Verknüpfung ist wahr, wenn beide Werte wahr sind. | `true && true`<br>`1 == 1 && 2 == 2` | `true && false`<br>`1 == 1 && 2 == 1` |
| `\|\|` | Die Verknüpfung ist wahr, wenn einer der beiden Werte wahr ist. | `true \|\| false`<br>`1 == 1 \|\| 2 == 1` | `false \|\| false`<br>`1 == 2 \|\| 2 == 1` |
| `!` | Umkehrung, Negation | `!false` | `!true` |

## 6.8 Arrays

Ein *Array* ist ein spezieller Objekttyp, mit dem gleichartige Daten zusammengefasst werden können. Wenn man z. B. eine Liste von zehn Bildern hat, kann man diese zusammen in einem Array speichern. Bei der Zuweisung der vier Koordinaten von Rahmenobjekten über die Eigenschaft `visibleBounds` wurde bereits ein Array eingesetzt (→ Seite 57).

```
var _textFrame = app.activeDocument.textFrames[0];
_textFrame.visibleBounds = [10,10,110,110];
```

Aber auch Eigenschaften, die mehrere Werte gleichzeitig zurückliefern und keine Sammlung enthalten – z.B. die Abfrage nach allen Bildern eines Dokuments `allGraphics` –, machen dies über Arrays. Die Eigenschaft `allGraphics` wurde bereits in Unterkapitel 4.6 eingesetzt. Die ganz ähnlich arbeitenden Sammlungen im InDesign-Objektmodell werden in Unterkapitel 7.4 besprochen.

Einen Array erstellen

Sie können eigene Arrays leicht erstellen und in Ihren Skripten einsetzen. Alle Elemente werden in eckige Klammern [] gesetzt, die einzelnen Werte werden mit Kommas getrennt. Eine Liste mit den Namen `Anna`, `Bastian` und `Christian` würde z.B. wie folgt definiert (die folgenden Codebeispiele finden Sie in der Datei *6-8_Array.jsx*):

```
var _namenArray = ["Anna", "Bastian", "Christian"];
```

In Arrays können beliebige Daten gespeichert werden, sie können neben Zahlen oder Strings auch Objekte enthalten.

Um auf die einzelnen Werte wieder zuzugreifen, kommen ebenfalls die eckigen Klammern zum Einsatz. Arrays sind von 0 beginnend mit einem Index durchnummeriert.

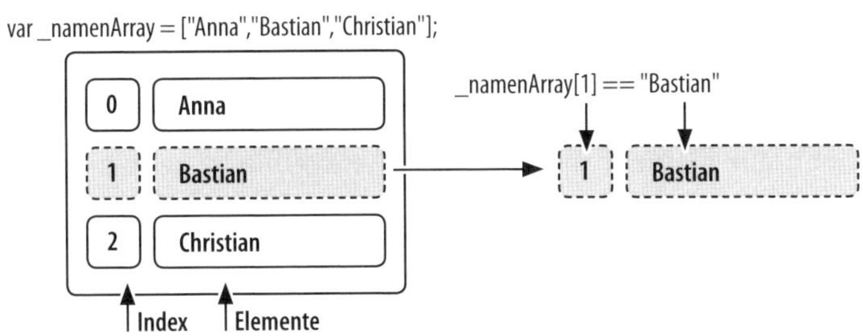


**Abb. 43** Zusammenhang zwischen Index und Element im Array

Den ersten Namen aus dem obigen Array erhält man entsprechend mit:

```
alert(_namenArray[0]);
```

Das Hinweisfenster der JavaScript-Funktion `alert()` enthält den Namen `Anna`.

Die Anzahl der Elemente mit `length` ermitteln

Die Länge eines Arrays ist in der Eigenschaft `length` enthalten. Sie enthält die absolute Anzahl der Elemente. Das letzte Einzelelement hat einen um 1 niedrigeren Index.

```
var _laenge = _namenArray.length;
```

```
alert(_namenArray[_laenge - 1]);
```

Das Hinweisfenster zeigt nun den Namen Christian an.

Methoden von Arrays

Um Arrays zu verändern oder auszuwerten, gibt es einige nützliche Methoden.

Mit der Methode push() wird ein neues Element an das Ende eines Arrays angehangen.

```
_namenArray.push("Aaron am Ende");
```

Mit der Methode unshift() wird ein neues Element am Anfang des Arrays hinzugefügt.

```
_namenArray.unshift("Tobias am Anfang");
```

Wenn Sie ein Element aus dem Array löschen wollen, haben Sie die gleichen Möglichkeiten. Mit der Methode pop() wird das letzte Element gelöscht, mit der Methode shift() das erste.

Wenn innerhalb des Arrays gearbeitet werden soll, führt die Methode splice() weiter, sie kann Elemente an einer bestimmten Stelle löschen oder hinzufügen. Die Verwendung ist leider nicht direkt intuitiv, deswegen zeige ich zunächst, wie man ein Element innerhalb eines Arrays löscht.

```
_namenArray.splice(1,1);
```

Mit dem ersten Parameter gibt man die Position an, hier das zweite Element. Mit dem zweiten Parameter gibt man die Anzahl der zu löschenden Elemente an, im Beispiel wird ein Element gelöscht – der Name Anna.

Wenn man ein Element innerhalb des Arrays hinzufügen möchte, kommt ebenfalls splice() zum Einsatz, nur dass die Anzahl der zu löschenden Elemente 0 ist. Als dritter Parameter wird dann das hinzuzufügende Element angegeben.

```
_namenArray.splice(1,0,"Bob");
```

Konkret wird an der zweiten Stelle (erster Parameter 1) kein Element gelöscht (zweiter Parameter 0), aber der String Bob (dritter Parameter) in den Array eingefügt. Der dritte Parameter muss nur beim Einfügen verwendet werden, er ist *optional*. Ich gebe zu, die Methode ist ein bestechendes Beispiel für nicht intuitive Informatiker-Logik, zum Glück muss man die Methode selten einsetzen.

Einen Array zu einem String zusammenführen

Wahrscheinlich wissen Sie jetzt nicht mehr, welche Namen im Array gespeichert sind. Mit der Methode join() können alle Werte in einem String zusammengefügt werden. Diesen kann man dann in seinem Dokument verwenden oder sich zur Kontrolle in einem Hinweisfenster ausgeben lassen.

```
var _alleWerteString = _namenArray.join("\r");
alert(_alleWerteString);
```

Die Methode join() übernimmt einen Parameter, mit dem ein Trennzeichen für die einzelnen Werte festgelegt werden kann. Mit dem String \r wird ein Absatzende übergeben, im Ergebnis steht jeder Name in einer Zeile.

Arrays sortieren

Eine praktische Anwendung für Arrays sind Verzeichnisse oder Listen. Diese müssen oft sortiert werden. Dafür haben Arrays eine eingebaute Methode, um sich selbst zu sortieren.

```
_namenArray.sort();
```

**Die Sortierung berücksichtigt nicht die deutschen Umlaute.**

Mit der Methode sort() werden die Elemente des Arrays automatisch alphabetisch oder bei Zahlen aufsteigend sortiert. Die Methode sortiert den Array, auf dem sie ausgeführt wird; es wird also kein neuer, sortierter Array zurückgeliefert.

Die Sortierung funktioniert leider nur nach dem englischen Alphabet. Auf Seite 255 finden Sie eine Funktion, die für die korrekte Sortierung deutscher Umlaute verwendet werden kann.

Eine CSV-Datei in einen Array überführen

Die folgende Methode gehört eigentlich zum Unterkapitel *Zeichenketten*, da sie einen String in einen Array verwandelt. Dazu hat das String-Objekt eine Methode split(), mit der man es in einen Array überführen kann. Angenommen man möchte eine durch Kommas getrennte Liste, z. B. aus einer *CSV-Datei* (engl. comma separated values), in einen Array überführen, muss man die Methode split() mit dem Trennzeichen als Parameter aufrufen.

**Listing 36**
Zeichenketten in Arrays überführen (6-8_CSV2Array.jsx)

```
1  var _csvString = "4G79,Staubsauger,30.45";
2  var _arrayEintrag = _csvString.split(",");
3  alert("Produktnummer: " + _arrayEintrag[0]);
```

1 Die Variable _csvString enthält die mit Kommas unterteilte Zeichenkette, wie sie oft in CSV-Dateien vorkommt. An erster Stelle steht eine Produktnummer, an zweiter der Produktname und an dritter der Preis.

**Oft werden CSV-Daten mit Semikola getrennt.**

2 Das Trennzeichen ist in diesem Fall ein Komma, oft werden Semikola oder Tabulatorzeichen verwendet. Der Methode split() wird als Parameter das Trennzeichen als String übergeben. Der Rückgabewert ist der erstellte Array, in diesem Fall hat er drei Einträge.

3 Am Schluss wird noch der erste Eintrag des Arrays, die Produktnummer, in einem Hinweisfenster ausgegeben.

Mit diesem Code können Sie leider noch keine ganze CSV-Datei auswerten. Dazu benötigen Sie noch das Wissen über Schleifen aus dem nächsten Unterkapitel und wie man Dateien mit JavaScript einliest (→ Unterkapitel 6.12).

### Nicht nur über den Index

In einem Assoziativen Array über Schlüssel auf Werte zugreifen

Im Gegensatz zu anderen Programmiersprachen kennt JavaScript keine Möglichkeit, über einen Namen bzw. *Schlüssel* auf einzelne Werte im Array zuzugreifen. Ein Zugriff über eine selbst festgelegte Zeichenkette kann praktisch sein, um Objekte über Namen statt über Indexnummern zu verwalten. Als Beispiel kann man sich ein Lexikon mit Einträgen und Beschreibungen vorstellen. Eine solche Funktion wird in der Programmierung als *Assoziatives Array* oder *Map* bezeichnet.

Ich habe die Implementierung eines *Assoziativen Arrays* neben verschiedenen anderen praktischen Funktionen in einer Bibliothek zusammengetragen. Wenn Sie diese in Ihren Skripten verwenden möchten, finden Sie eine Beschreibung im Anhang A 1.

## 6.9 Arbeit wegschaffen – Schleifen

Eine Schleife ist eine Kontrollstruktur, mit der man eine Gruppe von Anweisungen mit einer bestimmten Anzahl von Wiederholungen ausführen kann. Wenn Sie z. B. auf allen Seiten des Dokuments eine bestimmte Aufgabe erledigen wollen, bietet es sich an, die Aufgabe einmal zu programmieren und diese dann von der Schleife auf allen Seiten erledigen zu lassen.

### 6.9.1 for-Schleife

Sehr oft gebraucht werden *for-Schleifen*, die typischerweise mit einem Array oder einer Sammlung (→ Unterkapitel 7.4) zusammenarbeiten.

Im Vorfeld muss man sich überlegen, welche Informationen für diese Kontrollstruktur benötigt werden. Zunächst benötigt man eine Datenstruktur, in der die Objekte gespeichert sind. Dazu bieten sich *Arrays* und *Sammlungen* an. Weiterhin braucht man einen *Startwert*, also den Punkt, bei dem die Schleife beginnen soll. Meist handelt es sich hierbei um das erste Objekt in der Sammlung oder im Array. Damit die Schleife nicht immer weiterläuft, muss man sich zusätzlich noch eine Bedingung überlegen, wie lange die Schleife ausgeführt werden soll. Hier wird meist geprüft, ob das letzte Objekt erreicht wurde. Die Schleife wird so lange wiederholt, wie die *Ausführungsbedingung* `true` zurückliefert.

Beim Schleifendurchlauf »besucht« die Schleife jedes Objekt. In einem Codeblock können Anweisungen bereitgestellt werden, die eine Veränderung jedes besuchten Objekts ermöglichen. Dieser Anweisungsblock ist der *Schleifenrumpf*. Um im Schleifenrumpf zu wissen, welches Objekt aus der Sammlung bzw. dem Array verarbeitet werden soll, benötigt die Schleife eine *Zählvariable*. Dieser wird von der Schleife der jeweils aktuelle Stand zugewiesen. Sie kann somit als Index für den Zugriff auf die Datenstruktur verwendet werden.

In der Zählvariable speichert man praktischerweise zu Beginn den Startwert, dieser Vorgang wird als *Initialisierung* bezeichnet. Die soeben erstellte Zählvariable wird dann im Vergleich der Ausführungsbedingung ausgewertet. Üblicherweise möchte man jedes Objekt der Datenstruktur besuchen, dann ist die Schrittweite der Zählvariable 1. Da es aber auch möglich ist, nur jedes zweite oder dritte Objekt zu besuchen oder vom letzten bis zum ersten Objekt zu gehen, muss die Schrittweite beim Schleifenaufruf ebenfalls festgelegt werden.

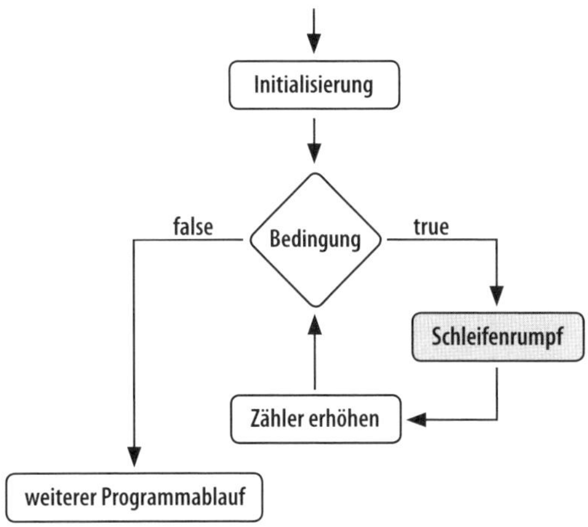


**Abb. 44**
Übersicht for-Schleife

Als einfaches Beispiel beschreibe ich eine for-Schleife, die jedes Element eines Arrays in einem Hinweisfenster ausgibt. Für die Schleife benötigt man:

Bestandteile einer for-Schleife

- *Datenstruktur*: der Array
- *Startwert der Zählvariable*: der Index des ersten Elements
- *Ausführungsbedingung*: solange noch Elemente im Array vorhanden sind
- *Schrittweite:* da jedes Element besucht werden soll 1
- *Schleifenrumpf:* Ausgabe des Elements in einem Hinweisfenster

Syntax einer for-Schleife

Diese Informationen muss man nun in die korrekte Syntax überführen.

```
for (Initialisierung; Ausführungsbedingung; Schrittweite) {
   // Schleifenrumpf
}
```

Die Schleife wird mit dem Befehl `for` eingeleitet. Danach folgt in runden Klammern die Initialisierung, bestehend aus der Deklaration der Zählvariable und Zuweisung des Startwerts, die Ausführungsbedingung sowie die Angabe der Schrittweite. Diese Informationen müssen durch Semikola getrennt werden. Der Schleifenrumpf wird von geschweiften Klammern umgeben. Der konkrete Code sieht dann so aus:

**Listing 37**
Auswertung eines Arrays mit einer for-Schleife (6-9_forSchleifeArray.jsx)

```
var _namenArray = ["Anna", "Bastian", "Christian"];
for (var i = 0; i < _namenArray.length; i = i + 1) {
  alert("Bei Index " + i + " ist der Name " + _namenArray[i]);
}
```

In der Variablen `_nameArray` wird ein Array mit drei Namen gespeichert, der als Datenstruktur dient. Der Zählvariable wird der Startwert 0 zugewiesen, da der Durchlauf beim ersten Element des Arrays beginnen soll. Die Zählvariable kann jeden gültigen Namen haben, Sie können sie also auch `_zaehler` oder ähnlich nennen. Der Name `i` (engl. index) wird jedoch so oft verwendet, dass er fast schon ein Standard ist.

`i++` ist eine Kurzschreibweise von `i = i + 1`.

Als Ausführungsbedingung wird geprüft, ob die Zählvariable noch kleiner als die Menge aller Elemente des Arrays ist. Solange dies der Fall ist, gibt es auch Elemente im Array, die adressiert werden können. Als Schrittweite wird die Zählvariable um 1 erhöht. In Schleifen kommt dafür üblicherweise die Kurzform `i++` zum Einsatz, die ebenfalls die Variable um 1 erhöht.

Im Schleifenrumpf wird mit `_namenArray[i]` jedes Element des Arrays über die eckigen Klammern und die Zählvariable adressiert. Es erscheinen insgesamt drei Hinweisfenster mit dem Wert der Zählvariablen und dem Namen an der jeweiligen Stelle des Arrays. Die folgende Tabelle verdeutlicht den Ablauf der for-Schleife.

**Tab. 16**
Ablauf der for-Schleife

| Durchlauf | Wert der Zählvariablen `i` | Ergebnis der Ausführungsbedingung | Tatsächlicher Aufruf des Arrays `_namenArray[i]` | Inhalt des adressierten Elements |
|---|---|---|---|---|
| Vor Beginn | `undefined` | - | - | - |
| 1 | 0 | `true` | `_namenArray[0]` | `"Anna"` |
| 2 | 1 | `true` | `_namenArray[1]` | `"Bastian"` |
| 3 | 2 | `true` | `_namenArray[2]` | `"Christian"` |
| Ende | 3 | `false` | - | - |

Sammlungen in for-Schleifen verwenden

Schleifen eignen sich auch gut für Sammlungen. Diese beinhalten eine Liste von Objekten. Die Anzahl der Elemente kann ebenfalls über die Eigenschaft `length` ausgewertet werden und oft möchte man alle Objekte einer Sammlung gleichartig verändern.

Wenn man z.B. die Funktion für die Seitenzahlen selbst programmieren möchte, kann man mit einer for-Schleife alle Seitenobjekte aufrufen.

**Listing 38**
Seiten selbst nummerieren (6-9_forSchleife Seiten.jsx)

```
#target InDesign
var _dok = app.activeDocument;
for (var i = 0; i < _dok.pages.length; i++) {
  var _page = _dok.pages[i];
  var _tf = _page.textFrames.add();
  _tf.geometricBounds = [10,10,20,20];
  _tf.contents = _page.name + "";
}
```

Die Kombination einer for-Schleife mit einer Sammlung wird in der InDesign-Programmierung sehr oft eingesetzt.

### Schleifen vorzeitig beenden

Schleifen mit `break` beenden

Manchmal kommt es vor, dass man eine Schleife nur bis zu einem bestimmten Zeitpunkt ausführen möchte. Denkbar wäre ein Skript, das alle Textrahmen auf Textüberläufe prüft und, sobald es den ersten Textrahmen mit Überlauf gefunden hat, beendet werden soll. Dazu wird die Anweisung `break` verwendet. Eine sehr kompakte Version des gerade skizzierten Skripts sieht so aus:

```
1  #target InDesign
2  for (var i =0; i < app.activeDocument.textFrames.length; i++) {
3    var _tf = app.activeDocument.textFrames[i];
4    if (_tf.overflows == true) {
5      _tf.select();
6      break;
7    }
8  }
```

**Listing 39**
Eine Schleife vorzeitig beenden (6-9_forSchleife Textframes.jsx)

3 Wenn der in der Variablen `_tf` gespeicherte Textrahmen einen Textüberlauf enthält, hat die Eigenschaft `overflows` den Wert `true`. Die Bedingte Anweisung wird ausgeführt und in Zeile 6 wird die Anweisung `break` ausgelöst. Die Schleife wird dann beendet.

Einen Schleifendurchlauf mit `continue` beenden

Eine weitere Anforderung in Zusammenhang mit Schleifen ist es, die restlichen Anweisungen im Schleifenrumpf zu überspringen und den nächsten Durchlauf zu starten. Dafür wird die Anweisung `continue` eingesetzt. Diese benötigt man nur, um den Code einfacher zu schreiben, da man die restlichen Anweisungen genauso gut mit einer Bedingten Abfrage überspringen könnte.

### 6.9.2 while-Schleife

Wenn die Ausführungsbedingung einer Schleife nicht über die Anzahl der zu verarbeitenden Elemente beschrieben werden kann, bietet sich eine *while-Schleife* an. Die grundsätzliche Syntax lautet wie folgt:

```
while (Ausführungsbedingung) {
   // Schleifenrumpf
}
```

Die Schleife wird mit dem Befehl `while` eingeleitet. Die Anweisungen im Schleifenrumpf werden so lange ausgeführt, wie die Ausführungsbedingung innerhalb der runden Klammern `true` ergibt. Als Ausführungsbedingung kann ein Vergleich, eine Variable oder eine Eigenschaft ausgewertet werden.

**!i Vermeiden Sie Endlosschleifen.**

Achten Sie darauf, dass die Schleife beendet werden kann. Mit while-Schleifen werden oft Endlosschleifen konstruiert. Eine Endlosschleife kann nur durch den vollständigen Abbruch des Skripts mittels der Stopp-Taste des ESTK oder innerhalb von InDesign mit der ESC-Taste erreicht werden.

Als Beispiel kann man sich ein Skript vorstellen, welches einen Textrahmen so lange vergrößert, bis er keinen Textüberlauf mehr aufweist. Für die Ausführung des folgenden Skripts muss ein Textrahmen mit Textüberlauf ausgewählt sein.

**Listing 40** Textrahmengröße anpassen (6-9_while Schleife.jsx)

```
1  #target InDesign
2  var _tf = app.selection[0];
3  while (_tf.overflows) {
4    var _bounds = _tf.geometricBounds;
5    _tf.geometricBounds = [_bounds[0],_bounds[1],_bounds[2] + 1,
     _bounds[3]];
6  }
```

3 Solange die Eigenschaft `overflows` den Wert `true` enthält, der Textrahmen also überläuft, wird der Schleifenrumpf ausgeführt. Im Schleifenrumpf wird die Höhe des Textrahmens um eine Maßeinheit (die Maßeinheit leitet sich aus den Linealen ab) vergrößert. Dies geschieht so lange, bis der ganze Text im Textrahmen Platz findet. Zusätzlich könnte man noch prüfen, ob eine maximale Höhe erreicht worden ist, und die Schleife dann mit `break` verlassen.

Da die Größe eines mehrspaltigen Textrahmens nicht über die von InDesign zur Verfügung gestellte Methode `fit()` angepasst werden kann, ist eine erweiterte Fassung des Skripts auch in meiner Bibliothek *idsHelper.jsx* (→ Anhang A 1) enthalten.

do-while-Schleife

Fast genauso wie eine while-Schleife funktioniert auch die *do-while-Schleife*. Der einzige Unterschied ist, dass die Bedingung erst nach dem ersten Schleifendurchlauf geprüft wird. Diese Schleife wird also mindestens einmal durchlaufen. Die Syntax lautet demzufolge:

```
do {
   //Anweisungen im Schleifenrumpf
} while (Ausführungsbedingung)
```

## 6.10 Eigene Funktionen und Methoden

Bei der Programmierung kommt es oft vor, dass immer wieder die gleichen Anweisungen abgearbeitet werden müssen. Diese Anweisungen kann man in einer *Funktion* sammeln. Funktionen können mehrmals an verschiedenen Stellen im Code aufgerufen werden. Dies macht den Code übersichtlicher, erspart Schreibarbeit und vereinfacht die Fehlersuche.

Methoden vs. Funktionen

Der Umgang mit Funktionen und Methoden ist prinzipiell gleich. Im ersten Teil wurde schon viel mit *Methoden* gearbeitet. Als Methoden werden Funktionen bezeichnet, die zu einem Objekt gehören. Außerdem wurde schon mit Funktionen wie z. B. `alert()` gearbeitet. Diese

Funktionen gehören zum Sprachkern von JavaScript, in diesem Buch bezeichne ich sie als JavaScript-Funktionen.

### Funktionen und Methoden verwenden

Funktionen bzw. Methoden erledigen Aufgaben, die man nicht selbst programmieren kann oder die den Programmieralltag erleichtern.

Parameter

Die JavaScript-Funktion alert() erstellt ein Hinweisfenster. Der Text, der im Hinweisfenster ausgegeben werden soll, muss als *Parameter* übergeben werden. Ohne die Steuerung mit dem Parameter wäre die Funktion alert() sinnlos.

```
alert("Hallo");
```

Manchmal müssen mehrere Parameter übergeben werden, damit die Funktion sinnvoll arbeiten kann. Dies war z.B. bei der String-Methode substring() der Fall. Die Parameter müssen durch Kommas getrennt werden.

```
var _string = "Hallo Welt";
var _ergebnis = _string.substring(0,5);
```

In einigen Fällen sind Parameter *optional*, d.h., sie müssen nicht zwingend angegeben werden. Lassen Sie z.B. in der Methode substring() den zweiten Parameter weg, wird der Teilstring bis zum Ende ausgelesen.

Funktionen haben einen Rückgabewert

Funktionen liefern grundsätzlich einen Rückgabewert. Die Methode substring() liefert den gewünschten Teilstring als Rückgabewert zurück. Die Variable _ergebnis enthält den Teilstring "Hallo". Die Funktion alert() liefert den Wert undefined zurück. Auch Variablen, denen kein Wert zugewiesen wurde, haben den Wert undefined. In der Praxis kann man damit aber selten etwas anfangen. Auch ein sinnvoller Rückgabewert muss nicht immer in einer Variablen gespeichert werden. Wenn man eine Seite hinzufügen möchte, aber die Seite nicht für die weitere Bearbeitung benötigt, führt man einfach den Befehl aus.

```
app.activeDocument.pages.add();
```

Mit der Methode add() wird eine neue Seite am Ende des Dokuments erstellt, der Rückgabewert wird nicht gespeichert.

Funktionen und Methoden einsetzen

Für die Verwendung von Funktionen und Methoden ergeben sich die folgenden generellen Punkte:

- Funktionen werden durch ihren Namen, gefolgt von runden Klammern, aufgerufen.
- In den runden Klammern können *Parameter* übergeben werden, mehrere Parameter werden durch Kommas getrennt.
- Funktionen haben einen *Rückgabewert*. Wenn er weiterverwendet werden soll, kann er in einer Variable gespeichert werden.

### Eigene Funktionen

Wenn öfter die gleichen Anweisungsabläufe in einem Skript auftreten, bietet es sich an, diese in eine eigene Funktion auszulagern. Funktionen sind wie kleine Programme. Wenn Sie aufgerufen werden, springt das Skript in die Funktion – egal wo der Code steht – und geht nach der Ausführung wieder zurück zur Stelle des Aufrufs. Üblicherweise schreibt man Funktionen an das Ende des Skripts, also nach allen normalen Befehlen. Die grundsätzliche Syntax von Funktionen lautet:

Syntax einer Funktion

```
function eineFunktion(_parameterLokal) {
   var _rueckgabeWert = "Hallo " + _parameterLokal;
   return _rueckgabeWert;
}
```

Die Funktion wird mit dem Schlüsselwort `function` eingeleitet. Danach folgt der Name der Funktion. Für die Namen von Funktionen gelten die gleichen Regeln wie für Namen von Variablen.

In runden Klammern werden die Parameter, die die Funktion aufnehmen kann, eingetragen. Die Parameter können innerhalb der Funktion wie Variablen verwendet werden. Mehrere Parameter werden mit einem Komma getrennt. Nach der Deklaration folgt in geschweiften Klammern der Codeblock, der durch die Funktion ausgeführt werden soll.

Den Rückgabewert festlegen

Wenn die Funktion einen bestimmten Rückgabewert zurückliefern soll, muss dieser explizit mit dem Befehl `return` zurückgegeben werden. Mit `return` wird auch die Funktion beendet, d. h., nachfolgende Anweisungen werden nicht mehr ausgeführt.

Eigene Funktionen werden wie JavaScript-Funktionen mit ihrem Namen, gefolgt von runden Klammern, aufgerufen. Für die eben beschriebene Funktion lautet der Aufruf:

```
eineFunktion()
```

Als Beispiel zeige ich ein Skript, das einen Namen als Parameter aufnimmt und diesen mit einer Begrüßung kombiniert.

**Listing 41**
Begrüßungsfunktion
(6-10_Funktion.jsx)

```
1  var _zurueck = hallo("Moritz");
2  alert(_zurueck);
3
4  function hallo (_name) {
5    var _gruss = "Hallo " + _name;
6    return _gruss;
7  }
```

Skriptablauf

Zunächst sollte man den Ablauf des Skripts im Einzelschrittmodus nachvollziehen. Wählen Sie dazu im ESTK Debug → Hineinspringen (Befehl + F11) bzw. den nach unten gerichteten Pfeil im Steuerungsfeld.

Das Skript startet wie gewöhnlich in Zeile 1, springt danach in Zeile 4 zum Beginn der Funktion `hallo()`. Die Funktion wird hintereinander bis zum Befehl return durchlaufen (Code, der nach return stände, würde nicht mehr ausgeführt). Jetzt springt das Skript wieder zu Zeile 2 zurück und zeigt das Hinweisfenster mit dem Rückgabewert an. Danach ist das Skript zu Ende.

Eine Funktion wird nur ausgeführt, wenn sie auch aufgerufen wird. Ohne den Aufruf von hallo() in Zeile 1 würden die Zeilen 4–7 nicht ausgeführt.

Die Funktion hallo() in Zeile 4–7 übernimmt einen Parameter mit dem Namen _name. Der Name wird wie eine Variable verwendet und durch den String Hallo ergänzt. Der zusammengesetzte String wird mit return zurückgeliefert.

Der Rückgabewert Hallo Moritz wird in der Variablen _zurueck gespeichert (Zeile 1) und in der folgenden Zeile mit alert() angezeigt.

Scope

Variablen sind in JavaScript normalerweise global, d.h., man kann überall im Skript auf sie zugreifen. Dies wird mit dem Fachbegriff *Scope* beschrieben. Variablen innerhalb von Funktionen bilden eine Ausnahme von dieser Regel. Innerhalb von Funktionen deklarierte Variablen und die übergebenen Parameter sind nur innerhalb der Funktion gültig. Im vorherigen Beispiel kann man also nur innerhalb der Funktion hallo() auf die Variable _gruss zugreifen.

## 6.11 Etwas ausprobieren – Fehlerbehandlung

++

Das Thema des folgenden Abschnitts ist eher speziell und nicht für das grundlegende Verständnis erforderlich. Wenn Sie JavaScript neu lernen, können Sie ihn überspringen.

Manchmal kann beim Erstellen des Skripts nicht festgelegt werden, ob eine Anweisung zur Laufzeit ausführbar ist. Wenn Sie beispielsweise ein neues Absatzformat erstellen wollen, aber bereits ein gleichnamiges vorhanden ist, kommt es zu einem Fehler.

Syntax einer try-catch-Anweisung

Damit nicht das ganze Skript beendet wird, kann man diesen Fehler abfangen und bei Bedarf verarbeiten. Diese Kontrollstruktur nennt man *try-catch-Anweisung*. Das Verfahren nennt man *Ausnahmebehandlung* (engl. exception handling). Die grundlegende Syntax sieht wie folgt aus:

```
try {
   //Anweisungsblock
}
catch (error) {
   //Fehlerbehandlung
}
```

Das Schlüsselwort try (dt. versuchen) leitet eine try-catch-Anweisung ein. Innerhalb von geschweiften Klammern steht der Anweisungsblock, der versuchsweise ausgeführt werden soll. Der Codeblock für die Fehlerbehandlung wird mit `catch` (dt. fangen) eingeleitet. Der Parameter von `catch` bezeichnet den Namen der Variable, in der die Fehlermeldung aus dem try-Block gespeichert wird.

Falls innerhalb des try-Blocks ein Fehler auftritt, wird der Fehler an den folgenden catch-Block übergeben. Hier kann der Fehler ausgewertet oder eine Nachricht an den Anwender ausgegeben werden.

Beachten Sie, dass bei einem Fehler der dem Fehler folgende Code innerhalb des try-Anweisungsblocks übersprungen wird.

Um die Verwendung zu verdeutlichen, zeige ich das Beispiel mit zwei gleichnamigen Absatzformatvorlagen.

**Listing 42**
Fehlerbehandlung (6-11_try-catch Anweisung.jsx)

```
#target InDesign
var _dok = app.activeDocument;
try {
  var _ps = _dok.paragraphStyles.add({name:"Formatvorlage"});
}
catch(_fehler) {
  alert("Es ist ein Fehler aufgetreten! Die Fehlermeldung lautet: "
  + _fehler.message);
}
```

Wenn die Absatzformatvorlage mit dem Namen `Formatvorlage` vorhanden ist, kann InDesign keine weitere mit dem gleichen Namen erstellen. Damit der Fehler auftritt, müssen Sie das Skript zweimal ausführen oder eine Absatzformatvorlage mit dem Namen `Formatvorlage` vor der Ausführung per Hand erstellen.

Normalerweise würde das Skript bei dem Versuch, die Absatzformatvorlage ein zweites Mal zu erstellen, mit einer Fehlermeldung abbrechen. Die Fehlerbeschreibung würde dann in der Statuszeile des ESTK oder in einem Hinweisfenster in InDesign ausgegeben werden. Da der Fehler beim Erstellen entsteht, wäre auch die Variable `_ps` leer.

Ablauf der try-catch-Anweisung

Bei allen Fehlern, die im try-Block auftreten, springt JavaScript stattdessen in den catch-Block. JavaScript generiert ein Objekt mit der Fehlermeldung und noch einigen weiteren Informationen. In den runden Klammern hinter `catch` kann man den Namen des Objekts festlegen, hier wurde der Name `_fehler` gewählt. Im catch-Block kann auf das Objekt wie auf eine Variable zugegriffen werden. Im Beispiel wird die Eigenschaft `message`, in der die Fehlerbeschreibung als String enthalten ist, mit dem String des Hinweistextes zusammengefügt.

Im catch-Block sollte man versuchen, den entstandenen Fehler zu beheben. Im konkreten Beispiel könnte man z.B. einen anderen Namen für die neu zu erstellende Absatzformatvorlage vergeben oder die vorhandene in der Variablen `_ps` speichern. Der catch-Block muss erstellt werden, kann aber gegebenenfalls leer gelassen werden.

```
//... catch(_fehler) {}
```

Verwenden Sie die try-catch-Anweisung nur sparsam. Der Einsatz ist immer dann gerechtfertigt, wenn bestimmte Codezeilen auf jeden Fall erreicht werden müssen. Ein Beispiel ist die Verwendung in Unterkapitel 9.4. Dort werden zu Beginn des Skripts Voreinstellungen verändert und am Ende zurückgesetzt. Wenn das Skript mit einem Fehler abbrechen würde, würden die Einstellungen bis zum Beenden von InDesign erhalten bleiben. Mit Hilfe einer try-catch-Anweisung kann man sicherstellen, dass der Code, mit dem Einstellungen zurückgesetzt werden, auf jeden Fall erreicht wird.

Setzen Sie try-catch-Anweisungen nur sparsam ein.

## 6.12 Mit Dateien arbeiten

Mit dem standardisierten Sprachkern von JavaScript kann man nicht auf Dateien und Ordner zugreifen. Diese vermeintliche Schwäche wurde aus Sicherheitsgründen für die Webprogrammierung eingeführt. Der Browser soll nicht auf das lokale Dateisystem des Benutzers zugreifen dürfen. Für die Programmierung der Creative-Suite-Produkte hat Adobe in ExtendScript den Sprachkern um die Objekte *File* und *Folder* erweitert.

Mit ExtendScript auf Dateien und Ordner zugreifen.

Ein `File`-Objekt repräsentiert eine Datei, ein `Folder`-Objekt ein Verzeichnis. Im Explorer bzw. Finder ist der Ort innerhalb des Dateisystems klar ersichtlich. Wenn man in einem Skript eine Datei erstellen will, muss man einen gültigen Pfad als String angeben. Die genaue Lokalisierung der Datei oder des Ordners auf der Festplatte ist etwas unübersichtlich, da sich die Pfadangaben unter Mac und Windows unterscheiden und zusätzlich noch eine plattformunabhängige Variante existiert. Grundsätzlich sollte man immer mit der plattformunabhängigen Variante arbeiten, damit die Skripte unter beiden Systemen lauffähig sind. Unabhängig von den Pfadangaben müssen die Pfade auf dem Computer, auf dem das Skript ausgeführt wird, existieren. Falls Sie nur Skripte für sich selbst schreiben, ist das zum Glück selten ein Problem.

**Abb. 45**
Dateipfad in Explorer und Finder

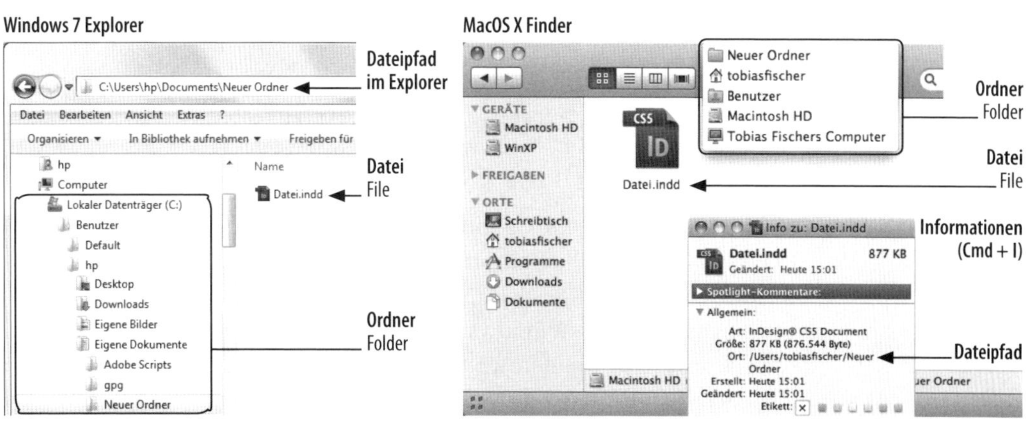

Die plattformunabhängige Variante und der Mac OS-Pfad ist in den meisten Fällen gleich.

```
Windows:  C:\Verzeichnis\Verzeichnis2\Datei.txt
Neutral:  /c/Verzeichnis/Verzeichnis2/Datei.txt
Mac OS:   /Volume/Verzeichnis/Verzeichnis2/Datei.txt
Neutral:  /Volume/Verzeichnis/Verzeichnis2/Datei.txt
```

Ein Dateipfad besteht üblicherweise aus Verzeichnissen und einem Dateinamen. Die Verzeichnisse werden mit einem Trennzeichen separiert. Unter Windows wird dazu der Backslash \ und unter Mac OS der Forward Slash / verwendet. Die neutrale Variante wird ebenfalls mit dem Forward Slash unterteilt. Am Ende der Pfadangabe steht der Dateiname. Bei der Pfadangabe für ein Verzeichnis endet der Pfad mit dem Namen des Verzeichnises.

Eine Dateireferenz herstellen

Bevor man selbst Dateien erstellt, kann man sich zunächst vorhandene Dateien ansehen. Sehr leicht kann man eine Dateireferenz mit der Methode `openDialog()` des Objekts `File` herstellen. Beim `Folder`-Objekt wird zur Auswahl die Methode `selectDialog()` verwendet. Die Methoden stellen einen Datei- bzw. Ordner-Auswahldialog dar, in dem der Benutzer eine Datei bzw. einen Ordner bestimmen kann. Der Rückgabewert ist ein Objekt mit der Datei bzw. dem Verzeichnis.

Mit `fsName` den plattformspezifischen Pfad anzeigen

```
var _datei = File.openDialog();
alert("Sie haben die Datei: " + _datei.fullName + " ausgewählt");
```

Im Hinweisfenster wird der Pfad in der plattformneutralen Variante mit Forward Slash als Trennzeichen angezeigt.

Das Tilde-Zeichen ~ steht für den Benutzerordner.

Wenn die ausgewählte Datei in Ihrem Benutzerordner oder einem untergeordneten Verzeichnis liegt, beginnt der Pfad mit einem Tilde-Zeichen ~. Das Tilde-Zeichen ist eine Abkürzung für Ihren Benutzerordner. Es repräsentiert unter Windows normalerweise das Verzeichnis *C:\Users\[Benutzername]* (unter Windows XP *C:\Dokumente und Einstellungen\[Benutzername]*) bzw. unter Mac OS */Users/[Benutzername]*.

Ein `File`-Objekt erstellen

Wenn in einem Skript eine Datei ohne Benutzerinteraktion referenziert werden soll, muss der Pfad als String übergeben werden. Entsprechend Ihren lokalen Gegebenheiten müssen Sie den folgenden Pfad eventuell anpassen.

```
var _datei = File("~/Desktop/Testdatei.txt");
alert("Die Variable _datei enthält den folgenden Pfad: " +
   _datei.fullName);
```

Mit `File()` kann ein Dateiobjekt erstellt werden, als Parameter muss der vollständige Pfad als String übergeben werden. Mit `Folder()` kann analog gearbeitet werden.

Falls Sie unter Windows die plattformabhängige Variante mit dem Backslash \ verwenden wollen, dann beachten Sie, dass dieser ähnlich zu den Regulären Ausdrücken im String mit sich selbst maskiert werden muss. Mit `Folder("C:\\")` würde man das Verzeichnis `C:\` erreichen.

### Nützliche Eigenschaften und Methoden

Es ist nicht notwendig, dass die Datei *Testdatei.txt* bereits auf dem Desktop existiert, da sie ja eventuell erst durch das Skript erstellt werden soll. Wenn man die Datei einlesen möchte, sollte geprüft werden, ob die Datei auch tatsächlich existiert. Dies kann mit der Eigenschaft `exists` überprüft werden.

```
if (_datei.exists) {
  alert("Die Datei existiert!");
}
else {
  alert("Die Datei existiert nicht!");
}
```

**Listing 43**
Prüfen, ob eine Datei vorhanden ist (6-12_DateiExistenz.jsx)

Die Eigenschaft `parent` liefert bei Dateien den Ordner, in dem die Datei liegt, bei Ordnern den übergeordneten Ordner zurück.

Die Eigenschaft `name` enthält nur den Datei- oder Ordnernamen. Man kann sich also einige String-Methoden für die Extraktion des Namens aus dem Pfad sparen.

Desktop und Eigene Dokumente finden

Das `Folder`-Objekt hat noch einige nützliche Eigenschaften, um bestimmte Orte im Dateisystem des Benutzers zu finden. Die Eigenschaften sind plattformneutral und sollten, wann immer möglich, selbst zusammengesetzten Pfaden vorgezogen werden. Mit der Eigenschaft `desktop` erreicht man den *Desktop* des Benutzers, mit `myDocuments` den Ordner, in dem das System die Dokumente des Benutzers erwartet (unter Windows XP z.B. *Eigene Dateien*, unter Vista/Windows 7 *Eigene Dokumente*, unter Mac OS *Dokumente*), und mit `temp` das Verzeichnis, in dem temporäre Dateien abgelegt werden dürfen.

Erstellen, löschen und ausführen

Die Methode `create()` erstellt einen Ordner. Mit der Methode `remove()` können Dateien und Ordner gelöscht werden.

Die Methode `execute()` öffnet bei Ordnern den Explorer bzw. Finder, bei Dateien wird das vom System festgelegte Programm für den Dateityp, z.B. ein Texteditor, aufgerufen.

Alle Dateien eines Ordners

Die Methode `getFiles()` liefert alle Dateien eines Ordners in einem Array zurück. In der Praxis benötigen Sie die Methode, z.B. wenn Sie die Erstellung von Kontaktabzügen mit allen Bildern eines Ordners programmieren wollen. Optional kann ein Parameter mit einem Filter übergeben werden. Als Filter können die Wildcards `*` und `?` verwendet werden. Im Gegensatz zur Verwendung in Regulären Ausdrücken benötigt man hier keine Zeichenklasse – die Wildcards stehen alleine bereits für beliebig viele bzw. ein beliebiges Zeichen. Das folgende Beispiel beschränkt die Auswahl auf alle Dateien mit der Endung `jpg`.

```
var _verzeichnis = Folder.selectDialog();
var _jpgDateien = _verzeichnis.getFiles("*.jpg");
```

Im weiteren Verlauf des Unterkapitels wird gezeigt, wie man eine Textdatei einlesen bzw. selbst erstellen kann. Diese Inhalte sind nur für spezielle Bereiche der InDesign-Programmierung wichtig, Sie können den Rest des Unterkapitels auch erst einmal überspringen. Details zum Umgang mit InDesign-Dokumenten finden Sie in Unterkapitel 7.14.

### 6.12.1 Textdateien einlesen und erstellen

CSV steht für comma separated values. Oft werden CSV-Dateien aus Datenbanken oder Excel exportiert.

Das folgende Beispiel zeigt, wie eine Textdatei eingelesen wird. Dafür müssen Sie die Datei *6-12_Test.csv* aus dem Ordner *Teil_II* auf den Desktop kopieren oder den Pfad im Skript entsprechend Ihrer lokalen Kopie des Skripte-Ordners anpassen. Als Beispiel verwende ich eine CSV-Datei, die eine Liste mit Produkten, Nummern und Preisen enthält. Der Inhalt ist momentan nicht wichtig, mit dem Verfahren kann auch jede beliebige andere Textdatei eingelesen werden.

**Listing 44**
Eine Textdatei einlesen (6-12_Textdatei EinlesenSpeichern.jsx)

```
1  // Teil 1
2  var _datei = File("~/Desktop/6-12_Test.csv ");
3  if (_datei.open("r")) {
4    var _array = [];
5    do{
6      var _zeile = _datei.readln();
7      _array.push(_zeile)
8    } while (_datei.eof == false);
9    _datei.close();
10 } else {
11   alert("Bitte kopieren Sie '6-12_Test.csv' auf Ihren Desktop.");
12 }
13 alert(_array.join("\r"));
```

Eine Datei mit `open("r")` zum Lesen öffnen

```
if (_datei.open("r")) { //...
```

3 Damit der Inhalt einer Textdatei verwendet werden kann, muss diese zum Lesen oder Schreiben mit der Methode `open()` geöffnet werden. Der erste Parameter gibt die Verwendungsart an:

- Mit `"r"` wird die Datei zum Lesen (read) geöffnet.
- Mit `"e"` wird die Datei zum Bearbeiten (edit) geöffnet, neue Texte werden am Ende der Datei angehangen.
- Mit `"w"` wird die Datei zum Schreiben (write) geöffnet. In diesem Modus wird der eventuell vorhandene Inhalt der Datei überschrieben.

Wenn die Datei mit dem gewünschten Modus geöffnet werden kann, liefert die Methode `open()` den Wert `true` zurück. Deswegen kann man die Methode auch als Bedingung in der if-Abfrage einsetzen.

```
var _array = [];
```

4 In der Variablen `_array` wird ein leerer Array erstellt, in den später alle Zeilen der Datei gespeichert werden sollen.

Mit `readln()` zeilenweise einlesen

```
do{
   var _zeile = _datei.readln();
   _array.push(_zeile)
} while (_datei.eof == false);
```

5–8 JavaScript liest Dateien zeilenweise bis zum Ende der Datei ein. Die eigentliche Arbeit des Einlesens wird durch die Methode `readln()` erledigt. Diese beginnt am Anfang der Datei und liest sich Zeile für Zeile durch die Textdatei.

Wenn die letzte Zeile erreicht ist, erhält die Eigenschaft `eof` (end of file) den Wert `true`. Mit diesen Informationen kann man die Ausführungsbedingung der *do-while-Schleife* definieren: Die Datei soll so lange eingelesen werden, bis deren Ende erreicht ist.

Den gesamten Inhalt mit `read()` einlesen

Wenn der Inhalt nicht zeilenweise benötigt wird, kann man mit der Methode `read()` den gesamten Inhalt einer Datei ohne do-while-Schleife direkt einlesen.

```
_array.push(_zeile)
```

7 Jede Zeile wird mit der Array-Methode `push()` in der Variablen `_array` abgelegt. Da die Textdatei sechs Zeilen beinhaltet, enthält der Array am Ende der Schleife sechs Elemente.

Die Datei mit `close()` schließen

```
_datei.close();
```

9 Mit der Methode `close()` wird die Datei geschlossen. Dies sollte nach Dateioperationen grundsätzlich gemacht werden, da es sonst zu Datenverlusten kommen kann.

Als nächsten Schritt könnte man jetzt den Array sortieren und in einer anderen Datei speichern.

**Listing 45**
Eine Textdatei schreiben (6-12_Textdatei EinlesenSpeichern.jsx)

```
14 // Teil 2
15 _array.sort();
16 var _dateiNeu = File("~/Desktop/6-12_TestSortiert.csv");
17 if (_dateiNeu.open("w")) {;
18   for (var i =0; i < _array.length; i++) {
19     _dateiNeu.writeln(_array[i]);
20   }
21   _dateiNeu.close();
22 } else {
23   alert("Kann die Datei nicht zum Schreiben öffnen!")
24 }
```

```
_array.sort();
```

15 Der Array wird mit der Methode `sort()` sortiert. Beachten Sie, dass sich im Array nur die Zeilen der Textdatei befinden. Diese müssten für eine genauere Bearbeitung nochmals mit der Methode `split()` aufgeteilt werden (→ Seite 127).

Eine Datei mit open("w") zum Schreiben öffnen

```
if (_dateiNeu.open("w")) { //...
```

17 Die neu erstellte Datei *6-12_TestSortiert.csv* wird im Modus w, also für den Schreibzugriff, geöffnet.

Mit writeln() zeilenweise schreiben.

```
for (var i =0; i < _array.length; i++) {
   _dateiNeu.writeln(_array[i]);
}
```

18–20 In einer for-Schleife werden alle Elemente des Arrays in eine Textdatei geschrieben. Dies geschieht mit der Methode writeln(). Wenn man write() verwendet, wird keine Zeilenschaltung angefügt.

Die Datei mit close() schließen

```
_dateiNeu.close();
```

21 Auch die neu erstellte Datei muss geschlossen werden. Auf Ihrem Desktop finden Sie nun eine Datei *6-12_TestSortiert.csv* mit einer nach Produktnummern sortierten Liste.

Exkurs

## Unicode

In Unicode gespeicherte Dateien, Texte und Daten machen das Leben deutlich leichter, weil man nicht mehr zwischen verschiedenen Kodierungen konvertieren muss. Durch den konsequenten Einsatz von Unicode entfallen alle Probleme mit fehlerhaften Sonderzeichen. Im Normalfall müssen Sie kaum etwas über Unicode wissen. Trotzdem begegnet man dem Standard bzw. Zeichen, die in Unicode kodiert sind, an verschiedenen Stellen. Wenn Sie Probleme mit der Verarbeitung von Sonderzeichen in Skripten haben, ist folgendes grundlegende Wissen hilfreich.

Der Unicode-Standard

Unicode ist ein internationaler Standard, der vom Unicode Consortium gepflegt und weiterentwickelt wird. Unicode hat das Ziel, die unterschiedlichen Kodierungen von Schriftzeichen in verschiedenen Ländern und Systemen zu vereinheitlichen. Langfristig soll für jedes Schriftzeichen aller Schriftsysteme der Welt ein digitaler Code festgelegt werden.

Codepoints

Mit dem Unicode-Standard wird die Kodierung von Zeichen innerhalb einer Schrift bzw. eines Zeichensatzes festgelegt. Jedes Zeichen hat einen speziellen *Codepoint*, mit dem man es eindeutig auffinden kann. Die Codepoints werden üblicherweise im hexadezimalen Zahlensystem dargestellt. Der hexadezimale Codepoint für ein ß ist z.B. 00DF.

**Abb. 46** Kodierung eines Zeichens in einem Zeichensatz

| Codepoints | 00DE | 00DF | 00E0 | 00E1 | 00E2 | 00E3 | 00E4 | 00E5 | 00E6 |
|---|---|---|---|---|---|---|---|---|---|
| Zeichen | Þ | ß | à | á | â | ã | ä | å | æ |
| Schrift | Þ | ß | à | á | â | ã | ä | å | æ |

**Der Unicode-Codepoint 00DF enthält das Zeichen für ein scharfes S. In der Schrift Segoe Script wird es durch ß dargestellt.**

Unicode-Bereiche

Alle Zeichen sind in Bereichen (auch Untergruppen oder Blöcke genannt) organisiert. Für alle Alphabete, aber auch für mathematische Zeichen o.Ä. gibt es eigene Bereiche. Die ursprünglichen 7-Bit-ASCII-Zeichen aus der Computer-Steinzeit (der ASCII-Zeichensatz wurde 1963 für englische Texte entwickelt) findet man im Block *Basic Latin*. Die Zeichen des hebräischen Alphabets befinden sich z.B. im Bereich *Hebrew* (Unicode-Codepoints `0590` bis `05FF`), alle Währungszeichen sind im Bereich *Currency Symbols* (`20A0` bis `20CF`) eingeordnet.

Alle Bereiche finden Sie in der Übersicht Character Code Charts auf der Seite http://www.unicode.org/charts ↗24.

Codepoints von Zeichen finden

In modernen Schriften befinden sich normalerweise alle Schriftzeichen an den korrekten Unicode-Codepoints. Bereiche, Zeichenkodierungen und Informationen zu den Codepoints kann man gut unter http://www.decodeunicode.org ↗25 nachschlagen. Im Suchfeld können sowohl Codepoints als auch die Zeichen eingetragen werden.

Unicode in der Praxis

Zum Glück arbeiten sowohl InDesign, GREP, JavaScript als auch die meisten aktuellen Schriften auf Basis des Unicode-Standards. Wenn man bestimmte Zeichen in verschiedenen Systemen verwenden möchte, arbeitet man meist mit den Codepoints.

Den Codepoint eines markierten Zeichens in InDesign finden Sie im Informationen-Bedienfeld (FENSTER → INFORMATIONEN). Hier wird für das ß-Zeichen `0xDF` angezeigt, die führenden Nullen werden nicht dargestellt. `0x` zeigt an, dass es sich um eine hexadezimale Zahl handelt.

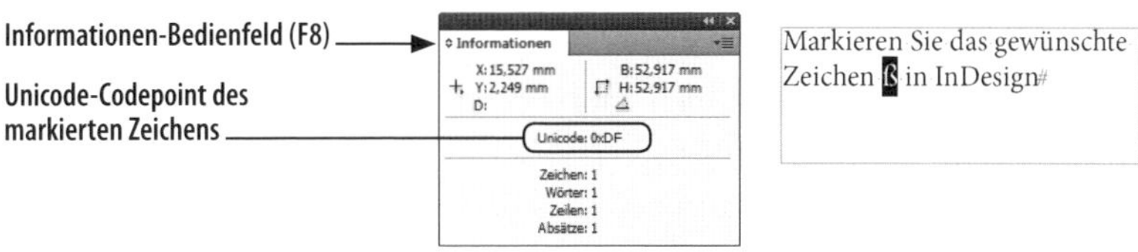


**Abb. 47** Informationen-Bedienfeld

Mit Hilfe des Glyphen-Bedienfelds (SCHRIFT → GLYPHEN) kann man Unicode-Zeichen in ein Dokument einsetzen und die einzelnen Unicode-Bereiche separat anwählen. Wenn man mit der Maus kurz über einem Zeichen verharrt, blendet InDesign Codepoint und Name des Zeichens in einem Tooltip ein.

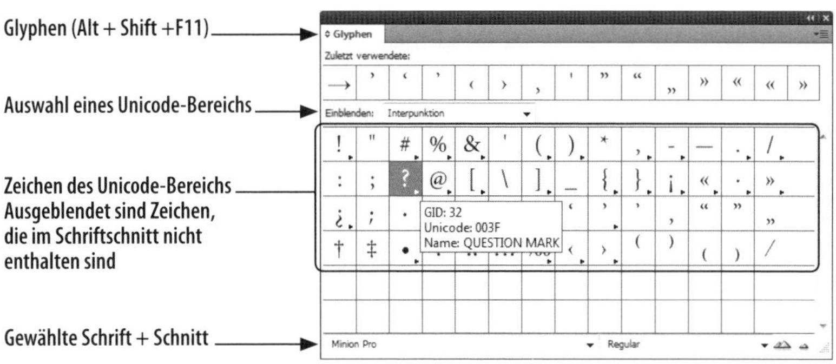


**Abb. 48** Glyphen-Bedienfeld

Unter Windows kann man mit dem Programm ZEICHENTABELLE Zeichen und deren Codepoints suchen. In der Statuszeile wird der Codepoint des ß mit `U+00DF` angezeigt. Hier kann man das führende `U+` ignorieren. Unter Mac OS X finden Sie unter BEARBEITEN → SONDERZEICHEN eine Zeichenpalette. Der Codepoint wird in einem Tooltip mit `00DF` angezeigt.

Codepoints in InDesign auflösen

Es gibt keine direkte Möglichkeit, ein Zeichen über den Codepoint in InDesign einzutragen. Dafür kann man sich mit einem Trick behelfen. Tragen Sie den Codepoint im Suchen/Ersetzen-Dialog bei der GREP-Suche mit der Notation <####> ein. Das Zeichen wird direkt aufgelöst und kann per Copy & Paste in das Dokument übernommen werden.

Wenn der Codepoint des Zeichens in einer GREP-Anweisungen erhalten bleiben soll, müssen Sie die Notation `\x{00DF}` verwenden.

Unicode in JavaScript-Zeichenketten

In JavaScript-Strings können Sie prinzipiell alle Unicode-Zeichen verwenden. Die im ESTK abgespeicherten JavaScript-Dateien werden mit einer speziellen Unicode-Kodierung, der UTF-8-Kodierung, gespeichert. UTF-8 ist eine weit verbreitete Art, die Zeichenkodierungen, die im Unicode-Standard festgelegt sind, abzuspeichern.

Wenn Sie in JavaScript den Codepoint in einem String verwenden möchten, müssen Sie ihn nach dem Steuerzeichen `\u` eintragen. Da ein vierstelliger Codepoint erwartet wird, müssen eventuell führende Nullen aufgefüllt werden.

```
alert("Hinter dem Codepoint 00DF steht ein \u00DF");
```

Kodierung von Textdateien

Wenn Sie, wie im vorherigen Unterkapitel gezeigt, Textdateien mit einem Skript einlesen wollen, versucht JavaScript die Kodierung automatisch zu »erraten«. In den meisten Fällen klappt das ganz gut. Wenn es trotzdem Probleme gibt, müssen Sie herausfinden, in welcher Kodierung Ihre Daten gespeichert sind. Die korrekte Kodierung kann bei `File`-Objekten mit der Eigenschaft `encoding` eingestellt werden. Typische Werte sind `ASCII` oder `UTF-8`. Eine Übersicht finden Sie im *JavaScript Tools Guide*, den man über das Hilfe-Menü des ExtendScript Toolkit findet.

# 7 InDesign-Objektmodell

In diesem Kapitel wird die Schnittstelle zwischen JavaScript und InDesign beleuchtet. Nach einer Einführung in den Umgang mit dem Objektmodell werden die wichtigsten Objekte vorgestellt. Eine gute Kenntnis, wie mit dem Objektmodell umzugehen ist, liefert den Schlüssel zum InDesign-Skripting. Je besser Sie sich in InDesign auskennen, desto leichter finden Sie sich auch im Objektmodell zurecht. Man entdeckt sogar manchmal InDesign-Funktionen im Objektmodell, die man vorher nicht kannte.

## 7.1 Objekte und Klassen

In der Dokumentation des Objektmodells heißen die Objekte *Klassen*. Klassen sind Schablonen, aus denen einzelne *Instanzen* geformt werden können – ein Objekt ist in diesem Zusammenhang die Instanz einer Klasse. Die verschiedenen Instanzen haben die gleichen Eigenschaften und Methoden, die Werte können jedoch verschieden sein.

Den Unterschied kann man sich gut anhand von InDesign-Dokumenten verdeutlichen. Die Definition der Klasse `Document`, also deren Eigenschaften wie z.B. Seitenbreite und -höhe, ist im Objektmodell hinterlegt. Die einzelne Instanz der Klasse hat bestimmte Werte für diese Eigenschaften, z.B. die Breite und Höhe des Formats DIN A4. Es können aber auch mehrere Dokumente in verschiedenen Formaten geöffnet sein. Jedes einzelne Dokument ist eine eigene Instanz der Klasse. Diese Instanzen existieren nebeneinander, sie teilen die Eigenschaften, aber nicht deren Werte.

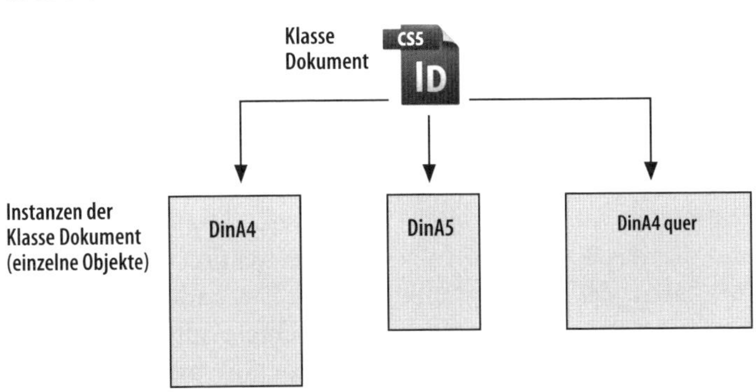


**Abb. 49**
Klasse vs. Objekt am Beispiel von verschiedenen Dokumenten

Das Konzept ist eventuell aus objektorientierten Programmiersprachen wie Java oder C++ bekannt. JavaScript ist eine klassenlose Programmiersprache, in der das Verhalten von Klassen nur nachgeahmt werden kann – man spricht hier von Pseudoklassen. Das Objektmodell ist mit solchen Pseudoklassen aufgebaut.

Auch wenn das aus fachlicher Sicht nicht 100-prozentig korrekt ist, werde ich in Anlehnung an die Dokumentation von Adobe im Folgenden von Klassen sprechen, wenn ich die Definition bzw. den Bauplan des Objekts meine. Die einzelnen Instanzen werde ich wie im Rest des Buches als Objekte bezeichnen.

## 7.2 Das InDesign-Objektmodell verstehen

Alle Programmfunktionen von InDesign, aber auch Seiten, Rahmen, Texte usw. stehen also als Klassen zur Verfügung. Die Eigenschaften der Klassen sind im *Objektmodell* festgelegt.

Das Objektmodell ist abhängig von der InDesign-Version.

Da das Objektmodell den vollständigen Funktionsumfang der jeweiligen InDesign-Version enthält, gibt es für jede neue Version ein erweitertes Modell. Die Versionszählung ist etwas verwirrend, weil die Nachfolgeversion von InDesign 2 den Namen CS bekam, intern aber als InDesign-Version 3 bezeichnet wird. Entsprechend hat das Objektmodell von InDesign CS3 die Versionsnummer 5.

Seit InDesign CS3 wurde das Objektmodell strukturell kaum verändert, im Wesentlichen wurden nur die neuen Funktionen aufgenommen. Auf weitere Änderungen wird an der entsprechenden Stelle verwiesen.

Namen und Schreibweisen

Namen von Klassen werden grundsätzlich großgeschrieben. Diese Schreibweise benötigt man aber nur, wenn man die Klassen direkt aufruft. In der InDesign-Programmierung werden die Klassen aus dem Objektmodell über Eigenschaften adressiert. Die Namen der Eigenschaften entsprechen denen der Klasse, werden jedoch kleingeschrieben. Der Name der Klasse, welche alle Seiten enthält, ist `Pages`, der Name der Eigenschaft des Dokuments, mit der man zu dieser Klasse gelangen kann, ist `pages`.

Wenn sich der Name aus mehreren Wörtern zusammensetzt, werden alle Wortabstände entfernt, der Beginn des neuen Worts wird mit einem Großbuchstaben kenntlich gemacht (`textFrame`). Diese Schreibweise ist unter dem Namen *CamelCase* bekannt.

### 7.2.1 Aufbau des Objektmodells

Das Objektmodell ist hierarchisch organisiert. Der Ursprung ist eine Klasse, die das Programm InDesign repräsentiert (Klasse heißt `Application`). Sie ist der Einstiegspunkt für jede Navigation im Objektmodell. Das Ursprungsobjekt `Application` wird immer mit `app` abgekürzt (die eigentlich korrekte Schreibweise ~~`Application`~~ funktioniert nicht).

Von app aus kann man auf weitere Klassen zugreifen, z.B. auf die Klasse, die alle Dokumente (Documents) enthält. Von einem einzelnen Dokument kann man über eine Eigenschaft auf die Klasse mit den Seiten (Pages) zugreifen. Der Zugriff auf die Eigenschaft erfolgt wie gewohnt mit dem Punktoperator. Eine Seite hat wiederum Textrahmen (TextFrames) oder Rahmen (Rectangles, Ovals,...). Das folgende Beispiel zeigt die grundsätzliche Navigation.

```
app.documents
```

Immer wenn es mehrere Objekte geben kann, also z.B. mehrere Dokumente, Textrahmen oder Absätze, müssen diese über Klassen angesprochen werden, die alle Objekte aufnehmen können. Diese speziellen Klassen heißen *Sammlungen* (engl. collection). Der Name ist immer der Plural der Klasse, die in der Sammlung enthalten ist, die Sammlung TextFrames enthält Klassen vom Typ TextFrame.

Sammlungen sind immer gleich aufgebaut, für die Adressierung der einzelnen Objekte kann z.B. immer mit den eckigen Klammern gearbeitet werden. Mit app.documents[0] kann man ein einzelnes Document-Objekt über die Sammlung Documents adressieren.

Die meisten Eigenschaften, mit denen man Klassen adressieren kann, enthalten Sammlungen. Nur selten führen Eigenschaften direkt zur Klasse. Details zu Sammlungen und deren Methoden finden Sie im Unterkapitel 7.4.

Hierarchie

Die Ordnung des Modells kann man sich als großen Familienstammbaum vorstellen. Die Kinder einer Seite sind die Sammlung der Textrahmen (die Klasse TextFrames) und Rechtecke (Rectangles). Über die jeweilige Sammlung kann z.B. ein einzelner Textrahmen (TextFrame) angesprochen werden. Dieser hat wiederum die Sammlung aller Absätze (Paragraphs) als Kind.

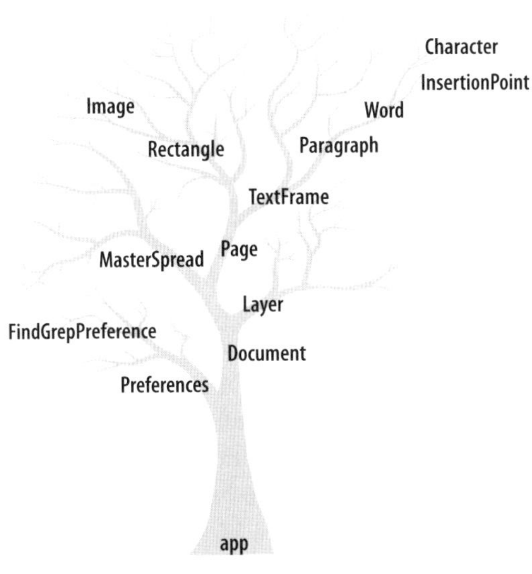


**Abb. 50**
Objektmodell als Baum

Verschiedene Eltern können die gleichen Kinder haben.

Das Bild mit dem Stammbaum stimmt leider nicht ganz mit der Wirklichkeit überein. Um sich dies zu verdeutlichen, kann man sich überlegen, welche Eltern alle ein Zeichen (`Character`) als Kind haben. Hier kommen die Klassen Textrahmen (`TextFrame`), Textabschnitt (`Story`, die Inhalte von mehreren verketteten Textrahmen), Absatz (`Paragraph`) und noch einige mehr in Frage. Das folgende Bild zeigt diese Verwandtschaften auf.

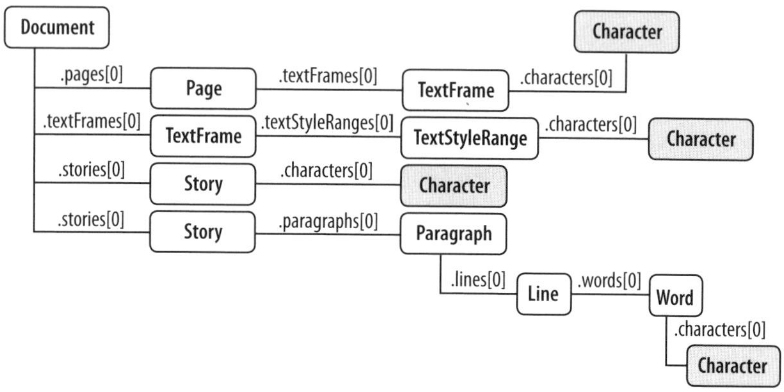


**Abb. 51** Eltern, die die Klasse Character als Kind haben

Entsprechend gibt es auch verschiedene Wege, zum ersten Zeichen eines Dokuments zu gelangen:

**Listing 46** Navigation zum ersten Zeichen eines Dokuments (7-2_Navigation.jsx)

```
app.documents[0].pages[0].textFrames[0].characters[0];
app.documents[0].textFrames[0].textStyleRanges[0].characters[0];
app.documents[0].stories[0].characters[0];
app.documents[0].stories[0].paragraphs[0].lines[0].words[0].
characters[0];
```

Das Elternobjekt mit `parent` adressieren

Im Objektmodell kann man aber nicht nur zu den Kindern, sondern auch zu den Eltern navigieren. Alle Klassen haben eine Eigenschaft `parent`, mit der man ihre Elternklasse erreichen kann. Beispielsweise kommt man von einer Seite mit `parent` zum Dokument.

Das oben erwähnte Beispiel der Navigation zum ersten Zeichen zeigt die Grenzen der Navigation mit `parent` auf. So kann die Klasse `Character` einen Textrahmen oder einen Textabschnitt als Eltern haben. Diese Problematik wird in Unterkapitel 7.9 besprochen.

InDesign-Attribute vs. Objekteigenschaften

Um Objekteigenschaften und Eigenschaften von konkreten InDesign-Objekten zu unterscheiden, bezeichne ich Eigenschaften in InDesign als *Attribute*. In der Benutzeroberfläche bezeichne ich die Konturenstärke eines Rahmens als Attribut, im Objektmodell benenne ich `strokeWith` mit Eigenschaft.

Datentypen von Eigenschaften

Alle Attribute finden sich in Objekteigenschaften wieder. In den vorhergehenden Navigationsbeispielen haben die Eigenschaften Klassen repräsentiert. Für die Repräsentation von Attributen werden neben Klassen auch andere Datentypen verwendet. Eine Rahmendrehung wird beispielsweise als Zahlenwert, die Koordinaten eines Rahmens werden als Array angegeben. Der Name eines Dokuments wird in einen String gespeichert. Boolesche Werte kommen für Attribute zum Einsatz, die nur zwei Zustände annehmen können, z.B. um festzulegen, ob ein Text an der Grundlinie ausgerichtet wird.

**Listing 47**
Beispiele für verschiedene Datentypen von Eigenschaften (7-2_Objektmodell Datentypen.jsx)

```
var _dokObjekt = app.documents[0];
var _rahmenObjekt = _dokObjekt.pageItems[0];
_rahmenObjekt.rotationAngle = 45;
_rahmenObjekt.geometricBounds = [10,10,100,100];
alert(_dokObjekt.name + "Der Name ist als String gespeichert");
var _seitenObjekt = _dokObjekt.pages[0];
_seitenObjekt.textFrames[0].paragraphs[0].alignToBaseline = true;
```

Enumeration

Eine weitere Besonderheit im Objektmodell sind so genannte *Aufzählungen* (engl. enumeration). In vielen Fällen kann eine Eigenschaft nur eine begrenzte Anzahl von Werten repräsentieren. Ein Beispiel ist die Position einer Seite: Eine Seite kann in einem Layout mit Doppelseiten links oder rechts vom Bund stehen, in einem Layout mit Einzelseiten gibt es nur eine Position. Im Objektmodell wird dies mit der Aufzählung `PageSideOptions` umgesetzt. Die Eigenschaft `side` des Seitenobjekts kann die folgenden Werte enthalten:

- `PageSideOptions.LEFT_HAND`
- `PageSideOptions.RIGHT_HAND`
- `PageSideOptions.SINGLE_SIDED`

Ein weiteres Beispiel ist die Verwendung von Aufzählungen als Parameter in Methoden. Die Methode `fit()` passt die Größe eines Rahmens an. Als Parameter muss ein Wert der Aufzählung `FitOptions` übergeben werden, der das Verhalten der Methode steuert. Die Aufzählung enthält unter anderem die Werte `FitOptions.CONTENT_TO_FRAME` und `FitOptions.FRAME_TO_CONTENT`.

Aufzählungen haben keine Kinder und auch keine Eigenschaft `parent`. Sie müssen auch nicht über den Ursprung adressiert, sondern können direkt an die entsprechende Stelle im Code geschrieben werden – deswegen beginnt man den Namen auch mit Großbuchstaben.

Preferences

Etwas aus der Reihe fallen auch die Namen der Eigenschaften für die Voreinstellungen. Entgegen der Regel stehen sie im Plural, enthalten aber keine Sammlung, sondern das einzelne Objekt mit den entsprechenden Voreinstellungen. Die Seiteneigenschaften können z.B. wie folgt adressiert werden:

```
app.documents[0].documentPreferences.pageHeight
```

Rein sprachlich ist die Bezeichnung im Objektmodell korrekt: Es gibt *ein* Objekt mit *mehreren* Voreinstellungen. Es verleitet aber dazu, die Voreinstellungen mit eckigen Klammern zu adressieren.

Basisklassen

Viele Klassen sind von der gleichen Art und zeichnen sich durch ähnliche Eigenschaften und Methoden aus. In solchen Fällen gibt es Basisklassen, die den kleinsten gemeinsamen Nenner aller Eigenschaften und Methoden enthalten. Die abgeleiteten Klassen haben zusätzliche Eigenschaften und Methoden. In der Basisklasse `Text` sind z.B. die gemeinsamen Eigenschaften aller Textobjekte wie Absatz, Zeile, Wort zusammengefasst. Bei Rahmenobjekten wie z.B. Textrahmen, Rechteck oder Oval gibt es die Basisklasse `PageItems`. Deswegen kann man davon ausgehen, dass z.B. der Name der Eigenschaft für die Linienstärke bei einem Textrahmen oder Rechteck gleich ist – in beiden Fällen `strokeWeight`. Andersherum hat ein Rechteck keine Eigenschaft, in der die Verkettung mit einem anderen Textrahmen gespeichert ist.

### 7.2.2 Im Objektmodell navigieren

InDesign-Skripting-Kurzreferenz

Eine übersichtliche grafische Aufbereitung des *Objektmodells* finden Sie in der InDesign-Skripting-Kurzreferenz. Die Kurzreferenz enthält aber nur die wichtigsten Eigenschaften und Methoden. Sobald Sie etwas suchen, was dort keinen Platz mehr gefunden hat, müssen Sie sich das vollständige Modell anschauen. Das Objektmodell ist deutlich umfangreicher als der Sprachkern, man kann es nicht einfach auswendig lernen. Vielmehr muss man Strategien entwickeln, sich darin zurechtzufinden.

Im Folgenden stelle ich zwei Ansätze vor, um sich das Objektmodell zu erschließen. Zunächst den von Adobe mitgelieferten Objektmodell-Viewer und die HTML-Version des Objektmodells von Theunis de Jong. Ich persönlich bevorzuge die HTML-Aufbereitung. Der Objektmodell-Viewer hat jedoch den Vorteil, dass er bei jeder ExtendScript Toolkit-Installation dabei ist.

**Abb. 52**
Fenster Klassen und Eigenschaften im OMV

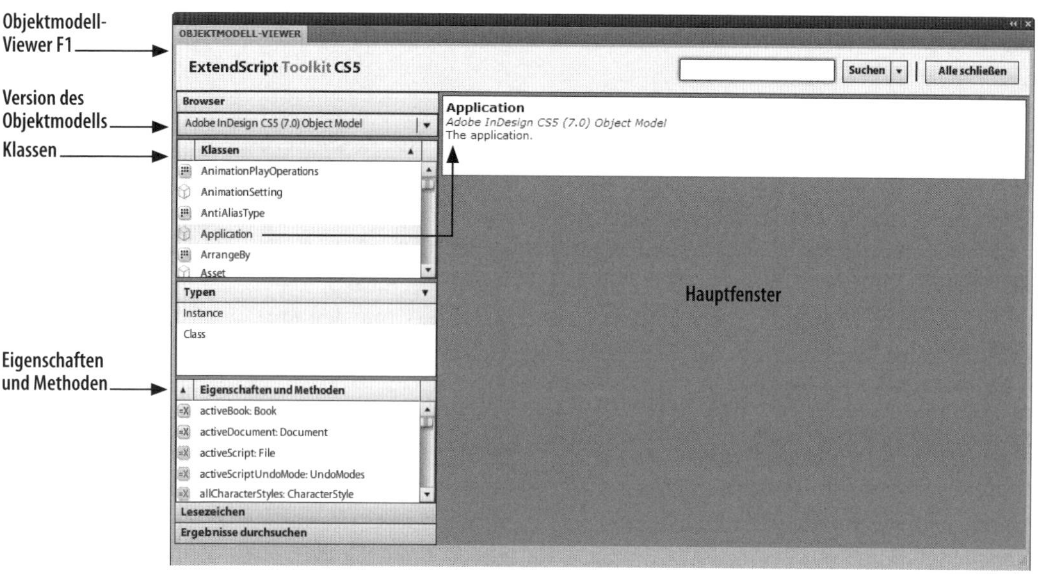

### Objektmodell-Viewer

Das ExtendScript Toolkit bietet mit dem Objektmodell-Viewer (OMV) eine Übersicht über das Modell an. Im ESTK 2 (für InDesign CS3) finden Sie den Viewer unter Hilfe → Objektmodell für InDesign CS3. Im ESTK CS4/CS5 finden Sie den Viewer unter Hilfe → Objektmodell-Viewer.

Zunächst müssen Sie im OMV im Auswahlmenü unterhalb von Browser einstellen, welche Informationen Sie benötigen. Beim Start steht im Auswahlmenü Core JavaScript Classes – die Referenz zum JavaScript-Sprachkern. Interessanter ist das zu Ihrer InDesign-Version passende Objektmodell, für CS5 z.B. InDesign CS5 (7.0) Object Model.

Nach der Auswahl des Objektmodells finden Sie im Fenster Klassen eine alphabetisch sortierte Liste aller Klassen. Wenn Sie etwas herunterscrollen, finden Sie hier den Eintrag `Application`. Wenn Sie diesen auswählen, erscheint im Fenster Eigenschaften und Methoden eine Liste mit allen Eigenschaften und Methoden der Klasse. Im Hauptfenster erscheint ein Eintrag, der die Klasse `Application` beschreibt.

In der Übersicht werden Eigenschaften mit einem blauen Symbol gekennzeichnet. Die Methoden finden Sie in der Liste nach den Eigenschaften, diese sind mit einem roten Symbol gekennzeichnet.

Mit dem OMV kann man den Aufbau des Objektmodells nachvollziehen und den Weg zu bestimmten Objekten herausfinden. Wenn man in einem Skript die erste Seite eines Dokuments adressieren und dann löschen möchte, schreibt man:

```
app.documents[0].pages[0].remove()
```

Einen Navigationspfad nachvollziehen

Um diesen Weg nachzuvollziehen, müssen Sie die Eigenschaft `documents` der Klasse `Application` anwählen. Im Hauptfenster erscheint dann ein Eintrag, der die Sammlung `Documents` beschreibt – die Liste aller geöffneten Dokumente. Im Eintrag des Hauptfensters können Sie nun den Link auf die Klasse `Documents` anklicken. In der Folge springt die Auswahl im Fenster Klassen auf die Sammlung `Documents`, das Fenster Eigenschaften und Methoden wird aktualisiert und im Hauptfenster erscheint die Beschreibung. Dieser Klick entspricht einem Punktoperator im Skript.

Um zu der Klasse `Document` zu gelangen, können Sie die eckigen Klammern [] anwählen, mit der man über den Index ein einzelnes Dokument adressieren kann. Das OMV zeigt in diesem Fall fälschlicherweise einen Punkt zwischen Klassenname und den eckigen Klammern an. Im Skript darf der Punkt nicht gesetzt werden. In allen anderen Fällen wird ein Punkt zwischen Objekt und Methode gesetzt. Im Hauptfenster erscheint nun die Beschreibung der Methode mit einem Link auf `Document`, also die Klasse, die das Dokument repräsentiert.

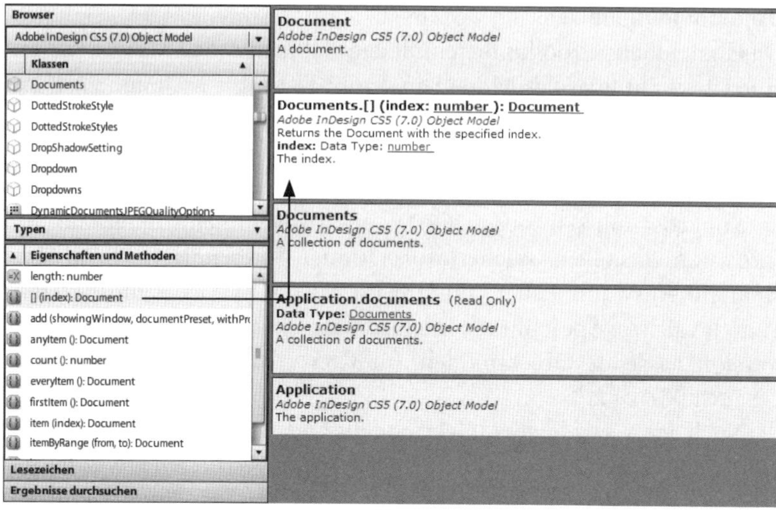


**Abb. 53**
Sammlung `Documents`

Die Sammlung `Pages` finden Sie in der Liste der Eigenschaften und Methoden der Klasse `Document` unter `pages`. Das weitere Vorgehen bis zur ersten Seite des Dokuments ist analog. Die Methode `remove()` finden Sie bei der Klasse `Page`. Die Suchfunktion durchsucht immer das komplette Modell. Dieses Verhalten ist aufgrund der Menge der Einträge nur bedingt brauchbar. Sie funktioniert nur dann gut, wenn Sie schon in etwa wissen, was Sie suchen.

### HTML Object Model

Ich finde den Objektmodell-Viewer eher unhandlich und arbeite kaum damit. Alternativ gibt es ein in HTML umgesetztes Objektmodell von Theunis de Jong. Unter http://www.jongware.com/idjshelp.html ↗26 findet sich zu allen InDesign-Versionen eine ZIP-Datei. Nachdem Sie die Datei entpackt haben, sehen Sie eine Reihe von HTML-Dateien. Öffnen Sie die Datei *index.html* in einem Browser Ihrer Wahl. Wenn Sie damit regelmäßig entwickeln, sollte diese Datei ein Lesezeichen erhalten.

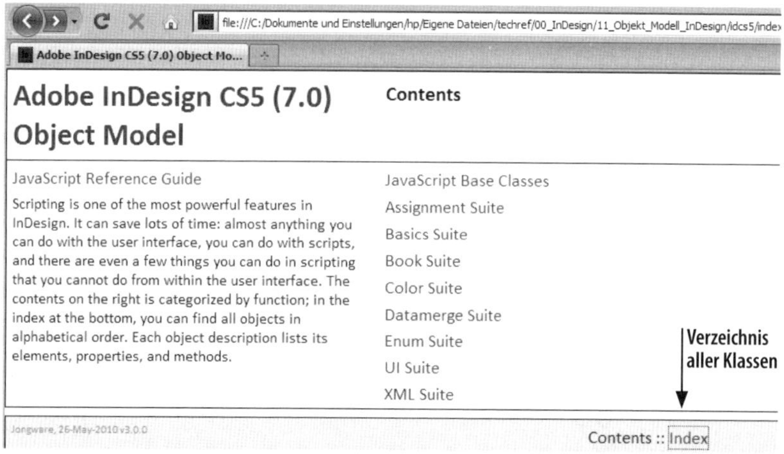


**Abb. 54**
Startseite des HTML Object Model von Theunis de Jong

Die Startseite teilt sich die verschiedenen Bereiche des Objektmodells in übersichtlichere Sektionen ein. Entweder suchen Sie sich hier einen Einstiegspunkt oder springen über den Link INDEX am Ende der Seite direkt zu einem alphabetischen Verzeichnis aller Klassen.

**Abb. 55**
Übersichtsseite

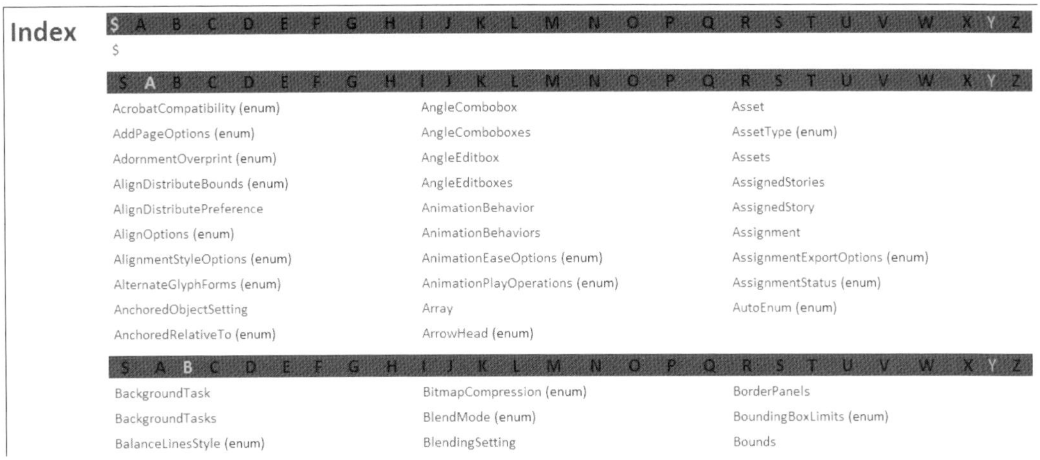

Index

$ A B C D E F G H I J K L M N O P Q R S T U V W X Y Z

$

$ A B C D E F G H I J K L M N O P Q R S T U V W X Y Z

AcrobatCompatibility (enum)
AddPageOptions (enum)
AdornmentOverprint (enum)
AlignDistributeBounds (enum)
AlignDistributePreference
AlignOptions (enum)
AlignmentStyleOptions (enum)
AlternateGlyphForms (enum)
AnchoredObjectSetting
AnchoredRelativeTo (enum)
AngleCombobox
AngleComboboxes
AngleEditbox
AngleEditboxes
AnimationBehavior
AnimationBehaviors
AnimationEaseOptions (enum)
AnimationPlayOperations (enum)
Array
ArrowHead (enum)
Asset
AssetType (enum)
Assets
AssignedStories
AssignedStory
Assignment
AssignmentExportOptions (enum)
AssignmentStatus (enum)
AutoEnum (enum)

$ A B C D E F G H I J K L M N O P Q R S T U V W X Y Z

BackgroundTask
BackgroundTasks
BalanceLinesStyle (enum)
BitmapCompression (enum)
BlendMode (enum)
BlendingSetting
BorderPanels
BoundingBoxLimits (enum)
Bounds

Das Angenehme an dieser Version ist, dass alle Klassen untereinander verlinkt sind. Wenn Sie z.B. im Verzeichnis dem Link `Application` folgen, kommen Sie auf eine Übersichtsseite mit allen Eigenschaften und Methoden der Klasse `Application`. Auf den ersten Blick wirkt die Seite überwältigend, aber dafür finden Sie dort alle Informationen gesammelt, die Sie mit dem OMV jeweils einzeln anklicken müssten. Außerdem können Sie in dieser Version mit der Suchfunktion des Browsers einzelne Klassen gezielt durchsuchen.

Wichtig sind zunächst nur die Tabellen mit den Eigenschaften (*Properties*) und Methoden (*Methods*).

**Abb. 56**
Eigenschaften

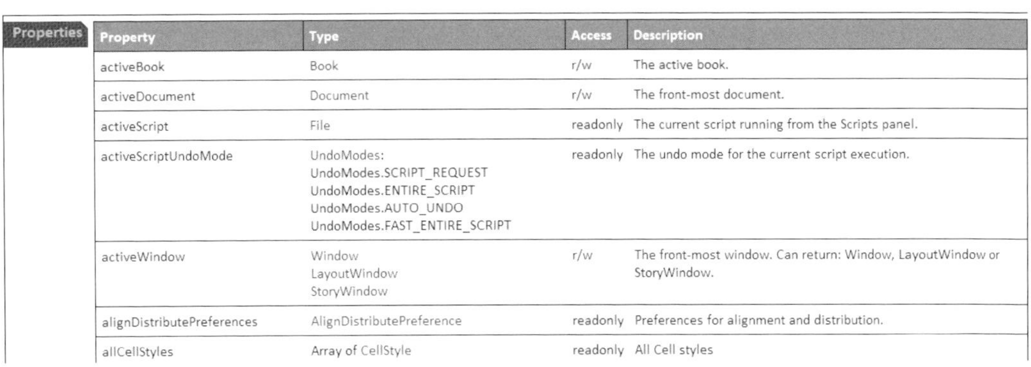

Properties

| Property | Type | Access | Description |
|---|---|---|---|
| activeBook | Book | r/w | The active book. |
| activeDocument | Document | r/w | The front-most document. |
| activeScript | File | readonly | The current script running from the Scripts panel. |
| activeScriptUndoMode | UndoModes:<br>UndoModes.SCRIPT_REQUEST<br>UndoModes.ENTIRE_SCRIPT<br>UndoModes.AUTO_UNDO<br>UndoModes.FAST_ENTIRE_SCRIPT | readonly | The undo mode for the current script execution. |
| activeWindow | Window<br>LayoutWindow<br>StoryWindow | r/w | The front-most window. Can return: Window, LayoutWindow or StoryWindow. |
| alignDistributePreferences | AlignDistributePreference | readonly | Preferences for alignment and distribution. |
| allCellStyles | Array of CellStyle | readonly | All Cell styles |

In der Properties-Tabelle finden Sie alle Informationen zu den Eigenschaften. In der Spalte *Property* steht der Name der Eigenschaft, den Sie bei der Adressierung über den Punktoperator verwenden müssen. In der Spalte *Type* finden Sie einen Link zur Klasse oder zum Datentyp, der durch die Eigenschaft repräsentiert wird. Wenn Sie dem Link folgen, gelangen Sie zur Übersichtsseite der jeweiligen Klasse. Die Spalte *Access* zeigt, ob die Eigenschaft per Skript verändert werden kann (*read/write*) oder nur lesbar (*readonly*) ist. Die Spalte *Description* enthält eine kurze englische Beschreibung zur Eigenschaft.

Die Eigenschaft `parent` listet alle möglichen Elternelemente auf, diese sind ebenfalls per Link erreichbar.

**Abb. 57** Methoden

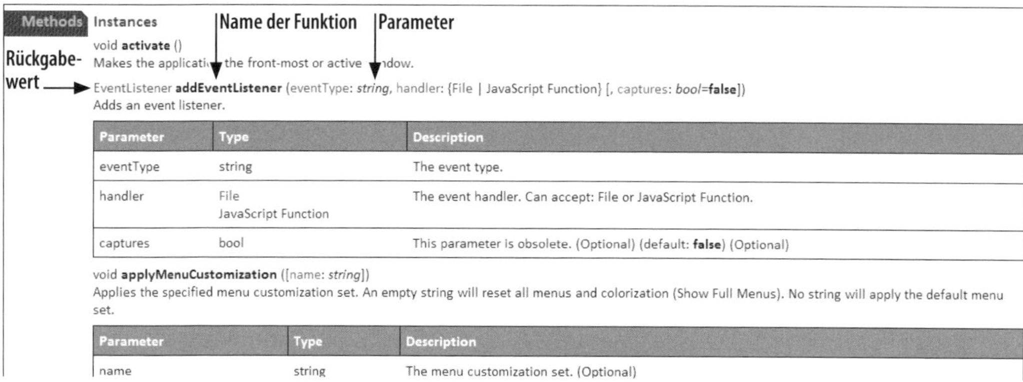


Im Bereich *Methods* finden Sie alle Methoden der Klasse. Der Name der Methode ist fett hervorgehoben. Vor der Methode steht der Rückgabewert. Falls ein Objekt zurückgegeben wird, kann man dem Link ebenfalls direkt zum eigentlichen Objekt folgen. In runden Klammern sind alle Parameter angegeben. Die Parameter sind mit Namen benannt, hinter einem Doppelpunkt folgt der Datentyp, der übergeben werden muss. Optionale Parameter sind zusätzlich in eckige Klammern gefasst. Nach einer kurzen Beschreibung der Methode folgt eine Tabelle mit der Erklärung der Parameter.

Navigation im HTML Object Model

Das Praktische an dieser Aufbereitung ist, dass man im Modell beliebig hin und her navigieren kann. Wenn Sie auf der Seite der Klasse `Application` zu der Eigenschaft `documents` scrollen – ich verwende normalerweise die Suchfunktion des Browsers –, sehen Sie in der Spalte *Type* einen Link auf die Sammlung `Documents`. Wenn Sie ihm folgen, kommen Sie zur Sammlung, dort finden Sie die bekannte Eigenschaft `length` und unter Methoden die Adressierung eines einzelnen Dokuments mit den eckigen Klammern. Als Rückgabewert ist ein Link auf die Klasse `Document` angegeben. Diesem Link können Sie wieder folgen und sich so das Objektmodell hierarchisch erschließen. Jeder Klick ist ein Punkt oder der Aufruf einer Methode.

Ich arbeite viel mit dem HTML-Objektmodell, insbesondere wenn ich die exakte Schreibweise der Methoden und Eigenschaften nicht kenne. Ich habe mir angewöhnt, die Namen einfach per Copy & Paste vom Browser in das ESTK zu holen.

Ob Sie die Herangehensweise von Adobe oder im HTML-Modell besser finden, bleibt natürlich Ihnen überlassen. Ab Unterkapitel 7.6 werden wichtige Äste des Objektmodells vorgestellt, Details müssen Sie jedoch selbst nachschlagen.

## 7.3 Objekte analysieren

Bei einigen Klassen kann die Eigenschaft `parent` verschiedene Elternobjekte haben. Das Elternobjekt eines Textrahmens ist normalerweise eine Seite (ab CS5 der Druckbogen). Wenn der Rahmen als verankertes Objekt in einem Textfluss mitläuft, ist es jedoch ein Zeichen. Auch wenn die aktuelle Auswahl mit `app.selection[0]` verwendet wird, ist unklar, was für ein Objekt eigentlich ausgewählt ist. Den Typ des Objekts kann man nur herausfinden, während das Skript ausgeführt wird.

Bei allen Klassen im Objektmodell kann man mit `constructor.name` den Namen der Klasse abrufen.

Den Namen der Klasse bestimmen

```
alert("Sie haben ein " + app.selection[0].constructor.name + "
   ausgewählt!");
```

Dies funktioniert auch mit den Datentypen aus dem Sprachkern, also z.B. `String` oder `Array`.

Etwas trickreicher wird die Bestimmung des Objekts, wenn man es über die Basisklasse referenziert hat. Falls man z.B. alle `pageItems` einer Seite in einer Schleife durchläuft und wissen will, was für ein Objekt man gerade vor sich hat, führt der Name der Klasse nicht weiter, weil dieser immer `PageItem` ist. Hier kann man sich mit der Methode `getElements()` weiterhelfen, die dazu eingesetzt werden kann, das tatsächliche Objekt, welches über die Basisklasse referenziert wurde, zu ermitteln. Die Methode liefert immer einen Array zurück. Auch wenn der nur ein Element enthält, muss dieses Element über die eckigen Klammern adressiert werden. Das folgende Codebeispiel zeigt die Vorgehensweise:

**Listing 48**
Prüfung des Objekttyps (7-3_getElements.jsx)

```
#target InDesign
var _pItems = app.activeDocument.pageItems;
for (var i = 0; i < _pItems.length; i++) {
  var _pItem = _pItems[i];
  if (_pItem.getElements()[0].constructor.name == "Group") {
    _pItem.select();
    alert("Gruppe ausgewählt");
  }
  if (_pItem.getElements()[0].constructor.name == "TextFrame") {
    _pItem.select();
    alert("Textrahmen ausgewählt");
  }
}
```

Ungültige Objekte

Ein weiteres Problem kann auftreten, wenn man auf ein Objekt zugreifen will, das gar nicht existiert. Wenn man über Sammlungen auf ein bestimmtes Objekt zugreift, bekommt man immer einen gültigen Specifier. Ein Specifier enthält eine technische Angabe, welches Objekt aus Sicht von InDesign gemeint ist. Erst wenn man auf eine Eigenschaft oder Methode des Rückgabewerts zugreift, erscheint die Fehlermeldung, dass das Objekt ungültig ist. Der Grund für dieses Verhalten wird im nächsten Unterkapitel erläutert.

Zur Prüfung kann man testen, ob das Objekt `null` ist, also keinen Wert hat.

**Listing 49** Prüfung, ob das Objekt vorhanden ist (7-3_ObjektPruefen.jsx)

```
var _itemByName = app.activeDocument.pageItems.itemByName("Name
NichtVorhanden");
if (_itemByName == null) {
    alert("Das Seitenobjekt existiert nicht!");
}
if (_itemByName.isValid != true) { // Ab CS4 mit isVaild prüfen
    alert("Das Seitenobjekt existiert nicht!");
}
```

**Ab CS4 Prüfung mit `isValid`**

Ab InDesign CS4 haben alle Klassen die Eigenschaft `isValid`, mit der Objekte auf Existenz geprüft werden können. Wenn das Objekt existiert, liefert sie `true`, ansonsten `false` zurück. Der Vergleich mit `null` führt in einigen Spezialfällen zu falschen Ergebnissen. Deswegen sollten Sie ab InDesign CS4 immer die sichere Variante mit `isValid` wählen.

## 7.4 Sammlungen

In der InDesign-Programmierung kommt man ständig mit Sammlungen in Berührung. Fast alle Klassen haben korrespondierende Sammlungen, in denen sie zusammengefasst werden. Sammlungen sind die Vermittler zwischen den Hierarchien. Eine Seite hat z.B. eine Eigenschaft, die die Sammlung aller Textrahmen enthält. Wenn es kein Objekt gibt, weil z.B. kein Textrahmen auf der Seite platziert ist, ist die entsprechende Sammlung leer.

Alle Sammlungen haben die gleichen Eigenschaften und Methoden. Die Wesentlichen sind `length`, `itemByName()`, `itemByRange()`, `everyItem()` und `add()`.

Eigenschaften und Methoden

Die Eigenschaft `length` wurde bereits vielfach eingesetzt und enthält die Anzahl der Objekte innerhalb der Sammlung. Sie kann gut in Ausführungsbedingungen von Schleifen verwendet werden. Die Methode `count()` liefert das gleiche Ergebnis zurück.

Über die eckigen Klammern kann man ein Objekt über dessen Position innerhalb der Sammlung adressieren. Die Zählung beginnt bei null, die Reihenfolge ist normalerweise analog zu der Reihenfolge der Erstellung der Objekte.

Für die Adressierung der letzten Elemente der Sammlung hat Adobe eine Abkürzung implementiert. Wenn man in den eckigen Klammern negative Werte übergibt, wird die Sammlung vom Ende her durchlaufen. Der Wert `-1` adressiert entsprechend das letzte Element, mit `-2` kommt man zum vorletzten Element der Sammlung. Das folgende Beispiel adressiert das vorletzte Wort im ersten Textrahmen auf der letzten Seite des gerade geöffneten Dokuments:

Das letzte Element adressieren

```
app.activeDocument.pages[-1].textFrames[0].words[-2];
```

Die eckigen Klammern sind vermutlich nur wegen der »schönen« bzw. der vom Array bekannten Syntax von Adobe implementiert worden. Länger, aber aus informatischer Sicht korrekt ist die Adressierung der einzelnen Objekte mit der Methode `item()`. Wenn eine Zahl als Parameter übergeben wird, verhält sich die Methode wie die eckigen Klammern.

Mit der Methode `itemByName()` kann ein benanntes Objekt aus der Sammlung ausgewählt werden. Als Parameter wird der Name als String übergeben. Voraussetzung dafür ist, dass das Objekt einen Namen hat (z.B. eine Mustervorlage) oder mit einem Namen versehen wurde (zur Namensvergabe siehe Seite 87).

Die Methode `itemByRange()` wählt anhand eines Start- und Endwertes alle Objekte einer Sammlung aus. Dieses Verfahren wurde bereits bei der Auswahl von Tabellenspalten (→ Unterkapitel 4.4) verwendet. Eine weitere Anwendung ist die Auswahl von mehreren Zeichen aus einem Textobjekt.

Interessant ist, dass Eigenschaften von allen Objekten gleichzeitig verändert werden können. Das folgende Beispiel zeigt, wie man eine Mustervorlage auf den ersten drei Seiten des Dokuments anwendet.

Mehrere Objekte gleichzeitig verändern

```
app.activeDocument.pages.itemByRange(0,2).appliedMaster = app.
   activeDocument.masterSpreads[1];
```

Die Methoden `previousItem()` und `nextItem()` werden eingesetzt, um das vorherige bzw. nächste Objekt im Verhältnis zu einem anderen Objekt der Sammlung auszuwählen. Als Parameter muss ein Referenzobjekt übergeben werden. Ein Beispiel für `nextItem()` finden Sie auf Seite 86, `previousItem()` funktioniert genauso. Die Methode wird bei der Verwendung innerhalb von langen Texten (z.B. bei der Sammlung `Characters`) sehr langsam. In diesem Fall ist es besser, den Index des Zeichens im Textabschnitt `Story` zu verwenden (siehe auch Seite 278 und die Funktion `nextChar()` aus der Skriptsammlung im Anhang A 1).

**! Die Methoden `nextItem()` und `previousItem()` werden bei langen Textabschnitten sehr langsam.**

Interessant ist auch die Methode `everyItem()`, mit der man alle Objekte auf einmal ansprechen kann. Sollte beispielsweise die Hintergrundfarbe aller Textrahmen des Dokuments auf eine bestimmte Farbe gestellt werden, könnte man den folgenden Code verwenden:

```
app.activeDocument.textFrames.everyItem().fillColor = "Rot";
```

Objekte mit add() hinzufügen

Alle Objekte, die Sie auch in InDesign erstellen können, haben zusätzlich noch die Methode add(). Mit ihr wird ein neues Objekt vom Typ der Sammlung erstellt. Es gibt meist optionale objektspezifische Parameter, hier lohnt ein Blick in das Objektmodell. Das folgende Listing zeigt typische Verwendungsarten der Methode add():

**Listing 50**
Typische Parameter der Methode add() (7-4_add.jsx)

```
1  #target InDesign
2  var _dok = app.activeDocument;
3  if (_dok.swatches.itemByName("Rot") == null) {
4    var _farbFeld = _dok.colors.add();
5    _farbFeld.name = "Rot";
6    _farbFeld.model = ColorModel.PROCESS;
7    _farbFeld.space = ColorSpace.CMYK;
8    _farbFeld.colorValue = [0,100,100,0];
9  }
10 var _tf = _dok.textFrames.add(_dok.layers[0], undefined, undefined,
   {geometricBounds:[10,10,100,100], fillColor:"Rot"});
11 var _table = _tf.tables.add();
12 _table.columns.add(LocationOptions.BEFORE, _table.columns[1]);
```

```
if (_dok.swatches.itemByName("Rot") == null) { //...
```

3 In dieser Zeile wird geprüft, ob es bereits ein Farbfeld (Swatch bzw. die Sammlung Swatches) mit dem Namen Rot gibt. Wenn dies nicht der Fall ist, ist das Ergebnis von itemByName() gleich null. Ab InDesign CS4 prüfen Sie besser mit der Eigenschaft isValid!

**Basisklassen können nicht mit add() erstellt werden**

```
var _farbFeld = _dok.colors.add();
```

4–8 Das Objekt Swatch ist eine Basisklasse für Farben und Farbverläufe. Sie können deswegen auch kein neues Farbfeld mit add() erstellen – es wäre unklar, welches Objekt Sie erstellen wollen. Stattdessen müssen Sie mit dem abgeleiteten Objekt Color eine neue Farbe hinzufügen, welche automatisch in die Sammlung Swatches aufgenommen wird. In den folgenden Zeilen werden die Eigenschaften der Farbe gesetzt.

```
var _tf = _dok.textFrames.add(_dok.layers[0], undefined, undefined,
   {geometricBounds:[10,10,100,100], fillColor:"Rot"});
```

10 Diese Liste der Parameter beim Hinzufügen des Textrahmens ist ziemlich beeindruckend. Mit dem ersten Parameter kann die Ebene, auf der der Rahmen erstellt werden soll, angegeben werden. Die beiden nächsten Parameter können zur Positionierung verwendet werden, sie sind bei Textrahmen selten sinnvoll einsetzbar. Man kann sie allerdings nicht einfach weglassen, weil JavaScript die Parameter in der festgelegten Reihenfolge erwartet. Wenn man einen optionalen Parameter nicht verwenden möchte, übergibt man stattdessen den Wert undefined.

Mehrere Eigenschaften gleichzeitig setzen

Der letzte Parameter {geometricBounds:[10,10,100,100], fillColor: "Rot"} mit den geschweiften Klammern sieht ungewohnt aus. Mit ihm können mehrere Objekteigenschaften des zu erstellenden Objekts vorgegeben werden. Die einzelnen Eigenschaften müssen in geschweiften

Klammern zusammengefasst werden, die Zuweisung der Eigenschaften muss hier mit dem Doppelpunkt vorgenommen werden. Mehrere Eigenschaften müssen mit Kommas getrennt werden.

Im konkreten Fall werden die Koordinaten und die Farbe eines Textrahmens bei der Erstellung festgelegt. Dies hätte man wie gewohnt auch nach der Erstellung des Textrahmens machen können. Der Code wäre dann drei Zeilen lang geworden:

```
var _tf = _dok.textFrames.add(_dok.layers[0]);
_tf.geometricBounds = [10,10,100,100];
_tf.fillColor:"Rot";
```

Die Eigenschaften wie oben direkt bei der Erstellung zuzuweisen, führt zu einem unübersichtlicheren, dafür aber kürzeren Code. Es gibt nur wenige Spezialfälle, z. B. die Spaltenbreiten bei der Erstellung von Tabellen, bei denen die beiden Verfahren zu unterschiedlichen Ergebnissen führen. In fast allen anderen Fällen ist es unerheblich, welche Variante gewählt wird.

Die Position festlegen

```
_table.columns.add(LocationOptions.BEFORE, _table.columns[1]);
```

12 Oftmals kann man die Position, an der das neue Objekt erstellt werden soll, mit der Aufzählung `LocationOptions` und einem Referenzobjekt aus der Sammlung angeben. Im Beispiel wird vor der zweiten Tabellenspalte eine neue Spalte eingefügt.

Mit dem ersten Parameter wird die Position, an der das Objekt erstellt werden soll, angegeben. Wenn es vor allen anderen Objekten eingefügt werden soll, kann `LocationOptions.AT_BEGINNING` verwendet werden, wenn es ganz am Ende eingefügt werden soll, ist `LocationOptions.AT_END` zu verwenden. In diesen Fällen entfällt der Parameter mit der Referenz bzw. kann auf `undefined` gesetzt werden.

Die beiden Werte `LocationOptions.BEFORE` bzw. `LocationOptions.AFTER` benötigen eine bestimmte Referenz, in deren Relation das neue Objekt eingefügt werden soll. Diese Referenz wird mit dem zweiten Parameter übergeben.

Unterschied zu Arrays

Verwechseln Sie Sammlungen nicht mit Arrays, sie haben zwar ein ähnliches Verhalten, teilen aber nur die Eigenschaft `length` und die Adressierung über die eckigen Klammern. Die Adressierung des letzten Elements mit dem Wert `-1` funktioniert bei Arrays allerdings nicht.

Achten Sie auch darauf, dass in Eigenschaften manchmal Arrays von Objekten und keine Sammlungen gespeichert sind. Dies ist immer dann der Fall, wenn in Eigenschaften Übersichten gespeichert sind, die sich nicht direkt über die Hierarchie ergeben. Diese Eigenschaften beginnen meist mit `all` ... So hat ein `Document`-Objekt z. B. die Eigenschaft `allCharacterStyles`, die einen Array mit allen Zeichenformatvorlagen des Dokuments enthält. Wenn man alle Zeichenformatvorlagen verarbeiten möchte, z.B. um bei allen einen Wert zu ändern, ist der Array besser als die Sammlung `characterStyles` geeignet, weil die Sammlung nur die Zeichenformatvorlagen der ersten Ebene enthält. Alle Vorlagen, die innerhalb von Zeichenformatgruppen (`characterStyleGroups`) abgespeichert sind, sind nicht in der Sammlung enthalten und müssen über die Gruppen adressiert werden.

Der Array von `allCharacterStyles` hat aber weder die Methode `add()`, mit der neue Zeichenformatvorlagen hinzugefügt werden können, noch die Methode `itemByName()`.

++

**Specifier und Referenzen**

Der folgende Abschnitt ist etwas theoretischer und nur als Hintergrundinformation gedacht.

Wenn man die Farbe eines Textrahmens per Skript verändern möchte, ändert man die entsprechende Eigenschaft. Der Interpreter, der das Skript ausführt, weist InDesign beim Ablauf des Skripts an, die Veränderung auszuführen. Der Interpreter selbst kann dies nicht (sonst wäre er ein zweites InDesign). Zur Kommunikation mit InDesign verwendet der Interpreter eine so genannte *Referenz* auf das Objekt. Mit der Referenz haben Interpreter und InDesign einen eindeutigen Bezug zum Objekt.

Aus Performancegründen wird es leider noch komplexer. So speichert der Interpreter meist keine Referenzen, sondern so genannte *Specifier*. Specifier sind eindeutige Ortsangaben, wo sich das gewünschte Objekt aus Perspektive von InDesign befindet bzw. befinden sollte. Der eigentliche Ablauf beim Verändern einer Eigenschaft ist der folgende: Zunächst wird der Specifier aufgelöst und die Objektreferenz hergestellt, danach wird die Anweisung zur Veränderung gegeben.

Wenn der Specifier nicht aufgelöst werden kann, ist das Objekt ungültig und es kommt zu der Fehlermeldung `Objekt ist ungültig`.

Dieses Problem tritt eigentlich nur im Umgang mit Sammlungen auf. Der Grund ist, dass sie immer Specifier zurückliefern. Bei `itemByRange(0,2)` ist die Ortsangabe aber sinngemäß »die Objekte von 0 bis 2« (der Specifier im Falle von Dokumenten lautet z.B.: `/document[0] to /document[2]`). Der Specifier ist gültig, die Auflösung der Referenzen funktioniert aber nur, wenn die drei Objekte auch wirklich existieren. Ein ähnliches Problem tritt auf, wenn von der Methode `itemByName()` eine Ortsangabe mit dem Namen des Objekts geschrieben wird oder mit `everyItem()` alle Objekte angefragt werden.

**Listing 51** Beispiel für einen Specifier mit Namensangabe

```
var _specifier = app.documents.itemByName("DokumentName.indd");
alert(_specifier.toSpecifier());
```

Weitere Beispiele finden Sie in der Datei *7-4_SammlungenSpecifier-1.jsx*.

Wenn man mit `everyItem()` mehrere Hierarchiestufen gleichzeitig auswerten möchte, kann es zu Problemen kommen. Praktisch wäre es z.B. mit `app.activeDocument.stories.everyItem().paragraphs` alle Absätze eines Dokuments zu adressieren. Sobald aber in der ersten Hierarchiestufe mehr als ein Element adressiert wird, hier also mindestens zwei Textabschnitte, können die einzelnen Elemente nicht mehr mit einer for-Schleife durchlaufen oder über den Index adressiert werden. Bei zwei Textabschnitten mit jeweils fünf Absätzen wäre die Länge der Sammlung `paragraphs` zwar 10, allerdings würden sich an Index 0 bis 4 jeweils zwei Absätze befinden.

Abhilfe schafft die Methode `getElements()`, mit der man die Specifier in Referenzen auflösen kann. Die Methode liefert die oder das Objekt(e) in einen Array zurück.

Das folgende Listing zeigt die Verwendung. Erstellen Sie zur Verwendung ein Testdokument mit zwei Textrahmen mit jeweils fünf Absätzen. Die zweite for-Schleife bricht aus den oben genannten Gründen mit einem Fehler ab.

**Listing 52**
Specifier in Referenzen auflösen
(7-4_Sammlungen Specifier-2.jsx)

```
#target InDesign
var _alleAbsaetze = app.activeDocument.stories.everyItem().
paragraphs.everyItem().getElements();
for (var i =0; i < _alleAbsaetze.length; i++) {
  $.writeln(i +" | " + _alleAbsaetze[i].contents);
}
_alleAbsaetze = app.activeDocument.stories.everyItem().paragraphs;
for (var i =0; i < _alleAbsaetze.length; i++) {
  $.writeln(i +" | " + _alleAbsaetze[i].contents);
}
```

Wenn Sie weitere Hintergrundinformationen zu Referenzen und Specifiern interessieren, empfehle ich die ausführliche Analyse zum Thema von Marc Auret: 27.

## 7.5 Gemeinsame Methoden

Viele Klassen benötigen ähnliche Methoden, diese haben im Objektmodell auch den gleichen Namen. Die Eigenschaft `parent` und die Methode `add()` sind Ihnen bereits bekannt. Die folgenden Methoden sind nicht bei allen Klassen vorhanden. In Zweifelsfällen müssen Sie im Objektmodell nachschlagen oder einfach die Funktionalität ausprobieren.

Objekte löschen

Die Methode `remove()` kann zum Löschen von Objekten verwendet werden.

Objekte auswählen

Mit der Methode `select()` kann ein Objekt ausgewählt werden. Mit einem optionalen Parameter kann eine existierende Auswahl erweitert (`SelectionOptions.ADD_TO`), verkleinert (`SelectionOptions.REMOVE_FROM`) oder ersetzt (`SelectionOptions.REPLACE_WITH`) werden.

Objekte verschieben

Mit der Methode move() können Objekte verschoben werden. Bei Text- und Tabellenobjekten kann mit dem ersten Parameter eine Positionsangabe mit der Aufzählung LocationOptions übergeben werden. Optional kann dazu noch ein weiterer Parameter mit dem Referenzobjekt übergeben werden. Der folgende Code verschiebt das erste Wort eines Textrahmens hinter das dritte.

**Listing 53**
Textobjekte verschieben
(7-5_moveText.jsx)

```
#target InDesign
var _tf = app.activeDocument.pages[0].textFrames[0];
_tf.words[0].move(LocationOptions.AFTER, _tf.words[2]);
```

Rahmenobjekte können entweder auf eine andere Seite oder Ebene verschoben oder es kann anhand von zwei Koordinaten eine neue Position angegeben werden. In den ersten beiden Fällen wird einfach die Seite oder die Ebene, auf die man es verschieben möchte, als Parameter übergeben. Wenn man die Position des Objekts neu festlegen möchte, muss man einen Array mit der x- und y-Position übergeben.

**! Hier wird im Gegensatz zu den Koordinaten in geometricBounds die Position in der Reihenfolge x,y angegeben.**

Alternativ kann man das Objekt auch verschieben. Dazu muss als erster Parameter undefined und im zweiten Parameter ein Array mit dem horizontalen und vertikalen Versatz übergeben werden. Der folgende Code zeigt, wie man einen Textrahmen um 10 Einheiten nach rechts und 20 Einheiten nach unten verschiebt Die Maßeinheiten leiten sich von den Linealen ab (→ Seite 164). Der folgende Code zeigt alle drei Varianten, bei der Ausführung muss ein Dokument mit zwei Seiten und zwei Textrahmen auf der ersten Seite geöffnet sein.

**Listing 54**
Rahmenobjekte verschieben
(7-5_moveItem.jsx)

```
#target InDesign
var _dok = app.activeDocument;
_dok.pages[0].textFrames[0].move(_dok.pages[1]); //Seite
_dok.pages[1].textFrames[0].move([20,20]); //Position
_dok.pages[0].textFrames[0].move(undefined, [10,10]); //Verschieben
```

## 7.6 Voreinstellungen

Die Voreinstellungen für Programm und Dokumente sind nicht in einer zentralen Klasse gesammelt, sondern in Themenbereiche granuliert. Manche Einstellungen, wie die für den Import der einzelnen Dateitypen (WordRTFImportPreference, EPSImportPreference, ...), würde man vermutlich auch gar nicht als solche bezeichnen. Grundsätzlich finden Sie die Voreinstellungen, die Sie aus dem Programm kennen, im Objektmodell wieder, ein paar wichtige sind hier zusammengefasst. Mit einigen dieser Einstellungen wird in Unterkapitel 9.4 ein Skript-Template erstellt.

### 7.6.1 Voreinstellungen für das Skripting

Die folgenden Voreinstellungen beziehen sich auf die Ausführung der Skripte und können nur per Skript eingestellt werden. Die Klasse heißt `ScriptPreference` und kann über das Objekt `Application` angesprochen werden. Die drei wichtigsten Einstellungen werden im folgenden Listing exemplarisch gesetzt.

**Listing 55** Voreinstellungen, die das Verhalten des Skriptablaufs steuern (7-6_Skript Voreinstellungen-1.jsx)

```
1  app.scriptPreferences.enableRedraw = false;
2  app.scriptPreferences.userInteractionLevel = UserInteractionLevels.
   NEVER_INTERACT;
3  app.scriptPreferences.version = 5;
```

**Die Skript-Voreinstellungen bleiben bis zum Neustart von InDesign aktiv.**

1 Mit der Eigenschaft `enableRedraw` kann festgelegt werden, ob der Bildschirm während der Skriptausführung aktualisiert wird. Aufwändigere Skripte laufen ohne Bildschirmaktualisierung schneller.

2 Die Eigenschaft `userInteractionLevel` steuert das Verhalten von Hinweisfenstern und Warndialogen. Dazu wird die Aufzählung `UserInteractionLevels` eingesetzt. Der Wert `UserInteractionLevels.INTERACT_WITH_ALL` ist das normale Verhalten – es werden alle Hinweisfenster und Dialoge angezeigt. Bevor das Skript weiterläuft, muss es vom Benutzer bearbeitet werden. Einige Hinweisfenster führen jedoch zum Abbruch des Skripts. Wenn Sie dies verhindern wollen, können Sie mit dem Wert `UserInteractionLevels.NEVER_INTERACT` festlegen, dass während der Skriptausführung keine Dialoge angezeigt werden. Damit werden z. B. Warndialoge über fehlende Schriften beim Öffnen von Dateien unterdrückt.

3 Mit der Eigenschaft `version` kann der Interpreter angewiesen werden, ein älteres Objektmodell zu verwenden. Diese Anweisung kann eingesetzt werden, um ältere Skripte auf neueren Versionen von InDesign auszuführen. Im Beispiel wird für die Ausführung des Skripts das Objektmodell von InDesign CS3 verwendet. Die Einstellung ist natürlich nur abwärtskompatibel, in InDesign CS3 kann nicht das Objektmodell von CS5 (Version 7) verwendet werden.

Skriptkompatibilität herstellen

Wenn man Skripte, die für eine ältere Version von InDesign entwickelt wurden, nicht umschreiben möchte, kann man Sie alternativ auch in einen so genannten *Version-Folder* legen. Die Skripte aus diesem Ordner verwenden das Objektmodell, das im Ordnernamen angegeben wird. Beispielsweise könnte man im Verzeichnis *Scripts Panel* von InDesign CS5 einen Ordner mit dem Namen *Version 5.0 Scripts* erstellen und dort Skripte für InDesign CS3 ablegen.

Prüfung der InDesign-Version

Eine weitere Verwendung der Eigenschaft `version` ergibt sich, wenn man festlegen möchte, dass das Skript nur von einer bestimmten Version von InDesign ausgeführt werden soll. So könnte man mit dem folgenden Code prüfen, ob das Skript unter InDesign CS4 eingesetzt wird:

```
if (app.scriptPreferences.version == 6) {
   alert("Es ist InDesign CS4 installiert");
}
```

Einstellungen wieder zurücksetzen

Alle Skriptvoreinstellungen bleiben bis zum Neustart von InDesign aktiv. Insbesondere bei der Festlegung des Objektmodells über die Eigenschaft `version` kann es dadurch zu schwer nachvollziehbaren Fehlern kommen. Um dies zu verhindern, sollten die Originalwerte nach der Skriptausführung wiederhergestellt werden. Das folgende Skript zeigt, wie dies erreicht werden kann.

**Listing 56**
Wiederherstellen der ursprünglichen Voreinstellungen (7-6_Skript Voreinstellungen-2.jsx)

```
#target InDesign
// Voreinstellungen setzen
var _userLevel = app.scriptPreferences.userInteractionLevel;
var _version = app.scriptPreferences.version;
app.scriptPreferences.userInteractionLevel = UserInteractionLevels.NEVER_INTERACT;
app.scriptPreferences.version = 5;

// Das Skript läuft mit den oben gewählten Einstellungen

// Voreinstellungen zurücksetzen
app.scriptPreferences.userInteractionLevel = _userLevel
app.scriptPreferences.version = _version
```

### 7.6.2 Dokument- und Ansichtseinstellungen

Dokumenteinstellungen

In der Klasse `DocumentPreference` finden Sie die Einstellungen zu Seitengröße, Format und Anschnitt. Sie korrespondieren mit den Einstellungen, die Sie beim Erstellen eines neuen Dokuments bzw. unter Datei → Dokument einrichten ... vornehmen können. Ich verwende meist ein InDesign-Vorlagendokument, in dem ich alle Einstellungen über die Benutzeroberfläche vornehme. Dieses öffne ich dann mit dem Skript und kann mir so die Einstellungen sparen.

Sie können die Einstellungen entweder für ein bestimmtes Dokument setzen, dann müssen Sie die Eigenschaft des Objekts `Document` ändern, oder für alle neuen Dokumente über die Eigenschaft des Objekts `Application`.

Ansichtseinstellungen und Nullpunkt

Viel wichtiger ist es, die Ansichtseinstellungen für das zu bearbeitende Dokument zu setzen. Die Einstellungen für die Maßeinheiten werden oft vom Benutzer entsprechend seinen persönlichen Vorlieben umgestellt. Wenn Sie in Skripten Rahmenobjekte in Position oder Größe verändern wollen, sollte immer mit den gleichen Maßeinheiten gearbeitet werden. Falsch eingestellte Ansichtseinstellungen führen oft zu unerwarteten Fehlern im Skriptablauf. Die folgenden Werte sollten eigentlich immer eingestellt werden, es sei denn, Sie entwickeln nur für sich selbst und verwenden immer die gleichen Einstellungen. Welche Maßeinheiten oder Linealausrichtung Sie bevorzugen, ist egal, es empfiehlt sich aber, in allen Skripten mit den gleichen Werten zu arbeiten. Die Einstellungen sind im Objektmodell leider etwas verstreut, das ist aber nicht so problematisch, da man für gewöhnlich mit den gleichen Werten arbeitet und den einmal erstellen Code in verschiedenen Skripten wiederverwendet.

**Listing 57**
Einstellungen der Lineale, Maßeinheiten und des Referenzpunkts (7-6_Ansichts einstellungen.jsx)

```
1 #target InDesign
2 var _dok = app.activeDocument;
3 _dok.viewPreferences.horizontalMeasurementUnits =
  MeasurementUnits.MILLIMETERS;
4 _dok.viewPreferences.verticalMeasurementUnits = MeasurementUnits.
  MILLIMETERS;
5 _dok.viewPreferences.rulerOrigin = RulerOrigin.PAGE_ORIGIN;
6 _dok.zeroPoint = [0,0];
7 _dok.layoutWindows[0].transformReferencePoint = AnchorPoint.
  TOP_LEFT_ANCHOR;
```

3–5 In der Klasse `ViewPreference` werden die horizontalen bzw. vertikalen Maßeinheiten der Lineale und der Ursprung des Rahmens eingestellt. In der Aufzählung `MeasurementUnits` finden Sie die Maßeinheiten, die Sie auch über das Kontextmenü der Lineale aufrufen können.

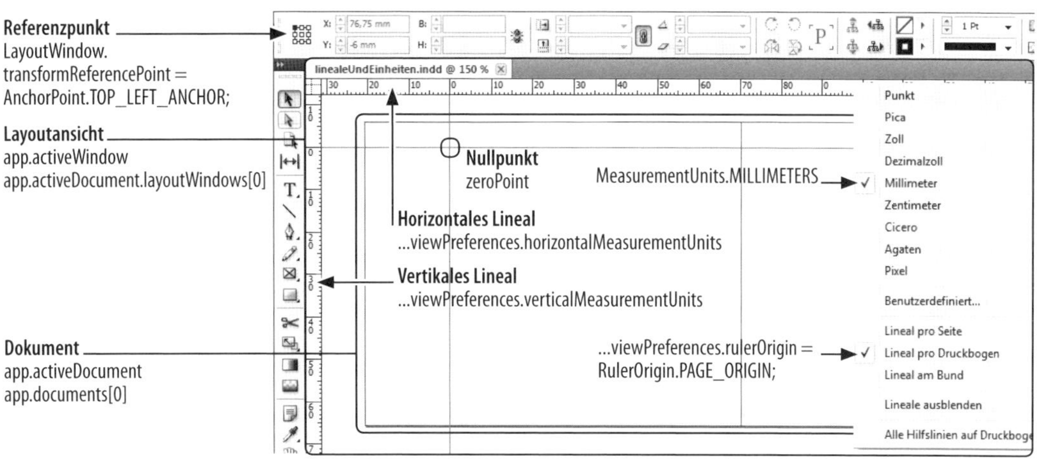


**Abb. 58**
Maßeinheiten, Lineale, Nullpunkt und Bezugspunkt

6 Mit der Eigenschaft `zeroPoint` kann der Nullpunkt, also der Ursprung der Lineale, gesetzt werden. Der Wert wird als Array mit zwei Werten übergeben und bezieht sich auf das Dokument. Üblicherweise wird der Nullpunkt mit `[0,0]` in die obere linke Ecke gesetzt.

7 In dieser Zeile wird der Bezugspunkt für Transformationen festgelegt. Relativ zu diesem Punkt werden z.B. Drehungen auf dem Objekt aus-

geführt. Auch hier können unterschiedliche Benutzereinstellungen zu verschiedenen Skriptergebnissen führen.

Auch diese Einstellungen sollte man, wie im vorherigen Beispiel beschrieben, nach dem Skriptablauf wieder zurücksetzen.

### 7.6.3 Einstellungen für Import und Export

Wenn Dateien importiert oder Dokumente exportiert werden sollen, gibt es die Möglichkeit, diesen Vorgang über Optionen zu steuern. Alle Möglichkeiten darzustellen, würde den Rahmen des Buches sprengen, deswegen beschreibe ich exemplarisch die Einstellungen für den Import einer Word-Datei.

Vor dem Import einer externen Datei können in InDesign bestimmte Voreinstellungen festgelegt werden. Im Skripting gehören diese Einstellungen zum Objekt `Application`. Der folgende Code zeigt, wie die Voreinstellungen `wordRTFImportPreferences` verändert werden.

**Listing 58**
Import einer Word-Datei (7-6_WordImport.jsx)

```
1  #target InDesign
2  var _importDatei = File.openDialog("Bitte wählen Sie eine Word-
   Datei aus", "*.doc", false);
3  with (app.wordRTFImportPreferences) {
4    useTypographersQuotes = true;
5    removeFormatting = true;
6    importEndnotes = true;
7    importFootnotes = true;
8    importIndex = false;
9    importTOC = false;
10 }
11 app.activeDocument.place(_importDatei, false);
```

```
var _importDatei = File.openDialog("Bitte wählen Sie eine Word-Datei
   aus", "*.doc", false);
```

2 Mit der Methode `openDialog()` der Klasse `File` kann man leicht eine gültige Dateireferenz über den Dateiauswahl-Dialog erstellen.

```
with (app.wordRTFImportPreferences) {
  //...
}
```

3–10 Mit einem with-Statement werden die Voreinstellungen für den Word-Import gesetzt. Die Verwendung von `with` erlaubt es, Eigenschaften auf dem in Klammern übergebenen Objekt innerhalb der geschweiften Klammern zu setzen. Hier macht dieses Verfahren den Code übersichtlicher, weil ansonsten vor jede der folgenden Zeilen `app.wordRTFImportPreferences` geschrieben werden müsste. Weitere Informationen zu with-Statements finden Sie auf Seite 119.

```
useTypographersQuotes = true;
//...
```

4–9 In diesen Zeilen werden verschiedene Importoptionen festgelegt. Zeile 4 wird innerhalb des with-Statements wie folgt aufgelöst:

```
app.wordRTFImportPreferences.useTypographersQuotes = true;
```

Die Eigenschaften der Klasse `WordRTFImportPreference` korrespondieren mit den Einstellungsmöglichkeiten im entsprechenden Dialog. Die Importoptionen bleiben bis zur nächsten Änderung durch den Benutzer oder durch ein anderes Skript erhalten.

**Abb. 59**
Importoptionen für Word und RTF-Dateien

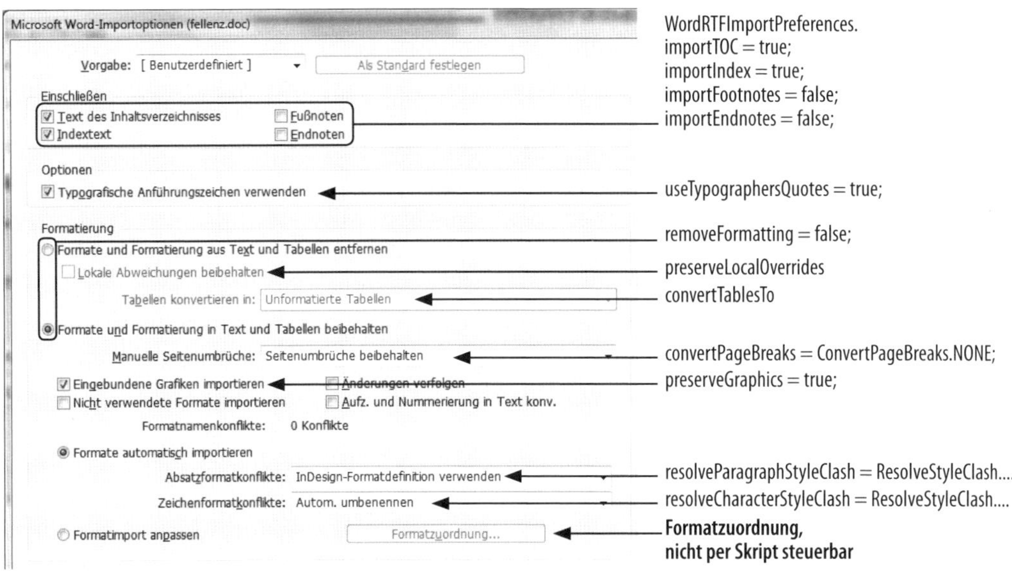


```
app.activeDocument.place(_importDatei, false);
```

11 Die Methode `place()` übernimmt als Parameter eine Dateireferenz. Mit dem zweiten Parameter kann festgelegt werden, ob die Importoptionen angezeigt werden sollen – in diesem Fall ist das nicht gewünscht. Als Importoptionen kommen die zuvor gesetzten Werte zum Einsatz.

Wenn die Methode auf dem Dokument aufgerufen wird, wird der Mauszeiger mit dem Inhalt des Word-Dokuments geladen – wie beim Import über Datei → Platzieren ..., wenn kein Objekt ausgewählt ist. Die Methode kann auch auf Rahmen aufgerufen werden, im Falle eines Textrahmens würde das Word-Dokument direkt in den entsprechenden Rahmen geladen.

## 7.7 Seiten und Mustervorlagen

Wenn man mit InDesign arbeitet, ist die Unterscheidung zwischen Druckbogen, Mustervorlagen und Seiten klar, beim Skripting sollte man die Hierarchie kennen.

**Abb. 60**
Dokument, Seiten und Musterseiten

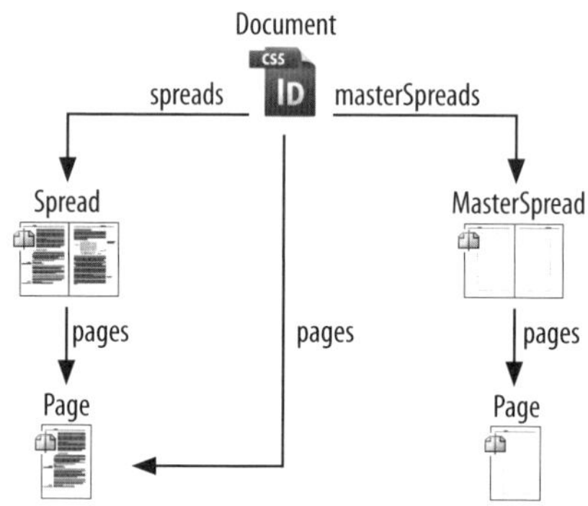


Die Abbildung zeigt, dass es eigentlich die klare Hierarchie Dokument, Druckbogen, Seite gibt. Das Objektmodell erlaubt jedoch den Zugriff auf die Seiten über das Objekt `Document`. Diese Abkürzung wird oft verwendet, weil die Adressierung über das Objekt `Spread` unübersichtlicher ist und zu aufwändigerem Code führt. Außerdem beinhaltet das Objekt `Spread` auch die Montagefläche und Objekte, die sich darauf befinden.

Für Musterseiten gibt es kein Objekt `MasterPage`, die Druckbögen der Mustervorlagen `MasterSpread` enthalten normale Seiten. Musterseiten werden durch ihre Zugehörigkeit zu einem Musterdruckbogen gekennzeichnet. Deswegen muss man Musterseiten immer über die Eigenschaft `masterSpreads` adressieren. Dies führt leider manchmal zu Verwirrung.

Umgang mit Seiten

Im Folgenden werden die wichtigsten Eigenschaften der Klasse `Page` vorgestellt.

Mit der Eigenschaft `name` kann die Seitenzahl der Seite ermittelt werden. Die Eigenschaft enthält einen String, der für die Adressierung in der Sammlung `Pages` mit der Methode `itemByName()` verwendet werden kann. Achten Sie darauf, dass es sich hier bei einer manuellen Seitennummerierung nicht unbedingt um die Position der Seite im Dokument handelt.

Position der Seite mit Dokument

Die Position im Dokument – und damit auch den Index für die Adressierung mit den eckigen Klammern – ermittelt man mit der Eigenschaft `documentOffset`.

Mit `side` kann man herausfinden, ob es sich um die rechte (`PageSideOptions.RIGHT_HAND`) oder linke Seite (`PageSideOptions.LEFT_HAND`) einer Doppelseite oder um eine Einzelseite (`PageSideOptions.SINGLE_SIDED`) handelt.

**Listing 59**
Eigenschaften der Seite (7-7_Seiten.jsx)

```
1 #target InDesign
2 var _page = app.activeDocument.pages[0];
3 var _seite;
4 if (_page.side == PageSideOptions.LEFT_HAND) _seite = "linke";
5 else if (_page.side == PageSideOptions.RIGHT_HAND) _seite =
  "rechte";
6 else _seite = "einzelne";
7 alert("Position:" + _page.documentOffset + " , Name (Seitenzahl): "
  + _page.name + ",Typ: " + _seite + " Seite");
```

Beachten Sie, dass ich in den Zeilen 4–6 die geschweiften Klammern der if- und else-Blöcke weggelassen habe. Die geschweiften Klammern würden hier den Code eher unübersichtlich machen. Wenn Sie wollen, können Sie sie natürlich hinzufügen.

Umgang mit Mustervorlagen

Auf Mustervorlagen sollten die feststehenden und/oder wiederkehrenden Objekte des Layouts platziert werden. Ähnlich wie Formate erstelle ich die benötigten Mustervorlagen nicht per Skript, sondern baue diese in InDesign. Das Dokument mit meinen Mustervorlagen verwende ich dann im Skript als Vorlage. Wenn man in den MUSTERVORLAGENOPTIONEN eindeutige Namen vergeben hat, können diese im Skript mit der Methode `itemByName()` adressiert werden.

Um eine Mustervorlage auf eine Seite anzuwenden, muss die Mustervorlage der Eigenschaft `appliedMaster` zugewiesen werden.

**Beachten Sie, dass sich der Name aus dem Namen und dem Präfix, so wie er auch im Bedienfeld Seiten erscheint, zusammensetzt.**

Das folgende Beispiel setzt eine Mustervorlage mit der Präfix/Namen-Kombination Namen `A-Mustervorlage` voraus. Das Beispieldokument *7-7_Mustervorlagen.indd* ist für die Verwendung mit den restlichen Skripten des Unterkapitels vorbereitet. Wenn Sie mit CS5 arbeiten, müssen Sie die Datei *7-7_MustervorlagenCS5.indd* verwenden.

**Listing 60**
Adressierung von Mustervorlagen (7-7_Mustervorlagen-1.jsx)

```
#target InDesign
var _dok = app.activeDocument;
var _musterVorlage = _dok.masterSpreads.itemByName
("A-Mustervorlage");
_dok.pages[0].appliedMaster = _musterVorlage;
```

Mustervorlagenobjekte mit `override()` lösen

Mustervorlagenobjekte sind auf der Seite im Layout normalerweise gesperrt, dies erkennt man an den gepunkteten Rahmenkanten. Die Idee ist, dass das Objekt nicht zur eigentlichen Seite, sondern zur Musterseite gehört. Wenn Sie z.B. eine Grafik auf der Musterseite platzieren, wird diese bei 50 Seiten nicht 50-mal platziert, sondern nur einmalig auf der Musterseite. Trotzdem kommt es vor, dass Objekte auf der Musterseite gelöst werden müssen. In InDesign klickt man dazu mit gedrückter SHIFT + BEFEHLSTASTE auf das entsprechende Objekt. Im Skripting kann dazu die Methode `override()` verwendet werden. Die Methode erwartet als Parameter die Seite, auf der das Objekt gelöst werden soll.

Im folgenden Beispiel wird das zuletzt erstellte Mustervorlagenobjekt der auf der ersten Seite des Dokuments angewendeten Mustervorlage gelöst.

**Listing 61**
Lösen eines Musterseitenobjekts (7-7_Muster vorlagen-2.jsx)

```
1 #target InDesign
2 var _dok = app.activeDocument;
3 var _page = app.activeDocument.pages[0];
4 var _musterVorlage = _dok.masterSpreads.itemByName
  ("A-Mustervorlage");
5 _page.appliedMaster = _musterVorlage;
6 _page.masterPageItems[0].override(_page);
```

Nachdem in der Variablen _page die erste Seite des Dokuments gespeichert wurde, wird ihr in Zeile 5 die Mustervorlage A-Mustervorlage zugewiesen.

6 Vom Objekt Page kann man mit der Eigenschaft masterPageItems auf die Mustervorlagenobjekte zugreifen, die auf der Seite enthalten sind. Als Rückgabewert bekommt man einen Array; um das Objekt zu lösen, muss man den Index des Objekts kennen. Mit der Methode override() wird das Objekt auf der Seite, die als Parameter übergeben wird, gelöst – in diesem Fall also auf der ersten Seite, die über _page referenziert wird.

Da in der Eigenschaft masterPageItems ein Array gespeichert ist, kann man nicht mit den Methoden der Sammlungen wie z.B. itemByName() auf die Mustervorlagenobjekte zugreifen. Wenn man mit Namen versehene Objekte lösen will, muss das folgende Verfahren verwendet werden.

**Listing 62**
Lösen von Mustervorlagenobjekten über deren Namen (7-7_Muster vorlagen-3.jsx)

```
6 var _vorlagenObjekt = _musterVorlage.pageItems.
  itemByName("tfMusterseite");
7 _vorlagenObjekt.override(_page);
```

6 Anstatt über die Seite wird das Objekt auf der eigentlichen Musterseite adressiert. Dort muss natürlich ein Objekt mit dem Namen tfMusterseite vorhanden sein. Wie man Objekte mit Namen versieht, wurde auf Seite 87 besprochen.

7 Das in _vorlagenObjekt gespeicherte Musterseitenobjekt kann jetzt mit der Methode override() gelöst werden. Hier wird auch deutlicher, dass als Parameter die Seite, auf der das Objekt gelöst werden soll, übergeben werden muss.

++

**Musterseitenobjekte sperren**

Seit InDesign CS4 kann man Rahmen auf Musterseiten sperren. Diese können dann nicht mehr auf der Seite, auf der die Musterseite angewendet wurde, gelöst werden. Dazu muss man per Skript die Eigenschaft allowOverrides auf den Wert false setzen.

## 7.8 Rahmen und Koordinaten

Wenn man die Seiten gemeistert hat, trifft man auf die Rahmenobjekte, die auf den Seiten platziert sind. Alle Rahmenobjekte sind von der Basisklasse `PageItem` abgeleitet. Die wichtigsten Eigenschaften werden gleich vorgestellt.

Mit der Eigenschaft `geometricBounds` bzw. `visibleBounds` wurden bereits Größen und Positionen von Rahmenobjekten ausgewertet. Während Erstere die Rahmenkanten repräsentieren, enthalten Letztere die Größe des Rahmens inklusive der Rahmenkontur. Die folgende Abbildung zeigt den Zusammenhang zwischen der Konturposition und den Werten der beiden Eigenschaften.

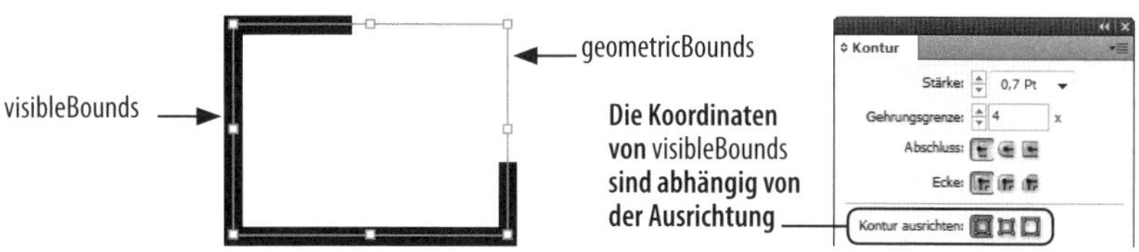


**Abb. 61**
Unterschied zwischen geometricBounds und visibleBounds

Beide Eigenschaften enthalten einen Array mit vier Koordinaten. Das Problem beim Skripting ist meist, dass man die Ansicht und die Werte aus dem Bedienfeld STEUERUNG gewohnt ist. Hier werden die x- und y-Position des Rahmens sowie Breite und Höhe angezeigt. In der Eigenschaft `geometricBounds` bzw. `visibleBounds` finden sich nur vier Koordinaten, die außerdem noch vertauscht sind. Die ersten beiden Werte definieren die linke obere Ecke des Rahmens, die letzten beiden Werte die rechte untere Ecke des Rahmens. Es wird immer zuerst die vertikale Koordinate (y-Wert) angegeben, danach folgt die horizontale Koordinate (x-Wert).

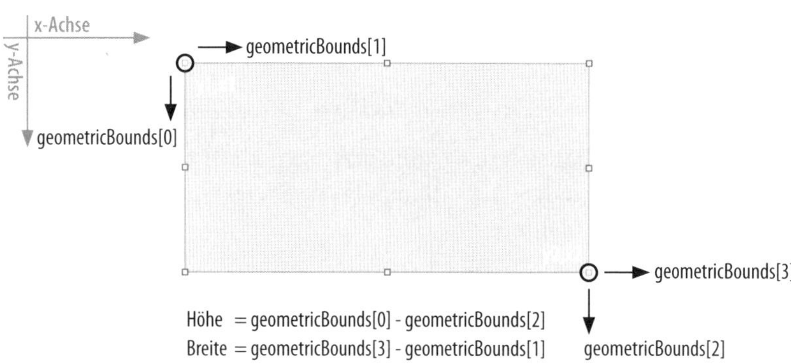


**Abb. 62**
Koordinaten von Rahmenobjekten

Höhe und Breite kann man sich leicht errechnen:

```
#target InDesign
var _ausw = app.selection[0];
var _hoehe = _ausw.geometricBounds[2] - _ausw.geometricBounds[0];
var _breite = _ausw.geometricBounds[3] - _ausw.geometricBounds[1];
alert("Das Objekt hat die Höhe " +_hoehe + " und Breite " + _breite);
```

**Listing 63**
Höhe und Breite eines Rahmenobjekts berechnen
(7-8_HoeheBreite.jsx)

Objektformat zuweisen

Rahmen haben viele Attribute bezüglich des Aussehens, die Details finden Sie im Objektmodell. Oft verwendet werden `strokeWeight` für die Konturenstärke, `strokeColor` für die Farbe der Kontur, `fillColor` für die Hintergrundfarbe. Alle diese Eigenschaften können auch in Objektformaten hinterlegt werden. Mit `appliedObjectStyle` kann man ein Objektformat festlegen.

```
app.selection[0].appliedObjectStyle = app.activeDocument.objectStyles.
   itemByName("NameObjektformat");
```

Konturenführung

Wenn man die Konturenführung nicht über ein Objektformat festlegen will, kann man dies auch direkt per Skript erledigen. Alle Rahmenobjekte haben die Eigenschaft `textWrapPreferences`, in der die Einstellungen für die Konturenführung hinterlegt sind.

**Abb. 63** Zusammenhang Konturenführung-Bedienfeld und Klasse textWrapPreferences

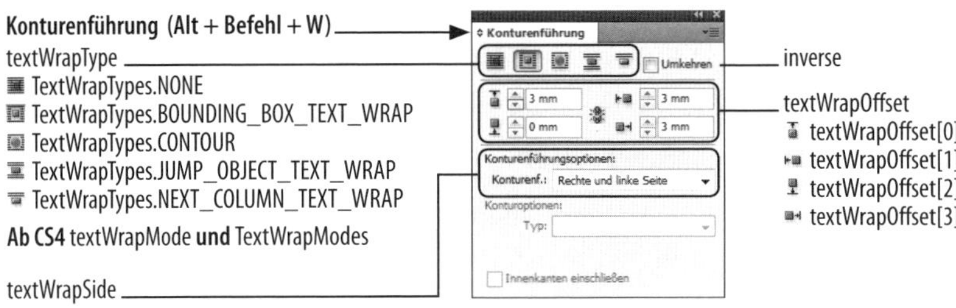


Das nächste Skript zeigt, wie man diese Einstellungen per Skript setzen kann. Dazu können Sie das Dokument *7-8_Konturenfuehrung.indd* verwenden. Vor der Ausführung muss der Bildrahmen ausgewählt werden.

**Listing 64** Konturenführung per Skript (7-8_Konturenfuehrung.jsx)

```
1  #target InDesign
2  var _auswahl = app.selection[0];
3  var _twp = _auswahl.textWrapPreferences;
4  _twp.textWrapType = TextWrapTypes.BOUNDING_BOX_TEXT_WRAP;
5  _twp.textWrapOffset = [3,3,0,3];
6  _twp.textWrapSide = TextWrapSideOptions.BOTH_SIDES;
```

**Ab CS4 muss `textWrapMode` verwendet werden.**

Ab InDesign CS4 hat sich der Name der Eigenschaft `textWrapType` und der korrespondierenden Aufzählung `TextWrapTypes` geändert. Zeile 4 muss dort wie folgt lauten:

```
_twp.textWrapMode = TextWrapModes.BOUNDING_BOX_TEXT_WRAP;
```

Eltern von Rahmenobjekten

Es gibt einige Fälle, in denen man einen Rahmen nicht durch die klassische Hierarchie über die Seite adressiert. Man kann Rahmen auch über das Elternobjekt eines Suchergebnisses oder Textobjekts sowie über verkettete Textrahmen ermitteln. Wenn man nun auf der Seite, auf der sich der Rahmen befindet, ein Objekt hinzufügen möchte, muss man mit der Eigenschaft `parent` in der Objekthierarchie nach oben navigieren.

Ein klassischer Anwendungsfall ist die automatische Platzierung von Bildern, deren Dateinamen im Manuskript enthalten sind. Hier sucht man die entsprechenden Textstellen und ermittelt dann über `parent` die Seite, auf der das Bild platziert werden soll (→ Unterkapitel 12.4). Für Preflight- oder Analyse-Skripte ist es ebenfalls hilfreich, die Seite, auf der ein Fehler enthalten ist, zu kennen.

Bis einschließlich InDesign CS4 ist die Familienbeziehung von Rahmenobjekten recht übersichtlich, aber kompliziert. Im Normalfall erreicht man über die Eigenschaft `parent` die Seite, auf der das Objekt platziert ist. Ausnahmen bilden Rahmen, die als verankerte Objekte in Textrahmen mitfließen (`parent` führt zu einem Zeichen) oder ineinander verschachtelt sind (`parent` führt zu einem übergeordneten Rahmen). Wenn man die Seite, auf dem das Objekt platziert ist, ermitteln möchte, muss geprüft werden, welchen Typ das Elternobjekt hat. Gegebenenfalls muss man sich über weitere Aufrufe von `parent` bis zur Seite hangeln.

Die Seite ermitteln, auf der der Rahmen platziert ist

Wenn man sicher zur Seite gelangen will, müssen alle Möglichkeiten berücksichtigt werden. Im Anhang A 1 wird eine selbst entwickelte Funktion `getPageByObject()` vorgestellt, die dies ermöglicht.

**Ab CS5 gibt es die Eigenschaft `parentPage`.**

Ab InDesign CS5 kommt man leichter zur passenden Seite. In der Version 7 des Objektmodells haben alle Rahmenobjekte eine zusätzliche Eigenschaft `parentPage`, die immer zur Seite führt. Die Eigenschaft `parent` führt hier im Normalfall direkt zum Druckbogen. Wenn man Skripte mit verschiedenen InDesign-Versionen einsetzen möchte, sollte man dies beachten. Die oben erwähnte Funktion `getPageByObject()` normalisiert das Verhalten, kann also für alle Versionen ab InDesign CS3 eingesetzt werden.

## 7.9 Text vs. Textrahmen

Textrahmen sind von der Klasse `PageItem` abgeleitet, weisen aber ein paar Besonderheiten auf. Aus InDesign kennt man die Möglichkeiten, Textrahmen zu verketten. Dazu besitzt die Klasse `TextFrame` die Eigenschaften `nextTextFrame` und `previousTextFrame`. Beiden kann man als Wert den Textrahmen, der verkettet werden soll, zuweisen. Für die folgenden Skripte kann das Dokument *7-9_Textrahmen.indd* verwendet werden.

**Listing 65**
Verkettung von zwei Textrahmen (7-9_Verketten.jsx)

```
1 #target InDesign
2 var _seite1 = app.activeDocument.pages[0];
3 var _seite2 = app.activeDocument.pages[1];
4 _seite1.textFrames[0].nextTextFrame = _seite2.textFrames[0];
```

4 Der Eigenschaft `nextTextFrame` des Textrahmens auf der ersten Seite wird der Textrahmen der zweiten Seite zugewiesen. Die beiden Rahmen sind nun verkettet.

Text und Textabschnitt

Der Textinhalt von einem bzw. der Textfluss von mehreren verketteten Textrahmen wird als *Textabschnitt* bezeichnet. Die zugehörige Klasse im Objektmodell heißt `Story`. Die Sammlung `Stories`, in der sich alle Textabschnitte des Dokuments befinden, gehört zum Dokument. Ein Textabschnitt enthält wie alle Textobjekte nicht nur den Inhaltstext als String, sondern alle Formatinformationen. Das nächste Unterkapitel beschreibt den Umgang mit Textobjekten.

Ein Textabschnitt kann sich über mehrere Textrahmen (und Textpfade) erstrecken. Diese sind in einem Array gesammelt, den man über die Eigenschaft `textContainers` ansprechen kann. Verwechseln Sie `textContainers` nicht mit der Eigenschaft `textFrames`, hier sind die verankerten Textrahmen des Textabschnitts gespeichert.

Vom Textrahmen zum Textabschnitt

Wie aber kommt man nun vom Textrahmen zum Textabschnitt – die Eigenschaft `parent` führt ja zur Seite bzw. zum Druckbogen? Für die Abbildung dieser Beziehung haben Textrahmen die Eigenschaft `parentStory`.

Vom Textobjekt zum Textrahmen

Die Textabschnitte untergliedern sich weiter in Absätze, Wörter und Zeichen. Diese Objekte haben als Elternobjekt den Textabschnitt, sind aber natürlich auch in Textrahmen platziert. Von Textobjekten, wie z. B. `paragraph`, kann man mit der Eigenschaft `parentTextFrames` zu dem oder den Textrahmen, die das Objekt enthalten, navigieren. Achten Sie darauf, dass hier immer ein Array enthalten ist, weil z. B. ein Absatz auf mehrere Textrahmen verteilt sein kann. Im Normalfall adressiert man den Textrahmen deswegen mit:

```
app.activeDocument.stories[0].words[2].parentTextFrames[0];
```

Da alle Textobjekte von der gleichen Klasse abgeleitet sind, gilt dies sogar für Zeichen und Einfügemarken, obwohl diese nur in einem Textrahmen stehen können.

**Abb. 64** Klassenhierarchie von Textrahmen, -abschnitten und -objekten

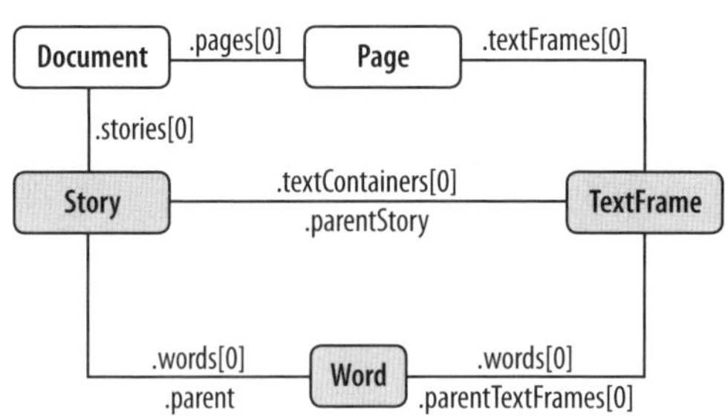


Der folgende Code zeigt die Navigation zum Textrahmen, in dem das letzte Wort des Textabschnitts steht. Das Beispiel ist nicht praxisrelevant, zeigt aber die Zusammenhänge innerhalb der Hierarchie auf.

**Listing 66** Navigation zum letzten Textrahmen der Story (7-9_NavigationText.jsx)

```
#target InDesign
var _textRahmenSeite1 = app.activeDocument.textFrames[0];
var _textAbschnitt = _textRahmenSeite1.parentStory;
var _letztesWort = _textAbschnitt.words[-1];
var _letzterTextRahmen = _letztesWort.parentTextFrames[0];
```

In der Praxis sollte man den letzten Textrahmen einer Story über die Eigenschaft `endTextFrame` adressieren:

Den letzten Textrahmen eines Textabschnitts adressieren

```
var _letzterTextRahmen = app.activeDocument.textFrames[0].endTextFrame;
```

Auf die Textobjekte Absatz, Wort, Zeichen kann man außerdem auch direkt vom Textrahmen zugreifen, was das Programmieren zwar einfacher, aber auch etwas unübersichtlicher macht.

Abschließend bleibt noch eine Frage: Wie kommt man zum Textinhalt eines Textrahmens, der mit anderen Rahmen verknüpft ist? Die Eigenschaft `parentStory` scheidet aus, hier bietet sich die Eigenschaft `texts` an. Die Klasse `Text` ist gleichzeitig die Basisklasse für alle anderen Textobjekte.

## 7.10 Mit Texten arbeiten

Die Basisklasse Text

Zu den Textobjekten zählen in InDesign u.a. Absätze, Linien, Wörter, Zeichen, aber auch die Einfügemarke. Alle Klassen teilen die gemeinsamen Eigenschaften der Basisklasse `Text`. Diese ist vermutlich die Klasse mit den meisten Eigenschaften im Objektmodell. Entsprechend unhandlich ist sie beim ersten Kontakt. Da aber alle Textobjekte gleich behandelt werden und man die meisten Einstellungen sowieso mit Absatz- und Formatvorlagen vornimmt, ist der konkrete Umgang meist gar nicht so schwierig.

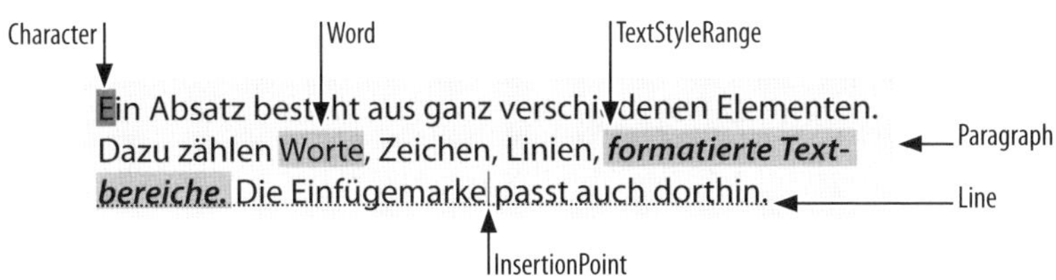


**Abb. 65**
Übersicht über die Objekte, die sich von der Basisklasse Text ableiten

Da alle Textobjekte von der Basisklasse `Text` abgeleitet sind, haben sie auch alle die gleichen Eigenschaften. Dadurch entsteht die Situation, dass auch die Einfügemarke (`InsertionPoint`) oder ein Zeichen (`Character`) die Eigenschaft `paragraphs` besitzt, in der die Sammlung `Paragraphs` enthalten ist. In diesem Fall enthält die Sammlung nur ein Objekt: den Absatz, in dem die Einfügemarke bzw. das Zeichen steht.

Ein Zeichen kann einen Absatz enthalten.

Der eigentliche Text von Textobjekten ist in der Eigenschaft `contents` als String gespeichert. Sie wird auch zum Hinzufügen von Textinhalten verwendet – die Sammlungen der Objekte vom Typ `Text` haben keine Methode `add()`. Zum Hinzufügen von Texten sollte immer die Einfügemarke (`InsertionPoint`) verwendet werden, da man ansonsten den Inhalt, der sich z.B. in einem Objekt vom Typ `Word` befindet, überschreibt. Das folgende Beispiel setzt voraus, dass ein Textrahmen ausgewählt ist. Es fügt den Text `"Hallo "` zu Beginn eines Rahmens hinzu, danach fügt es nach dem ersten Wort den Text `"Welt"` hinzu.

In `contents` ist ein String gespeichert.

**Listing 67** Hinzufügen von Text mit der Klasse InsertionPoint (7-10_Text Hinzufuegen.jsx)

```
1 #target InDesign
2 var _tf = app.selection[0];
3 _tf.insertionPoints[0].contents = "Hallo ";
4 _tf.words[0].insertionPoints[-1].contents = "Welt";
```

Objekte vom Typ `InsertionPoint` verhalten sich genauso wie die Einfügemarke in InDesign. In Zeile 4 wird die Einfügemarke an das Ende vom ersten Wort des Textrahmens gesetzt und mit Inhalt gefüllt. Die Formatattribute des neuen Inhalts werden von der aktuellen Position übernommen.

Textattribute und verankerte Objekte

Neben der Eigenschaft `contents` dienen die meisten Eigenschaften dazu, die Attribute des Textes festzulegen. Andere Eigenschaften ermöglichen den Zugriff auf Elemente, die im Text mitlaufen. Dies sind z.B. Tabellen, verankerte Objekte, Fußnoten, Indexeinträge und Notizen. Außerdem gibt es noch Eigenschaften, die Informationen über den Text (wie z.B. dessen Position) liefern.

**Abb. 66** Eigenschaften der Basisklasse Text

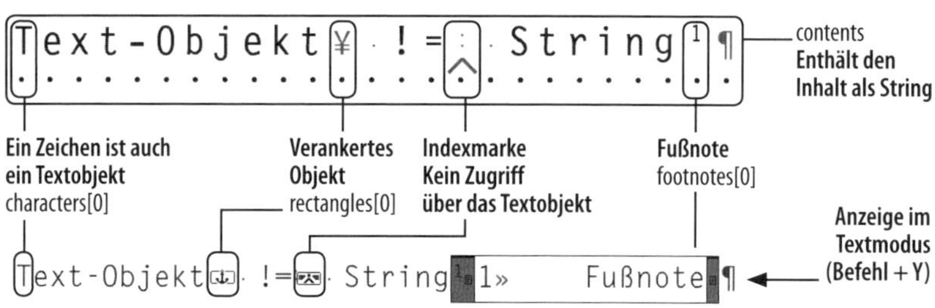


Textattribute zuweisen

Sie finden zu allen Zeichen- und Absatzformatierungen eine korrespondierende Eigenschaft. Wenn man z.B. einen Absatz linksbündig ausrichten möchte, muss man der Eigenschaft `justification` einen entsprechenden Wert aus der Aufzählung `Justification` übergeben.

```
app.activeDocument.stories[0].paragraphs[0].justification =
   Justification.LEFT_ALIGN;
```

Als nächstes Beispiel zeige ich, wie man die Farbe eines Zeichens einstellen kann:

```
app.activeDocument.stories[0].characters[0].fillColor = app.
   activeDocument.colors.itemByName("Rot");
```

### 7.10.1 Formatvorlagen

Verschiedene Textformatierungen per Skript einzustellen, erweist sich als mühsam und aufwändig zu programmieren. Meistens ist es besser, die gewünschten Attribute in Zeichen- und Absatzformaten zu hinterlegen. Bei der Erstellung der Layouts sollte dies sowieso schon geschehen sein – wenn nicht, legt man die Formate per Hand in InDesign an und speichert diese in einer Vorlagendatei. Das folgende Beispiel zeigt, wie man Absatz- und Zeichenformate zuweisen kann. Zum Testen des Skripts kann das Dokument *7-10_Formate.indd* verwendet werden.

**Listing 68**
Umgang mit Absatz- und Zeichenformaten (7-10_Formate.jsx)

```
1 #target InDesign
2 var _dok = app.activeDocument;
3 var _ta = _dok.stories[0];
4 var _pStyle = _dok.paragraphStyles.itemByName("u1");
5 _ta.paragraphs[0].appliedParagraphStyle = _pStyle;
6 _pStyle = _dok.paragraphStyles.itemByName("g");
7 _ta.paragraphs.itemByRange(1,10).applyParagraphStyle(_pStyle,
  false);
8 var _cStyle = _dok.characterStyles.itemByName("spitzmarke");
9 _ta.paragraphs[1].words[0].appliedCharacterStyle = _cStyle;
```

4–5 Zunächst wird das Absatzformt `u1` in der Variablen `_pStyle` gespeichert. Dann wird es mit Hilfe der Eigenschaft `appliedParagraphStyle` dem ersten Absatz des Textabschnitts zugewiesen. Bei diesem Vorgehen werden alle lokalen Abweichungen auf Textebene, z. B. hoch- oder tiefgestellter Text, gelöscht.

7 In dieser Zeile wird mit `itemByRange()` der zweite bis elfte Absatz adressiert. Das Absatzformat wird hier mit der Methode `applyParagraphStyle()` zugewiesen. Mit dem zweiten, optionalen Parameter kann man steuern, ob lokale Abweichungen bei der Zuweisung gelöscht werden sollen. Wenn sie erhalten bleiben sollen, muss der Parameter auf `false` gesetzt werden.

9 Die Zuweisung von Zeichenformaten erfolgt analog. Auch hier kann die Eigenschaft `appliedCharacterStyle` oder die Methode `applyParagraphStyle()` verwendet werden, wobei bei Zeichenformaten keine lokalen Abweichungen möglich sind und die Methode folglich auch nur einen Parameter aufnehmen kann. Eine Übersicht über alle Formate finden Sie in Tabelle 19 (→ Seite 202).

*Lokale Abweichungen*

Umgekehrt möchte man oft herausfinden, ob die Textobjekte vom Benutzer manuell verändert, also die Absatz- und Zeichenformatvorlagen überschrieben wurden. In den Bedienfeldern erkennt man dies am kleinen + rechts neben dem Namen des Absatzformats, Textobjekte zeigen diese über die Eigenschaft `styleOverridden` an. Unterkapitel 11.6 zeigt Möglichkeiten, lokale Formatierungen im Dokument zu finden.

*Gleich formatierte Bereiche*

Das Objektmodell bietet mit der Klasse `TextStyleRange` eine Möglichkeit, gleich formatierte Textbereiche zu adressieren. Über eine for-Schleife kann man z. B. alle Textbereiche besuchen und auf bestimmte Gegebenheiten prüfen.

### Positionen ermitteln

In einigen Fällen benötigt man Informationen zur Position der Texte auf der Seite. Dies kann z. B. praktisch sein, wenn man Bilder positionieren möchte.

In der Eigenschaft `horizontalOffset` ist die horizontale Position (x-Koordinate) vor dem ersten Buchstaben, in der Eigenschaft `endHorizontalOffset` die Position nach dem letzten Buchstaben des Textobjekts gespeichert. Bei der Berechnung wird die eigentliche Zeichenbreite aus der Schrift verwendet, eventuelle Vor- und Nachbreiten werden nicht berücksichtigt.

In der Eigenschaft `baseline` findet sich die vertikale Position vor dem ersten Buchstaben des Textobjekts, in `endBaseline` die Position nach dem letzten Buchstaben. Die Werte sind nur unterschiedlich, wenn der Rahmen oder Textpfad gedreht ist.

**Abb. 67** Koordinaten der Textobjekte

Oft benötigt man zusätzlich noch die Versal- oder Minuskelhöhe der Schrift. Auf diese Werte kann man leider nicht direkt zugreifen. Zur Berechnung dieser Werte muss ein eigenes Skript geschrieben werden (→ Seite 282).

## 7.11 Tabellen

Für die Darstellung von tabellarischen Inhalten in InDesign sollten so oft wie möglich Tabellen verwendet werden. Die Alternative, Tabellen mit durch Tabulator getrennte Textzeilen, Absatzlinien und verschachtelte Formate zu erzeugen, ist zwar noch weit verbreitet, hat aber viele Nachteile.

Wenn bei diesen Konstruktionen eine Zelle mehrzeilig wird, muss die nachfolgende Zeile manuell korrigiert werden. Sich automatisch wiederholende Kopf- oder Fußzeilen lassen sich mit diesem Verfahren nicht realisieren. Auch die Bearbeitung erweist sich als deutlich schwieriger: So ist es z.B. unmöglich, eine ganze Spalte auszuwählen. Außerdem lassen sich solche Listen nur schlecht auswerten und nicht in anderen Medien – denken Sie an den XHTML- oder EPUB-Export – darstellen. Per Skripting ist es ebenfalls leichter, einzelne Elemente der Tabelle zu adressieren und zu verändern. Der Vollständigkeit halber soll nicht verschwiegen werden, dass sehr lange Tabellen, die über viele Seiten umbrechen, nur träge zu bearbeiten sind. In diesem Ausnahmefall kann es sinnvoll sein, auf die Tabellenfunktion zu verzichten.

Tabellen sind im Textfluss verankert.

Tabellen fließen in InDesign im Textfluss mit, aus der Perspektive von Textobjekten verhalten sich Tabellen wie verankerte Objekte. Im Objektmodell werden sie durch die Klasse `Table` repräsentiert, auf die man über die Sammlung `Tables` zugreifen kann. Alle Textobjekte haben die Eigenschaft `tables`, mit der man auf die Sammlung, die die

Tabellen enthält, zugreifen kann. Ein Textabschnitt kann durchaus mehrere Tabellen enthalten.

Tabellen bestehen aus Spalten, Zeilen und Zellen. Im Objektmodell werden diese Bestandteile von den Klassen `Column`, `Row` und `Cell` repräsentiert. Ähnlich wie bei Textobjekten sind die Hierarchien durchlässig und man kann auch direkt von der Tabelle zu allen Zellen oder von einer Zeile zu den Spalten der Tabelle navigieren. Zusätzlich können noch Kopfzeilen und Fußzeilen, also Zeilen, die sich beim Seitenumbruch wiederholen, festgelegt werden.

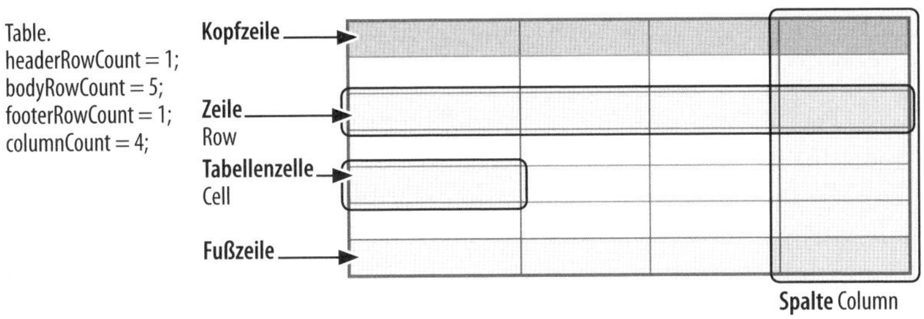


**Abb. 68** Bestandteile einer Tabelle

Tabellen erstellen

Wenn man die Methode `add()` der Sammlung `Tables` analysiert, erwartet man vielleicht die Möglichkeit, mit Parametern direkt bei der Erstellung Zeilen- und Spaltenanzahl anzugeben. Diese Angaben können leider nur gesammelt als Eigenschaften über den dritten Parameter übergeben werden. Das folgende Beispielskript erstellt eine Tabelle mit drei Spalten, fünf Zeilen und je einer Kopf- und Fußzeile.

**Listing 69** Tabelle mit bestimmten Eigenschaften erstellen (7-11_Tabelle Erstellen-1.jsx)

```
1  #target InDesign
2  var _tf = app.activeDocument.textFrames[0];
3  var _tabelle = _tf.tables.add(undefined, undefined, {columnCount:3,
   bodyRowCount:5, headerRowCount:1, footerRowCount:1});
```

3 Die Methode `add()` der Sammlung `tables` kann drei Parameter übernehmen. Mit den ersten beiden kann der Ort, an dem die Tabelle erstellt werden soll, angegeben werden. Dies geschieht über die Aufzählung `LocationOptions` und gegebenenfalls mit einem Referenzobjekt. Wenn dies nicht nötig ist, werden die Parameter mit `undefined` ausgelassen.

Mit dem dritten Parameter können beliebige Eigenschaften des zu erstellenden Objekts übergeben werden. Dieser Parameter enthält ein Objekt. Dazu müssen die einzelnen Eigenschaften in geschweiften Klammern zusammengefasst werden. Wenn mehrere Eigenschaften übergeben werden, müssen diese mit Kommas getrennt werden. Die Zuweisung der Werte wird in diesem Fall über einen Doppelpunkt vorgenommen. Der einzige Vorteil dieses Verfahrens ist, dass damit beim Erstellen der Tabelle automatisch die Spalten auf die Breite des Textrahmens aufgefüllt werden.

Wenn Sie die Spaltenbreite per Skript einstellen möchten, kann man die Eigenschaften auch nach der Erstellung des Objekts setzen.

**Listing 70**
Eigenschaften einer Tabelle nachträglich setzen (7-11_Tabelle Erstellen-2.jsx)

```
1 #target InDesign
2 var _tf = app.activeDocument.textFrames[0];
3 var _tabelle = _tf.tables.add();
4 _tabelle.columnCount = 3;
5 _tabelle.bodyRowCount = 5;
6 _tabelle.headerRowCount = 1;
7 _tabelle.footerRowCount = 1;
```

In dieser Variante erstellt InDesign zunächst eine Tabelle mit den Standardwerten von vier Zeilen und vier Spalten. In Zeile 4 wird dann die Anzahl der Spalten verändert. Da die Tabelle aber schon existiert, wird die Gesamtbreite nicht mehr verändert – die Tabelle füllt also nicht mehr den ganzen Textrahmen aus.

Spalten oder Zeilen einfügen

Wenn man die Eigenschaften `bodyRowCount` und `columnCount` nach der Erstellung verändert, werden die Spalten rechts, die Zeilen unten hinzugefügt. Oft möchte man jedoch eine Zeile oder Spalte an einer bestimmten Position einfügen. Dazu muss die Methode `add()` der Sammlung `Columns` bzw. `Rows` mit den entsprechenden Parametern gesetzt werden.

**Listing 71**
Hinzufügen einer Zeile (7-11_ZeileHinzu.jsx)

```
1 #target InDesign
2 var _tabelle = app.selection[0];
3 _tabelle.rows.add(LocationOptions.AFTER, _tabelle.rows[1]);
```

2 Das Skript setzt voraus, dass eine Tabelle ausgewählt ist. Dann befindet sich in der aktuellen Auswahl ein Objekt vom Typ `Table`. Die verschiedenen Möglichkeiten bei der Auswahl von Tabellen wurden in Unterkapitel 4.4 vorgestellt.

3 Über die Eigenschaft `rows` kann die Sammlung mit allen Zeilen der Tabelle adressiert werden. Über die Methode `add()` können Zeilen hinzugefügt werden. Mit dem ersten Parameter kann der Ort, an dem die Zeilen hinzugefügt werden sollen, mittels der Aufzählung `LocationOptions` gesteuert werden. In diesem Fall wird mit `LocationOptions.AFTER` festgelegt, dass die neue Zeile nach einer bestimmten Referenzzeile erstellt werden soll. Die Referenzzeile wird mit dem zweiten Parameter übergeben, hier die zweite Zeile der Tabelle. Es wird also eine neue dritte Zeile eingefügt.

Elemente ansprechen

Einzelne Zeilen, Spalten oder Zellen der Tabelle kann man wie üblich über die Sammlungen ansprechen. Das folgende Listing färbt verschiedene Elemente einer Tabelle in unterschiedliche Farben. Für die Ausführung muss eine Tabelle mit mindestens vier Spalten ausgewählt sein.

**Listing 72**
Elemente einer Tabelle (7-11_Tabelle.jsx)

```
#target InDesign
var _dok = app.activeDocument;
var _tabelle = app.selection[0];
_tabelle.rows[2].fillColor = _dok.colors.itemByName("Magenta");
_tabelle.columns[0].fillColor = _dok.colors.itemByName("Cyan");
_tabelle.cells[3].fillColor = _dok.colors.itemByName("Yellow");
```

Zellen direkt adressieren

Wenn Sie Zellen direkt über die Tabelle adressieren, zählt der Index zeilenweise von links oben nach rechts unten. In einer vierspaltigen Tabelle hat die erste Zelle in der zweiten Zeile entsprechend den Wert 4. Die Zählung beginnt wie immer von 0.

Alternativ gibt es bei Tabellen die Möglichkeit, eine bestimmte Zelle anhand ihrer Position innerhalb der Tabelle anzuwählen. Wenn Sie z.B. die Zelle in der dritten Spalte und vierten Zeile adressieren möchten, können Sie dies über die Methode `item()` wie folgt lösen:

```
app.selection[0].cells.item("2:3").select()
```

Breite und Höhe

Die Breite von Tabellen, Spalten und Zellen kann über die Eigenschaft `width` abgefragt und verändert werden. Wenn Sie die Breite einer Zelle verändern, ändern Sie automatisch auch die Breite der Spalte, in der die Zelle steht.

Wenn man die Höhe von Zellen und Zeilen einstellen möchte, muss man sich etwas mehr Gedanken machen. Dies liegt daran, dass sich die Höhe der Zellen normalerweise automatisch anpasst, die Zelle also bei einem Textumbruch entsprechend dem benötigten Platz mitwächst. Die Einstellungen im Objektmodell sind etwas anders als die in der normalen Benutzeroberfläche.

Ob die Zelle oder Zeile mitwächst, kann mit der Eigenschaft `autoGrow` eingestellt werden. Wenn diese den Wert `false` hat, kann in der Eigenschaft `height` die exakte Höhe der Zelle festgelegt werden. Dies entspricht der Angabe GENAU bei der Einstellung der Zeilenhöhe in der Benutzeroberfläche.

Wenn `autoGrow` auf `true` gesetzt ist, entspricht dies der Angabe einer Mindesthöhe für die Zeilenhöhe. Die Eigenschaft `height` enthält dann die aktuelle Höhe der Zelle. Die Mindesthöhe kann mit der Eigenschaft `minimumHeight`, die maximale Höhe mit `maximumHeight` gesetzt werden.

**Beachten Sie, dass Zellen bzw. Zeilen eine minimale Höhe von 3 pt, also 1,058 mm haben.**

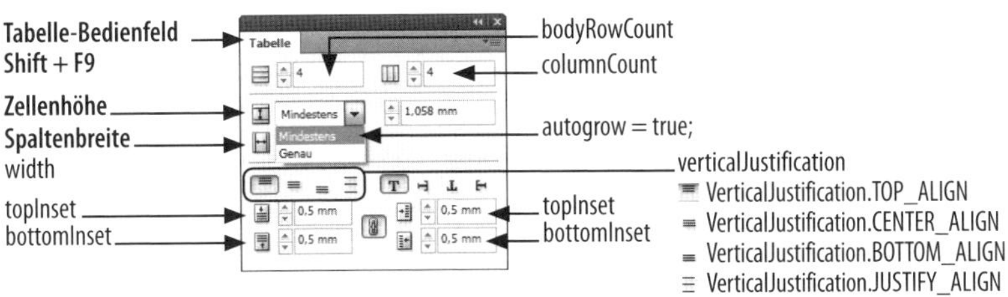


**Abb. 69** Einstellungen im Bedienfeld Tabellen

### 7.11.1 Tabellen- und Zellenformate

Auch bei Tabellen bietet es sich an, mit vorher festgelegten Formaten zu arbeiten. Es gibt Tabellen- und Zellenformate. Die Zuweisung kann nur über die Eigenschaft `appliedCellStyle` bzw. `appliedTableStyle` vorgenommen werden. Für das folgende Skript kann die Datei *7-11_Tabellen formate.indd* verwendet werden.

**Listing 73** Zuweisung von Tabellenformaten (7-11_Tabellen formate.jsx)

```
1 #target InDesign
2 var _dok = app.activeDocument;
3 var _tabelle = app.selection[0];
4 _tabelle.appliedTableStyle = _dok.tableStyles.
  itemByName("Tabellenformat");
5 _tabelle.columns[0].cells.everyItem().appliedCellStyle =
  _dok.cellStyles.itemByName("Zellenformat");
6 _tabelle.cells[3].appliedCellStyle = _dok.cellStyles.
  itemByName("Zellenformat");
```

5 Wenn allen Zellen einer Zeile oder Spalte ein Zellenformat zugewiesen werden soll, bietet es sich an, alle Zellen über die Methode `everyItem()` zu adressieren.

Lokale Abweichungen

Es gibt keine Methode ~~`applyTableStyle()`~~. Wenn Sie lokale Abweichungen zu den Formaten entfernen wollen, müssen Sie die Methode `clearTableStyleOverrides()` bzw. `clearCellStyleOverrides()` verwenden.

## 7.12 Bilder und Verknüpfungen

In InDesign werden Bilder und Grafiken normalerweise nicht in das Dokument eingebettet, sondern es wird eine Verknüpfung zur eigentlichen Bilddatei gespeichert. Im InDesign-Dokument sind nur Vorschaubilder enthalten.

Alle Bilder sind in Rahmen (z.B. in einem Rechteck) platziert, mit denen der sichtbare Ausschnitt des Bildes festgelegt wird. Viele Anwender betrachten bei der Arbeit mit InDesign den Bildrahmen und das darin enthaltene Bild als Einheit. Von dieser vereinfachten Sichtweise muss man sich beim Skripting verabschieden.

**Abb. 70** Zusammenhang von Bildrahmen, Bild und Verknüpfung

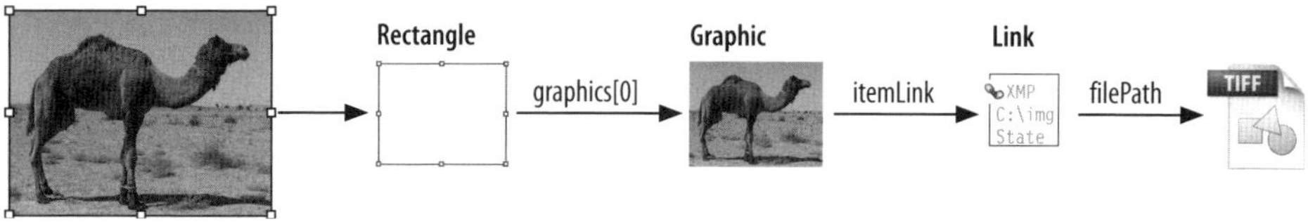


Die Abbildung zeigt den Zusammenhang zwischen Rahmenobjekt, Bild und Verknüpfung. Im Objektmodell ist dies genauso organisiert: Eine Grafik (Klasse `Graphics`) hat als Elternelement z.B. ein Rechteck. Die Verknüpfungsinformationen der Grafik sind in der Eigenschaft `itemLink` gespeichert. Dies bedeutet, dass eine Seite keine Eigenschaft graphics, in der die Sammlung aller Bilder enthalten ist, besitzt. Um den Zugriff auf alle Bilder einer Seite trotzdem zu ermöglichen, gibt es die Eigenschaft allGraphics, in der alle Bilder und Grafiken, in einem Array gespeichert, enthalten sind.

```
app.activeDocument.pages[0].allGraphics
```

Die Klasse Document hat ebenfalls eine Eigenschaft allGraphics, die alle Bilder des Dokuments enthält.

```
app.activeDocument.allGraphics
```

Wenn ein Bild über den Rahmen adressiert werden soll, muss dies über die Eigenschaft graphics, die die Sammlung der Bilder enthält, erfolgen.

```
app.activeDocument.pages[0].rectangles[0].graphics[0]
```

Der Schritt über die Sammlung ist eigentlich unsinnig, weil in einem Rahmen immer nur ein Bild platziert sein kann. Der Umweg über die Sammlung ist vermutlich der Idee geschuldet, die Navigation im Objektmodell einheitlich zu organisieren.

Basisklasse Graphics

Bei der Klasse Graphics handelt es sich um eine Basisklasse, von der Klassen für Rasterbilder (Image), also TIF-, JPG- oder Photoshop-Dateien, EPS-Grafiken (EPS) und PDF-Dateien (PDF) sowie noch einige weitere abgeleitet sind. Um zu prüfen, welches Objekt in einem Bildrahmen platziert ist, kann die Methode getElements() eingesetzt werden. Für das folgende Skript kann das Dokument *7-12_Graphics.indd* verwendet werden. Es muss ein Bildrahmen ausgewählt sein – wählen Sie nicht das eigentliche Bild mit dem Direktauswahlwerkzeug an.

**Listing 74**
Prüfung, welches Bildformat in einem Rahmen platziert ist (7-12_Graphics.jsx)

```
#target InDesign
var _bild = app.selection[0].graphics[0];
if (_bild.getElements()[0].constructor.name == "Image") {
  alert("Der Rahmen enthält ein Rasterbild!");
}
else if (_bild.getElements()[0].constructor.name == "EPS") {
  alert("Der Rahmen enthält eine EPS-Datei!");
}
else if (_bild.getElements()[0].constructor.name == "PDF") {
alert("Der Rahmen enthält eine PDF-Datei!");
}
```

Wenn man genau weiß, welche Bildart in einem Rahmen platziert ist, kann man dies auch direkt über die Sammlung der jeweils abgeleiteten Klasse adressieren.

```
app.activeDocument.pages[0].rectangles[0].images[0]
```

Verknüpfungen

Die Verknüpfungsinformationen der Bilder sind in der Klasse Link enthalten. Diese enthält z.B. Namen und Pfad der Bilddatei. Die Sammlung Links, in der alle Link-Objekte zusammengefasst sind, gehört zum

Die Suche ausführen

```
var _suchErgebnis = app.activeDocument.findText();
alert("Es gibt " + _suchErgebnis.length + " Treffer für die Suche!");
```

17–18 Mit der Methode `findText()` wird eine Suche ausgeführt. Die Ergebnisse der Suche werden in einen Array zurückgeliefert. Den Array mit den Ergebnissen kann man dann im Skript z. B. mit einer for-Schleife verarbeiten. Diese Technik wird in Unterkapitel 4.9 eingesetzt.

In Zeile 18 wird die Anzahl der Elemente in einem Hinweisfenster ausgegeben. Die Ausführung der Suche dient in diesem Skript nur zur Demonstration, sie ist nicht notwendig, um eine Ersetzung durchzuführen.

Die Ersetzung ausführen

```
app.activeDocument.changeText();
```

19 In dieser Zeile werden alle Treffer der Suche durch die Anweisungen in den Ersetzen-Einstellungen ersetzt. Wenn im gerade geöffneten Dokument ein fetter Text `Suchausdruck` enthalten ist, wird dieser durch den kursiven Text `Ersetzung` ausgetauscht.

```
app.findTextPreferences = NothingEnum.nothing;
app.changeTextPreferences = NothingEnum.nothing;
```

20–21 Hier werden die Einstellungen für die nächste Suche zurückgesetzt.

## 7.14 Dokumente

In den vorhergehenden Beispielen wurde bereits oft mit InDesign-Dokumenten gearbeitet. Die Klasse `Document` hat Eigenschaften, in denen Seiten, Objekte, Formate, Farben usw. sowie die Suchen/Ersetzen- und Dokumenteinstellungen enthalten sind. Mit dem eigentlichen Dokumentobjekt arbeitet man trotzdem eher selten, da man die wesentlichen Einstellungen am besten in einer InDesign-Dokumentvorlage vornimmt (→ Unterkapitel 9.1).

Das gerade geöffnete Dokument kann von der Klasse `Application` mit `activeDocument` adressiert werden. Ebenso kann man aber auch über die Sammlung `Documents` auf alle bzw. ein bestimmtes Dokument zugreifen.

Per Skript können InDesign-Dateien geöffnet, verändert, gespeichert und wieder geschlossen werden. Die Anwendung der Methoden wird im folgenden Skript exemplarisch gezeigt. Für das Skript muss eine Datei mit dem Namen *test.indd* auf Ihrem Desktop liegen.

**Listing 77**
Dokument öffnen und speichern (7-14_Dokumente.jsx)

```
#target InDesign
var _file = File("~/Desktop/test.indd");
var _dok = app.open(_file, false);
_tf = _dok.pages.add();
var _newFile = File(_dok.filePath + "/neu_" + _dok.name);
_dok = _dok.save(_newFile);
_dok.close(SaveOptions.NO);
```

```
var _file = File("~/Desktop/test.indd");
```

2 Mit `File()` kann man ein Dateiobjekt erstellen. Dazu muss als Parameter der Pfad zur Datei als String übergeben werden. Das Tilde-Zeichen ~ ist eine Abkürzung zum Benutzerverzeichnis. In diesem Verzeichnis liegt sowohl unter Mac als auch Windows das Verzeichnis Desktop. Der Rückgabewert wird in der Variablen `_file` gespeichert. Dateien und Ordner wurden in Unterkapitel 6.12 besprochen.

Dokumente ohne Layoutfenster öffnen

```
var _dok = app.open(_file, false);
```

3 Die Methode `open()` zum Öffnen gehört zur Klasse `Application`. Als Parameter benötigt man eine gültige Dateireferenz. Als Rückgabewerte erhält man die Referenz auf das geöffnete Objekt. Mit dem zweiten Parameter kann man steuern, ob das Dokument angezeigt werden soll. Wenn der Parameter mit dem Wert `false` verwendet wird, wird kein Dokumentfenster angezeigt. Die Skriptausführung ist dann schneller.

```
_tf = _dok.pages.add();
```

4 In dieser Zeile wird eine neue Seite hinzugefügt.

Einen Pfad zusammenbauen

```
var _newFile = File(_dok.filePath + "/neu_" + _dok.name);
```

5 Hier wird ein neues Dateiobjekt auf dem Desktop angelegt. Es wird aus der Pfadangabe und dem Namen des Dokuments zusammengesetzt. In der Eigenschaft `filePath` ist der Pfad zum Dokument gespeichert. Um einen gültigen Pfad zu erstellen, muss der Ordner mit dem Forward Slash von der Datei getrennt werden. Der Name wird aus dem String `neu_` und der Eigenschaft `name` des Dokuments zusammengesetzt. Das neue Dokument heißt also *neu_test.indd*. Neben der Eigenschaft `name` gibt es auch noch die Eigenschaft `fullName`, die ein `File`-Objekt mit der Referenz zur InDesign-Datei enthält.

Das Dokument speichern

```
_dok.save(_newFile);
```

6 Mit der Methode `save()` kann man eine Datei speichern. Wenn die Methode ohne Parameter aufgerufen wird, wird das Dokument unter dem gleichen Namen gespeichert. Mit Parameter speichert die Methode die Datei unter einem neuen Namen.

Beachten Sie, dass bei diesem Skript das Originaldokument geschlossen wird und Änderungen, die nach dem letzten Speichervorgang durchgeführt wurden, nur im neuen Dokument enthalten sind. Eine Methode `saveAs()`, die das Dokument unter einem anderen Namen speichert, das ursprüngliche Dokument aber geöffnet hält, gibt es ab InDesign CS5.

**! Ab CS5 steht auch die Methode `saveACopy()` zur Verfügung.**

Das Dokument schließen

```
_dok.close(SaveOptions.NO);
```

7 Die Methode `close()` schließt das neue Dokument. Der Parameter ist optional und kann die Aufzählung `SaveOptions` übernehmen.

- `SaveOptions.NO`
- `SaveOptions.ASK`
- `SaveOptions.YES`

Im konkreten Fall ist dies nicht nötig, da das Dokument in der vorigen Zeile gespeichert wurde. Wenn kein Parameter übergeben wird, fragt InDesign, ob das Dokument gespeichert werden soll.

## 7.15 Benutzerinteraktion und Dialogfenster

Beim InDesign-Skripting gibt es verschiedene Möglichkeiten zur Kommunikation zwischen Benutzer und Skript. Einfache Hinweisfenster können z.B. mit `alert()` erzeugt werden. Es können aber auch eigene Dialogfenster programmiert werden. Solche Benutzeroberflächen werden in der Programmierung oft als *Graphical User Interface*, abgekürzt GUI, bezeichnet.

Benutzerinteraktion mit JavaScript-Funktionen

Im JavaScript-Sprachkern sind Funktionen für Hinweise, Abfragen und Benutzereingaben enthalten. Die JavaScript-Funktion `alert()` zeigt ein Hinweisfenster an und ist bereits vielfach verwendet worden.

Mit der JavaScript-Funktion `confirm()` kann ein Dialog erstellt werden, welcher dem Benutzer die Möglichkeit gibt, mit JA oder NEIN zu antworten.

Die JavaScript-Funktion `prompt()` stellt ein Fenster dar, mit dem der Benutzer eine Texteingabe vornehmen kann. Wenn man den Eingabe-Dialog mit OK bestätigt, liefert die Funktion die Eingabe als String zurück. Das folgende Skript zeigt den Umgang mit den Funktionen.

**Listing 78** Einfache Benutzerinteraktion (7-15_Interaktion.jsx)

```
#target InDesign
var _antwort = confirm("Soll eine Abfrage angezeigt werden?");
if (_antwort) {
  var _eingabe = prompt("Wie viele Seiten sollen erstellt werden?");
  for (var i =0; i < Number(_eingabe); i++) {
    app.activeDocument.pages.add();
  }
}
else {
  alert("Dies ist nur ein Hinweis.");
}
```

Der Hinweistext, der in den Dialogen ausgegeben wird, wird als String jeweils über den ersten Parameter übergeben.

InDesign-Dialogfenster

Wenn diese doch sehr übersichtlichen Möglichkeiten nicht mehr ausreichen, gibt es noch die Option, eigene Dialogfenster zu erstellen. Dazu wird ein Objekt vom Typ `Dialog` erstellt. Die Dialoge können mit `add()` über die Sammlung `Dialogs`, die zur `Application` gehört, erstellt werden. Um den Dialog anzuzeigen, muss die Methode `show()` aufgerufen werden. Nachdem der Dialog ausgewertet wurde, sollte er mit der Methode `destroy()` endgültig geschlossen werden – sonst belegt er unnötig Platz im Arbeitsspeicher von InDesign. Das folgende Listing zeigt, wie ein Dialog, mit dem ein Objektformat ausgewählt werden kann, erstellt und ausgewertet wird.

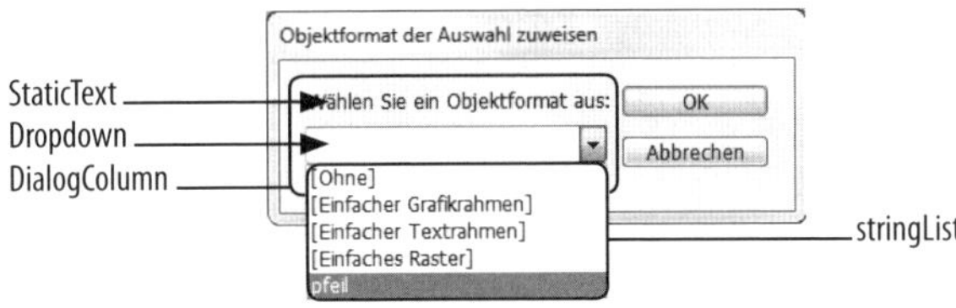


**Abb. 72**
Einfaches Dialogfenster

**Listing 79**
Ein einfaches Dialogfenster erstellen (7-15_Dialog.jsx)

```
1  #target InDesign
2  app.scriptPreferences.userInteractionLevel =
   UserInteractionLevels.INTERACT_WITH_ALL;
3  var _dlg = app.dialogs.add();
4  _dlg.name = "Objektformat der Auswahl zuweisen";
5  var _dlgCol = _dlg.dialogColumns.add();
6  var _sText = _dlgCol.staticTexts.add();
7  _sText.staticLabel = "Wählen Sie ein Objektformat aus:";
8  var _dropDown = _dlgCol.dropdowns.add();
9  _dropDown.stringList = app.activeDocument.objectStyles.
   everyItem().name;
10 var _res = _dlg.show();
11 if (_res && _dropDown.selectedIndex > -1 && app.selection.length == 1) {
12     var _objectStyle = app.activeDocument.objectStyles[_dropDown.
       selectedIndex];
13     app.selection[0].appliedObjectStyle = _objectStyle;
14 }
15 _dlg.destroy();
```

```
app.scriptPreferences.userInteractionLevel =
  UserInteractionLevels.INTERACT_WITH_ALL;
```

2 Mit dieser Skript-Voreinstellung stellt man sicher, dass die Dialoge angezeigt werden (→ Seite 163).

```
var _dlg = app.dialogs.add();
_dlg.name = "Objektformat der Auswahl zuweisen";
```

3–4 Über die Sammlung `Dialogs` wird mit `add()` ein neues `Dialog`-Objekt hinzugefügt. Der Titel des Dialogfensters wird mit der Eigenschaft `name` festgelegt. Das Dialogfenster besteht jetzt aus einem leeren Hinweisfenster mit einem OK und ABBRECHEN Button. Die weiteren Inhalte müssen nun hinzugefügt werden.

```
var _dlgCol = _dlg.dialogColumns.add();
```

5 Bevor man einzelne Bedienelemente erstellen kann, muss man dem Dialog eine `DialogColumn` hinzufügen. Diese dient zur Aufteilung der Bedienelemente im Fenster. Die `DialogColumn` kann mit Bedienelementen gefüllt oder mit weiteren Objekten vom Typ `DialogColumn`, `DialogRow`,

EnablingGroup und BorderPanel weiter gegliedert werden. Diese Objekte sind Container, in denen die eigentlichen Bedienelemente des Dialogs gegliedert sind.

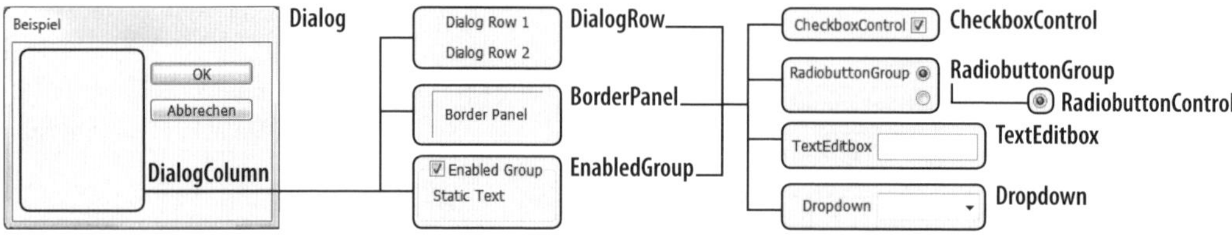


**Abb. 73** Objekte zur Erstellung eines Dialogfensters

```
var _sText = _dlgCol.staticTexts.add();
_sText.staticLabel = "Wählen Sie ein Objektformat aus:";
```

6–7 In diesen Zeilen wird ein Hinweistext für den Dialog erstellt. Dazu wird der Eigenschaft staticLabel des Objekts StaticText der Text, der im Dialog erscheinen soll, als String zugewiesen.

```
var _dropDown = _dlgCol.dropdowns.add();
_dropDown.stringList = app.activeDocument.objectStyles.everyItem().name;
```

8–9 Hier wird eine Dropdown-Liste, die alle Objektformate enthält, erstellt. Zunächst wird ein Dropdown-Objekt erstellt. Die einzelnen Inhalte müssen der Eigenschaft stringList als Array übergeben werden. Die Namen werden aus der Liste der Namen aller Objektformate entnommen.

Das Dialogfenster anzeigen

```
var _res = _dlg.show();
```

10 Der Dialog wurde bis jetzt nur erstellt, ist aber noch unsichtbar. Um ihn sichtbar zu machen, muss die Methode show() auf dem Dialog-Objekt aufgerufen werden. Danach wartet das Skript bis zur Benutzerinteraktion. Der Dialog ist modal, d.h., man kann nicht weiterarbeiten, bis das Fenster mit OK oder Abbrechen beendet wurde. Wenn der Benutzer den Button OK wählt, ist der Rückgabewert true, bei Abbrechen ist er false.

```
if (_res) {
   var _objectStyle = app.activeDocument.objectStyles[_dropDown.
   selectedIndex];
//...
```

11–14 Wenn der Benutzer den Dialog mit OK bestätigt hat, ist in der Variablen _res der Wert true gespeichert und der Code der if-Abfrage wird ausgeführt. Für die Zuweisung des Objektformats muss ausgewertet werden, welchen Eintrag der Benutzer aus der Dropdown-Liste ausgewählt hat. Dieser Wert ist als Index in der Eigenschaft selectedIndex der Variablen _dropDown, die ein Objekt vom Typ Dropdown enthält, gespeichert. Der Index zählt von 0 und kann deswegen als Index für die Sammlung der Objektformate verwendet werden.

Voraussetzungen

Der hier vorgestellte Code ist sehr fehleranfällig. Er funktioniert nur, wenn der Benutzer vor Ausführung des Skripts ein Rahmenobjekt ausgewählt und vor Bestätigung des Dialogs einen Eintrag aus der Dropdown-Liste selektiert hat. Die Abfragen, ob ein richtiges Objekt ausgewählt wurde, könnte man in die if-Abfrage integrieren. Da dies aber recht lang ausfallen würde, böte sich hier eine Fehlerbehandlung mit einer try-catch-Anweisung an (→ Unterkapitel 6.11).

Den Dialog endgültig schließen

```
_dlg.destroy();
```

15 Nach der Auswertung sollte der Dialog mit der Methode `destroy()` endgültig geschlossen werden.

Bedienelemente

Die eigentlichen Elemente zur Bedienung und Beschriftung gehören nicht zum Dialog, sondern zu den Containern, wie z.B. `DialogColumn` oder `DialogRow`. Einige wichtige Bedienelemente finden Sie in der folgenden Tabelle. Details zu den einzelnen Eigenschaften finden Sie im Objektmodell.

**Tab. 18** Bedienelemente und Beschriftung von Dialogen

| Element | Objekt | Wichtige Eigenschaften |
|---|---|---|
| Informationstext | `StaticText` | `staticLabel` |
| Texteingabefeld | `TextEditbox` | `editContents` |
| Listenfeld,Dropdown-Liste | `DropDown` | `stringListselectedIndex` |
| Checkbox, Kontrollkästchen | `CheckboxControl` | `staticLabelcheckedState` |
| Container für Radiobuttons (Optionsfeld) | `RadiobuttonGroup` | |
| Radiobutton | `RadiobuttonControl` | `staticLabelcheckedState` |

Alle Bedienelemente vorzustellen, würde den Rahmen dieses Buches sprengen, Sie finden diese im Objektmodell, das Anwendungsprinzip ist ähnlich der hier vorgestellten Technik. Eine exemplarische Umsetzung aller Bedienelemente und Optionen für eigene Fenster hat der Programmierer Gerald Singelmann auf seinem Blog zur Verfügung gestellt: ↗28

Übersichtlicher Code mit with-Statements

Bei der Erstellung von Dialogfenstern werden im Wesentlichen viele Objekte erstellt und Eigenschaften gesetzt. Es wird hierfür kaum Programmierlogik verwendet. Wenn Sie das oben vorgestellte Skript analysieren, fällt auf, dass die einzelnen Bedienelemente im Code nicht gut zu erkennen sind. Wenn komplexere Fenster erstellt werden müssen, werden die Skripte noch unübersichtlicher. Mit Hilfe von with-Statements (→ Seite 119) kann man den Code etwas übersichtlicher gestalten.

**Listing 80**
Dialogfenster mit with-Statements (7-15_Dialog-with.jsx)

```
#target InDesign
app.scriptPreferences.userInteractionLevel = UserInteractionLevels.
INTERACT_WITH_ALL;
var _dlg = app.dialogs.add();
with (_dlg) {
  name = "Objektformat der Auswahl zuweisen";
  with (dialogColumns.add()) {
    with (staticTexts.add()) {
      staticLabel = "Wählen Sie ein Objektformat aus:";
    }
    var _dropDown = dropdowns.add();
    with (_dropDown) {
      stringList = app.activeDocument.objectStyles.
      everyItem().name;
    }
  }
}
//...
```

Die Objekte des Dialogfensters werden innerhalb der runden Klammern von `with` erzeugt. Deren Eigenschaften können in den geschweiften Klammern zugewiesen werden. Bei dieser Variante des Skripts spart man die Verwendung von Variablen, muss aber auf die richtige Schachtelung der geschweiften Klammern achten. Die einzelnen Bedienelemente werden durch die Einrückung des Codes besser erkennbar. Wenn mehrere Eigenschaften gesetzt werden, was bei komplexeren Dialogen üblich ist, wird dieses Verfahren noch effektiver und übersichtlicher.

++

**Komplexe Benutzeroberflächen mit ScriptUI**

Neben den Dialogfenstern, die man mit dem InDesign-Objektmodell erstellen kann, gibt es noch die Möglichkeit, Benutzeroberflächen unabhängig von InDesign zu erstellen. Dazu hat Adobe JavaScript in ExtendScript um die Komponente *ScriptUI* erweitert. Diese steht in allen Adobe-Anwendungen, die mit JavaScript programmierbar sind, zur Verfügung. Entsprechend kann man über ScriptUI erstellte Benutzeroberflächen auch in anderen Programmen einsetzen.

ScriptUI enthält ein eigenes Objektmodell und wird entsprechend nicht über `app` adressiert. ScriptUI-Fenster bieten weitaus mehr Gestaltungsmöglichkeiten, so können z. B. auch Bedienfelder erstellt werden. In diesem Buch werden nur InDesign-Dialoge verwendet. Informationen zu ScriptUI finden Sie im *Adobe JavaScript Tools Guide*, den Sie über das Hilfe-Menü des ESTK aufrufen können. Eine gute Einführung wurde von Peter Kahrel verfasst. Diese können Sie auf seiner Webseite herunterladen: ↗29

## 7.16 Target und Session

Target-Direktive

Alle Skripte in diesem Buch beginnen mit `#target InDesign`. Dieser Hinweis startet das Skript automatisch in der aktuellsten Version. Wenn ein Skript zwingend mit InDesign CS3 ausgeführt werden soll, könnte man dies mit `#target InDesign-5` erreichen. Die Target-Direktive ist übrigens optional, aber als selbstdokumentierender Hinweis durchaus nützlich.

++

Sessions

Skripte werden vom Interpreter in einer so genannten *Session* ausgeführt. Wenn man keine besondere angibt, wird das Skript in der Session *main* ausgeführt. Dies ist auch die Standardeinstellung in der zweiten Dropdown-Liste des Debug-Bedienfelds des ESTK. In dieser Dropdown-Liste findet man Sessions von Skripten, die von Adobe mitgeliefert werden. Der Export für Dreamweaver ist z. B. als Skript realisiert und wird in der Session *xhtml export* ausgeführt.

Skripte, die in der Session *main* zur Ausführung gelangen, werden anschließend aus dem Speicher gelöscht. Dieses Verhalten ist normalerweise auch gewünscht. In bestimmten Fällen sollen Skripte aber dauerhaft bzw. so lange, wie InDesign geöffnet ist, erreichbar sein. Mit einer eigenen Session kann man dies sicherstellen. Das ist überaus hilfreich für Skripte, die beim Start geladen werden (→ Unterkapitel 11.11), oder für die im folgenden Unterkapitel beschriebenen Events. Eine Session muss zu Beginn des Skripts mit dem Befehl `#targetengine "meineSession"` festgelegt werden. Der Name der Session ist frei wählbar.

Ein weiterer Vorteil von Sessions ist, dass die Variablen nur innerhalb der Session gültig sind und somit nicht aus Versehen mit Variablen aus anderen Skripten überschrieben werden können.

## 7.17 Events

++

Dieses Unterkapitel richtet sich an fortgeschrittene InDesign-Skriptentwickler. Die hier beschriebene Technik wird nur für spezielle Anwendungsfälle benötigt.

Beim Skripting gibt es die Möglichkeit, auf bestimmte Ereignisse, so genannte *Events*, zu reagieren. Ein Ereignis tritt z. B. ein, wenn ein Dokument geöffnet, gedruckt oder gespeichert wird. Wenn man InDesign z. B. angewiesen hat, auf das Ereignis »Drucken« zu achten, kann eine eigene Funktion vor jedem Druckvorgang ausgeführt werden. Man könnte den Anwender z. B. warnen, dass noch Textüberläufe im Dokument vorhanden sind.

In InDesign CS3 und CS4 war die Anzahl der möglichen Ereignisse, auf die per Skript reagiert werden konnte, relativ gering. Mit InDesign CS5 sind viele neue Events hinzugekommen.

Eventlistener

Um InDesign mitzuteilen, dass es bei einem bestimmten Event reagieren soll, muss das passende Event über einen so genannten Eventlistener bei der `Application` registriert werden. Ein Eventlistener ist eine Funktion, die im Hintergrund wartet, bis ein bestimmtes Event eintritt. Wenn es eintritt, startet der Eventlistener automatisch ein Skript oder eine eigene Funktion. Viele Objekte bieten dazu die Methode `addEventListener()` an.

Skripte, die Eventlistener registrieren, sollen einmalig ausgeführt werden und dann im Hintergrund aktiv bleiben. Dazu muss man das jeweilige Skript in einer eigenen Session ausführen.

Das folgende Skript zeigt, wie man ein Ereignis vor jedem Druckvorgang auslösen kann. Damit InDesign die Session `meineSession` erstellt, muss das Skript beim ersten Start in InDesign aus dem Skript-Bedienfeld aufgerufen werden.

**Listing 81** Funktionen bei bestimmten Ereignissen aufrufen (7-17_Event.jsx)

```
1  #target InDesign
2  #targetengine "meineSession"
3  app.addEventListener("beforePrint", vorDruckdialog);
4
5  function vorDruckdialog(_event) {
6    if (confirm ("Wollen Sie wirklich drucken?") == false) {
7      _event.stopPropagation();
8      _event.preventDefault();
9    }
10 }
```

`#targetengine "meineSession"`

2 Damit das Skript im Speicher erhalten bleibt, wird mit der Direktive `targetengine` eine Session `meineSession` angelegt.

`app.addEventListener("beforePrint", vorDruckdialog);`

3 Mit der Methode `addEventListener()` wird das Event `beforePrint` hinzugefügt. Der zweite Parameter enthält den Namen der Funktion, die ausgeführt werden soll, wenn das Ereignis eintritt, in diesem Fall die in Zeile 5 beschriebene Funktion `vorDruckdialog()`. Die vollständige Liste aller Events für InDesign CS3 und CS4 finden Sie im *InDesign Scripting Guide* im Kapitel *Events*. Für die Events unter CS5 müssen Sie im Objektmodell-Viewer im Fenster TYPEN unter CLASS nachsehen, in der HTML-Version sind sie in einer eigenen Tabelle unter den Eigenschaften gelistet.

`function vorDruckdialog(_event) { //...`

5–10 Die eigene Funktion `vorDruckdialog()` ist beim Eventlistener registriert und wird von InDesign aufgerufen, wenn das Event eintritt.

Beim Aufruf durch InDesign wird das Event als Parameter mitgegeben. Das Event-Objekt kann dann in der Funktion beeinflusst werden.

```
if (confirm("Wollen Sie wirklich drucken?") == false) { //...
```

6–9 Die if-Abfrage wertet das Ergebnis der Abfrage mit confirm() aus. Wenn der Benutzer im Dialog mit NEIN antwortet, liefert sie false zurück.

```
_event.stopPropagation();
_event.preventDefault();
```

7–8 In der Variablen _event ist das ausgelöste Event gespeichert. Mit der Methode stopPropagation() kann die Ausführung beendet werden. Der Druckdialog öffnet sich dann nicht. Mit der Methode preventDefault() werden eventuelle Default-Funktionen des Events abgebrochen.

Eventlistener sind persistent.

Der Eventlistener bleibt bis zum Neustart von InDesign aktiv. Bei Bedarf kann man ihn vorher mit der Methode removeEventListener() explizit löschen.

**Listing 82**
Eventlistener entfernen (7-17_EventLoeschen.jsx)

```
#target InDesign
#targetengine "meineSession"
app.removeEventListener("beforePrint", vorDruckdialog);
```

Im Unterkapitel 11.10 wird ein Skript beschrieben, das mit Hilfe des Events beforeSave bei jedem Speichervorgang automatisch Sicherheitskopien erstellt.

# 8 Debugging mit dem ESTK

In diesem Kapitel werden weitere Möglichkeiten zur Fehlersuche mit dem ExtendScript Toolkit vorgestellt. In Kapitel 3 wurde bereits der Einzelschrittmodus erläutert, der sich für die Suche nach Fehlern in kurzen Skripten anbietet.

Für die Fehlersuche in Skripten wird ein so genannter *Debugger* verwendet. Für die Tätigkeit hat sich der Begriff *debugging* eingebürgert. Die Begriffe gehen auf das englische Wort *bug* (Insekt, Wanze), das inzwischen ein Synonym für einen Programmfehler geworden ist, zurück.

Den aktuellen Skriptkontext auswerten

Das ESTK enthält einen JavaScript-Debugger. Dieser ist eng mit der ausführenden Anwendung, also InDesign, verbunden. Der Debugger kann den Skriptablauf steuern, z.B. durch den Einzelschrittmodus, kennt die Werte von allen Variablen und Objekten und kann diese während der Laufzeit verändern. Wenn Sie im ESTK den Datenbrowser (Fenster → Datenbrowser) einblenden, können Sie während der Ausführung (z.B. beim Einzelschrittmodus) die einzelnen Werte verfolgen. Im Datenbrowser findet man auch das komplette Objektmodell, es ist allerdings ziemlich mühsam, darin zu navigieren.

**Abb. 74** Datenbrowser

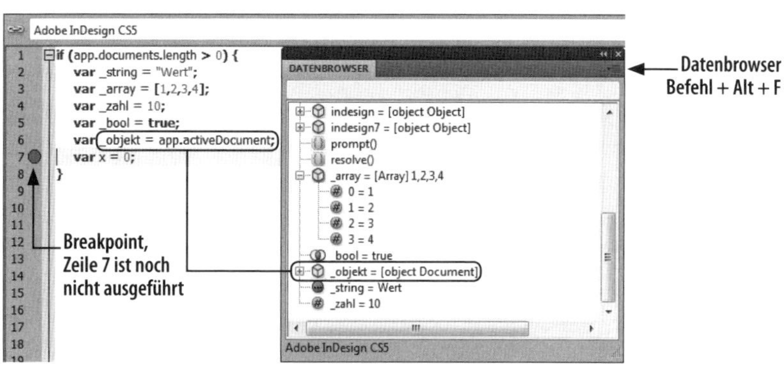


Genauso kann man während der Ausführung in der JavaScript-Konsole (Fenster → JavaScript-Konsole) Befehle oder Variablen eingeben, die dann im Kontext des aktuell laufenden Skripts ausgewertet werden. Den Code im Hauptfenster kann man allerdings nicht zur Laufzeit verändern.

### Breakpoints

Bei längeren Skripten ist der Einzelschrittmodus etwas mühsam, weil man immer schrittweise bis zum Fehler gehen muss. Hier bieten sich so genannte *Breakpoints* an. Ein Breakpoint ist ein Haltepunkt für den Debugger. Skripte werden im ESTK bis zu der Zeile ausgeführt, in der ein Breakpoint gesetzt ist. Das Skript befindet sich dann wie beim Einzelschrittmodus im Ausführungszustand. Man kann Variablen auswerten oder in der JavaScript-Konsole Skriptbefehle im aktuellen Kontext ausprobieren. Danach kann man das Skript im Einzelschrittmodus oder normal weiterlaufen lassen.

Ein Breakpoint wird im Zeilenzähler neben den Zeilen per Mausklick gesetzt. Alternativ kann man mit DEBUGGEN → BREAKPOINT WECHSELN (unter Windows F9 bzw. unter Mac OS CTRL + B) an der Zeile, in der sich die Einfügemarke befindet, einen Breakpoint aktivieren.

Im ESTK für InDesign CS3 werden BREAKPOINTS als UNTERBRECHUNGEN bezeichnet.

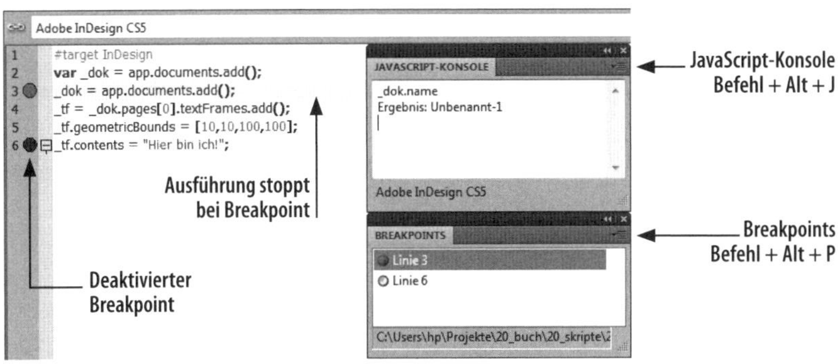


**Abb. 75**
Breakpoints im ESTK

Beim ersten Mausklick erscheint der Breakpoint in sattem Rot. Wenn man noch einmal auf den Breakpoint klickt, wird er deaktiviert. In diesem Zustand ist er in einem abgedunkelten Rot eingefärbt. Wenn Sie wollen, können Sie im nächsten Skript den Umgang mit Breakpoints ausprobieren.

**Listing 83**
Breakpoints ausprobieren

```
1 #target InDesign
2 var _dok = app.documents.add();
3 _dok = app.documents.add();
4 _tf = _dok.pages[0].textFrames.add();
5 _tf.geometricBounds = [10,10,100,100];
6 _tf.contents = "Hier bin ich!";
```

Mit Breakpoints arbeiten

1. Öffnen Sie das Skript *8_Breakpoints.jsx* im ESTK und aktivieren Sie das Fenster JAVASCRIPT-KONSOLE. Schließen Sie alle Dokumente in InDesign. Das Skript erstellt zwei neue Dokumente. Im zweiten wird auf der ersten Seite ein Textrahmen erstellt.
2. Setzen Sie nun einen Breakpoint in Zeile 3.
3. Starten Sie das Skript mit der Ausführen-Taste ▶. Das Skript führt nun Zeile 1 und 2 aus. Zeile 3 ist gelb hinterlegt, aber noch nicht ausgeführt.

4. Geben Sie in der JavaScript-Konsole `_dok.name` ein und bestätigen Sie den Befehl mit Return. Es erscheint der Name des gerade angelegten Dokuments `Unbenannt-1`.
5. Gehen Sie nun mit der nach unten gerichteten Pfeiltaste ▼ einen Schritt weiter. Wenn Sie erneut `_dok.name` in der JavaScript-Konsole eingeben, erscheint `Unbenannt-2`.
6. Wenn Sie das Skript mit ▼ weiterlaufen lassen, wird ein Textrahmen im Dokument `Unbenannt-2` erstellt. Alternativ können Sie auch in der JavaScript-Konsole die Variable `_dok` neu zuweisen. Führen Sie dazu den Befehl `_dok = app.documents.itemByName("Unbenannt-1")` aus. Wenn Sie nun das Skript weiterlaufen lassen, wird der Textrahmen im Dokument `Unbenannt-1` erstellt. Sie haben durch die Zuweisung eines anderen Dokuments den Ablauf des Skripts verändert.

Diese Technik erleichtert die Fehlersuche enorm, weil alle Variablen im aktuellen Kontext geprüft und verändert werden können.

Code ausprobieren

Die JavaScript-Konsole eignet sich auch gut, um Codezeilen, die nicht funktionieren, auszuprobieren. Wenn in Skripten Fehler auftreten, kann man die fehlerhafte Zeile in die Konsole kopieren und dort während der Laufzeit überprüfen. Hier können Sie die Zeile so lange verändern, bis sie das gewünschte Ergebnis bringt, ohne dass Sie jedes Mal das Skript komplett neu starten müssen.

### Debugging-Objekt

In ExtendScript gibt es das Objekt $, das nützliche Methoden zum Debugging bereitstellt. Der Methode `writeln()` kann ein String übergeben werden, der in der JavaScript-Konsole ausgegeben wird. Dies kann ungemein praktisch sein, um Fehler in Schleifen zu finden. Anstatt für jeden Schleifendurchlauf das zu prüfende Objekt in die Konsole einzugeben, werden alle Werte ausgegeben, bis der Fehler auftritt. Das folgende Skript zeigt den Einsatz an einer fehlerhaften for-Schleife.

**Listing 84**
Werte in der JavaScript-Konsole ausgeben (8_Debugging.jsx)

```
#target InDesign
var _dok = app.activeDocument;
$.writeln("Der Name des Dokuments ist: " + _dok.name);
_dok.pages.add();
_dok.pages.add();
for (var i = 0; i <= _dok.pages.length; i++) {
  $.writeln("Der Wert von i ist: " + i);
  $.writeln("Die Seite ist: " + _dok.pages[i].name);
}
```

Weitere Eigenschaften

Um die Performance von verschiedenen Skripten zu testen, kann man mit der Eigenschaft `hiresTimer` auf einen Timer zugreifen. Der Timer zählt in Mikrosekunden und wird bei jedem Zugriff auf null zurückgesetzt.

Mit der Eigenschaft `os` kann man herausfinden, auf welchem Betriebssystem das Skript ausgeführt wird.

# 9 Programmierkonzepte

In diesem Kapitel werden verschiedene Konzepte vorgestellt, um effizient Skripte zu erstellen. Neben dem reinen Wissen über JavaScript und das Objektmodell führt eine systematische und geschickte Herangehensweise zu schnelleren Ergebnissen und besseren Skripten.

## 9.1 Format- und Mustervorlagen

Format- und Mustervorlagen sind aus professionellen DTP-Dokumenten nicht mehr wegzudenken. Auch in Textverarbeitungsprogrammen werden sie zunehmend eingesetzt.

Formatvorlagen sind der erste Schritt zur Automatisierung.

Fast alle Einstellungen und Attribute von Texten, Tabellen und Rahmen können in Formatvorlagen für die wiederholte Verwendung gespeichert werden. Bei der normalen Arbeit mit InDesign sind die wesentlichen Gründe für den Einsatz die effizientere Arbeitsweise und die Einhaltung eines einheitlichen Layouts.

In einem gut durchdachten Corporate Design sind alle Layoutvorgaben mit entsprechenden Formatvorlagen umgesetzt, so dass der Mediengestalter bei Anwendung der richtigen Vorgaben zu einem konsistenten und sauberen Layout gelangt. Auch wenn es vielleicht niemand so nennt: Der Einsatz von Formatvorlagen ist bereits eine Automatisierungstechnik.

Wenn Sie mit Skripten arbeiten, wird der konsequente Einsatz von Formatvorlagen unabdingbar. Eine gut geplante Dokumentvorlage kann hier viel Programmierarbeit sparen.

Formatvorlagen sparen Zeit.

Wie Sie bereits gesehen haben, ist das Einstellen von einzelnen Attributen per Skript mühsam, denn die korrespondierenden Eigenschaften müssen einzeln im Objektmodell gesucht werden. Weiterhin sind die Ergebnisse nicht immer vorhersehbar, da man meist nicht alle Eigenschaften des Objekts setzt, sondern von bestimmten Voreinstellungen ausgeht und nur Abweichungen per Skript zuweist. Außerdem sind diese Skripte länger und unübersichtlicher – und wer mag schon langen Code tippen, wenn es nicht nötig ist?

Umgang mit Formaten

Die Verwendung von Formaten ist relativ einfach. Man kann einem Absatz ein Absatzformat zuweisen, entsprechend auch einem Zeichen ein Zeichenformat oder einer Tabelle ein Tabellenformat. Wenn man nach der Zuweisung Änderungen vornimmt, z.B. einen Text über die InDesign-Funktion hochstellt oder den Schriftschnitt ändert, wird hinter dem Absatzformat ein +, welches die Veränderung andeutet, angezeigt. Wenn man die Veränderungen verwerfen möchte, kann man das Format bei gedrückter Alt-Taste erneut zuweisen. In Unterkapitel 11.6 wird gezeigt, wie man nach lokalen Abweichungen von Texten suchen und wie man sich diese per Skripting anzeigen lassen kann.

Formate gehören zum Dokument

Beim Skripting sollten Sie beachten, dass alle Formate zum Dokument gehören, also Kinder der Klasse `Document` sind. Um das passende Format aus der entsprechenden Sammlung zu holen, bietet sich die Methode `itemByName()` an. Wenn Sie mit Formatgruppen arbeiten, müssen Sie zunächst die entsprechende Formatgruppe adressieren, die sich immer aus dem Namen der Klasse und `Groups` zusammensetzt. Für Absatzformate z. B. `ParagraphStyleGroups`.

Die Formate werden dann dem entsprechenden Objekt zugewiesen. Dies kann entweder über die passende Eigenschaft geschehen oder, falls Abweichungen bei der Zuweisung erhalten bleiben sollen, über eine Funktion, mit der man dieses Verhalten steuern kann. Auf Seite 176 wird gezeigt, wie man Absatz- und Zeichenformate zuweist, auf Seite 182 wird der Umgang mit Tabellen- und Zellenformaten beschrieben. Die folgende Tabelle fasst den Umgang mit Formaten zusammen.

**Tab. 19** Formate und Zuweisung

| Format | Klasse | Zuweisung über Eigenschaft | Zuweisung über Methode |
|---|---|---|---|
| Absatzformate | `ParagraphStyle` | `[Text].appliedParagraphStyle` | `[Text].applyParagraphStyle( ParagraphStyle, clearingOverrides)` |
| Zeichenformate | `CharacterStyle` | `[Text].appliedCharacterStyle` | `[Text].applyCharacterStyle( CharacterStyle)` |
| Objektformate (unter CS3 und CS4 Objektstile) | `ObjectStyle` | `[PageItem].appliedObjectStyle` | `[PageItem].applyObjectStyle( ObjectStyle, clearingOverrides)` |
| Tabellenformate | `TableStyle` | `Table.appliedTableStyle` | Abweichungen mit `clearTableStyleOverrides()` löschen |
| Zellenformate | `CellStyle` | `Cell.appliedCellStyle` | Abweichungen mit `clearCellStyleOverrides()` löschen |

Mustervorlagen

Neben Formaten bieten sich auch Mustervorlagen als Hilfsmittel für die Automatisierung mit Skripten an. Auf Mustervorlagen kann man Objekte, die wiederkehrend im Layout vorkommen, ablegen. Für jede vorkommende Seitenart sollte eine eigene Mustervorlage angelegt werden. Auch hier gilt die Regel, besser ein Objekt auf der Mustervorlage anzulegen, als dieses per Skriptbefehl zu erstellen. Manchmal kann es sogar einfacher sein, Objekte, die nur in bestimmten Zusammenhängen benötigt werden, per Skript zu löschen.

Per Skript kann man Mustervorlagen am besten über den Namen adressieren. Wie man Mustervorlagen auf normale Seiten anwendet, wurde in Unterkapitel 7.7 erläutert. Wichtig ist, dass über die Klasse `Masterspread` die Mustervorlagen angesprochen werden. Die einzelnen Musterseiten müssen dann einzeln adressiert werden.

Wenn man bestimmte Rahmen der Mustervorlage auf der endgültigen Seite lösen möchte, z. B. um einen Textrahmen mit Inhalt zu befüllen, bietet es sich an, diese mit Namen zu versehen. Diese Technik wurde ebenfalls in Unterkapitel 7.7 erläutert.

## 9.2 Schritte der Skripterstellung

Wenn Sie ein produktives Skript erstellen wollen, sollten Sie sich zunächst Gedanken über die Voraussetzungen machen. Mit dem Wissen aus den vorherigen Kapiteln haben Sie schon eine gute Grundvoraussetzung, um zu entscheiden, ob das Problem überhaupt programmierbar ist.

Entscheidungen, die von inhaltlichen oder gestalterischen Aspekten abhängig sind, eignen sich nicht für Skripte. An welcher Stelle in einem Absatz auf ein Bild Bezug genommen wird und wo infolgedessen eine optimale Bildpositionierung in der Gesamtkomposition der Seite vorzunehmen ist, kann nur schwer oder gar nicht programmiert werden.

Neben den technischen Einschränkungen gilt bei der Automatisierung auch die Regel, dass die Umsetzung zahlreicher kleiner Details viel Zeit kostet. Oftmals ist es schlicht einfacher, letzte Korrekturen selbst durchzuführen.

Gute Kandidaten für Skripte sind hingegen Aufgaben und Probleme, die sich wiederholt stellen und immer wieder die exakt gleichen oder ähnliche Arbeitsschritte erfordern. Wenn Sie dann noch die genauen Voraussetzungen benennen können, wann ein bestimmter Arbeitsschritt ausgeführt werden muss, steht der weiteren Planung nichts mehr im Weg.

Checkliste Skripterstellung

Bei der Skripterstellung sollten Sie die folgenden Punkte beachten:

- Sammeln Sie alle **Materialien und Arbeitsschritte**, die für die Aufgabe benötigt werden. Klären Sie mit dem Grafiker, Auftraggeber oder sich selbst, welches **Ergebnis** genau gewünscht ist.
- Unter welchen **Voraussetzungen** soll das Skript laufen? Wenn nur eine Person oder Sie selbst mit dem Skript arbeiten sollen, kann man relativ sorglos im Skript Bedingungen für Maßeinheiten, geöffnete Dokumente oder ausgewählte Objekte voraussetzen. Wenn das Skript wasserdicht sein soll, muss man alle diese Bedingungen bei der Programmierung berücksichtigen und prüfen.

- **Lösen Sie die Aufgabe »von Hand«**. Überlegen Sie sich, wie man das Problem in InDesign – ohne Skripting – effizient lösen könnte. Hier kann man durchaus schon die Programmierung im Hinterkopf haben. Ich halte jedoch nichts davon, als Erstes mit dem Schreiben des Skripts zu beginnen. Ich zeichne mir meist skizzenhaft den Ablauf auf und überlege mir die Problemstellen.
- Erstellen Sie einen **Prototyp**. Versuchen Sie Ihre Idee grob zu programmieren, also alle wesentlichen Schritte und Abfragen zu erstellen. Mit diesem **Proof of Concept** stellen Sie sicher, dass Ihre Ideen auch umsetzbar sind. Probleme, also Ideen, von denen Sie noch nicht genau wissen, ob sie skriptbar sind, sollten Sie hier ausprobieren.
- Danach können Sie sich an den **Feinschliff** begeben. Hier werden die Details programmiert und Layout- sowie Formateinstellungen präzisiert.

Grundsätzlich gilt: »Erst denken, dann skripten.«

## 9.3 Best Practice

Im Folgenden habe ich meine Erfahrungen für das Erstellen von guten Skripten gesammelt. Ich halte mich selbst zugegebenermaßen nicht immer an diese Regeln, denn gerade wenn man schnell ein Skript erstellen will, sind sie manchmal zeitraubend. Unabhängig davon sollte man versuchen, sich einen guten Programmierstil anzugewöhnen.

Kommentare

Es können beliebig viele Kommentare in den Code eingefügt werden. Ich empfehle, von dieser Möglichkeit auch regen Gebrauch zu machen. Da die Beispielskripte in diesem Buch zeilenweise abgedruckt und erklärt werden, habe ich nur spärlich mit Kommentaren gearbeitet. In meinen eigenen Skripten sieht das ganz anders aus. Dazu zählt auch eine präzise Beschreibung des Skripts in den ersten Zeilen.

Skriptbeschreibungen

Jedes Skript kann eine kurze Beschreibung aufnehmen, die innerhalb von InDesign als Tooltip angezeigt wird. Dieser Tooltip wird angezeigt, wenn man über dem Eintrag des Skripts im Skript-Bedienfeld kurz mit der Maus verharrt. Diese zusätzliche Beschriftung kann hilfreich sein, weil der Dateiname des Skripts oft zu kurz ist. Um den Tooltip zu erzeugen, muss man im Skript – üblicherweise in der ersten Zeile – die folgende Zeile einfügen.

```
//DESCRIPTION: Beschreibung des Skripts
```

Diese Zeile besteht nur aus einem Kommentar, der vom Skript-Bedienfeld ausgewertet wird. Achten Sie darauf, `DESCRIPTION` in Großbuchstaben zu schreiben.

Verwendung von Funktionen

Sobald Ihre Skripte etwas komplexer werden, ist es hilfreich, zwecks besserer Übersicht bestimmte Aufgaben in Funktionen auszulagern. Funktionen sind eine gute Möglichkeit, Skripte nach Aufgaben zu gliedern.

Außerdem können Funktionen immer wieder verwendet werden. Wenn man Codezeilen per Copy & Paste im Skript dupliziert, ist das ein guter Hinweis auf Code, der möglicherweise besser in einer Funktion aufgehoben wäre. Bedenken Sie, dass Sie ansonsten Fehler an vielen Stellen im Skript beheben müssten.

**Um Fehler mit Variablen zu vermeiden, kann das gesamte Skript in einer Funktion verpackt werden.**

Zusätzlich verpacke ich gerne den gesamten Code in einer Funktion `main()`. Dies hat neben der besseren Übersichtlichkeit den Vorteil, dass die Variablen nicht mehr global sind. Die Gefahr, dass eine Variable versehentlich überschrieben wird, ist dadurch geringer. Zum Gültigkeitsbereich von Variablen siehe Seite 113.

**Listing 85**
Skript in einer Funktion main() erstellen (9-3_main.jsx)

```
#target InDesign
main()
function main() {
  // Das eigentliche Skript
}
```

Erst prüfen, dann ausführen

In den meisten Fällen müssen bestimmte Voraussetzungen erfüllt sein, damit das Skript ausgeführt werden kann. Meist ist zu prüfen, ob z.B. ein Dokument geöffnet ist, ein Objekt ausgewählt oder eine bestimmte Version von InDesign verwendet wurde. In einer vorgelagerten if-Abfrage kann man gut die Voraussetzungen prüfen. Wenn sie zutreffen, wird die oben beschriebene Funktion `main()` aufgerufen, ansonsten wird ein Fehler mit `alert()` ausgegeben.

Rückgängig

Ab InDesign CS4 können alle Skriptschritte gesammelt rückgängig gemacht werden. In InDesign CS3 muss man noch mühsam jeden Schritt einzeln zurücksetzen.

**Listing 86**
Rückgängig (9-3_Rueckgaengig.jsx)

```
#target InDesign
if (app.scriptPreferences.version >= 6) {
  app.doScript(main, ScriptLanguage.JAVASCRIPT ,
  ["erster","zweiter"], UndoModes.ENTIRE_SCRIPT, "Name für Menü");
}
else {
  main(["erster","zweiter"]);
}

function main(_args) {
var _ersterParameter = _args[0];
var _zweiterParameter = _args[1];
//...
}
```

In Zeile 2 wird die Version des Objektmodells darauf geprüft, ob mindestens InDesign CS4 installiert ist. Wenn dies der Fall ist, wird die Funktion `main()` aus Zeile 9 über die Methode `doScript()` aufgerufen. Unter InDesign CS3 oder früher wird die Funktion `main()` im else-Block normal gestartet.

Funktionen mit `doScript()` aufrufen

Die Methode `doScript()` übernimmt fünf Parameter: Im ersten wird der Name der Funktion, die aufgerufen werden soll, übergeben, danach folgt die Angabe der Skriptsprache.

Parameter übergeben

Der folgende Parameter kann einen Array mit Parametern, die der Funktion übergeben werden sollen, aufnehmen. Mit `doScript()` kann der aufgerufenen Funktion hier nur ein Parameter – der Array – übergeben werden. Wenn Sie mehrere Parameter übergeben wollen, müssen Sie diese im Array speichern und in der Funktion den Array auswerten. Wenn keine Parameter übergeben werden müssen, kann man den Wert `undefined` oder einen leeren Array mit [] übergeben.

Der folgende Parameter legt den Modus fest, mit dem das Skript rückgängig gemacht werden kann, konkret soll das ganze Skript auf einmal zurückgesetzt werden. Mit dem letzten Parameter wird schließlich der Name, der im Menü Bearbeiten → Rückgängig angezeigt werden soll, festgelegt.

Dies funktioniert nur mit Funktionen, die man auch in InDesign zurücksetzen kann. Das Anlegen eines neuen Dokuments per Skript kann man damit z. B. nicht rückgängig machen.

Binäre JavaScript-Dateien

Wenn Skripte von anderen Anwendern verwendet werden sollen, möchte man manchmal verhindern, dass der Code verändert werden kann.

Dazu bietet das ESTK unter Datei → Als Binärdatei exportieren … die Möglichkeit, Skripte zu exportieren, die nicht mehr mit einem normalen Texteditor lesbar sind. Sie erkennen diese an der Dateiendung *.jsxbin*. In InDesign kann man sie ganz normal über das Skript-Bedienfeld starten.

### Schlechte Ideen

Rufen Sie nicht Copy & Paste aus Skripten auf.

Verwenden Sie in Ihren Skripten nicht die Copy & Paste-Methode des Objekts `Application`. Diese ist eigentlich nie notwendig, nicht besonders performant und führt zu unvorhersehbaren Fehlern, wenn sich die Zwischenablage während des Ablaufs ändert.

**! Textobjekte verändern**

Achten Sie darauf, dass Sie die Länge von gespeicherten Textobjekten, z. B. Suchergebnisse oder Textstücke, nicht verändern. Sobald Sie die Textlänge z. B. durch die Zuweisung eines längeren oder kürzeren Inhalts verändern, verändern sich die Indexwerte der nachfolgenden Buchstaben im Textabschnitt. Bereits referenzierte Textobjekte werden damit ungültig bzw. verweisen auf die falschen Buchstaben. Der folgende Code illustriert das Problem, er sollte so nicht verwendet werden.

**Listing 87**
Index von Textobjekten verschieben (9-3_Textobjekte.jsx)

```
1 #target InDesign
2 var _tf = app.activeDocument.pages[0].textFrames.add()
3 _tf.geometricBounds = [10,10,100,200];
4 _textAbschnitt = _tf.parentStory;
5 _textAbschnitt.contents = "Vorsicht bei Textänderungen.";
6 var _anfang = _textAbschnitt.characters.itemByRange(0,11);
7 var _ende = _textAbschnitt.characters.itemByRange(12, -1);
8 _anfang.contents = "Passen Sie auf den ";
9 _ende.contents = "Index auf.";
```

Nach der Ausführung des Skripts steht der Text `Passen Sie aIndex auf.` im Textrahmen. Das Problem entsteht durch die verschobenen Indexwerte nach der Textänderung.

Der Inhalt des Textabschnitts wird in Zeile 6 und 7 über die Sammlung `Characters` und die Methode `itemByRange()` auf die beiden Variablen `_anfang` und `_ende` verteilt. Die Variable `_anfang` enthält den Textteil `"Vorsicht bei"`, `_ende` den Teil `" Textänderungen."`. In den Variablen stehen nicht die eigentlichen Textobjekte, sondern so genannte Specifier (→ Seite 160), die die Position der Buchstaben im Textabschnitt über den Index beschreiben. Die Variablen enthalten also nicht die eigentlichen Textobjekte, sondern nur Positionsangaben, wo sich die Objekte im Textabschnitt befinden. Wenn nun der Variablen `_anfang` ein Text mit einer anderen Länge zugewiesen wird, verändern sich die Indexwerte der nachfolgenden Buchstaben im Textabschnitt. Die Variable `_ende` enthält aber noch die Angaben zu den ursprünglichen Positionen: Der Text `Index auf.` wird ab Position 12 in den Textabschnitt geschrieben und der längere, neue Text `"Passen Sie auf den"` teilweise überschrieben.

Wenn Sie Inhalte ändern, müssen Sie entweder von hinten nach vorne durch den gesamten Textabschnitt gehen oder die Variablen neu zuweisen. Wenn Sie eine Schleife über alle Suchergebnisse verwenden, muss der Text ebenfalls von hinten nach vorne bearbeitet werden. Dazu verwendet man am besten die Möglichkeit, die Suche rückwärts auszuführen. Den Methoden für die Suche kann man dazu als Parameter `true` übergeben, z.B. `findGrep(true)`. Das Vorgehen wird auch im FindAndDo-Skript in Unterkapitel 4.9 verwendet.

## 9.4 Ein Skript-Template nutzen

Aus den oben bereits vorgestellten Ideen habe ich ein Template für die Skripterstellung zusammengestellt.

**Listing 88**
Skript-Template
(9-4_Template-1.jsx)

```
#target InDesign
//DESCRIPTION: Beschreibung des Skripts
/*  Ausführlicher Kommentar
  Autor: Gregor Fellenz
  Datum: 2010-10-12
*/
if (app.documents.length > 0) {
  var _userLevel = app.scriptPreferences.userInteractionLevel;
  app.scriptPreferences.userInteractionLevel = UserInteractionLevels.NEVER_INTERACT;
  var _version = app.scriptPreferences.version;
  // Bei Bedarf: app.scriptPreferences.version = 5;
  // Die folgenden Punkte können hier nur gesetzt werden, wenn ein geöffnetes Dokument bearbeitet wird
  var _dok = app.activeDocument;
  var _hMUnits = _dok.viewPreferences.horizontalMeasurementUnits;
  _dok.viewPreferences.horizontalMeasurementUnits = MeasurementUnits.MILLIMETERS;
  var _VMUnits = _dok.viewPreferences.verticalMeasurementUnits;
  _dok.viewPreferences.verticalMeasurementUnits = MeasurementUnits.MILLIMETERS;
  var _rulerOrigin = _dok.viewPreferences.rulerOrigin;
  _dok.viewPreferences.rulerOrigin = RulerOrigin.PAGE_ORIGIN
  var _zeroPoint = _dok.zeroPoint;
  _dok.zeroPoint = [0,0]
  var _tRPoint = _dok.layoutWindows[0].transformReferencePoint;
  _dok.layoutWindows[0].transformReferencePoint = AnchorPoint.TOP_LEFT_ANCHOR

  main();

  app.scriptPreferences.userInteractionLevel = _userLevel;
  // app.scriptPreferences.version = _version
  _dok.viewPreferences.horizontalMeasurementUnits = _hMUnits;
  _dok.viewPreferences.verticalMeasurementUnits = _VMUnits;
  _dok.viewPreferences.rulerOrigin = _rulerOrigin;
  _dok.zeroPoint = _zeroPoint;
  _dok.layoutWindows[0].transformReferencePoint = _tRPoint;
} else {
  alert("Es ist kein Dokument geöffnet");
}

function main() {
  // Das eigentliche Skript
}
```

Die wesentlichen Punkte im Template sind:

- Target-Direktive setzen 1
- Skriptbeschreibung 2
- Ausführlicher Kommentar, was das Skript eigentlich macht
- Prüfen der Voraussetzungen für die Ausführung 7
- Festlegen der Voreinstellungen, der Programmversion, für die das Skript entwickelt wurde, des Interaktionslevels und der Maßeinheiten 8–23
- Kapselung des eigentlichen Skripts in der Funktion `main()`
- Zurücksetzen der Voreinstellungen 27–33

Fehlerbehandlung

Wenn das Skript fertig entwickelt ist, kann man den Aufruf der Funktion `main()` in eine try-catch-Anweisung setzen. Dies stellt sicher, dass die Voreinstellungen auch bei Fehlern im Skript zurückgesetzt werden. Bei der Skriptentwicklung ist das allerdings hinderlich, weil das ESTK nicht mehr die fehlerhafte Zeile markiert, sondern nur noch die Fehlermeldung im Hinweisfenster ausgibt.

```
try {
  main();
} catch (e) {
  alert("Es ist ein Fehler aufgetreten!\n" + e +
      "\nZeile: " + e.line +
      "\nSkript: " + e.fileName);
}
```

**Listing 89**
Skript-Template mit try-catch-Anweisung (9-4_Template-2.jsx)

# Teil III Automatisierung in der Praxis

Im diesem Teil finden Sie praxisorientierte Lösungen und Workflows verschiedener Themenbereiche. Die einzelnen Themen werden anhand von Beispielen und konkreten Lösungen vorgestellt. Die zugehörigen Dateien und Dokumente finden Sie im Ordner *Teil_III*.

In Kapitel 10 werden Hilfsmittel für den effizienten Einsatz von GREP (→ Unterkapitel 10.1) sowie fortgeschrittene GREP-Techniken vorgestellt (→ Unterkapitel 10.2 bis 10.9) und verschiedene Praxisbeispiele diskutiert (→ Unterkapitel 10.10 bis 10.14). In Unterkapitel 10.15 wird ein Skript vorgestellt, mit dem man Leerräume unter Berücksichtigung von Spezialzeichen konsolidieren kann. Hier sei auch nochmal auf die vollständige GREP-Referenz im Anhang A 2 verwiesen.

In Kapitel 11 werden verschiedene Probleme und Helferlein vorgestellt, die man gut mit Skripting lösen kann.

Das Kapitel 12 beschäftigt sich mit einem größeren Automatisierungsprojekt: Anhand eines Word-Manuskripts und der zugehörigen Bilddaten wird ein fertig umbrochenes Layout per Skript erstellt.

In Kapitel 13 werden die Möglichkeiten für die Weiterverwendung von InDesign-Dokumenten in E-Books mit dem EPUB-Format vorgestellt.

Schließlich wird in Kapitel 14 die Arbeit mit XML in InDesign beschrieben. Neben der Vorstellung der Bearbeitungsmöglichkeiten werden mögliche InDesign-Workflows mit XML und Skripting diskutiert.

# 10 Noch mehr finden mit GREP

Neben den in Kapitel 1 gezeigten Techniken gibt es noch weitere Methoden, um mit GREP effektive Suchen und Ersetzungen vorzunehmen. Dieses Kapitel enthält einige spezielle Techniken, die ihre Stärken in bestimmten Situationen ausspielen. Die Anwendung zeige ich jeweils anhand eines konkreten Beispiels. Wer mit GREP-Stilen arbeitet, sollte besonderes Augenmerk auf Unterkapitel 10.5 legen. Im Unterkapitel 10.11 bis 10.14 sind viele Praxisbeispiele für die Umsetzung von mikrotypografischen Vorgaben gesammelt.

## 10.1 Die besten GREP-Tools

Es gibt hilfreiche Tools und Informationen im Internet, die den Umgang mit Regulären Ausdrücken für InDesign erleichtern. Die wichtigste Quelle ist die eher unscheinbare Seite von Peter Kahrel. Unter ↗30 finden Sie sehr interessante Skripte.

GREP Editor

Für komplexe Ausdrücke ist der *GREP Editor* zu empfehlen. Mit ihm können Abfragen in mehreren Zeilen – und damit deutlich übersichtlicher – eingegeben werden. Er enthält eine vollständige Liste von Platzhaltern und Metazeichen. Die InDesign-Suche kann direkt vom GREP Editor gesteuert werden.

**Abb. 76**
GREP Editor von Peter Kahrel

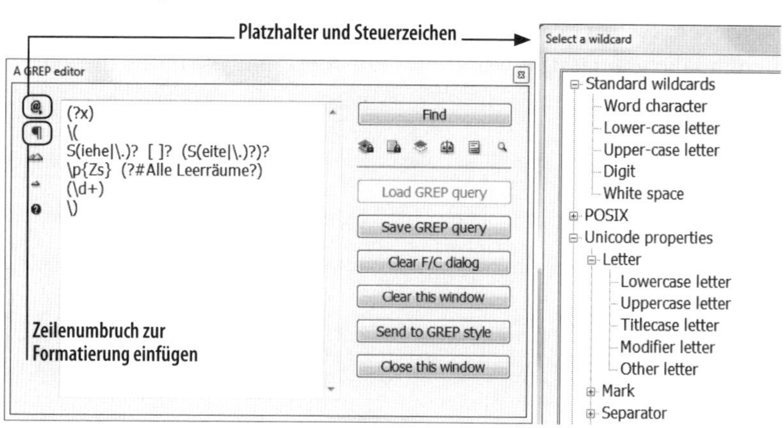

Das Skript *Chain GREP queries* ermöglicht es, mehrere GREP-Abfragen zusammenzustellen und hintereinander ablaufen zu lassen. Man kann dort auch Abläufe für die spätere Verwendung speichern.

Chain GREP queries

Sehr interessant ist auch die Sammlung *GREP Mapper*, dem die Idee zugrunde liegt, mit Hilfe von GREP-Stilen alle Zeichenklassen sichtbar zu machen. Die verschiedenen Unicode-Bereiche können mit einem Skript in einem bereits eingerichteten Template generiert werden.

GREP Mapper

Neben den bekannten Standardzeichenklassen werden auch die Unicode-Zeichenklassen und die POSIX-Zeichenklassen (→ Unterkapitel 10.7) unterstützt.

Peter Kahrel hat übrigens auch das Standardwerk *GREP in InDesign* verfasst, welches in englischer Sprache bei O'Reilly als E-Book erhältlich ist.

Unter ↗31 finden Sie einen experimentellen Online-GREP-Editor. Insbesondere die interaktive Anzeige der Treffer bzw. Ersetzungen in einem Beispieltext erleichtert die Entwicklung von Ausdrücken.

GrepTutor

Das Skript *What the GREP* von Theunis de Jong erklärt komplexe GREP-Ausdrücke. Dies ist besonders hilfreich, wenn Sie einen fertigen GREP haben, aber nicht so genau verstehen, wie er eigentlich funktioniert. Auf de Jongs Webseite ↗32 finden Sie außerdem eine Liste, welche Features von Regulären Ausdrücken in InDesign unterstützt werden.

What the GREP

## 10.2 Grenzen und Übergänge

Im ersten Kapitel wurden bereits die Metazeichen `^` für den Beginn und `$` für das Ende des Absatzes vorgestellt. Wichtig bei diesen Markierungen ist, dass sie kein Zeichen, sondern eine Position markieren. Entsprechend wird mit `^` nicht das erste Zeichen eines Absatzes, sondern die Position vor dem ersten Zeichen gefunden – das erste Zeichen müsste man mit dem Ausdruck `^.` suchen. Dieses Verhalten wird gut sichtbar, wenn man eine Suche mit diesen Metazeichen ausführt: Es wird nichts markiert, nur die Einfügemarke springt an die entsprechende Stelle.

Mit dem Ausdruck `^\w+` findet man jeweils das erste Wort am Anfang eines Absatzes. Mit `[^.]$` kann man prüfen, ob alle Absätze mit einem Punkt enden.

Innerhalb einer Zeichenauswahl muss der Punkt nicht maskiert werden.

Ganz ähnlich funktioniert das Metazeichen `\A`, das den Anfang eines Textabschnitts markiert, und entsprechend `\Z` für das Ende des Textabschnitts. Mit der Suche nach `\A\Z` finden Sie leere Textabschnitte, also einzelne Textrahmen ohne Inhalt.

Leere Textrahmen finden

Neben den offensichtlichen Textabschnitten bilden auch die Inhalte von Tabellenzellen jeweils einen eigenen Textabschnitt. Die Textabschnitte von Tabellenzellen werden allerdings erst für die Suche sichtbar, wenn sie mit Inhalt gefüllt sind. Das heißt, die Suche nach `\A\Z` findet keine leeren Tabellenzellen.

Wortgrenzen

Eine weitere Möglichkeit ist es, mit `\b` (engl. word boundary) die Wortgrenze festzulegen. Diese Grenze kann man sich auch als Übergang eines Zeichens, das kein Wortbestandteil ist `\W`, zu einem Zeichen, das innerhalb von Wörtern vorkommen `\w` kann, vorstellen.

Wenn nach einem ganzen Wort gesucht wird, sollte immer mit `\b` gearbeitet werden. Die bequeme Variante, den Suchausdruck mit Leerzeichen zu umgeben, ist nicht besonders präzise.

Mit `\B` kann genau das Gegenteil gefunden werden – also alle Positionen, die keine Wortgrenze markieren.

In der grafischen Benutzeroberfläche finden Sie außerdem noch die Positions-Marker für Wortanfang und Wortende – diese bieten keinen Vorteil zur Verwendung von `\b` am Anfang bzw. Ende eines Wortes.

## 10.3 Doppelte Wörter finden

Backreferences

Die Verwendung von markierten Fundstellen in der Ersetzung ist eine zentrale Technik für den effizienten Einsatz von Regulären Ausdrücken. Hierzu werden Teile des Suchausdrucks in runde Klammern gesetzt und in der Ersetzung mit so genannten *Backreferences* (in der Benutzeroberfläche FUNDSTELLEN) mit den Metazeichen `$1`, `$2`, `$3`,… referenziert.

In der Suche auf eine Fundstelle zugreifen

Dies ist nicht nur in der Ersetzung, sondern bereits bei der Suche möglich. Innerhalb des Suchausdrucks kann mit `\1`, `\2`, `\3`,… auf eine markierte Fundstelle zugegriffen werden.

Ein klassischer Anwendungsfall ist die Suche nach doppelten Wörtern. Mit `\b[\u\l\-]+\b` findet man ein Wort. Im Ausdruck `(\b[\u\l\-]+\b) \1` wird zunächst das gefundene Wort markiert und dann mit `\1` nach dem Leerzeichen aufgerufen.

In der Ersetzung könnte man die Dopplungen mit `$1` zusammenfassen. Da es allerdings auch richtige Formen von zwei hintereinander folgenden Wörtern gibt, sollten die Fälle schrittweise kontrolliert werden.

## 10.4 GREP-Performance

Bei der Entwicklung von komplexeren GREPs sollte man ein paar grundsätzliche Gedanken zur Performance berücksichtigen. Auch wenn die meisten Computer heute so schnell sind, dass sich eine Optimierung kaum lohnt, ist es hilfreich, einige Aspekte im Hinterkopf zu behalten.

Wiederholungszeichen

Die Kombination aus dem Fragezeichen und den Wiederholungszeichen, wie z.B. `.*?`, sollte sparsam verwendet werden. Aus technischen Gründen sucht InDesign (bzw. die Regular Expression Engine) bei diesem Ausdruck zunächst den längsten Treffer und arbeitet sich dann von hinten nach vorne bis zum kürzesten Treffer vor. Dies klingt wenig sinnvoll und ist auch relativ langsam.

Als Beispiel stelle ich die Suche nach Bereichen, die in Anführungszeichen eingeschlossen sind, vor. Intuitiv würde man wahrscheinlich nach `".+?"` suchen (InDesign findet mit `"` alle Variationen von doppelten Anführungen).

Viel besser ist es allerdings, mit dem Ausdruck `"[^"]+"` zu suchen. Hier wird eine eigene Zeichenklasse gebildet, die allen Zeichen bis auf das Endzeichen entspricht. Nun werden alle folgenden Zeichen, die nicht einem Anführungszeichen entsprechen, gesucht. Der Suchvorgang kommt so deutlich schneller zum Ziel. Ein weiterer Vorteil ist, dass die Umbruchzeichen ebenfalls zu `[^"]` gehören. In Anführungszeichen gesetzte Bereiche, die über mehrere Absätze laufen, werden so ebenfalls gefunden (dies könnte man in der ersten Version des Ausdrucks durch den Modifizierer `(?s)` erreichen).

Diese Methode funktioniert leider nur, wenn man ein eindeutiges Endzeichen hat, aus dem eine negative Zeichenklasse gebildet werden kann. Sobald das Ende durch ein Wort oder Ähnliches markiert wird, muss die erste Variante verwendet werden.

Sparsam Fundstellen markieren

Eine weitere einfache Optimierung von Ausdrücken ist die Vermeidung von unnötigen Markierungen bei der Suche. Für die Speicherung der Fundstellen bei der Suche benötigt die Regular Expression Engine Speicherplatz und Zeit.

Mit `(?:)` kann man verhindern, dass in runden Klammern eingeschlossene Bereiche bei der Suche als Fundstelle markiert werden. Dies ist immer dann der Fall, wenn nach Varianten, z.B. `(Seite|S\.) (\d)`, gesucht wird. In der Ersetzung wird nur die Seitenzahl aus der zweiten Klammer benötigt, die erste Fundstelle muss aber mitgezählt werden, daher muss es in der Ersetzung `→ $2` heißen. Mit der Kennzeichnung `:?` kann man nun die Variante `(Seite|S\.)` von der Speicherung als Fundstelle ausschließen. Mit `(:?Seite|S\.) (\d)` lautet die Ersetzung `→ $1`. Eleganter wäre es, wenn man den Pfeil und die Zahl mit einem geschützten Leerzeichen zusammenhält `→~S$1`.

## 10.5 Ausschau halten

Bedingungen für die Suche formulieren

Bei der Verwendung von so genannten *Look Around Assertions* wird geprüft, ob vor bzw. nach dem eigentlichen Ausdruck ein anderer Regulärer Ausdruck steht. Klingt komplex, ist aber nicht so schwer: Man könnte z. B. prüfen, ob das Wort `Script` immer in Verbindung mit `Java` auftritt. Der Ausdruck `(?<=Java)Script` findet alle Vorkommen von `Script`, die auf `Java` folgen. Im Flyout-Menü @ finden Sie die Look Around Assertions am Ende des Untermenüs ENTSPRECHUNG. Im gerade genannten Beispiel wird ein POSITIVES LOOKBEHIND `(?<=)` verwendet. Der Ausdruck, der geprüft werden soll, steht nach dem Gleichheitszeichen innerhalb der runden Klammern.

Interessanter wäre die Prüfung, ob das Wort `Script` auch ohne `Java` vorkommt. Mit `(?<!Java)Script` werden alle Vorkommen von `Script`, vor denen etwas anderes als `Java` steht, gefunden. Die Syntax ist gleich, nur das Gleichheitszeichen wird durch ein Ausrufezeichen ersetzt. Dies ist ganz ähnlich zur Negation in JavaScript – die ebenfalls mit dem Ausrufezeichen umgesetzt wird.

Ähnlich könnte man festlegen, dass der Ausdruck `\d+` nur trifft, wenn der Ausdruck `\scm` folgt, hinter einer Zahl also ein Leerraum und die Maßeinheit `cm` steht. Der Suchausdruck dafür ist `\d+(?=\scm)`. Die umgekehrte Suche wird wieder mit dem Ausrufezeichen realisiert `\d+(?!\scm)`.

Tab. 20 Look Around Assertions

| Assertion | Beschreibung |
|---|---|
| `(?<=Präfix)` | Positives Lookbehind<br>**Vor** dem eigentlichen Regulären Ausdruck muss Präfix gefunden werden, nur Ausdrücke fester Länge. |
| `(?<!Präfix)` | Negatives Lookbehind<br>**Vor** dem eigentlichen Regulären Ausdruck darf **nicht** Präfix gefunden werden, nur Ausdrücke fester Länge. |
| `(?=Suffix)` | Positives Lookahead<br>**Nach** dem eigentlichen Regulären Ausdruck muss Suffix gefunden werden. |
| `(?!Suffix)` | Negatives Lookahead<br>**Nach** dem eigentlichen Regulären Ausdruck darf **nicht** Suffix gefunden werden. |

Look Around Assertions gehören nicht zum Suchtreffer.

Wichtig ist, dass die Prüfung `(?=\scm)` nicht zum Treffer gehört. Bei der Ersetzung könnte man der gefundenen Zahl mit `$0` ein anderes Format zuweisen. Auch wenn die Prüfung nicht zum Treffer gehört, werden eventuelle Filtereinstellungen unter FORMAT SUCHEN, z. B. ein kursiver Schriftschnitt, ebenfalls auf die Prüfung angewendet. Gesetzt den Fall, man würde mit dem obigen Ausdruck kursiv formatierte Zahlen suchen, müsste jeweils auch die Maßeinheit `cm` kursiv formatiert sein.

**Lookbehind unterstützt nur Ausdrücke mit fester Länge.**

Bei der Verwendung von Lookbehind dürfen nur Suchausdrücke fester Länge verwendet werden. Dies betrifft vor allem die Wiederholungszeichen `*`, `+`, `?` und die Formen mit den geschweiften Klammern `{n,m}`. Die Verarbeitung von Ausdrücken mit variabler Länge wäre für die Regular Expression Engine zu komplex.

Fundstellen vs. Assertions

Im Prinzip könnten Sie auch mit geklammerten Entsprechungen im Suchausdruck arbeiten. Es gibt allerdings zwei Gründe, warum Look Around Assertions zu bevorzugen sind: Da keine Fundstellen gespeichert werden müssen, ist die Performance von Look Around Assertion besser. Außerdem sind sie die einzige Möglichkeit, bei der Verwendung von GREP-Stilen Texte, die nicht formatiert werden sollen, mit in den Suchausdruck zu übernehmen. Die folgende Grafik zeigt exemplarisch die Verwendung von Look Around Assertions in einem GREP-Stil. GREP-Stile wurden mit InDesign CS4 eingeführt, sie wurden in Unterkapitel 1.7 vorgestellt. Das in der Abbildung gezeigte Beispiel finden Sie im Dokument *10-5_LookAroundAssertions-CS4.indd*.

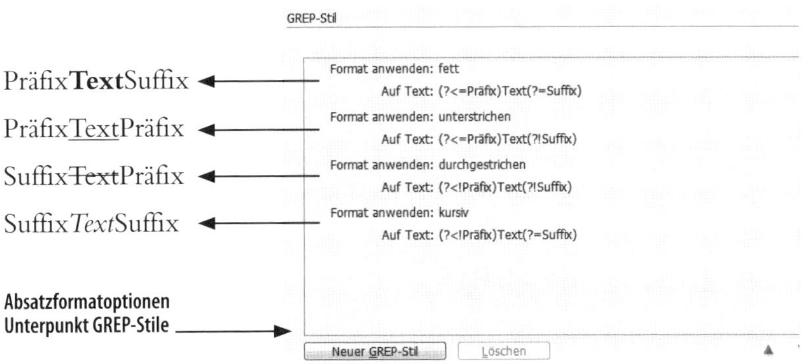


**Abb. 77**
Look Around Assertions in GREP-Stilen

**GREP-Stile beeinflussen die Performance.**

GREP-Stile können für komplexe Formatierungen verwendet werden. Beachten Sie jedoch, dass lange Textabschnitte in Kombination mit vielen GREP-Stilen die Performance von InDesign verschlechtern.

---

**Alles außer bestimmte Wörter finden**

Mit Hilfe von Look Around Assertions lässt sich auch eine Negation auf Wortebene formulieren. Die Anfrage `\b(?!(der\b|die\b|das\b))([\u\l\-]+)\b` findet alle Wörter bis auf `der`, `die` oder `das`. Die Wortgrenze innerhalb des negativen Lookahead wird benötigt, damit Wörter wie `derart` ausgeschlossen werden.

---

Praxisbeispiel Verweispfeil

Ein Praxisbeispiel ist die automatische Auszeichnung von Verweispfeilen. Im Manuskript haben die Verweise die Form → `S. 16` oder → `Seite 16`. In der Publikation sollen die Verweispfeile mit einer anderen Schrift hervorgehoben werden. Mit Hilfe eines positiven Lookahead ergibt sich der folgende Reguläre Ausdruck: `→(?= (Seite|S\.) \d+)`. Wenn man nun noch ein passendes Zeichenformat auswählt, ist der GREP-Stil einsatzbereit.

Wenn der Pfeil vom Autor aus einem Divis und dem Größer-Zeichen -> zusammengesetzt wurde, funktioniert dieser Ansatz nicht mehr. Es ist zwar möglich, ein Zeichen per GREP-Stil auszublenden – man stellt es auf weiß bzw. die Hintergrundfarbe und verringert die Laufweite –, der gewünschte Pfeil steht allerdings auf einem anderen Unicode-Codepoint und muss deswegen klassisch ersetzt werden.

Benutzerdefinierte Zeichenabstände

Für gesteigerte Ansprüche im Bereich Mikrotypografie kann man mit Look Around Assertions den Zeichenabstand zwischen zwei Buchstabenpaaren beeinflussen. Dies wird immer dann nötig, wenn man mit dem *Kerning* von einzelnen Buchstabenkombinationen in einer Schrift nicht zufrieden ist. Wenn z. B. der Abstand zwischen `a` und `v` bzw. `w` in der gewählten Schrift zu groß ist, könnte man mit einem `a(?=[vw])` für diese Kombinationen von `a` eine neue Laufweite festlegen. In der klassischen Suche muss man die Laufweite unter FORMAT ERSETZEN anpassen, bei der Verwendung von GREP-Stilen muss ein passendes Zeichenformat definiert werden.

Weitere typische Kerning-Paare sind z. B. Kombinationen mit `A`, `T`, `V`, `W`, `Y`, `f`, `r`, `v`, `w`, aber auch Komma und Leerzeichen. Im Prinzip könnte man mit GREP-Stilen alle Unterschneidungspaare neu definieren.

## 10.6 Unicode und GREP

Grundlegende Informationen zu Unicode finden Sie auf Seite 142. Im Folgenden zeige ich, wie man mit Regulären Ausdrücken auf Unicode-Codepoints oder -Bereiche zugreift, und beschreibe Probleme, die dabei auftreten können.

Unicode-Codepoints eingeben

Im Suchen/Ersetzen-Dialog können Zeichen über ihren Unicode-Codepoint eingegeben werden – dies ist natürlich nur für Zeichen sinnvoll, die sich nicht auf der Tastatur befinden. Wenn Sie den vierstelligen Unicode-Codepoint in der Form `<####>` in das Suchfeld eingeben, wird er automatisch in ein Zeichen konvertiert. Wenn das Zeichen nicht in der Schrift, die für das Dialogfenster verwendet wird, enthalten ist, wird ein leeres Quadrat angezeigt.

Alternativ kann man die Schreibweise `\x{####}` verwenden. Außerdem kann man ab CS4 mit `\N{Unicode Name}` auch direkt den Namen des Zeichens eingeben. Das umgedrehte Fragezeichen ¿ kann man also mit `<00BF>`, `\x{00BF}` oder mit `\N{Inverted Question Mark}` suchen.

Unicode-Bereich in einer Zeichenauswahl berücksichtigen

In einer Zeichenauswahl bzw. selbst definierten Zeichenklasse kann auch ein bestimmter Unicode-Bereich (Block) bestimmt werden. Dazu macht man sich die Möglichkeit zunutze, dass mit `\x{####}` ein Zeichen mittels seines vierstelligen Unicode-Codepoints gesucht werden kann. In Kombination mit dem Bindestrich könnte man z.B. alle griechischen Buchstaben mit `[\x{0370}-\x{03FF}]` finden und dem Suchergebnis eine andere Schrift zuweisen. Das erste und letzte Zeichen ist aus dem Unicode-Chart *Greek and Coptic* (↗33) entnommen. Falls noch die Zeichen des erweiterten griechischen Alphabets (*Greek Extended*) aufgenommen werden sollen, müsste man die Zeichenklasse `[\x{0370}-\x{03FF}\x{0F00}-\x{1FFF}]` verwenden.

Eine Übersicht über alle Unicode-Bereiche finden Sie unter ↗34.

---

**Zusammengesetzte Zeichen**

Etwas unübersichtlich wird es, wenn Sie mit zusammengesetzten Zeichen wie Ligaturen oder Akzenten arbeiten. Da noch nicht alle Schriften Unicode unterstützen bzw. nicht alle benötigten Zeichen enthalten sind, werden immer wieder nicht ganz saubere Tricks bei der Erstellung von Dokumenten angewendet.

Spätestens beim Fremdsprachensatz kommt man mit Akzenten, Tilde, Háček und Ähnlichem in Berührung. Solange die Buchstabenkombinationen als Zeichen in der Schrift zur Verfügung stehen, werden diese auch mit den Zeichenklassen `\l` oder `\u` bzw. über die Buchstabenäquivalente `[[=c=]]` gefunden. Buchstabenäquivalente werden im nächsten Unterkapitel vorgestellt.

Problematisch wird es, wenn der Buchstabe zusammengebaut wird. Wenn Sie ein č (Unicode `010D`) aus c (Unicode `0063`) und ˇ (Unicode `02C7`) durch Unterschneidung zusammensetzen, zählt das Zeichen ˇ nicht mehr als Buchstabe. Wenn man nun nach allen Háčeks in Verbindung mit dem Buchstaben c sucht, muss der Suchausdruck `cˇ` verwendet werden. Für die Suche nach Wörtern, in denen diese Kombination vorkommt, kann mit der Zeichenklasse `[\u\l\-ˇ]+` gearbeitet werden.

Achten Sie auch auf Ligaturen, diese sind entweder automatisch von InDesign zusammengesetzt und bestehen dann aus zwei oder mehr Zeichen oder kommen als echte Unicode-Zeichen vor. Der Codepoint für ﬁ ist `\x{FB01}`, findet aber nicht die von InDesign automatisch zusammengesetzte, identisch aussehende Variante aus `f` und `i`.

---

## 10.7 Weitere Zeichenklassen

Neben den Standardzeichenklassen wie z.B. `.`, `\d`, `\u` oder `\l` usw. gibt es noch zwei weitere Arten von vordefinierten Zeichenklassen.

Im Flyout-Menü finden Sie unter dem letzten Punkt die so genannten *Posix-Ausdrücke**. Seit InDesign CS4 gibt es noch detailliertere

* POSIX steht für Portable Operating System Interface. Dieses System soll sicherstellen, das sich Programme auf verschiedenen Systemen gleich verhalten.

Zeichenklassen, die so genannten *Unicode-Properties*. In der Benutzeroberfläche kann man allerdings nicht direkt auf Unicode-Properties zugreifen.

Eine vollständige Übersicht über alle Zeichenklassen finden Sie im Anhang A 2.

### 10.7.1 Posix-Ausdrücke

Posix-Ausdrücke werden wie normale Zeichenklassen verwendet. Die meisten können auch mit den Standardzeichenklassen dargestellt werden, deswegen verzeichne ich in der folgenden Tabelle nur die Posix-Ausdrücke, die den Funktionsumfang erweitern. Sie können die Ausdrücke nicht in eigenen Zeichenklassen einsetzen, mit `[^[:posix:]]` können sie negiert werden.

Tab. 21 Wichtige Posix-Ausdrücke

| Ausdruck | Beschreibung |
|---|---|
| `[[:alnum:]]` | Buchstaben und Zahlen (alphanumeric characters) [\u\l\d] |
| `[[:alpha:]]` | Groß- und Kleinbuchstaben (alphabetic characters) [\u\l] |
| `[[:blank:]]` | Leerzeichen und Tabulator [ \t] |
| `[[:punct:]]` | Satzzeichen, Striche, Anführungen usw. (punctuation) [,;!?\- ...] |
| `[[=a=]]` | Buchstabenäquivalent, alle Formen des Buchstabens [áàâ ...] |

Ab InDesign CS4 kann man die Verwendung von Posix-Ausdrücken vernachlässigen, da die gleich vorgestellten Unicode-Properties einen höheren Detaillierungsgrad aufweisen.

Buchstabenäquivalente

Einzig der Ausdruck `[[=a=]]` für die Buchstabenäquivalente kann nicht über Unicode-Properties umgesetzt werden. Dieser Ausdruck ist im Fremdsprachensatz hilfreich. Mit ihm kann man alle zusammengesetzten Formen (Buchstabenäquivalente; engl. character equivalent) eines Buchstabens finden. Mit `[[=o=]]` findet man z. B. ő, ŏ, ô, ō, ö, ø, usw.

### 10.7.2 Unicode-Properties

Unicode-Properties bieten weitere vordefinierte Zeichenbereiche für die GREP-Suche. Auch hier gibt es wieder viele Dopplungen zu den Standardzeichenklassen und Posix-Ausdrücken. Wie der Name vermuten lässt, werden die Zeichenklassen über die Unicode-Bereiche definiert. Falls Sie mit Sonderzeichen-Schriftarten arbeiten, deren Schriftzeichen nicht auf den korrekten Unicode-Codepoints stehen, helfen Ihnen diese Zeichenklassen nicht weiter. Zum Glück haben Sie dieses Problem bei neueren Schriften nicht mehr.

Unicode-Properties haben immer die Form `\p{Eigenschaft}`, wobei der Name jeder Eigenschaft eine lange und kurze Form hat. Unicode-Properties können negiert werden, dann werden genau die gegenteiligen Zeichen gefunden. Dazu wird, wie bei den Standardzeichenklassen, die Großschreibung `\P{Eigenschaft}` verwendet. Die Properties werden in sieben Bereiche aufgeteilt. Für jeden Bereich gibt es eine mit einem Stern * gekennzeichnete Hauptklasse, die alle Unterklassen enthält.

Die erweiterte Liste finden Sie im Anhang, die folgende Tabelle enthält nur die interessantesten Properties.

**Tab. 22** Wichtige Unicode-Properties (ab CS4)

| Kurzform | Lange Form | Beschreibung |
|---|---|---|
| `\p{Z*}` | `\p{separator}` | **Alle Leerräume und Umbruchzeichen ohne Tabulator** |
| `\p{Zs}` | `\p{space_separator}` | Alle Leerräume ohne die Umbruchzeichen und ohne Tabulator |
| `\p{S*}` | `\p{symbol}` | **Mathematische, Währungs- und sonstige Symbole** |
| `\p{Sm}` | `\p{math_symbol}` | Mathematische Symbole |
| `\p{Sc}` | `\p{currency_symbol}` | Währungssymbole |
| `\p{P*}` | `\p{punctuation}` | **Satzzeichen, Striche, Anführungen usw.** |
| `\p{Pd}` | `\p{dash_punctuation}` | Divis, Gedankenstrich, usw.; keine bedingten Trennstriche oder automatischen Trennungen |
| `\p{Po}` | `\p{other_punctuation}` | Sonstige Satzzeichen: .,:?! /% & … |

Eine der hilfreichsten Unicode-Properties ist `\p{Zs}`. In Regulären Ausdrücken wird gerne die Zeichenklasse `\s+` für die Suche nach beliebig vielen Leerräumen verwendet. Allerdings enthält `\s` auch die Umbruchzeichen. Bei der Verwendung muss man deswegen darauf achten, dass nicht versehentlich Absatzschaltungen entfernt werden. Wenn Sie nach doppelten Leerräumen suchen, sollte deswegen immer der Ausdruck `\p{Zs}{2,}` verwendet werden.

Leider kann man die Unicode-Properties nicht innerhalb von eigenen Zeichenklassen verwenden – die Zeichenklasse ~~`[\p{Zs}\t]`~~, die eigentlich Leerräume und Tabulatoren finden sollte, funktioniert nicht. Man kann sich mit einem Trick behelfen und die Zeichen als Variante suchen: `(\p{Zs}|\t)`.

**! Unicode-Properties können nicht in eigenen Zeichenklassen eingesetzt werden.**

## 10.8 Mit der Zwischenablage arbeiten

Bei der Ersetzung kann man mit dem Metazeichen `~c` auf den Inhalt der Zwischenablage zuzugreifen. Das ist vor allem dann praktisch, wenn sich in der Zwischenablage ein InDesign-Rahmenobjekt befindet, das an mehreren Stellen im Text verankert werden soll. Vorstellbar ist z. B., dass man bestimmte Überschriften mit einem Hinweissymbol kennzeichnen oder einzelne Wörter oder Zeichen durch verankerte Symbole ersetzen möchte.

Für das erste Beispiel kopiert man zunächst das Rahmenobjekt in die Zwischenablage und stellt dann bei den Formateinstellungen für die Suche das entsprechende Absatzformat der Überschrift ein. Als Suche trägt man `.+` ein, um den ganzen Absatz zu finden. Für die Ersetzung verwendet man `~c$0`.

## 10.9 GREPs formatieren und kommentieren

Komplexe Reguläre Ausdrücke können schnell unleserlich werden. Aus Unterkapitel 1.4 ist die Methode, Reguläre Ausdrücke mit Leerzeichen zu »formatieren«, bekannt. Dazu wird der Befehl `(?x)` zu Beginn des Ausdrucks gesetzt.

**Die Unicode-Property `\p{Zs}` kann erst ab CS4 eingesetzt werden.**

Der Reguläre Ausdruck `\((siehe)? ?(S(eite|\.)?)?\p{Zs}(\d+)\)` findet Seitenverweise der Form `(siehe S. 16)`, `(S. 16)` und noch einige Varianten mehr. Mit dem Modifizierer `(?x)` könnte er wie folgt geschrieben werden: `(?x) \( (siehe)? [ ]? (S(eite|\.)?)? \p{Zs} (\d+) \)`. Beachten Sie, dass Leerzeichen, die gefunden werden sollen, gekennzeichnet werden müssen. Dazu kann man sie über eine Zeichenklasse `[ ]` suchen oder alternativ über den Unicode-Codepoint mit `\x{0020}`.

Kommentare

Zusätzlich gibt es noch die Möglichkeit, mit `(?#Kommentartext?)` Kommentare in den Ausdruck einzufügen. Das könnte dann z.B. so aussehen:

```
(?x) \( (siehe)? [ ]? (S(eite|\.)?)? \p{Zs}(?#Alle Leerräume?) (\d+) \)
```

## 10.10 Vornamen abkürzen

In einer Tabelle sollen bei allen Namen die Vornamen abgekürzt werden, die Nachnamen aber ausgeschrieben bleiben. Auf den ersten Blick kein Problem. Den Namen `Max Muster` könnte man mit `(\u)\l+ (\u\l+)` finden und mit `$1. $2` zu `M. Muster` abkürzen.

Sobald aber auch Doppelnamen, wissenschaftliche Titel und Adelsbezeichnungen berücksichtigt werden sollen, wird es etwas komplexer. Die folgende Namensliste finden Sie auch im Dokument *10-10_Vornamen.indd*.

**Listing 90**
Mögliche Namenskombinationen

```
Hans Muster
Hans Peter Muster
Hans Peter Robert-Rupert Muster
Hans-Peter Muster
Hans-Peter Muster-Müller
Dipl. Ing. Peter Müller
Dr. Willy Schmid
Karl Clemens von Luttenberg
Stephanie zu Hufhausen
```

Nachnamen abtrennen

In diesem Fall bietet es sich an, mehrere GREP-Abfragen zu kombinieren. Als Erstes trenne ich Vor- und Nachnamen durch ein eindeutiges Zeichen wie z. B. einen senkrechten Strich |. Dies gelingt mit der Suche nach `([\u\l-]+)$` und der Ersetzung `|$1`. Die Suche trifft das letzte Wort der Zeile, die Zeichenklassen `\u` und `\l` werden mit dem Bindestrich erweitert, damit auch Doppelnamen gefunden werden.

Vornamen abkürzen

Den Bereich, in dem sich die Vornamen befinden, kann man nun mit dem positiven Lookahead `(?=.*?\|)` eingrenzen. Die abzukürzenden Vornamen findet man mit `(\u)\l+([- ])`. Die zweite Klammer `([- ])` im Ausdruck berücksichtigt, dass mögliche Doppelnamen mit einem Bindestrich angeschlossen werden. Zusammengesetzt ergibt sich für die Suche `(\u)\l+([- ])(?=.*?\|)`. Bei der Ersetzung muss nun `$1.$2` verwendet werden.

Trennzeichen entfernen

Nachdem alle Änderung ausgeführt wurden, müssen noch die Trennzeichen mit der Suche `\|` und der Ersetzung durch nichts entfernt werden. Das Ergebnis der Ersetzungen ist:

**Listing 91**
Abgekürzte Vornamen

```
H. Muster
H. P. Muster
H. P. R.-R. Muster
H.-P. Muster
H.-P. Muster-Müller
Dipl. Ing. P. Müller
Dr. W. Schmid
K. C. von Luttenberg
S. zu Hufhausen
```

Dieser mehrstufige GREP eignet sich gut für die Ausführung per Skript (→ Unterkapitel 4.8) oder mit Skript *Chain GREP queries* (→ Unterkapitel 10.1).

## 10.11 Anführungszeichen und Apostrophe

In Manuskripten mit direkter Rede oder Zitaten werden viele Anführungszeichen verwendet. Wenn typografisch korrekte Anführungen verwendet werden sollen, ergeben sich immer wieder Probleme. Einen sehr übersichtlichen Artikel zur richtigen Verwendung von Anführungszeichen finden Sie unter ↗ 35.

Je nach Import oder durch die Verwendung von Copy & Paste schleichen sich manchmal falsche Anführungen in Dokumente. In diesen Fällen sollen alle Anführungen entsprechend der Voreinstellung (Bearbeiten → Voreinstellungen → Wörterbuch …) umgesetzt werden.

Mit der Suche nach `"` findet man alle doppelten Anführungszeichen. Das Zeichen `"` ist eine Art Zeichenklasse und trifft innerhalb von

InDesign "“”„»« – in anderen Programmen hat dieses Zeichen keine spezielle Bedeutung.

Wenn Sie alle `"` durch sich selbst ersetzen, setzt InDesign die Anführungen entsprechend der Voreinstellung um.

Anführungen prüfen

Um zu prüfen, ob an allen Stellen die korrekten typografischen Anführungszeichen verwendet wurden, bietet sich eine Suche mit GREP an. Der erste Ansatz ist die Suche nach `"[^"]+"`. In Unterkapitel 10.4 wurde der Unterschied zum Suchausdruck `".+?"` diskutiert. Dieser Ausdruck findet nur Anführungen, die in Paaren auftreten. Sobald ein Zeichen fehlt, werden falsche Textbereiche ausgewählt.

Interessant wäre ein Ausdruck, mit dem man prüfen könnte, ob für jedes öffnende Anführungszeichen ein passendes schließendes gefunden werden kann. Im @ Flyout-Menü unter ANFÜHRUNGSZEICHEN finden sich die Metazeichen `~{` für öffnende bzw. `~}` für schließende Anführungszeichen. Diese sind Platzhalter für die Anführungszeichen, die in den Voreinstellungen gewählt wurden. Wenn dort z.B. deutsche Anführungszeichen eingestellt sind, finden Sie mit diesen Platzhalten nicht die französische Variante.

Leider funktionieren diese Platzhalter nicht zuverlässig. Der Ausdruck `([~}~{])[^~}~{]+\1` sollte prüfen, ob sich Anführungen wiederholen. Mit Hilfe der Backreference `\1` wird getestet, ob zwei gleiche Anführungen hintereinander auftreten (zur Verwendung von Fundstellen in der Suche siehe Unterkapitel 10.3). In negierten Zeichenklassen treffen die Platzhalter `~}~{` jedoch alle Zeichen. Deswegen muss man die Suche mit den benötigten Anführungszeichen ausführen. Für deutsche Anführungen würde sich `([„“])[^„“]+\1` ergeben.

Bei diesem Verfahren wird das letzte Anführungszeichen im Textabschnitt nicht mehr getroffen. Dies kann man zusätzlich noch mit `„[^„]+\Z` prüfen. Hier wird nach einem öffnenden Anführungszeichen, auf das bis zum Ende des Textabschnitts kein schließendes folgt, gesucht.

Einfache Anführungen und Apostrophe

Einfache Anführungszeichen sind problematischer, da im Schriftsatz für das Apostroph-Zeichen oft das Zeichen ’ (Unicode 2019) und nicht das eigentlich vorgesehene Zeichen ' (Unicode 0027) eingesetzt wird. Das Zeichen ’ ist aber gleichzeitig die einfache Abführung. Je nachdem, welche Kombination von apostrophierten Wörtern vorkommt, kann keine logische Lösung gefunden werden. Zusätzlich kommt erschwerend hinzu, dass in vielen Manuskripten alle möglichen Kombinationen für die drei Zeichen verwendet werden. Der folgende Text veranschaulicht die Probleme. Sie finden ihn im Dokument *10-11_Anfuehrungen.indd*.

**Listing 92** Apostrophe vs. einfache Anführungen

```
Das Problem bei einfachen Anführungen sind die Apostrophe` oder dies
´. ‚Einfach' oder ›einfach‹ oder 'easy' ist es nicht. Aber auch hier
gilt's: 'ne Rock 'n' Roll Suche macht ‚Spaß'. Leider ist's ab jetzt 'ne
schwierige Sache für die Such'.
```

Sobald ein am Wortanfang apostrophiertes Wort auftritt, kann nicht mehr unterschieden werden, ob es sich um eine Anführung oder Apostrophierung handelt. Trotzdem kann man alle anderen Fälle automatisiert abarbeiten. Anschließend kann das Ergebnis relativ schnell schrittweise geprüft werden. Die Idee ist, zunächst alle einfachen Anführungen in korrekte Apostrophe zu verwandeln. Danach werden die einfachen Anführungen umgesetzt.

Apostroph korrigieren

Für den ersten Schritt muss man nach `'` suchen und dieses durch `'` (bzw. `\x{2019}`) oder ein anderes gewünschtes Apostroph-Zeichen ersetzen. Das Suchzeichen `'` bildet ähnlich wie das Zeichen `"` in InDesign eine Zeichenklasse für alle möglichen einfachen Anführungszeichen. In der Zeichenklasse `'` befinden sich auch einige Akzente und Zeichen, die missbräuchlich als Apostrophe verwendet werden. Leider fehlt das französische Akut, welches ebenfalls manchmal als Apostroph missbraucht wird. Das Problem kann man mit einer eigenen Zeichenklasse `[´']` lösen. Im Beispieldokument finden Sie weitere exotische Unicode-Zeichen, die als Apostroph missbraucht werden könnten. Im Beispieldokument ist auch ein Ausdruck enthalten, der diese selten verwendeten Zeichen mit aufnimmt.

Akzente Zeichen werden oft als Apostroph missbraucht.

Einfache Anführungen lokalisieren

In einem zweiten Schritt müsste man nun möglichst präzise alle Stellen, an denen einfache Anführungen benötigt werden, ermitteln.

Für den passenden GREP könnte man zunächst `[´'][^´']+[´']` ausprobieren. Wenn man noch zusätzlich darauf Rücksicht nimmt, dass vor der öffnenden Anführung normalerweise ein Leerraum steht, trifft man nicht mehr die Wörter mit Apostroph am Ende. Für diese Prüfung kann ein positives Lookbehind eingesetzt werden `(?<=\s)[´'][^´']+[´']`. Außer einem Leerraum könnte auch noch eine öffnende Klammer oder ein doppeltes Anführungszeichen vor einer einfachen Anführung stehen. Das Lookbehind sollte deswegen durch `(?<=[\s[("])` erweitert werden.

Um Wörter, die mit einem Apostroph beginnen, auszuschließen, kann man mit einem negativen Lookahead arbeiten. Es lässt sich sicher sagen, dass am Ende einer in einfache Anführungszeichen gesetzten Passage kein Zeichen, das in einem Wort enthalten ist, vorkommen kann. Die passende Erweiterung des Ausdrucks wäre: `(?!\w)`.

Einen kleinen Sonderfall kann man noch zusätzlich abfangen. Mit `[^´']{2,0}` kann man festlegen, dass zwischen den beiden Anführungen mindestens zwei Zeichen stehen müssen. Ein einziges Zeichen bildet kein Wort, in apostrophierter Form kommt es aber z.B. als `Rock 'n' Roll` vor.

Der GREP `(?<=[\s[("])[´']([^´']{2,})[´'](?!\w)` findet alle Textbereiche mit einfachen Anführungen und zusätzlich noch Textbereiche, die durch einen apostrophierten Wortanfang beginnen und mit einem apostrophierten Wortende begrenzt werden.

Im folgenden Listing erkläre ich den Ausdruck mit Hilfe von GREP-Kommentaren. Das Listing zeigt einerseits eine etwas technischere Erklärung und andererseits, wie man einen unbekannten komplexen GREP schrittweise analysieren könnte.

**Listing 93**
Kommentierter GREP für die Ersetzung von einfachen Anführungen

```
(?x)          (?# Leerräume werden ignoriert?)
(?<=[\s[("]) (?# Vor dem Ausdruck muss ein Leerraum, [, ( oder
Anführungszeichen stehen?)
[´']          (?# Findet alle Anführungen und Akut?)
([^´']{2,})  (?# Die Fundstelle enthält mindestents zwei Zeichen
und enthält alles außer Anführungen und Akut?)
[´']          (?# Findet alle Anführungen und Akut?)
(?!\w)        (?# Es folgt ein Zeichen, das nicht Bestandteil eines
Wortes sein darf?)
```

Die Ersetzung ist mit `'$1'` relativ einfach. InDesign setzt bei der Ersetzung die voreingestellten Anführungen um. Wenn man diese Werte ignorieren möchte, kann man auch die gewünschten Zeichen bei der Ersetzung direkt angeben, z.B. `›$1‹` . Mit diesen Einstellungen kann man nun schrittweise durch das Dokument gehen. Falls ein nicht zutreffender Textbereich gefunden wird, muss man diesen überspringen.

Die Grundidee für diesen Regulären Ausdruck habe ich von Martin Fischer übernommen.

## 10.12 Zifferngruppen bilden

Ein weiteres Problem aus der Praxis ist die Gliederung von Telefonnummern in Zweierschritten. Das hier vorgestellte Verfahren kann auch für die Trennung von Tausender-Gruppen verwendet werden.

Telefonnummern gliedern

Für das Beispiel gehe ich davon aus, dass alle Ziffernfolgen mit mehr als drei Stellen Telefonnummern sind. Außerdem setze ich voraus, dass die Telefonnummern noch nicht gegliedert sind. Ein Trennzeichen zwischen Vorwahl und Nummer ist kein Problem. Eine Nummer könnte beispielsweise so aussehen: `0228/985637`.

Wenn neben Telefonnummern auch andere Zahlen im Dokument vorkommen, muss die Suche interaktiv ausgeführt werden. Ein Regulärer Ausdruck kann nicht erkennen, ob es sich um eine mehrstellige Zahl oder eine Telefonnummer handelt. Mit dem Skript aus Unterkapitel 4.9 könnte man aber alle Telefonnummern z.B. über das Trennzeichen mit `\d+/\d+` lokalisieren, um dann im Ersetzungsteil die Gliederung vorzunehmen.

Als ersten Ansatz versuche ich die Ziffer von hinten in Zweiergruppen aufzuteilen: `\d(?=(\d\d)+\b)`. Im positiven Lookahead werden zwei Ziffern gruppiert und mit einer Wortgrenze versehen. In der Ersetzung könnte man z.B. `$0~<` verwenden. Mit dem `~<` wird ein Achtelgeviert zwischen den Zweiergruppen eingefügt.

Dieser Ausdruck trifft alle Ziffern ab drei Stellen. Falls nur mindestens dreistellige Zahlen aufgeteilt werden sollen, kann man eine weitere Ziffer voranstellen und nach `\d\d(?=(\d\d)+\b)` suchen.

Diese Suche hat dann aber den Schönheitsfehler, dass bei Nummern mit einer ungeraden Anzahl an Stellen die ersten drei Ziffern nicht unterteilt werden. Für diesen Fall kann man mit `\d(?=(\d\d){2,}\b)` die ersten drei Stellen abfangen. Um beide Ersetzungen in einem Rutsch durchzuführen, kann man mit einer Oder-Verknüpfung `|` beide Ausdrücke zusammenfassen: `\d\d(?=(\d\d)+\b)|\d(?=(\d\d){2,}\b)`

Tausender trennen

Alternativ kann man auch Zahlen in Tausender-Gruppen aufteilen. Dazu muss man die Anzahl der gruppierten Ziffern ändern. Der Suchausdruck lautet dann: `\d\d(?=(\d\d\d)+\b)|\d(?=(\d\d\d){2,}\b)`. Dieser Ausdruck unterteilt nur Zahlen mit mehr als vier Stellen.

Wenn sowohl große Zahlen als auch Telefonnummern im Dokument auftauchen, muss man entweder ein Skript schreiben oder das Dokument Schritt für Schritt bearbeiten.

Zahlen in Tabellenzellen

Der gerade vorgestellte Ausdruck funktioniert leider nicht mit Zahlen, die am Ende eines Textabschnitts oder am Ende einer Tabellenzelle stehen (Zellen enthalten ebenfalls einzelne Textabschnitte). Dies ist vermutlich ein Fehler in der Implementierung von Lookahead. Sobald im Lookahead drei Ziffern `(?=(\d\d\d)+\b)` enthalten sind, trifft das Metazeichen `\b` nicht mehr das Ende eines Textabschnitts.

Eine Möglichkeit ist es, in einer vorgelagerten Ersetzung alle Zahlen, die am Ende eines Textabschnitts stehen, um ein Leerzeichen zu erweitern. Hier bietet sich das ein 1/24-Geviert an, das mit `~|` in der Suche bzw. Ersetzung eingesetzt werden kann. Für den Suchausdruck verwende ich `(\d+)\Z` für die Ersetzung `$1~|`.

Nachdem die Zahlen unterteilt wurden, müssen die 1/24-Gevierte wieder entfernt werden. Dazu verwende ich die Suche nach `(\d+)~|` und die Ersetzung `$1`.

Wenn man diese Suchen/Ersetzen-Abfragen speichert, kann man sie in einem Skript, wie in Unterkapitel 4.8 vorgestellt, hintereinander ausführen.

Die Ideen für die gerade vorgestellten Lösungswege stammen von Peter Kahrel und Marco Morgenthaler.

## 10.13 Festabstände

Neben der Gruppierung von Ziffern werden auch zwischen Abkürzungen, Maßangaben und Satzzeichen unterschiedliche Leerräume für die mikrotypografische Umsetzung benötigt. So wird z. B. bei Abkürzungen normalerweise ein Achtelgeviert zwischen Punkt und Einzelbuchstaben gesetzt. Maßeinheiten wie beispielsweise 10 cm oder 20 kg werden oft mit Sechstelgevierten abgetrennt.

Neben dem optisch besseren Satzbild haben Festabstände den Vorteil, dass sie nicht umbrochen und somit Zahl und Maßeinheit zusammengehalten werden. Die genauen Werte sind oftmals Geschmacksfragen und werden von vielen Grafikern unterschiedlich bewertet. Als Standardwerk zum Thema Typografie kann ich das Buch »Detailtypografie« von Friedrich Forssman und Ralf de Jong empfehlen. Eine Übersicht über Festabstände, die in InDesign eingesetzt werden können, finden Sie auf Seite 344.

**Auf dem Mac findet InDesign CS3 mit \s nur Tabulatoren, Umbrüche und das Leerzeichen, aber keine Festabstände.**

Bei der Umsetzung von Festabständen müssen sehr viele Suchen/Ersetzen-Abfragen ausgeführt werden. Es empfiehlt sich, das Skript *findChangeByList.jsx* zu verwenden, das in Unterkapitel 4.8.1 vorgestellt wurde, und eine Textdatei mit den Abfragen zu erstellen. Alternativ kann man die Abfragen auch in einem eigenen Skript zusammenstellen.

Die folgende Tabelle enthält die wichtigsten, automatisch auswertbaren Kombinationen. Wenn Sie InDesign CS3 einsetzen, kann die Unicode-Property `\p{Zs}` nicht verwendet werden. Stattdessen kann man mit `\s` oder genauer mit `[~m~>~f~|~S~s~<~/~.~3~4~% ]` arbeiten.

**Tab. 23** Automatisch auswertbare Kombinationen

<table>
<tr><th>Zeichen/Kombination</th><th>Beispiel</th><th>Festabstand</th><th>GREP-Suche</th><th>GREP-Ersetzung</th></tr>
<tr><td>Gedankenstrich</td><td>… dachte – aber das …</td><td>Geschütztes Leerzeichen</td><td>\p{Zs}+(-|--|–)<br>\p{Zs}+</td><td>~S–</td></tr>
<tr><td>Auslassungszeichen</td><td>Wie immer …</td><td>Sechstelgeviert</td><td>\p{Zs}*(\.\.\.| …)</td><td>~% …</td></tr>
<tr><td>Bekannte Abkürzungen</td><td>z. B., d. h.,<br>a. a. O., …</td><td>Achtelgeviert</td><td>z\.\p{Zs}*B\.</td><td>z.~<B.</td></tr>
<tr><td>Verweise im Text</td><td>S. 320, Tab. 2a</td><td>Sechstelgeviert</td><td>S\.\p{Zs}*(\d)</td><td>S.~%$1</td></tr>
<tr><td>Maßeinheiten,<br>Prozentzeichen</td><td>1 mm, 3 kg,<br>30 cm, 50 % …</td><td>Sechstelgeviert</td><td>(\d)\p{Zs}*<br>(cm|kg|mm|g|%| …)<br>(\s|\p{P*})</td><td>$1~%$2$3</td></tr>
<tr><td>Gradangaben</td><td>39°</td><td>Achtelgeviert</td><td>(\d+)\p{Zs}*°</td><td>$1~<°</td></tr>
<tr><td>Paragrafen</td><td>§ 1 aber auch § II</td><td>Sechstelgeviert</td><td>§\p{Zs}*<br>([\dIVXLCDM]+)</td><td>§~%$1</td></tr>
<tr><td>Akademische Titel</td><td>Dr., Drs., Prof., …</td><td>Sechstelgeviert</td><td>(Dr\.|Drs\.| Prof\.)<br>\p{Zs}*(\u)</td><td>$1~%$2</td></tr>
</table>

**Führen Sie die automatische Ersetzung vor Beginn der Satzarbeiten durch, um eventuelle Fehler während der Satzarbeiten zu finden.**

Die Umsetzung dieser Tabelle für das FindChangeByList-Skript finden Sie in der Datei *10-13_Festabstaende.txt*, die Sie mit dem Dokument *10-13_Festabstaende.indd* testen können.

Leider sind nicht alle Kombinationen automatisch auswertbar, da einige auch im normalen Fließtext auftreten können. Die folgende Tabelle zeigt eine Übersicht.

<table>
<tr><th>Zeichen/ Kombination</th><th>Beispiel</th><th>Festabstand</th><th>GREP-Suche</th><th>Problem bei der Ersetzung</th></tr>
<tr><td>30. Jahrhundert/ Geburtstag</td><td>30. Geburtstag</td><td>Sechstelgeviert</td><td><code>(\d+)\.\p{Zs}+(Jahrhundert|Geburtstag|Jh\.)</code></td><td>Jahrhundert/ Geburtstag am Satzanfang</td></tr>
<tr><td>Vornameninitiale Nachname</td><td>F. Rademacher</td><td>Sechstelgeviert</td><td><code>\u\.\p{Zs}+\u\l+</code></td><td>Nachname am Satzanfang</td></tr>
<tr><td>Datumsangabe Monat</td><td>8. Mai</td><td>Sechstelgeviert</td><td><code>(\d+\.)\p{Z*}+(Januar|Februar| ...)</code></td><td>Monat am Satzanfang</td></tr>
<tr><td>Datumsangabe Ziffern</td><td>10.03.1979</td><td>Achtelgeviert</td><td><code>(\d{1,2}\.)\p{Z*}*(\d{1,2}\.)\p{Z*}*(\d{2}|\d{4})</code></td><td>Verwechslung mit Kapitelnummern oder sonstigen Zifferngruppen</td></tr>
<tr><td>Währungszeichen</td><td>15 EUR</td><td>Sechstelgeviert</td><td><code>(\d+)\p{Zs}*(Euro|Dollar|Yen|€|£|\$)</code></td><td>Währungsname am Satzanfang</td></tr>
<tr><td>Zifferngruppierung</td><td>0228/98 76 45</td><td>Achtelgeviert</td><td>Siehe Unterkapitel 10.12</td><td>Telefonnummern, Tausender-Stellen oder Postleitzahlen</td></tr>
<tr><td>Streckenstrich, Bis-Strich</td><td>150–200 km</td><td>24tel-Geviert</td><td><code>(?<=\P{Zs})(–)(?=\P{Zs})</code></td><td>Mit Bindestrichen zusammengesetzte (durchgekoppelte) Wörter.</td></tr>
<tr><td>Schrägstrich</td><td>Juli/August</td><td>24tel-Geviert</td><td><code>\p{Zs}*(/)\p{Zs}*</code></td><td>Verwechslung mit Internetadressen</td></tr>
</table>

**Tab. 24**
Beispiele für nicht automatisch auswertbare Kombinationen

## 10.14 GREP-Stile in alle Absatzformate kopieren

Wenn man einen GREP-Stil entwickelt hat und ihn in allen Absatzformaten verwenden möchte, muss man ihn in allen Formaten neu anlegen. Ein kleines Skript erledigt das für Sie.

**Listing 94**
GREP-Stil in alle Absatzformate kopieren (10-14_GREPStileEinfuegen-1.jsx)

```
1  #target InDesign
2  var _dok = app.activeDocument;
3  var _absFormate = _dok.allParagraphStyles;
4  for (var i = 1; i < _absFormate.length; i++) {
5    var _gs = _absFormate[i].nestedGrepStyles.add();
6    _gs.grepExpression = "\\d";
7    _gs.appliedCharacterStyle = _dok.characterStyles.
     itemByName("ziffer");
8  }
```

`var _absFormate = _dok.allParagraphStyles;`

3 Die Eigenschaft `allParagraphStyles` stellt alle Absatzformatvorlagen in einem Array zur Verfügung.

`for (var i = 1; i < _absFormate.length; i++) { //...`

4–8 Die for-Schleife durchläuft alle Absatzformate. Jedem Format wird ein GREP-Stil hinzugefügt. Beachten Sie, dass die Schleife bei 1 beginnt. An der Stelle `_absFormate[0]` befindet sich das Absatzformat

[Kein Absatzformat], das im Bedienfeld nicht angezeigt wird und auch nicht verändert werden darf.

Einen GREP-Stil erstellen

```
var _gs = _absFormate[i].nestedGrepStyles.add();
```

5 Die Sammlung der GREP-Stile befindet sich in der Eigenschaft nestedGrepStyles. Mit der Methode add() kann ein neues Objekt vom Typ NestedGrepStyle erstellt werden. Der Rückgabewert wird in der Variablen _gs gespeichert.

```
_gs.grepExpression = "\\d";
```

6 In der Eigenschaft grepExpression wird der Reguläre Ausdruck des GREP-Stils gespeichert, in diesem Fall \d für die Ziffern-Kleinerschaltung. Da der Ausdruck in einem String übergeben wird, müssen die Backslash-Zeichen maskiert werden.

```
_gs.appliedCharacterStyle = _dok.characterStyles.itemByName("ziffer");
```

7 Der Eigenschaft appliedCharacterStyle muss ein Zeichenformat übergeben werden. Wie in Unterkapitel 7.4 diskutiert, kann man über die Sammlung characterStyles nur auf die erste Ebene der Zeichenformate zugreifen. Wenn Sie mit Zeichenformatgruppen arbeiten, können Sie das Skript *10-14_GREPStileEinfuegen-2.jsx* verwenden. Dieses durchläuft in der selbst entwickelten Funktion getCharacterStyle() den Array allCharacterStyles und liefert das erste Zeichenformat, das dem gesuchten Namen entspricht, zurück.

## 10.15 Leerraum vereinheitlichen

Wenn man vor der Aufgabe steht, mehrere Leerräume in einem Dokument zu vereinheitlichen, hat man mit ungeahnten Stolpersteinen und Fallstricken zu kämpfen. Das folgende Praxisbeispiel zeigt, wie komplex eine auf den ersten Blick einfache Aufgabe manchmal sein kann. Als Lösung kommt letztlich nur noch ein Skript in Frage.

**! Die Zeichenklasse \p{Zs} enthält nicht den Tabulator. Auf dem Mac findet InDesign CS3 mit \s nur Tabulatoren, Umbrüche und das Leerzeichen, aber keine Festabstände.**

### Leerraum im Detail

Für die Suche nach Leerräumen gibt es die Möglichkeit, mit \s alle Leerräume inklusive der Umbruchzeichen zu finden. Ab InDesign CS4 kann man mit der Unicode-Zeichenklasse \p{Zs} ausschließlich Leerräume suchen. Auf Seite 344 finden Sie eine Übersicht aller Umbruchzeichen und Leerräume.

Der einfachste Ansatz für die Konsolidierung wäre die Suche mit \p{Zs}{2,} nach mindestens zwei oder mehr aufeinanderfolgenden Leerräumen. Bei der Ersetzung entsteht aber schon das erste Problem: Die verschiedenen Leerräume haben eine unterschiedliche Wertigkeit. Wenn z. B. ein geschütztes Leerzeichen im Suchtreffer enthalten ist, sollte dieses bei der Ersetzung nicht durch ein einfaches Leerzeichen ausgetauscht werden.

Wenn man zusätzlich die Zeichen der Klasse \s miteinbezieht, werden noch mehr Stellen gefunden. Um zu verhindern, dass Absätze zusammengeführt werden, hat hier die Erhaltung des Umbruchzeichens die höchste Priorität.

**Zeichen, die bei der Suche ignoriert werden**

Ein weiteres, nicht ganz offensichtliches Problem ist, dass InDesign bei der Suche bestimmte Zeichen ignoriert. Im normalen Textfluss sind z.B. Indexeinträge, Textanker, Notizen und XML-Tags verankert. Dazu werden Spezialzeichen ohne Breite an der entsprechenden Stelle eingesetzt. Damit bei der Suche – egal ob GREP oder normal – erwartbare Ergebnisse erzielt werden, müssen diese Zeichen ignoriert werden.

Die folgende Tabelle zeigt die InDesign-Steuerzeichen sowie einige andere Spezialzeichen, die bei der Suche ignoriert werden. Die Unicode-Codepoints entsprechen der Repräsentation der Zeichen in InDesign und nicht immer den Zeichen, die laut Standard an diesen Positionen stehen.

**Tab. 25**
Bei der Suche ignorierte Zeichen

| Zeichen | Unicode | Beschreibung | GREP | SpecialCharacters. |
|---|---|---|---|---|
| \ | 0003 | Verschachteltes Format hier beenden | ~h | END_NESTED_STYLE |
| † | 0007 | Einzug bis hierhin | ~i | INDENT_HERE_TAB |
| - | 00AD | Bedingter Trennstrich | ~- | DISCRETIONARY_HYPHEN |
| \| | 200B | Bedingter Zeilenumbruch | ~k | DISCRETIONARY_LINE_BREAK |
| ˇ | 200C | Verbindung unterdrücken | ~j | ZERO_WIDTH_NONJOINER |
| ǀ | 200D | Verbindung erzwingen | | ZERO_WIDTH_JOINER (ab CS5) |
| : | FEFF | Hyperlinkziel | | |
| | | Hyperlink | | |
| | | Querverweis | | |
| ⁞ | FEFF | Ausgeblendeter bedingter Text | | |
| ⁞ | FEFF | Marker für Indexeintrag | ~I | |
| ⧗ | FEFF | Marker für Notiz | | |
| [] | FEFF | XML-Element | | |

Solange man nur sucht, ist das alles kein Problem, schwierig wird es bei der Ersetzung. Wenn diese Zeichen innerhalb eines Suchtreffers enthalten sind, werden sie bei der Ersetzung entfernt. Wenn man nicht aufpasst, kann man also Indexeinträge, XML-Tags usw. ohne Rückmeldung aus dem Dokument löschen.

**Einige ignorierte Zeichen werden bei der Ersetzung entfernt.**

Nur Notizen und Marken für ausgeblendete bedingte Texte werden bei der Ersetzung korrekt behandelt: Eine Notiz innerhalb eines Such-

treffers wird bei der Ersetzung vor den Ersetzungsbegriff verschoben. Dieses Verhalten wünscht man sich eigentlich auch für alle anderen Spezialzeichen, zumindest aber für Indexeinträge und XML-Tags. Das Problem zieht sich durch alle Versionen einschließlich CS5.

Zunächst ist es wichtig, sich der Problematik bewusst zu werden. Ganz so klar wie bei den Notizen ist der Umgang mit gefundenen Spezialzeichen leider nicht. Soll z. B. ein Indexeintrag innerhalb eines Wortes, das durch ein anderes ersetzt wird, erhalten bleiben – oder ist das Verhalten von InDesign sogar gewünscht?

### Skript zur Konsolidierung von Leerräumen und Umbrüchen

Für eine Lösung muss man den passenden Leerraum auswählen und die ignorierten Zeichen erhalten. Die folgende Abbildung zeigt eine mögliche Fundstelle, die aus Leerzeichen, Indexeintrag und geschützten Leerzeichen besteht.

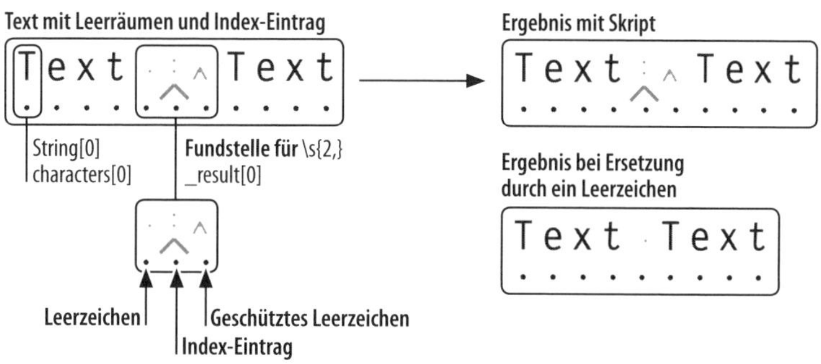


**Abb. 78** Problematische Fundstelle bei der Suche nach Leerräumen

Das hier vorgestellte Skript arbeitet mit der Zeichenklasse \s und berücksichtigt auch Tabulatoren und Umbruchzeichen. Es basiert auf dem FindAndDo-Skript aus Unterkapitel 4.9. Für das Skript habe ich das Testdokument *10-15_Leerraum.indd* zusammengestellt.

**Listing 95** Auszug aus dem Skript (10-15_Leerraum-1.jsx)

```
app.findGrepPreferences = NothingEnum.nothing;
app.findGrepPreferences.findWhat = "\\s{2,}";
var _results = app.activeDocument.findGrep(true);

for (var i = 0; i < _results.length ; i++) {
  var _res = _results[i];
  // Je weiter unten das Zeichen in der folgenden Liste steht,
  desto höher ist die Priorität :
  // Normal Space
  if (_res.contents.indexOf("\u0020") > -1) _mostImportant = _res.
  contents.indexOf("\u0020");
  // Nonbreaking Space
  if (_res.contents.indexOf("\u00A0") > -1) _mostImportant = _res.
  contents.indexOf("\u00A0");
  //...
```

```
42     var _resChars = _res.characters.everyItem().getElements();
43     for (var k = _resChars.length -1; k >= 0; k--) {
44       var _char = _resChars[k];
45       if (_char.contents != "\uFEFF" &&
46       _char.contents != SpecialCharacters.END_NESTED_STYLE &&
47       _char.contents != SpecialCharacters.INDENT_HERE_TAB &&
48       _char.contents != SpecialCharacters.DISCRETIONARY_HYPHEN &&
49       _char.contents != SpecialCharacters.DISCRETIONARY_LINE_BREAK &&
50       _char.contents != SpecialCharacters.ZERO_WIDTH_NONJOINER &&
51       _char.contents != "\u200D" && // ab CS5 SpecialCharacters.
         ZERO_WIDTH_JOINER
52       k != _mostImportant) _char.remove();
53     }
54   }
```

2–4 Mit der GREP-Suche werden alle Textstellen mit mindestens zwei aufeinanderfolgenden Leerzeichen gesucht. Das Dokument muss mit `findGrep(true)` rückwärts durchsucht werden, da die folgenden Textänderungen den Index der Buchstaben innerhalb des Textabschnitts verschieben.

6–54 Innerhalb der for-Schleife werden die Suchergebnisse analysiert. In Zeile 7 wird das jeweilige Suchergebnis in der Variablen `_res` gespeichert.

Das Zeichen wählen, das erhalten bleiben soll

```
// Normal Space
if (_res.contents.indexOf("\u0020") > -1) _mostImportant =
   _res.contents.indexOf("\u0020");
   //...
```

8–40 Hier wird das Zeichen, das bei der Ersetzung erhalten bleiben soll, ausgewählt. Als Prüfstruktur verwende ich mehrere if-Abfragen hintereinander. Mit `_res.contents` erhält man den String des aktuellen Treffers. Mit der Methode `indexOf()` kann dann geprüft werden, ob er ein bestimmtes Zeichen enthält. Immer wenn dies zutrifft, ist das Ergebnis des Vergleichs größer -1. In diesen Fällen wird die Position des Zeichens innerhalb der Zeichenkette in der Variablen `_mostImportant` gespeichert.

Die Variable `_mostImportant` wird je nach Inhalt des Suchergebnisses mehrmals überschrieben. Je weiter unten das Zeichen in Liste steht, desto höher ist die Priorität. Im Skript würde ein Umbruchzeichen immer erhalten bleiben. Die Priorität der Zeichen kann je nach Ansicht des Anwenders bzw. Produkts unterschiedlich bewertet werden. Dazu kann man die einzelnen if-Abfragen verschieben.

```
var _resChars = _res.characters.everyItem().getElements();
```

42 In diesem Schritt werden die einzelnen Zeichen des Suchergebnisses in der Variablen `_resChars` gespeichert. Mit der Methode `getElements()` wird sichergestellt, dass alle Referenzen zu den Objekten, die die Me-

thode everyItem() adressiert hat, aufgelöst werden. Ohne die Verwendung von getElements() kann es zu Problemen beim Löschen der Zeichen kommen.

```
for (var k = _resChars.length -1; k >= 0; k--) {
   var _char = _resChars[k];
   //...
}
```

43–53 Für die eigentliche Ersetzung wird eine weitere for-Schleife verwendet, die über den Array _resChars, der die einzelnen Character-Objekte enthält, läuft. Die Zählvariable i wird schon in der übergeordneten for-Schleife verwendet, hier wird deswegen k eingesetzt. Da das Textobjekt _res verändert wird, muss der Array rückwärts durchlaufen werden. Nach der Ausführung der for-Schleife sind die Leerräume der Fundstelle konsolidiert.

In Zeile 44 wird jeweils ein Zeichen in der Variablen _char gespeichert. Mit Hilfe dieser Variable wird in der folgenden if-Abfrage geprüft, ob das Zeichen gelöscht werden darf.

Zeichen, die erhalten bleiben sollen

```
if (_char.contents != "\uFEFF" &&
   _char.contents != SpecialCharacters.END_NESTED_STYLE &&
   //...
   k != _mostImportant) _char.remove();
```

**SpecialCharacters. ZERO_WIDTH_JOINER kann erst ab CS5 verwendet werden.**

45–52 In der if-Abfrage wird der Inhalt des Zeichens _char geprüft. Im Vergleich wird getestet, ob es sich um ein Zeichen handelt, das erhalten bleiben soll. Erhalten bleiben bei der Suche ignorierte Zeichen und das wichtigste Zeichen der Fundstelle.

Die einzelnen Vergleiche werden mit dem Und-Operator && verbunden. Damit die if-Abfrage ausgeführt wird, darf keiner der Vergleiche false ergeben. Die doppelte Verneinung im Vergleich habe ich aus Performancegründen gewählt. Sobald ein Vergleich unwahr wird, ist der gesamte Vergleich unwahr und die Abfrage wird übersprungen. Bei der Verknüpfung der Vergleiche mit dem Oder-Operator || würde JavaScript alle Vergleiche testen, weil die Summe der verknüpften Vergleiche wahr wird, sobald ein einziger Vergleich true liefert.

Alle Marker mit dem Unicode-Zeichen \uFEFF enthalten in der Eigenschaft contents einen String mit dem entsprechenden Zeichen. Alle anderen ignorierten Spezialzeichen aus Tabelle 25 enthalten in der Eigenschaft contents einen Wert aus der Aufzählung SpecialCharacters. In der Aufzählung sind alle Spezialzeichen, die in InDesign verwendet werden können, enthalten. Ein bedingter Trennstrich hat z.B. den Wert SpecialCharacters.DISCRETIONARY_HYPHEN (siehe auch Seite 344).

Spezialzeichen sind in der Aufzählung SpecialCharacters enthalten.

Wenn der Vergleich zutrifft, wird das Zeichen _char mit der Methode remove() gelöscht.

# 11 Skripting-Kochrezepte

In diesem Kapitel werden Praxisbeispiele vorgestellt und erläutert. Der Aufbau der Skripte basiert auf dem in Unterkapitel 9.4 vorgestellten Skript-Template.

Aufgaben, die in mehreren Beispielen benötigt werden, werden in Funktionen ausgelagert. Dadurch entsteht ein besser lesbarer Code und die Funktionen können leichter in anderen Skripten weiterverwendet werden. Diese und andere nützliche Funktionen sind in der Skripting-Bibliothek *idsHelper.jsx* (Anhang A 1) gesammelt.

## 11.1 Zeilen einsparen

Um Schusterjungen oder Hurenkinder zu vermeiden, verändert man in InDesign normalerweise die Laufweite. Bessere typografische Ergebnisse erzielt man, wenn stattdessen die Wortabstände (Flyout-Menü des Bedienfelds Steuerung, Funktion Abstände, Alt + Befehl + Shift + J) verändert werden.

Unabhängig von den manuellen Korrekturen sollten im Absatzformat für den Fließtext die Umbruchoption Zeilen nicht trennen angewählt werden.

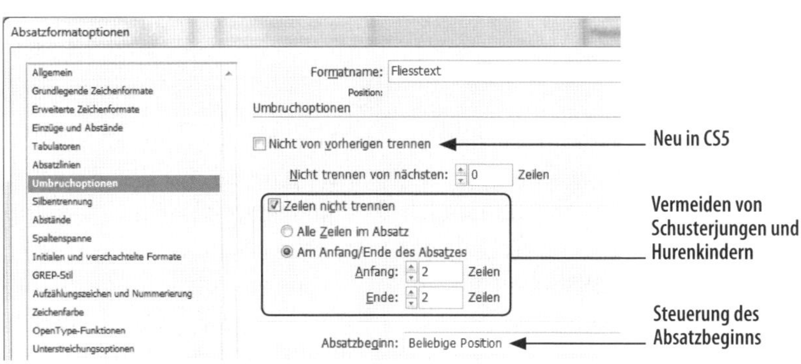


**Abb. 79**
Umbruchoptionen bei der Einrichtung von Absatzformatvorlagen

Zeilen einbringen

In beiden Fällen ist es aber mühsam, den minimalen Wert, bei dem eine Zeile eingespart wird, zu ermitteln. Meist tastet man sich iterativ über die Tastaturbefehl (Alt + Pfeil rechts = mehr Laufweite, Alt + Pfeil links = weniger Laufweite) zum richtigen Wert vor. Mit einem

Skript kann man sich den minimalen Wert, der benötigt wird, direkt berechnen lassen. Das im Folgenden gezeigte Verfahren passt die Laufweite an, nach dem gleichen Prinzip kann man auch die Wortabstände anpassen. Zum Testen kann das Dokument *11-1_ZeileEinbringen.indd* verwendet werden.

**Listing 96**
Optimale Laufweite beim Einbringen von Zeilen (11-1_Zeile Einbringen-1.jsx)

```
1  #target InDesign
2  if (app.documents.length > 0 && app.selection.length > 0 &&
   app.selection[0].hasOwnProperty("baseline")) {
3    if (app.scriptPreferences.version >= 6) { //Ab CS4 Undo
4      app.doScript(zeileEinbringen, ScriptLanguage.JAVASCRIPT , [],
       UndoModes.ENTIRE_SCRIPT, "Zeile einbringen");
5    }
6    else {
7      zeileEinbringen();
8    }
9  } else {
10   alert("Bitte positionieren Sie die Einfügemarke im Text!");
11 }
12
13 function zeileEinbringen() {
14   var _abs = app.selection[0].paragraphs[0];
15   var _zeilen = _abs.lines.length;
16   var _orgTracking = _abs.tracking;
17   var _minTracking = -10;
18   _abs.tracking = _minTracking;
19   if (_abs.lines.length < _zeilen) {
20     while (_abs.lines.length < _zeilen) {
21       _abs.tracking++;
22     }
23   _abs.tracking--;
24   }
25   else {
26     _abs.tracking = _orgTracking;
27   }
28 }
```

Methode `hasOwnProperty()`

```
if (app.documents.length > 0 && app.selection.length > 0 && app.
   selection[0].hasOwnProperty("baseline")) { //...
```

2–11 Zu Beginn des Skripts wird geprüft, ob es sich bei der aktuellen Auswahl um ein Textobjekt handelt. Alle JavaScript-Objekte haben die Methode `hasOwnProperty()`, mit der man prüfen kann, ob das Objekt eine bestimmte Eigenschaft besitzt. Als Parameter wird ihr der Name der Eigenschaft als String übergeben. Wenn die Eigenschaft vorhanden ist, wird der Wert `true` zurückgeliefert, ansonsten `false`.

Wenn kein Dokument geöffnet oder kein Textobjekt ausgewählt ist, endet das Skript mit der Fehlermeldung in Zeile 10.

Skripte ab CS4 im Undo-Modus ausführen

```
if (app.scriptPreferences.version >= 6) {
   app.doScript(zeileEinbringen, ScriptLanguage.JAVASCRIPT , [],
   UndoModes.ENTIRE_SCRIPT, "Zeile einbringen");
//...
```

3–8 Alle Skriptschritte können erst ab InDesign CS4 gesammelt rückgängig gemacht werden. Deswegen prüft man zunächst, ob das Skript in InDesign CS4 oder einer späteren Version ausgeführt wird. Wenn dies der Fall ist, wird die Funktion `zeileEinbringen()` in Zeile 13 mit der Funktion `doScript()` im Undo-Modus ausgeführt. Wenn es in CS3 ausgeführt wird, wird die Funktion `zeileEinbringen()` direkt aufgerufen. Hier kann das Skript nur in Einzelschritten rückgängig gemacht werden.

```
function zeileEinbringen() { //...
```

13–28 Die Funktion `zeileEinbringen()` führt die eigentliche Aufgabe des Skripts aus.

```
var _abs = app.selection[0].paragraphs[0];
var _zeilen = _abs.lines.length;
var _orgTracking = _abs.tracking;
```

14–16 Hier wird zunächst der Absatz, in dem eine Zeile eingespart werden soll, in der Variablen `_abs` gespeichert. In `_zeilen` wird die Anzahl der Zeilen, in `_orgTracking` die aktuelle Laufweite des Absatzes gespeichert.

Die Laufweite einstellen

```
var _minTracking = -10;
_abs.tracking = _minTracking;
```

17–18 In der Variablen `_minTracking` wird der minimale Wert, den die Laufweite annehmen darf, gespeichert. Der Wert richtet sich nach der Schriftart und -größe sowie nach dem Geschmack des Gestalters. Dieser Wert wird dann dem Absatz zugewiesen.

```
if (_abs.lines.length < _zeilen) {
   //...
}
else {
   _abs.tracking = _orgTracking;
}
```

19–27 In der if-Abfrage wird geprüft, ob durch die verminderte Laufweite eine Zeile gespart wurde. Dies ist dann der Fall, wenn die Anzahl der Zeilen geringer als im ursprünglichen Absatz ist. Wenn keine Zeile eingespart wurde, wird der Originalwert im else-Block wiederhergestellt.

```
while (_abs.lines.length < _zeilen) {
   _abs.tracking++;
}
_abs.tracking--;
```

20–23 Um den minimalen Wert zu ermitteln, bei dem noch eine Zeile eingespart werden kann, wird zunächst mit einer while-Schleife die Laufweite so lange schrittweise erhöht, bis der Absatz wieder die ursprüngliche Anzahl an Zeilen erreicht hat. Dies funktioniert, weil in der Eigenschaft `tracking` eine Zahl gespeichert ist, die mit dem Inkrement-Operator ++ erhöht werden kann. Nach der Schleife hat der Absatz wieder die ursprüngliche Zeilenanzahl, die Laufweite ist genau einen Wert zu hoch. Deswegen wird in Zeile 23 die Laufweite wieder um einen Schritt verringert.

Alternative Lösungen

In der Skriptdatei *11-1_ZeileEinbringen-2.jsx* finden Sie eine alternative Lösung, bei der die Wortabstände verringert werden.

Die ganze Seite miteinbeziehen

Das Skript wird effizienter, wenn nicht nur der ausgewählte Absatz verarbeitet, sondern im Textrahmen nach dem Absatz gesucht wird, für den nur eine minimale Abweichung von den gewünschten Idealwerten notwendig ist. Dazu muss man bei allen Absätzen prüfen, ob und mit welchem Wert eine Zeile eingespart werden kann. In der Datei *11-1_ZeileEinbringen-TF.jsx* finden Sie ein Skript, das die Aufgabe löst.

## 11.2 Marginalien

InDesign bietet keine native Unterstützung für Marginalien. Mit Hilfe von verankerten Objekten und Objektformaten kann man jedoch Marginalien simulieren. Dazu muss der gewünschte Marginalientext in einen Textrahmen eingetragen oder kopiert werden. Der Rahmen muss dann an der entsprechenden Stelle im Textfluss verankert werden.

Die Einstellungen für das verankerte Objekt sollten in einem Objektformat hinterlegt werden. Die Einstellungen, die für die Marginalien in diesem Buch verwendet werden, sind in der folgenden Abbildung dargestellt.

**Abb. 80** Objektformat für den Marginaliensatz

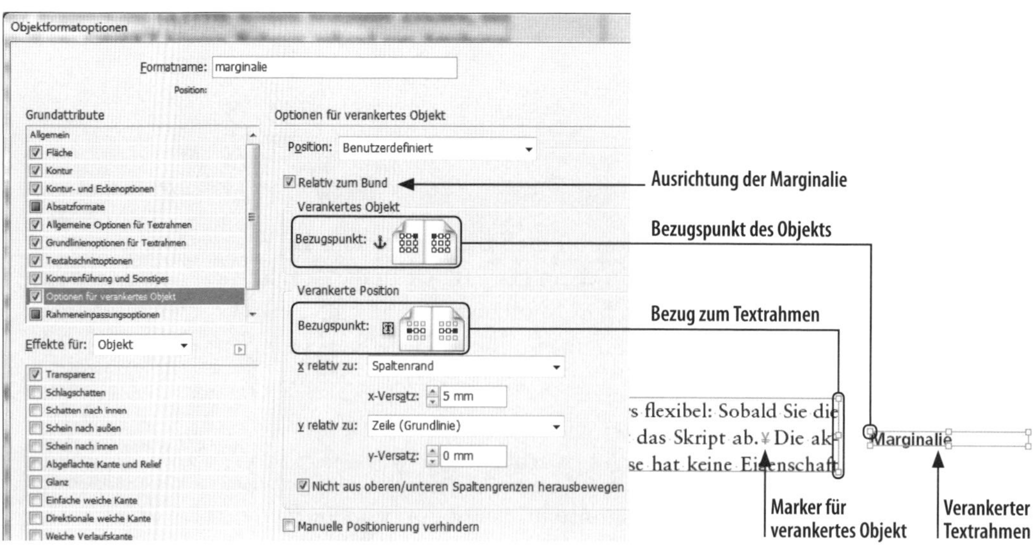

Beachten Sie die Bezugspunkte im Objektformat und die Ausrichtung Relativ zum Bund im Absatzformat.

Arbeitsschritte Marginalien

In der Praxis fallen bei der Arbeit mit Marginalien immer die gleichen Arbeitsschritte an:

1. Den Text für die Marginalie auswählen und in die Zwischenablage kopieren
2. Einen Textrahmen aufziehen und den Text aus der Zwischenablage platzieren
3. Den Textrahmen im Textfluss verankern
4. Das passende Objektformat zuweisen

Ein Skript kann diese Schritte automatisieren. Die Idee ist, den Text für die Marginalie auszuwählen und diesen in eine Marginalie zu verwandeln. Das folgende Skript erwartet ein Objektformat und ein Absatzformat mit dem Namen `marginalie`. Zum Testen kann das Dokument 11-2_*Marginalien.indd* verwendet werden.

**Listing 97**
Marginalien erstellen (11-2_Marginalien.jsx)

```
function createInlineText() {
  var _dok = app.activeDocument;
  var _sel = app.selection[0];
  var _mtf = _sel.insertionPoints[0].textFrames.add();
  if (app.scriptPreferences.version == 5) { //Nur CS3
    _sel = _sel.parentStory.characters.itemByRange(_sel.
    insertionPoints[1].index,_sel.insertionPoints[-1].index + 1);
  }
  var _breite = 30;
  var _hoehe = 7;
  _mtf.geometricBounds = [0,0,_hoehe,_breite];
  var _res = _sel.move(LocationOptions.AT_BEGINNING, _mtf);
  _mtf.appliedObjectStyle = _dok.objectStyles.
  itemByName("marginalie");
  _mtf.fit(FitOptions.FRAME_TO_CONTENT);
  _mtf.paragraphs.everyItem().appliedParagraphStyle =
  _dok.paragraphStyles.itemByName("marginalie");
  var _char = _mtf.parent;
  var _pos = _char.index;
  var _story = _char.parentStory;
  if (_story.characters[_pos -1].contents == " " &&
  _story.characters[_pos +1].contents == " ") {
    _story.characters[_pos + 1].remove();
  }
}
```

Zu Beginn wird ähnlich zum Skript des vorherigen Unterkapitels geprüft, ob ein Textobjekt ausgewählt wurde. Dann wird, je nach InDesign-Version, die Funktion `createInlineText()` im Rückgängig-Modus oder direkt aufgerufen.

Ein verankertes Objekt hinzufügen

```
var _mtf = _sel.insertionPoints[0].textFrames.add();
```

16 Die Marginalie soll mit einem verankerten Textrahmen realisiert werden. Dazu wird an der ersten Stelle des ausgewählten Textbereichs ein Textrahmen hinzugefügt und in der Variablen `_mtf` gespeichert. Da er von der Einfügemarke hinzugefügt wird, ist er automatisch verankert. In CS4 und CS5 wird der neue Textrahmen dabei nicht der Auswahl hinzugefügt.

**In InDesign CS3 muss die Auswahl angepasst werden.**

```
if (app.scriptPreferences.version == 5) { //Nur CS3
  _sel = _sel.parentStory.characters.itemByRange(_sel.
  insertionPoints[1].index,_sel.insertionPoints[-1].index + 1);
}
```

17–19 Nach dem Hinzufügen des Textrahmens ist in InDesign CS3 die Referenz auf die ausgewählten Zeichen um einen Indexwert verschoben. Mit Hilfe der if-Abfrage wird dieser Fehler in CS3 korrigiert.

```
var _res = _sel.move(LocationOptions.AT_BEGINNING, _mtf);
```

23 Mit der Methode `move()` wird der oben ausgewählte Text in den neuen Textrahmen `_mtf` verschoben.

```
_mtf.appliedObjectStyle = _dok.objectStyles.itemByName("marginalie");
```

24 Nun muss dem Textrahmen noch das passende Objektformat zugewiesen werden. In den beiden folgenden Zeilen wird die Größe des Rahmens an den tatsächlichen Platzbedarf angepasst und allen Absätzen das Absatzformat `marginalie` zugewiesen.

Doppelte Leerzeichen entfernen

```
var _char = _mtf.parent;
var _pos = _char.index;
var _story = _char.parentStory;
```

27–29 Zum Abschluss sollen noch eventuell entstandene doppelte Leerzeichen aus dem Haupttext entfernt werden. Durch die Verschiebung des ausgewählten Textes hat das Skript die Verbindung zum Haupttext verloren. Sie kann über das Elternelement des verankerten Textrahmens wiederhergestellt werden. Die Marker für verankerte Objekte werden im Textabschnitt über einen bestimmten Buchstaben (Unicode `u\FFFC`, GREP `~a`) repräsentiert, entsprechend ist in der Eigenschaft `parent` des Textrahmens ein Objekt vom Typ `Character` enthalten. Von diesem kann man nun die Position des Ankers und den Textabschnitt adressieren.

```
if (_story.characters[_pos -1].contents == " " &&
  _story.characters[_pos +1].contents == " ") {
  _story.characters[_pos + 1].remove();
}
```

30–32 In der if-Abfrage wird geprüft, ob durch die Marginalie doppelte Leerzeichen entstanden sind. Dies ist der Fall, wenn sich vor und nach dem Marker für das verankerte Objekt ein Leerzeichen befindet. Gegebenenfalls wird das Leerzeichen nach dem Anker entfernt.

Im zweispaltigen Satz gibt es manchmal noch die zusätzliche Anforderung, die Marginalie je nach Spalte unterschiedlich auszurichten. Ein Beispiel wäre eine Marginalie mit einem Hinweis auf eine besonders wichtige Stelle, die immer auf der Außenkante der Spalte stehen soll. Dies ist nicht über ein Objektformat lösbar.

Ausrichtung verankerter Objekte tauschen

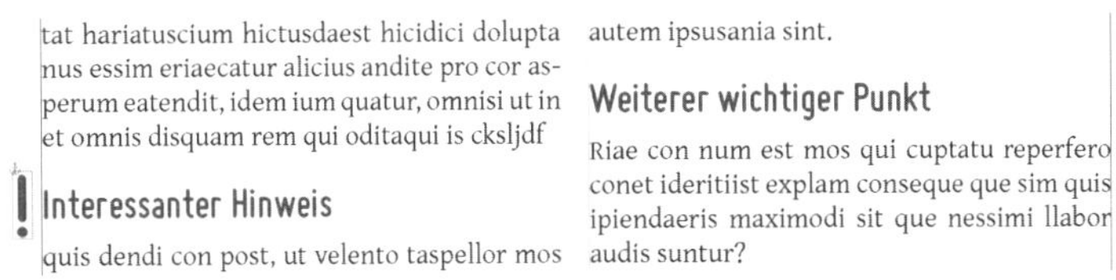


**Abb. 81** Hinweiskasten mit zweispaltigem Textrahmen

Im Skript *11-2_MarginalienTauschen.jsx* ist dies exemplarisch für die Marginalien im Dokument *11-2_MarginalienTauschen.indd* umgesetzt. Es besucht alle verankerten Textrahmen, die mit dem Objektformat `marginalie` ausgezeichnet sind. Je nach Spalte verschiebt es den Ankerpunkt und die horizontale Ausrichtung.

## 11.3 Transparente Absatzlinien

Absatzlinien sind eine ziemlich einfache Möglichkeit, Absätze mit Farbhinterlegungen oder Schmuckelementen zu versehen. Leider kann man sie nicht transparent setzen, so dass sie den Hintergrund immer vollständig verdecken.

**Abb. 82** Flyer mit transparenten Absatzlinien

Soll nun wie im Beispiel ein Hintergrundfoto mit Hilfe der Absatzlinien etwas zurückgenommen werden, benötigt man ein kleines Skript, das die Hinterlegungen als Rechtecke an den entsprechenden Stellen in das Dokument zeichnet. Bei Umbruchverschiebungen laufen sie nicht mit, dann muss das Skript erneut ausgeführt werden.

Zum Testen des Skripts kann die Datei *11-3_Absatzlinien.indd* verwendet werden. Alle Absätze, die mit dem Format `abs_linie` ausgezeichnet sind, erhalten eine transparente Absatzlinie.

**Listing 98**
Transparente Absatzlinien
(11-3_Absatzlinien.jsx)

```
1  #target InDesign
2  if (app.documents.length > 0) {
3    var _dok = app.activeDocument;
4    var _absF = _dok.paragraphStyles.itemByName("abs_linie");
5    var _objektF = _dok.objectStyles.item("transparent");
6    if (_objektF == null) {
7      _objektF = _dok.objectStyles.add();
8      _objektF.name = "transparent";
9    }
10   var _offset = 2.5;
11   var _hMU = _dok.viewPreferences.horizontalMeasurementUnits;
12   var _vMU = _dok.viewPreferences.verticalMeasurementUnits;
13   var _zP = _dok.zeroPoint;
14   _dok.viewPreferences.horizontalMeasurementUnits =
     MeasurementUnits.POINTS;
15   _dok.viewPreferences.verticalMeasurementUnits =
     MeasurementUnits.POINTS;
16   _dok.zeroPoint = [0,0]
17   // Ab CS4 Undo bereitstellen
18   if (app.scriptPreferences.version >= 6) app.
         doScript(absatzLinien, ScriptLanguage.JAVASCRIPT , [],
         UndoModes.ENTIRE_SCRIPT, "Absatzlinien");
19   else absatzLinien();
20   _dok.viewPreferences.horizontalMeasurementUnits = _hMU;
21   _dok.viewPreferences.verticalMeasurementUnits = _vMU;
22   _dok.zeroPoint = _zP;
23 } else {
24   alert("Kein Dokument geöffnet!");
25 }
```

Formatnamen und Abstand festlegen

```
var _absF = _dok.paragraphStyles.itemByName("abs_linie");
var _objektF = _dok.objectStyles.item("transparent");
//...
var _offset = 2.5;
```

4–10 Nach der Prüfung, ob das Skript überhaupt lauffähig ist, wird zunächst das Absatzformat, das die transparenten Absatzlinien erhalten soll, ausgewählt.

Die zu erstellenden »Absatzlinien« sollen mit dem Objektformat `_objektF` formatiert werden. Wenn das Format noch nicht im Dokument enthalten ist, wird es in Zeile 7 erstellt.

Der Wert, der in `_offset` gespeichert wird, gibt den Abstand der Absatzlinie von der Grundlinie an. Dies ist notwendig, damit die Unterlängen der Schrift auf den Linien stehen. Der Abstandswert hängt von der gewählten Schriftgröße ab.

Danach werden die Voreinstellungen für die Maßeinheiten gesetzt (Zeile 20–22). Da InDesign die Schriftmaße normalerweise in Punkt anzeigt, verwende ich ausnahmsweise auch für die Lineale die Einheit `MeasurementUnits.POINTS`. Nach den Vorbereitungen wird das eigentliche Skript mit der Funktion `absatzLinien()` gestartet.

**Listing 99**
Funktion absatzLinien()
(11-3_Absatzlinien.jsx)

```
27 function absatzLinien() {
28   while (_dok.rectangles.itemByName("%scriptObj%") != null) {
29     _dok.rectangles.itemByName("%scriptObj%").remove();
30   }
31   var _allPars = _dok.stories.everyItem().paragraphs.everyItem().
     getElements();
32   for (i =0; i < _allPars.length; i++) {
33     var _p = _allPars[i];
34     if (_p.appliedParagraphStyle == _absF) {
35       for (j =0; j < _p.lines.length; j++) {
36         var _l = _p.lines[j];
37         var _x1 = _l.horizontalOffset;
38         var _x2 = _l.endHorizontalOffset;
39         var _y2 = _l.baseline + _offset;
40         if (_l.leading == Leading.AUTO) {
41           var _zab = _p.pointSize * (_p.autoLeading/100);
42         } else {
43           var _zab =_l.leading;
44         }
45         var _y1 = _y2 - _zab;
46         var _tf = _p.parentTextFrames[0];
47         var _rect = _dok.rectangles.add(_tf.itemLayer,
           LocationOptions.AFTER, _tf);
48         _rect.appliedObjectStyle = _objektF;
49         _rect.geometricBounds = [_y1, _x1, _y2, _x2];
50         if (app.scriptPreferences.version > 6) _rect.name =
           "%scriptObj%";
51         _rect.label = "%scriptObj%";
52       }
53     }
54   }
55 }
```

**Alte Rechtecke entfernen**

```
while (_dok.rectangles.itemByName("%scriptObj%") != null) {
  _dok.rectangles.itemByName("%scriptObj%").remove();
}
```

28–30 Zunächst müssen alle Rechtecke eines vorherigen Skriptdurchlaufs gelöscht werden. Das Skript benennt die im späteren Verlauf erstellten Rechtecke mit dem Namen bzw. Label `%scriptObj%`. Die while-Schleife wird so lange ausgeführt, bis die Methode `itemByName()` kein gültiges Objekt mehr findet. Ab InDesign CS4 sollte man die Gültigkeit mit der Eigenschaft `isValid` prüfen.

```
var _allPars = _dok.stories.everyItem().paragraphs.everyItem().
   getElements();
for (i =0; i < _allPars.length; i++) {
   var _p = _allPars[i];
   //...
```

31–54 In Zeile 31 werden mit Hilfe von `everyItem()` und `getElements()` alle Absätze des Dokuments im Array `_allPars` gespeichert. In der folgenden for-Schleife werden alle Absätze besucht und jeweils in der Variablen `_p` gespeichert.

```
if (_p.appliedParagraphStyle == _absF) { //...
```

34 Nur die Absätze, deren Absatzformat dem in Zeile 4 in `_absF` festgelegten entspricht, werden mit Absatzlinien ausgestattet.

```
for (j =0; j < _p.lines.length; j++) {
   var _l = _p.lines[j];
   //...
```

35–52 In einer weiteren for-Schleife werden alle Zeilen des Absatzes, deren Sammlung sich in der Eigenschaft `lines` befindet, besucht und in der Variablen `_l` gespeichert. Beachten Sie, dass für die verschachtelte for-Schleife ein anderer Zähler, hier die Variable `j`, verwendet werden muss.

Die Koordinaten für die Hinterlegung berechnen

```
var _x1 = _l.horizontalOffset;
var _x1 = _l.horizontalOffset;
var _x2 = _l.endHorizontalOffset;
var _y2 = _l.baseline + _offset;
if (_l.leading == Leading.AUTO) {
   var _zab = _p.pointSize * (_p.autoLeading/100);
} else {
   var _zab =_l.leading;
}
var _y1 = _y2 - _zab;
```

37–45 Hier werden die Koordinaten für die transparente Hinterlegung berechnet. Die horizontalen Koordinaten `_x1` und `_x2` können aus der Eigenschaft `horizontalOffset` bzw. `endHorizontalOffset` ausgelesen werden. Die vertikale Koordinate der rechten unteren Ecke `_y2` entspricht der Summe aus Grundlinie (Eigenschaft `baseline`) und dem in Zeile 10 festgelegten Versatz in `_offset`. Die vertikale Koordinate der linken oberen Ecke `_y1` kann man berechnen, indem man den Zeilenabstand von der Koordinate `_y2` abzieht 45 (→ Unterkapitel 7.10).

Zeilenabstand ermitteln

Um den Wert für den Zeilenabstand zu ermitteln, muss man zwischen dem von InDesign automatisch berechneten und einem fest eingestellten Wert unterscheiden. Falls der Zeilenabstand automatisch berechnet wird, enthält die Eigenschaft `leading` den Wert `Leading.AUTO`. In diesem Fall muss man die Berechnung, die InDesign für den Zeilenabstand durchführt, nachvollziehen: In der Eigenschaft `autoLeading` befindet sich der Prozentwert für den automatischen Zeilenabstand.

Wenn er durch 100 geteilt wird, erhält man den Faktor, mit dem die Schriftgröße (Eigenschaft `pointSize`) multipliziert werden muss. Wenn ein fester Wert eingestellt ist, wird dieser im else-Block in Zeile 43 direkt aus der Eigenschaft `leading` übernommen.

```
var _tf = _p.parentTextFrames[0];
var _rect = _dok.rectangles.add(_tf.itemLayer,
   LocationOptions.AFTER, _tf);
_rect.appliedObjectStyle = _objektF;
_rect.geometricBounds = [_y1, _x1, _y2, _x2];
```

46–49 In `_tf` wird der Textrahmen, in dem sich der Absatz befindet, gespeichert. Die Hinterlegung wird mit einem Rechteck realisiert. Dieses wird in Zeile 47 hinzugefügt. Der erste Parameter von `add()` übernimmt die Ebene, auf der sich der Textrahmen des Absatzes befindet. Der zweite Parameter bestimmt die Position in Bezug auf den dritten Parameter, mit dem der Textrahmen übergeben wird. Im Ergebnis liegt das Rechteck hinter dem Textrahmen `_tf`. Danach wird das Objektformat mit Hilfe von `appliedObjectStyle` gesetzt. Die Koordinaten des Rechtecks werden in einem Array der Eigenschaft `geometricBounds` übergeben.

Das Objekt mit einem Namen versehen

```
if (app.scriptPreferences.version > 6) _rect.name = "%scriptObj%";
_rect.label = "%scriptObj%";
```

50–51 Hier wird das Skriptetikett (Eigenschaft `label`) des Rechtecks auf den Wert `%scriptObj%` gesetzt. Diese Kennzeichnung ist notwendig, damit die Rechtecke bei einer erneuten Ausführung des Skripts gesammelt gelöscht werden können (Zeile 28–30).

Wenn das Skript in InDesign CS5 ausgeführt wird, wird zusätzlich die Eigenschaft `name` gesetzt, da die Methode `itemByName()` ab CS5 die Eigenschaft `name` und nicht mehr die Eigenschaft `label` auswertet.

## 11.4 Fußnoten in Endnoten umwandeln

Fußnoten können in InDesign über die Funktion SCHRIFT → FUSSNOTE EINFÜGEN angelegt und verwaltet werden. Auch wenn die Funktion bei komplexen Anforderungen an ihre Grenzen stößt – z. B. können Fußnoten nicht in Tabellen gesetzt werden –, kann man damit die meisten Anforderungen aus dem Publishing-Alltag erfüllen.

Oft nachgefragt wird eine Lösung für die automatische Verwaltung von Endnoten. Ab CS4 kann man mit Querverweisen die Funktionalität von Endnoten nachahmen. Schon ab CS3 kann man mit einem Skript Fußnoten in Endnoten verwandeln, allerdings müssen dann die Endnotenzähler in statische Texte umgewandelt werden, die nicht mehr automatisch aktualisiert werden können.

### 11.4.1 Fußnoten in Endnoten konvertieren

Zunächst stelle ich ein Skript vor, welches alle Fußnoten in statische Endnoten umwandelt. Das Skript kann für alle InDesign-Versionen ab CS3 eingesetzt werden. Zum Testen kann das Dokument *11-4_Endnoten.indd* verwendet werden.

**Listing 100**
Funktion fussZuEnd() (11-4_FussZuEndnoten.jsx)

```
21 function fussZuEnd(_dok) {
22   var _tf = addPageTextFrame(_dok.pages[-1]);
23   _tf.contents = "Endnoten"
24   _allFootN = _dok.stories.everyItem().footnotes.everyItem().
     getElements();
25   for (var j = 0; j < _allFootN.length; j++) {
26     var _footN = _allFootN[j];
27     _tf.insertionPoints[-1].contents = "\r";
28     var _endN = _footN.texts[0].move(LocationOptions.AFTER,
       _tf.paragraphs[-1]);
29     _endN.appliedParagraphStyle = "Endnote";
30   }
31   app.findGrepPreferences = NothingEnum.NOTHING;
32   app.changeGrepPreferences = NothingEnum.NOTHING;
33   app.findChangeGrepOptions.includeFootnotes = true;
34   app.findGrepPreferences.findWhat = "~F\\t?";
35   _dok.changeGrep();
36   app.findGrepPreferences = NothingEnum.NOTHING
37   app.changeGrepPreferences = NothingEnum.NOTHING;
38 }
```

Nachdem geprüft wurde, ob ein Dokument geöffnet ist, und die Voreinstellungen für das Skript gesetzt wurden, wird die Funktion `fussZuEnd()` aufgerufen. Die Referenz auf das aktive Dokument wird im ersten Parameter übergeben.

```
var _tf = addPageTextFrame(_dok.pages[-1]);
```

22 Zunächst muss ein Textrahmen erstellt werden, in dem die Endnoten gesammelt werden sollen. Die selbst erstellte Funktion `addPageTextFrame()` übernimmt eine Seite des Dokuments als Parameter und erstellt nach dieser Seite eine neue Seite mit einem Textrahmen in der Größe des Satzspiegels. Der neu erstellte Textrahmen wird zurückgeliefert. Im konkreten Fall wird also nach der letzten Seite eine neue Seite inklusive Textrahmen erstellt.

Funktion `addPageTextFrame()`

Der Code der Funktion `addPageTextFrame()` ist nicht abgedruckt. Sie finden ihn in den Zeilen 42–60 der Skriptdatei.

Zunächst wird in Zeile 44 eine neue Seite nach der im ersten Parameter übergebenen Seite erstellt. Dieser Seite wird dann entweder die im zweiten Parameter `_master` übergebene Mustervorlage zugewiesen oder, wenn kein Parameter übergeben wurde, die Mustervorlage der Seite, die als Parameter übergeben wurde.

Den Satzspiegel berechnen

Dann müssen die benötigten Koordinaten aus der Dokumentgröße und den Seitenrändern berechnet werden. Die Koordinate `_y1` entspricht dem oberen Rand der Seite `MarginPreference.top`. Den Wert für `_y2` ermittelt man, indem man den unteren Rand `MarginPreferences.bottom` von der Seitenhöhe `DocumentPreference.pageHeight` abzieht.

Die horizontalen Koordinaten sind etwas schwieriger zu ermitteln, da das Objekt `MarginPreference` – anders als die Benutzeroberfläche – nur die Eigenschaften `left` und `right` hat. Man muss also in Abhängigkeit von der Seitenposition (Eigenschaft `side`) die Werte berechnen. Für eine linke Seite braucht man für die Koordinate `_x1` den Wert `MarginPreferences.right` (Außenrand), für `_x2` die Differenz der Seitenbreite `DocumentPreference.pageWidth` und des linken Rands `MarginPreference.left` (Innenrand). Für rechte Seiten und Einzelseiten ist es genau umgekehrt.

Schließlich wird in Zeile 57–59 ein Textrahmen erstellt, dieser auf die ermittelte Satzspiegelgröße angepasst und mit `return` zurückgeliefert.

Alle Fußnoten ermitteln

```
_allFootN = _dok.stories.everyItem().footnotes.everyItem().
   getElements();
```

24 Mit Hilfe der Methoden `everyItem()` und `getElements()` werden alle Fußnoten des Dokuments im Array `_allFootN` gespeichert.

```
for (var j = 0; j < _allFootN.length; j++) {
   var _footN = _allFootN[j];
   //...
```

25–30 In der for-Schleife werden alle Fußnoten durchlaufen. In `_footN` wird jeweils die Fußnote gespeichert.

```
_tf.insertionPoints[-1].contents = "\r";
```

27 An der letzten Einfügemarke des Textrahmens wird eine Absatzschaltung hinzugefügt. Dadurch entsteht ein neuer Absatz.

```
var _endN = _footN.texts[0].move(LocationOptions.AFTER,
   _tf.paragraphs[-1]);
```

28 Der Textinhalt der Fußnote wird mit der Methode `move()` in den Textrahmen `_tf` verschoben. Mit der Positionsangabe `LocationOptions.AFTER` wird die Position bezüglich des Referenzobjekts `_tf.paragraphs[-1]` (der letzte Absatz) festgelegt. Die Methode `move()` liefert die Referenz auf das Textobjekt an der neuen Stelle zurück. Diese wird in der Variablen `_endN` gespeichert.

```
app.findChangeGrepOptions.includeFootnotes = true;
app.findGrepPreferences.findWhat = "~F\\t?";
_dok.changeGrep();
//...
```

31–37 Nachdem die Fußnoten verschoben sind, müssen noch die verbliebenen Fußnoten-Marker aus dem Dokument entfernt werden. Dazu verwende ich eine GREP-Ersetzung. Mit `~F` werden alle Fußnoten-Marker und eventuell folgende Tabulatorzeichen `\t` gefunden (zu Suchen/Ersetzen per Skript siehe Unterkapitel 7.13).

### 11.4.2 Endnoten mit Hilfe von Querverweisen

Ab InDesign CS4 kann man Endnoten über Querverweise realisieren. Dieser Workaround funktioniert erstaunlich gut. Für den Fall, dass man Fußnoten in Tabellen umsetzen muss, kann das gleiche Prinzip angewandt werden.

Querverweisformate

Für Endnoten benötigt man zunächst ein Absatzformat mit automatischer Nummerierung (ABSATZFORMATOPTIONEN → AUFZÄHLUNGSZEICHEN UND NUMMERIERUNG). In der Beispieldatei *11-4_Endnoten-CS4.indd* finden Sie ein entsprechend vorbereitetes Format mit dem Namen `Endnote`. Der Inhalt der Endnote muss dann direkt im Abschnitt mit den Endnoten erfasst und mit dem Format `Endnote` ausgezeichnet werden.

**Abb. 83** Querverweisformat erstellen

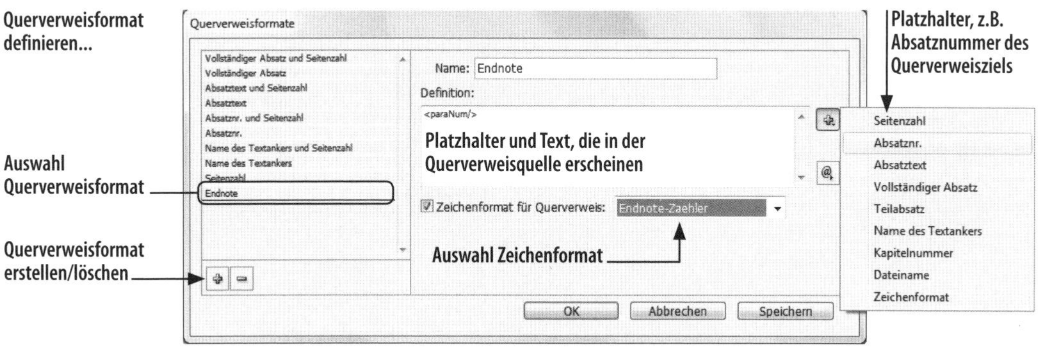


Alle Aufgaben im Zusammenhang mit Querverweisen werden über das Hyperlink-Bedienfeld (InDesign CS4/CS5 FENSTER → INTERAKTIV → HYPERLINKS) gesteuert.

Für die Querverweise der Endnoten sollte man zunächst ein Querverweisformat (Flyout-Menü des Hyperlink-Bedienfelds QUERVERWEISFORMAT DEFINIEREN ...) anlegen. Im erscheinenden Dialog kann mit dem Button ✚ ein neues Querverweisformat mit dem Namen `Endnote` erstellt werden. Mit dem Button ✚ können verschiedene Platzhalter ausgewählt werden. Diese werden beim Querverweisziel ausgewertet und bei der Querverweisquelle angezeigt, also dort, wo der Querverweis erstellt wird. Für die Umsetzung von Endnoten wird nur die Absatznummer benötigt. In den Optionen für das Querverweisformat kann dann noch ein Zeichenformat für den Querverweis, in diesem Falle der Endnotenzähler, angegeben werden. In der Beispieldatei heißt es `Endnote-Zaehler`.

Querverweis erstellen

An der Stelle, an der die Endnote referenziert werden soll, kann jetzt ein Querverweis eingefügt werden. Positionieren Sie dazu die Einfügemarke an der entsprechenden Stelle und klicken Sie im Hyperlink-Bedienfeld auf NEUEN QUERVERWEIS ERSTELLEN. Danach öffnet sich ein Dialog mit den Optionen für den Querverweis.

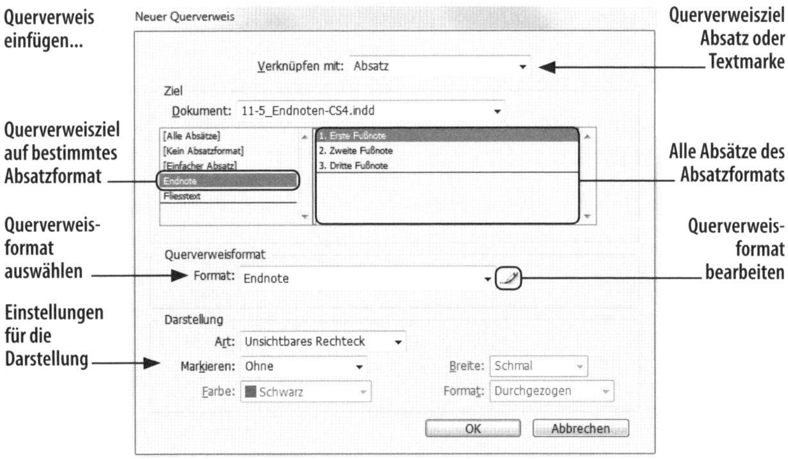


**Abb. 84** Neuen Querverweis einfügen

In diesem Dialog muss man zunächst wählen, ob der Querverweis auf einen TEXTANKER oder einen ABSATZ verweisen soll. Wenn man ABSATZ wählt, werden in einer Übersicht alle Absatzformate des Dokuments und die Inhalte der Absätze, die mit dem Format ausgezeichnet sind, angezeigt. Mit der Auswahl eines Absatzformats kann man die Liste mit den Absätzen filtern. Wenn man z.B. auf eine Kapitelüberschrift verweisen würde, würden dort nur noch die Überschriften erscheinen.

Für das Beispiel wählt man das Absatzformat Endnote aus. Zusätzlich wird noch das Querverweisformat `Endnote` eingestellt.

Das auf Seite 246 entwickelte Skript für InDesign CS3 kann mit dieser Funktionalität erweitert werden. Dazu muss man den gerade beschriebenen Vorgang bei der Umwandlung der Fußnoten umsetzen. Die Änderungen betreffen die for-Schleife in der Funktion `fussZuEnd()`.

**Listing 101** Endnoten mit Querverweisen (11-4_FussZu Endnoten-CS4.jsx)

```
function fussZuEnd(_tf){
  //...
  for (var j = 0; j < _allFootN.length; j++) {
    var _footN = _allFootN[j];
    _tf.insertionPoints[-1].contents = "\r";
    var _endN = _footN.texts[0].move(LocationOptions.AFTER,
    _tf.paragraphs[-1]);
    //...
    var _querVF = _dok.crossReferenceFormats.itemByName("Endnote");
    var _quelle = _dok.crossReferenceSources.add(_footN.
    storyOffset, _querVF);
    var _ziel = _dok.paragraphDestinations.add(_endN.
    insertionPoints[0]);
    var _querV = _dok.hyperlinks.add(_quelle, _ziel);
    _querV.visible = false;
  }
  //...
  _dok.crossReferenceSources.everyItem().update();
}
```

```
var _querVF = _dok.crossReferenceFormats.itemByName("Endnote");
```

31 Das Skript erwartet ein Querverweisformat mit dem Namen `Endnote`. Im Beispieldokument ist in diesem Format festgelegt, dass die Absatznummer des Ziels angezeigt und mit dem Zeichenformat `Endnote-Zaehler` formatiert werden soll.

Querverweisquelle anlegen

```
var _quelle = _dok.crossReferenceSources.add(_footN.storyOffset, _querVF);
```

32 Als Erstes muss die Quelle des Querverweises angelegt werden. An der Stelle, wo momentan die Fußnote steht, wird dazu ein neues Objekt vom Typ `CrossReferenceSource` erstellt. Als Parameter müssen der `InsertionPoint`, an dem der Querverweis steht, und das Querverweisformat übergeben werden. Der `InsertionPoint` der Fußnote ist in der Eigenschaft `storyOffset` enthalten.

Querverweisziel anlegen

```
var _ziel = _dok.paragraphDestinations.add(_endN.insertionPoints[0]);
```

33 Dann muss das Ziel für den Querverweis festgelegt werden. Dazu wird ein neues Objekt vom Typ `ParagraphDestination` erstellt. Als Parameter wird der Ort, an dem das Querverweisziel erstellt werden soll, angegeben – in diesem Fall der erste `InsertionPoint` des Absatzes mit der Endnote. Diese wurde bereits in Zeile 24 ans Ende verschoben und ist in der Variablen `_endN` enthalten.

Querverweis erstellen

```
var _querV = _dok.hyperlinks.add(_quelle, _ziel);
```

34 Aus Querverweisquelle und -ziel wird nun ein neuer Querverweis erstellt. Die Querverweise finden sich in der Sammlung `Hyperlinks`, mit deren Methode `add()` auch der neue Verweis erstellt wird.

```
_querV.visible = false;
```

35 Mit der Eigenschaft `visible` wird gesteuert, ob der `Hyperlink` durch eine Hinterlegung oder Ähnliches besonders hervorgehoben werden soll.

```
_dok.crossReferenceSources.everyItem().update();
```

44 Diese Zeile wird am Ende der Funktion `fussZuEnd()` ausgeführt. Mit `update()` werden alle Querverweisquellen des Dokuments aktualisiert. Dies entspricht der Funktion QUERVERWEISE AKTUALISIEREN ⟳.

Die ursprüngliche Idee für dieses Skript stammt von Peter Kahrel.

## 11.5 Bilder und Metadaten

Bilder aus Bilddatenbanken und Media-Asset-Management-Systemen sind üblicherweise mit Metadaten wie z.B. Titel, Bildbeschreibung, Rechteinhaber etc. getagged. Diese Informationen können in InDesign-Dokumenten weiterverwendet werden.

Extensible Metadata Platform

Im Adobe-Umfeld kommt für die Auszeichnung von Metadaten die *Extensible Metadata Platform* (XMP) zum Einsatz. Der XMP-Standard für Metadaten in digitalen Medien wurde im Jahr 2001 entwickelt und ist heute in allen Adobe-Programmen implementiert.

Adobe Bridge

Zur Verwaltung von Dateien, Bildern, Metadaten und Dokumenten kann das Programm *Bridge* verwendet werden. Es wird seit der Creative Suite CS2 bei allen Adobe-Produkten mitgeliefert. Die Bridge kann mit dem Button Br direkt aus der Titelleiste von InDesign gestartet werden. Seit InDesign CS5 gibt es mit der Mini Bridge (Fenster → Mini Bridge) eine Integration des Programms als Bedienfeld.

Für das Anzeigen und Bearbeiten von Metadaten eignet sich die Arbeitsumgebung Metadaten (Befehl + F3).

**Abb. 85** Adobe Bridge

**Adobe Bridge**

**Arbeitsbereiche**

**XMP-Feld Überschrift**

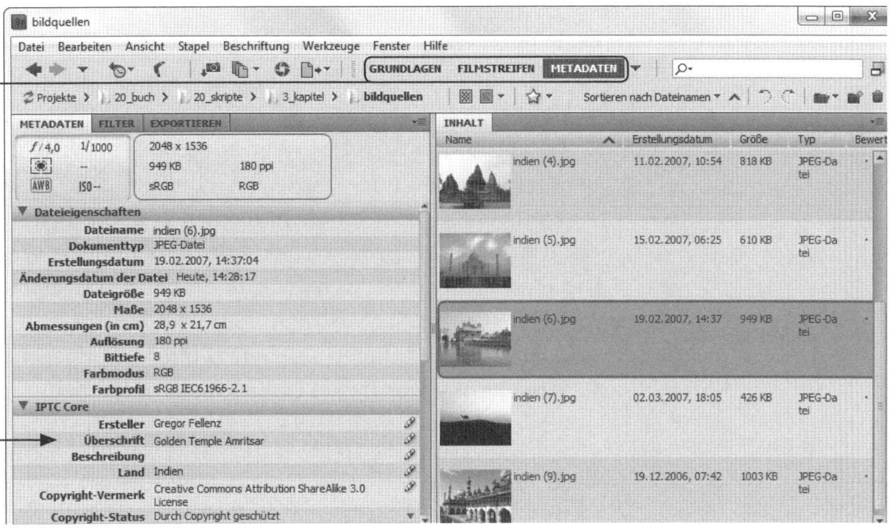


### 11.5.1 Bildunterschriften aus Metadaten in CS5

Ab InDesign CS5 kann man für die Erstellung von Bildunterschriften auf die Metadaten zugreifen. Die Funktion basiert auf den schon seit CS3 bekannten Textvariablen. Variablen vom Typ Metadatenbeschriftung werten die XMP-Daten eines Bildes aus, das eine Überschneidung mit dem Textrahmen, in dem sich die Variable befindet, aufweist. Wenn das Bild verschoben wird, erscheint der Wert `<Keine überschneidende Verknüpfung>`.

Zur Einrichtung wählt man das gewünschte Rahmenobjekt und dann Objekt → Beschriftungen → Beschriftungen einrichten. Hier kann man z.B. das XMP-Datenfeld `Überschrift`, das den Titel des Bildes enthält, auswählen und Textteile, die davor oder danach erscheinen sollen, festlegen. Wenn man die Bildunterschriften automatisch nummerieren möchte, muss man bei den Nummerierungsoptionen des Absatzformats beachten, eine neue Liste anzulegen. In dieser Liste muss die Option Nummerierung über Textabschnitte hinweg fortführen angewählt sein.

Nummerierung über Textabschnitte fortführen

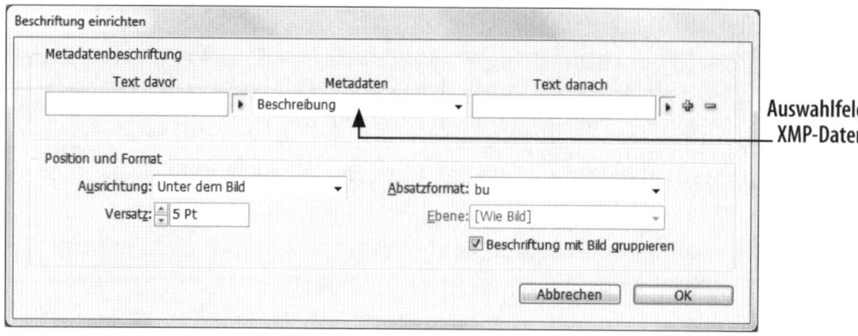


**Abb. 86** Dynamische Beschriftungen in CS5

Danach muss man mit der Funktion Dynamische Beschriftung erstellen die Bildunterschrift für den Rahmen anlegen. Eine beispielhafte Umsetzung finden Sie in *11-5_Bildquellen-CS5.indd*.

Wenn ein Bild aktualisiert oder ausgetauscht wird, ändert sich gegebenenfalls die Bildunterschrift. Die Funktion Statische Beschriftung erstellen generiert ebenfalls den Text aus den Metadaten, bei späteren Aktualisierungen wird er jedoch nicht mehr verändert.

Die Optionen für die dynamische Beschriftung lassen sich nicht in einem Objektformat hinterlegen. Zur Wiederverwendung muss man den eingerichteten Rahmen in einer Bibliothek ablegen, per Copy & Paste vervielfältigen oder von einer Musterseite lösen.

Textvariablen einfügen

Per Skript kann man nicht direkt auf die InDesign-Funktion zugreifen, sondern muss eine entsprechend benannte Textvariable verwenden. Das Einfügen einer Textvariablen ist etwas seltsam gelöst: Man muss zunächst eine so genannte `TextVariableInstance` erstellen und dann der Eigenschaft `associatedTextVariable` die Textvariable zuweisen. Der folgende Codes-Schnipsel zeigt, wie man eine Textvariable einfügen kann.

**Listing 102** Textvariablen einfügen (11-5_Textvariablen.jsx)

```
var _tvar = app.activeDocument.textVariables.
itemByName("Textvariable");
var _tvarInstance = app.selection[0].textVariableInstances.add();
_tvarInstance.associatedTextVariable = _tvar;
```

### 11.5.2 Bildquellenverzeichnis erstellen

Wenn die Informationen über die Bildrechte in den Metadaten vorliegen, kann man schon ab InDesign CS3 automatisiert ein Bildquellenverzeichnis erstellen. Das folgende Skript zeigt, wie man via Skripting auf die XMP-Daten zugreifen kann. Zum Testen können das Dokument *11-5_Bildquellen.indd* und die zugehörigen Bilder verwendet werden.

**Listing 103**
Bildquellenverzeichnis erstellen (11-5_Bildquellen.jsx)

```
21 function bildQuellen(_dok) {
22   var _master = _dok.masterSpreads.itemByName("Q-Bildquellen");
23   var _tf = addPageTextFrame(_dok.pages[-1], _master);
24   _tf.contents = "Bildquellenverzeichnis";
25   var _bildQuellen = [];
26   for (var i =0 ; i < _dok.links.length; i++) {
27     var _link = _dok.links[i];
28     var _page = getPageByObject(_link);
29     if (_page != null) {
30       try {
31         var _author = _link.linkXmp.author;
32         var _bq = [_author, _page.name];
33       }
34       catch (e) {
35         var _bq = ["Kein Autor", _page.name];
36       }
37       _bildQuellen.push(_bq);
38     }
39   }
40   _bildQuellen.sort(sort_DE_Special);
41   _tf.insertionPoints[-1].contents = "\r";
42   _tf.insertionPoints[-1].contents = _bildQuellen[0][0] + "\t"+
     _bildQuellen[0][1];
43   for (var i =1; i <_bildQuellen.length; i++) {
44     if (_bildQuellen[i][0] == _bildQuellen[i-1][0]) _tf.contents =
       _tf.contents + ", " + _bildQuellen[i][1];
45     else _tf.contents = _tf.contents + "\r" + _bildQuellen[i][0] +
       "\t"+ _bildQuellen[i][1];
46   }
47 }
```

Bevor die Funktion `bildQuellen()` aufgerufen wird, erfolgt im vorherigen Kapitel die Prüfung, ob ein Dokument geöffnet ist. Weiterhin werden verschiedene Voreinstellungen für das Skript gesetzt.

```
var _master = _dok.masterSpreads.itemByName("Q-Bildquellen");
var _tf = addPageTextFrame(_dok.pages[-1], _master);
```

22–23 Mit `addPageTextFrame()` wird der Textrahmen, der das Quellenverzeichnis enthalten soll, auf der letzten Seite des Dokuments erstellt. Die Funktion wurde auf Seite 246 beschrieben.

```
var _bildQuellen = [];
```

25 Im Array `_bildQuellen` sollen im Verlauf des Skripts die Bildrechteinhaber gespeichert werden.

Die Verknüpfungen sind in der Samlung `Links` enthalten

```
for (var i =0 ; i < _dok.links.length; i++) {
  var _link = _dok.links[i];
  //...
```

26–39 In dieser for-Schleife werden alle Verknüpfungen des Dokuments besucht. Die jeweilige Verknüpfung wird in der Variablen `_link` gespeichert.

Funktion `getPageByObject()`

```
var _page = getPageByObject(_link);
if (_page != null) { //...
```

28–38 Hier wird mit der Funktion `getPageByObject()` die Seite, auf der sich das Bild aus der Verknüpfung befindet, ermittelt. Die Funktion `getPageByObject()` ist oben nicht abgedruckt und in der Skriptdatei in Zeile 55 zu finden.

Dieser selbst entwickelten Funktion kann als Parameter ein InDesign-Objekt übergeben werden. Wenn sich das Objekt auf einer Seite befindet, liefert die Funktion die Seite zurück. Falls es sich auf der Montagefläche befindet oder gar kein Seitenobjekt ist, liefert sie den Wert `null` zurück. Ab InDesign CS5 könnte man dies auch mit der `parentPage` des Rahmenobjekts realisieren.

Oft verwendete Code-Teile sollten immer in Funktionen ausgelagert werden, damit Fehler an einer zentralen Stelle behoben werden können. Außerdem hat man so die Möglichkeit, die Funktion leicht in anderen Skripten weiterzuverwenden. Sie finden die Funktion auch in der in Anhang A 1 vorgestellten Skripting-Bibliothek.

```
try {
   //...
} catch (e) {
   _bq = ["Kein Autor", _page.name]);
}
```

30–36 Innerhalb des try-Blocks werden die XMP-Daten ausgewertet. Die Auswertung innerhalb einer try-catch-Anweisung ist notwendig, weil Bilder, die keine Metadaten enthalten, zu einem Laufzeitfehler führen und dadurch einen Abbruch des Skripts zur Folge haben würden (zur Fehlerbehandlung siehe Unterkapitel 6.11). Bei fehlenden Metadaten springt das Skript in den catch-Block und speichert für das Bild den Wert `Kein Autor`.

XMP-Daten auswerten

```
var _author = _link.linkXmp.author;
```

31 Mit der Eigenschaft `linkXmp` kann man auf ein Objekt der Klasse `LinkMetadata` zugreifen. In diesem Objekt werden die XMP-Metadaten vorgehalten. Die Eigenschaft `author` enthält die Informationen aus dem entsprechenden XMP-Feld – in Bridge ist es etwas unglücklich mit `Ersteller` übersetzt.

Die Klasse `LinkMetadata` bietet u.a. Eigenschaften für die Bildrechte `copyrightNotice`, den Bildtitel `documentTitle` und über die Eigenschaft `keywords` den Zugriff auf die Stichwörter. Falls man ein beliebiges XMP-Feld auswerten möchte, muss man die Methode `getProperty()` verwenden. Für die Auswertung der Metainformation `Land` schreibt man z.B.:

```
_link.linkXmp.getProperty("http://ns.adobe.com/photoshop/1.0/", "Country");
```

Die Methode übernimmt als ersten Parameter den Namespace, als zweiten Parameter den Wert des XMP-Felds. Das Problem besteht normalerweise darin, dass man nicht weiß, welchen Namespace und Wert ein bestimmtes Feld hat. Hier hilft das Skript *MetadatenAuswerten.jsx* (Ordner *Allgemeine_Skripte*) von Martin Fischer weiter, das Namespace und Feldnamen für alle Bilder eines Dokuments auflistet.

Eine weitere Möglichkeit, auf die XMP-Daten zuzugreifen, finden Sie in einem Beitrag von Marijan Tompa auf dem Blog *InDesign Snippet* unter ↗36.

```
_bq = [_author, _page.name];
```

32 Der soeben ermittelte Autor wird nun zusammen mit der Seitenzahl als Array in der Variablen `_bq` gespeichert.

```
_bildQuellen.push(_bq);
```

37 In der Variablen `_bq` befinden sich die Informationen über den Autor und die Seitenzahl oder die Fehlermeldung aus Zeile 35. Der Array wird mit der Methode `push()` an den Array `_bildQuellen`, der alle Bildquelleninformationen enthält, angehangen. Die Elemente des Arrays `_bildQuellen` enthalten also wiederum Arrays mit zwei Elementen.

Den Array mit einer eigenen Funktion sortieren

```
_bildQuellen.sort(sort_DE_Special);
```

40 Nachdem alle Verknüpfungen ausgewertet wurden, werden die Namen der Autoren im Array mit `sort()` sortiert. Der Array kann nicht mit der Standardfunktion sortiert werden, weil diese die deutschen Umlaute nicht berücksichtigt und ans Ende des Arrays stellt. Außerdem bestehen die Elemente von `_bildQuellen` nicht aus Zeichenketten, sondern aus einem weiteren Array. Für solche Spezialfälle ist es möglich, dem Parameter von `sort()` den Namen einer Funktion zu übergeben, die die Sortierung übernehmen soll. Die Funktion `sort_DE_Special()` in Zeile 86 berücksichtigt Umlaute und den verschachtelten Array.

In der Datei befindet sich in Zeile 78 auch der Code der Funktion `sort_DE()`, der bei der Sortierung von normalen Arrays deutsche Umlaute berücksichtigt. Sie können die Funktion in andere Skripten kopieren und dort Arrays mit `_array.sort(sort_DE)` sortieren.

Das Bildquellenverzeichnis erstellen

```
_tf.insertionPoints[-1].contents = _bildQuellen[0][0] + "\t"+
   _bildQuellen[0][1];
for (var i =1; i <_bildQuellen.length; i++) {
   //...
```

42–46 Am Schluss muss noch das gesamte Verzeichnis im Textrahmen `_tf` ausgegeben werden. Zunächst wird in Zeile 42 das erste Element des Arrays ausgewertet. An der Position `_bildQuellen[0][0]` befindet sich der Autor, an `_bildQuellen[0][1]` die zugehörige Seitenzahl. In der folgenden for-Schleife wird verglichen, ob sich an der aktuellen Position noch der gleiche Autor oder ein anderer Name befindet. Im ersten Fall wird nur die Seitenzahl mit einem Komma angehangen, im zweiten Fall eine neue Zeile mit dem neuen Namen des Autors und der Seitenzahl erstellt.

## 11.6 Lokale Formatabweichungen

Beim Einsatz von Skripten empfiehlt sich die Arbeit mit Formatvorlagen von selbst, aber auch in der normalen Produktion sollte konsequent mit Formaten gearbeitet werden. Diese Arbeitsweise wird noch wichtiger, wenn Dokumente als E-Book (→ Kapitel 13) exportiert werden sollen. Wenn man Altdaten verarbeitet oder Daten von anderen Beteiligten bearbeiten soll, ist allerdings nicht immer klar, ob alle Auszeichnungen und Absatzeinstellungen mit Formaten realisiert wurden.

In InDesign erkennt man Abweichungen an dem kleinen + neben dem Namen des Absatz- bzw. Zeichenformats.

**Abb. 87** Abweichungen bei Zeichen- und Absatzformaten

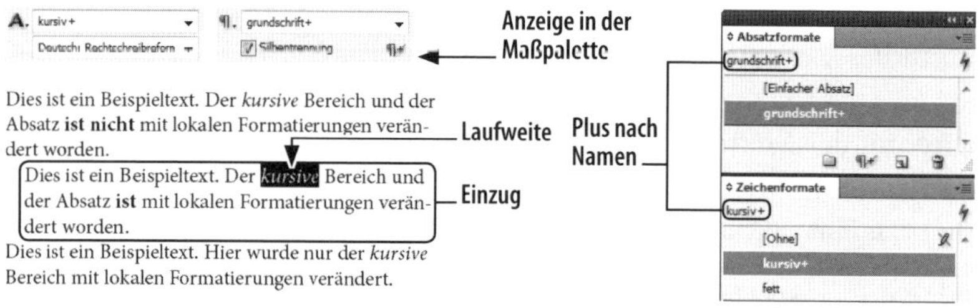


**Ab CS4 Abweichungen per Preflight prüfen**

Ab InDesign CS4 kann man im PREFLIGHT alle Absatz- und Zeichenformatabweichungen prüfen lassen. In CS3 ist diese Kontrolle ohne Skripting kaum zu realisieren, da man alle unterschiedlich formatierten Textbereiche (letztlich die `TextStyleRanges`) einzeln markieren und prüfen müsste. Ein Skript für CS3 finden sie auf der Webseite zum Buch.

Unabhängig vom PREFLIGHT kann man per Skript die Abweichungen anzeigen und Textprüfungen vornehmen.

### 11.6.1 Lokale Abweichungen anzeigen

Ab Version CS4 unterstützt InDesign die Anzeige von lokalen Formatierungen. Diese Funktionalität ist allerdings nur über Skripting erreichbar, eine Entsprechung in der Benutzeroberfläche ist mir nicht bekannt. Im Skript muss nur die entsprechende Voreinstellung gesetzt werden. Damit man das Skript produktiv einsetzen kann, ist es so programmiert, dass der Vorschaumodus je nach Status an- oder ausgeschaltet werden kann.

**Listing 104** Vorschaumodus für lokale Abweichungen (11-6_Abweichungen Anzeigen-CS4.jsx)

```
#target InDesign
if (app.documents.length > 0 &&
    app.activeWindow.constructor.name == "LayoutWindow") {
  var _dok = app.activeDocument;
  if (_dok.textPreferences.enableStylePreviewMode == false) {
    _dok.textPreferences.enableStylePreviewMode = true;
    app.activeWindow.screenMode = ScreenModeOptions.previewOff;
    app.activeWindow.overprintPreview = false;
  } else {
    _dok.textPreferences.enableStylePreviewMode = false;
  }
}
```

5 Der Vorschaumodus für Abweichungen wird mit `enableStylePreviewMode` gesteuert, eine Eigenschaft der Textvoreinstellungen `textPreferences`. Damit die Vorschau auch angezeigt wird, wird in Zeile 6 die Normalansicht aktiviert und in 7 die Überdruckenvorschau deaktiviert.

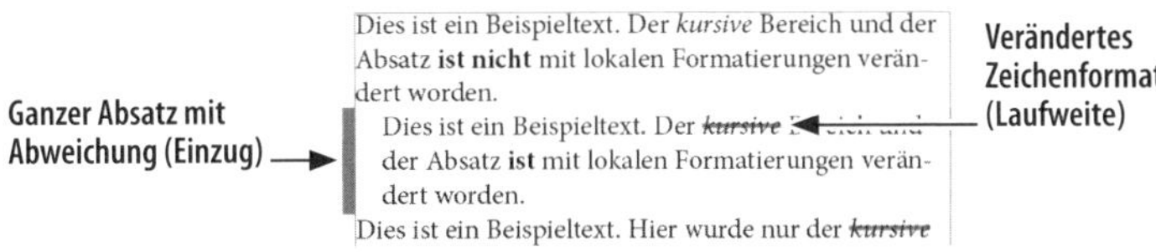


**Abb. 88**
Darstellung von lokalen Formatierungen in der Normalansicht

Änderungen auf Zeichenebene werden durchgestrichen, auf Absatzebene mit einem roten Balken links neben dem Absatz markiert. Die Vorschau unterscheidet jedoch nicht zwischen Absatz- und Zeichenformaten. Ein verändertes Zeichenattribut kann sich auch auf eine Abweichung eines Absatzformats beziehen. Genauso wenig kann man nur Abweichungen von Absatz- bzw. nur von Zeichenformaten anzeigen.

Dieses undokumentierte Feature im Objektmodell wurde von Marc Auret entdeckt.

### 11.6.2 Suche nach Abweichungen in Attributen

Oft gibt es Suchanfragen, bei denen die richtige Eigenschaft bekannt ist und nur abweichende Textstellen gefunden werden sollen. Beispielsweise könnte man alle Textstellen suchen, die ungleich 100 % skaliert sind. Leider ist die *Ungleich-Anfrage* für Optionen nicht in der Suchroutine von InDesign implementiert, deswegen muss man die Lösung selbst skripten.

**Listing 105**
Prüfung von Attributwerten (11-6_Attribut Abweichung-1.jsx)

```
function attributAbweichungen() {
  var _dok = app.activeDocument;
  var _as = _dok.stories.everyItem().getElements();
  if (_dok.stories.everyItem().footnotes.length > 0) {
    _as = _as.concat(_dok.stories.everyItem().
    footnotes.everyItem().getElements());
  }
  if (_dok.stories.everyItem().tables.length > 0 ) {
    _as = _as.concat(_dok.stories.everyItem().
    tables.everyItem().cells.everyItem().getElements());
  }
  for (var i =0; i < _as.length ; i++) {
    for (var k = _as[i].textStyleRanges.length - 1; k >= 0; k--) {
      var _tsr = _as[i].textStyleRanges[k].getElements()[0];
      if (_tsr.horizontalScale != 100 || _tsr.verticalScale != 100) {
        showIt(_tsr);
        if (confirm("Abweichung des Textbereichs aufheben?")) {
          _tsr.horizontalScale = 100;
          _tsr.verticalScale = 100;
        }
      }
    } // end _tsr
  } // end _as
}
```

Alle Textabschnitte eines Dokuments sammeln

```
var _as = _dok.stories.everyItem().getElements();
//...
```

16–22 In diesem Bereich werden alle Textabschnitte im Array _as eingesammelt. Zunächst werden über die Sammlung stories mit der Methode everyItem() alle Textabschnitte des Dokuments adressiert. Mit getElements() kann man dann alle Objekte referenzieren. Die Methode liefert alle Objekte in einen Array zurück.

In den beiden folgenden if-Abfragen wird geprüft, ob innerhalb aller Textabschnitte Tabellen bzw. Fußnoten enthalten sind. Falls dies der Fall ist, werden bei Tabellen alle Zellen, bei Fußnoten die Fußnoten selbst eingesammelt. Dieser Ansatz berücksichtigt nicht die Texte von Tabellen innerhalb von Tabellen oder Fußnoten.

Tabellen in Tabellen oder Fußnoten sind noch nicht enthalten.

Der zurückgelieferte Array von getElements() wird dann mit dem Array _as zusammengeführt. Mit der Array-Methode concat() können zwei Arrays zusammengesetzt werden. Der im Parameter übergebene Array wird an den Array, von dem die Methode aufgerufen wurde, angehangen.

Im Array befinden sich dann je nach Dokument Objekte vom Typ Story, Footnote und Cell. Alle drei haben die Eigenschaft textStyleRanges, die die Sammlung mit Objekten vom Typ TextStyleRange enthält.

```
if (_tsr.horizontalScale != 100 || _tsr.verticalScale != 100) { //...
```

26–31 Hier wird geprüft, ob der Textbereich horizontal (Eigenschaft horizontalScale) oder vertikal (verticalScale) ungleich dem Wert 100 ist. Wenn beide Eigenschaften den Wert 100 haben, ist der Textbereich bezüglich der Skalierung unverändert. Bei einem veränderten Wert wird die if-Abfrage durchlaufen. Mit dem gleichen Prinzip könnten auch alle anderen Eigenschaften der Textobjekte geprüft werden.

Unterschneidung prüfen

Um Hurenkinder oder Schusterjungen zu vermeiden, wird oft die Laufweite verändert. Das Skript in der Datei *11-6_AttributAbweichung-2.jsx*. berücksichtigt die Eigenschaft tracking.

Funktion showIt()

```
showIt(_tsr);
```

27 Der Code der Funktion showIt() ist nicht im Buch abgedruckt. Sie finden ihn in der Skriptdatei in Zeile 42. Die Funktion versucht das Objekt, das im Parameter übergeben wird, anzuzeigen.

Die Anzeige wird mit Hilfe eines Objekts vom Typ LayoutWindow gesteuert, das mit app.activeWindow adressiert wird. Als Erstes muss der Eigenschaft activeSpread der Druckbogen, auf dem sich das Objekt befindet, zugewiesen werden. Um den Druckbogen zu finden, verwendet man ein ähnliches Verfahren wie in der Funktion getPageByObject() (→ Seite 254). Dann wird mit app.select() das Objekt ausgewählt. Danach muss noch das ausgewählte Objekt in der Ansicht zentriert werden. Dazu merkt man sich zunächst die aktuelle Zoomstufe, die in der Eigenschaft zoomPercentage gespeichert ist. Dann wird mit der Methode `zoom()` und dem Parameter `ZoomOptions.showPasteboard` der vollständige Druckbogen angezeigt. Schließlich setzt man die ursprüngliche Zoomstufe wieder zurück. (→ Unterkapitel 11.8).

## 11.7 Tabellen suchen

Wenn man häufig mit Tabellen arbeitet, vermisst man die Suche (um Tabellen in langen Dokumenten zu finden), aber auch die Ersetzung von Tabellen- bzw. Zellenformaten.

Ein Skript zu entwickeln, das die vielfältigen Einstellungsmöglichkeiten von Tabellen ähnlich den Formateinstellungen bei den Absatzformaten berücksichtigt, wäre allerdings sehr aufwändig. Das folgende Skript zeigt exemplarisch, wie man alle Tabellen finden und dann Tabellen- und Zellenformate zuweisen kann. Mit Skripting-Kenntnissen lässt es sich leicht an konkrete Aufgabenstellungen anpassen.

Für das Skript kann das Dokument *11-7_Tabellen.indd* verwendet werden.

**Listing 106**
Tabellen Suchen/Ersetzen per Skript (11-7_Tabellen Suchen-1.jsx)

```
function tabellenSuchen() {
  var _dlg = app.dialogs.add({name:"Tabellen Suchen/Ersetzen"});
  // Dialog bauen ...
  var _dok = app.activeDocument;
  var _as = _dok.stories.everyItem().getElements();
  //...
  for (var i =0; i < _as.length ; i++) {
    for (var k = 0; k < _as[i].tables.length; k++) {
      var _table = _as[i].tables[k];
      showIt(_table)
      var _list = [];
      for (var m = 0; m < _table.rows.everyItem().index.length; m++) {
        _list.push((_table.rows.everyItem().index[m] + 1) + "");
      }
      _rowIndexDrop.stringList = _list;
  //...
      if (_dlg.show() == true) {
        if (_tsDropDown.selectedIndex > -1) {
          var _tstyle = _dok.tableStyles[_tsDropDown.selectedIndex];
          _table.appliedTableStyle = tstyle ;
          _table.clearTableStyleOverrides();
        }
        //...
      }
      if (_ende.checkedState) {
        _dlg.destroy();
        return;
      }
    }
  }
  _dlg.destroy();
}
```

Die Funktion `tabellenSuchen()` wird nur ausgeführt, wenn ein Dokument geöffnet und sichtbar ist.

```
var _dlg = app.dialogs.add({name:"Tabellen Suchen/Ersetzen"});
```

9–51 In diesen Zeilen wird der Dialog für die Steuerung des Skripts aufgebaut. Informationen zum Erstellen von Dialogen finden Sie in Unterkapitel 7.15.

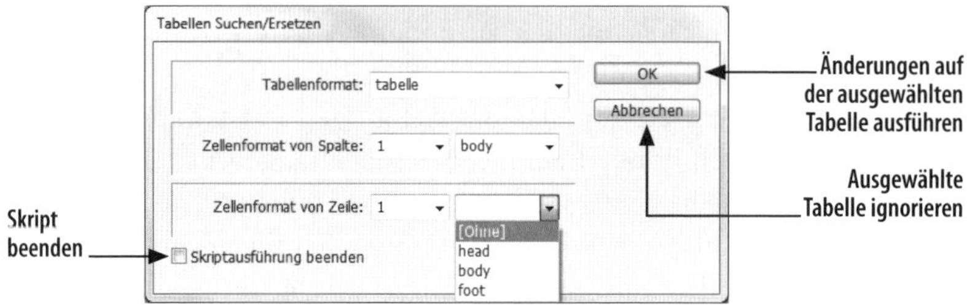


**Abb. 89** Tabellen-Suchen/Ersetzen-Dialog des Skripts

```
var _as = _dok.stories.everyItem().getElements();
```

54–61 Im Array `_as` werden alle Textabschnitte gesammelt, die Tabellen als Kinder haben können. Dazu zählen Tabellenzellen (verschachtelte Tabellen) und Fußnoten. Ein ähnliches Verfahren wurde in Unterkapitel 11.6 eingesetzt.

Alle Tabellen besuchen

```
for (var i =0; i < _as.length ; i++) {
   for (var k = 0; k < _as[i].tables.length; k++) {
      var _table = _as[i].tables[k];
      //...
```

63–104 In zwei verschachtelten for-Schleifen werden alle Tabellen des Dokuments besucht. In der ersten for-Schleife (Zähler `i`) werden alle Textabschnitte, in der zweiten (Zähler `k`) die Tabellen der Textabschnitte durchlaufen. In der Variablen `_table` wird die aktuell zu verarbeitende Tabelle gespeichert.

```
showIt(_table)
```

66 Der Code der Funktion `showIt()` ist nicht abgedruckt, Sie finden ihn in Zeile 110 (→ Seite 258). Die Funktion versucht, das als Parameter übergebene Objekt anzuzeigen. Wenn sich die Tabelle im Übersatz befindet, wird der Textrahmen mit dem Textüberlauf angezeigt.

Die Dropdown-Liste erstellen

```
var _list = [];
for (var m = 0; m < _table.rows.everyItem().index.length; m++) {
   _list.push((_table.rows.everyItem().index[m] + 1) + "");
}
_rowIndexDrop.stringList = _list;
```

67–71 Für die aktuelle Tabelle muss der Inhalt der Dropdown-Liste, die die Anzahl der Zeilen enthält, generiert werden. Dazu wird zunächst ein leerer Array in der Variablen `_list` gespeichert. Innerhalb der for-Schleife wird dann der Index der Zeile um 1 erhöht, in einen String konvertiert und mit `push()` im Array `_list` gespeichert. Der String wird benötigt, da die Eigenschaft stringList der Klasse Dropdown nur Arrays mit Zeichenketten annimmt. Durch die Addition von 1 beginnt die Zählung in der Dropdown-Liste nicht mehr bei 0 und ist deutlich intuitiver in der Benutzung. In Zeile 72 wird dann die Eigenschaft stringList der Dropdown-Liste _rowIndexDrop mit den Werten für die aktuelle Tabelle überschrieben.

Das gleiche Verfahren kommt auch für die Anzahl der Spalten in den Zeilen 74–79 zum Einsatz.

```
if (_dlg.show() == true) { //...
```

80–98 Mit show() wird der aktualisierte Dialog angezeigt. Wenn der Benutzer OK wählt, wird die Auswahl des Dialogs ausgewertet, ansonsten springt die Ausführung in Zeile 99.

```
if (_tsDropDown.selectedIndex > -1) {
   var _tstyle = _dok.tableStyles[_tsDropDown.selectedIndex];
   _table.appliedTableStyle = _tstyle;
   _table.clearTableStyleOverrides();
}
```

81–85 Zunächst muss geprüft werden, ob der Benutzer überhaupt etwas ausgewählt hat. In _tsDropDown ist die Dropdown-Liste für die Tabellenformate gespeichert. Wenn dort nichts ausgewählt wurde, hat die Eigenschaft selectedIndex den Wert -1, ansonsten entspricht der Wert der Eigenschaft dem Index in der Sammlung tableStyles. Somit kann in Zeile 82 das gewünschte Tabellenformat mit Hilfe von selectedIndex in _tstyle gespeichert werden.

Die gewählten Formate zuweisen

In Zeile 83 wird mit der Eigenschaft appliedTableStyle das Tabellenformat zugewiesen. Mit clearTableStyleOverrides() werden eventuelle Formatabweichungen gelöscht. Falls Sie die Formatabweichungen lieber beibehalten möchten, finden Sie im Skript *11-7_Tabellen Suchen-2.jsx* eine erweiterte Fassung des Dialogs, um diese Steuerung zu ermöglichen.

Dieses Verfahren wird in den nächsten Zeilen für die Dropdown-Listen *Spalten* bzw. *Zeilen* wiederholt.

```
if (_ende.checkedState) {
   _dlg.destroy();
   return;
}
```

99–102 In jedem Fall wird noch geprüft, ob die Checkbox SKRIPTAUSFÜHRUNG BEENDEN, die von der Variablen _ende repräsentiert wird, angewählt ist. In diesem Fall wird der Dialog mit destroy() endgültig aus dem Speicher gelöscht und die Funktion mit return verlassen.

```
_dlg.destroy();
```

105 Nachdem die for-Schleife alle Tabellen besucht hat, wird der Dialog mit destroy() beendet und das Skript endet.

## 11.8 Zoom per Skript

Das Skript kann man gut auf einen Tastaturbefehl legen.

Es gibt zahlreiche Shortcuts für das Zoomen in InDesign. Allerdings kann man keine bestimmte Zoomgröße per Tastaturbefehl erreichen. Ich begutachte meine Dokumente gerne in der gleichen Größe wie im Original. Der Wert 100 % entspricht auf den meisten Bildschirmen nicht der eigentlichen Größe. Bei meinem Monitor muss ich dafür die Zoomstufe auf 129 % stellen.

**Listing 107**
Auf Originalgröße zoomen (11-8_Zoom.jsx)

```
1  #target InDesign
2  if (app.layoutWindows.length > 0) {
3    app.activeWindow.zoomPercentage = 129;
4  }
```

3 Die Eigenschaft `zoomPercentage` gehört zum `LayoutWindow`, das man am leichtesten über die Eigenschaft `activeWindow` erreicht. Von einem Dokument erreicht man es über die Sammlung `layoutWindows`.

Fenster haben außerdem noch die Methode `zoom()`, die mit den folgenden selbsterklärenden Parametern gesteuert werden kann:

- `ZoomOptions.FIT_SPREAD`
- `ZoomOptions.FIT_PAGE`
- `ZoomOptions.SHOW_PASTEBOARD`

In der Funktion `showIt()` wird ebenfalls `zoom()` eingesetzt (→ Seite 258).

## 11.9 Alle Dokumente schließen

Wenn man neue Layouts entwickelt oder viel experimentiert, passiert es oft, dass in InDesign viele Dokumente geöffnet sind, die nicht gespeichert werden sollen. Wenn man diese per Hand schließt, muss man jedes Mal bestätigen, dass keine Änderungen gespeichert werden sollen. Mit einem kleinen Skript kann das schnell erledigt werden.

Falls Sie keine Änderungen an den Dokumenten vorgenommen haben, kann man mit dem Tastaturbefehl Befehl + Alt + Shift + W alle Dateien schließen.

**Listing 108**
Alle Dateien schließen (11-9_Alle Schliessen.jsx)

```
1  #target InDesign
2  while (app.documents.length > 0) {
3    app.documents[0].close(SaveOptions.NO);
4    $.sleep(100);
5  }
```

Die while-Schleife wird so lange ausgeführt, bis keine Dokumente mehr geöffnet sind. Die Methode `close()` in Zeile 3 wird mit dem Parameter `SaveOptions.NO` angewiesen, die Änderungen zu verwerfen.

Der Zweck von Zeile 4 ist auf den ersten Blick unklar. Hier wird InDesign mit der Methode `sleep()`, die zum Debugging-Objekt $ gehört, angewiesen, 100 Millisekunden zu warten. Ohne die Zwangspause kann es in seltenen Fällen vorkommen, dass InDesign beim Schließen der Dokumente abstürzt. Dies passiert vermutlich deswegen, weil die Skripting-Schnittstelle bei der Abarbeitung der Schließen-Anfragen nicht richtig implementiert ist.

## 11.10 Backup beim Speichern anlegen

Immer wieder kommt es vor, dass man einen älteren Stand eines Dokuments benötigt, entweder weil man noch einmal etwas nachsehen möchte oder weil die Arbeit in die falsche Richtung gelaufen ist. Da das Anlegen von Backups aber nur über das manuelle Umkopieren von Dateien erreicht werden kann, vergisst man dies meist im Alltagsstress. Schön wäre eine Funktion, mit der beim Speichern automatisch ein Backup der Datei angelegt würde. Das folgende Skript übernimmt diese Aufgabe.

**Listing 109** Dokumente mit Backup sichern (11-10_SaveWith Backup-1.jsx)

```
1  #target InDesign
2  if (app.documents.length > 0 && app.activeDocument.saved == true &&
       app.activeDocument.modified == true) {
3    saveWithBackup();
4  }
5
6  function saveWithBackup() {
7    _date = new Date();
8    var _dok = app.activeDocument;
9    var _backupFolder = Folder(Folder.myDocuments + "/indd_backup");
10   if (_backupFolder.exists == false) _backupFolder.create();
11   _backupFolder = Folder(_backupFolder + "/" + formatDatum(_date));
12   if (_backupFolder.exists == false) _backupFolder.create();
13   var _backupFile = File(_backupFolder + "/" + formatZeit(_date) +
     "__" + _dok.name);
14   _dok.fullName.copy(_backupFile);
15   _dok.save();
16 }
```

Voraussetzungen prüfen

```
if (app.documents.length > 0 && app.activeDocument.saved == true
   && app.activeDocument.modified == true) {
   saveWithBackup();
}
```

2–4 Das Skript soll nur ausgeführt werden, wenn mindestens eine Datei geöffnet, die aktive Datei gespeichert ist und seit dem letzten Speichern verändert wurde. Von einer ungespeicherten Datei kann man kein Backup erstellen und ohne Änderung macht ein Backup keinen Sinn. Die Prüfung, ob die Datei gespeichert wurde, wird mit der Eigenschaft `saved` vorgenommen. Der Änderungsstatus wird aus der Eigenschaft `modified` ausgelesen. Wenn die Prüfungen zutreffen, wird das eigentliche Skript, das in die Funktion `saveWithBackup()` ausgelagert wurde, aufgerufen.

Aktuelle Uhrzeit und Datum abrufen

```
var _date = new Date();
```

7 Mit `new Date()` wird ein neues Objekt vom Typ `Date` erstellt. Ein Datumsobjekt enthält alle Zeit- und Datumsinformationen von dem Moment, in dem es erstellt wurde. Man kann z.B. mit der Methode `toString()` das aktuelle Datum in der Form `Wed Dec 01 2010 13:35:48 GMT+0100` ermitteln. Außerdem kann man mit Methoden wie `getDay()` den aktuellen Tag oder mit `getMinutes()` die Minuten als einzelne Informationseinheiten ermitteln. Bei Bedarf kann man Datumsobjekte mit den Operatoren <, > oder == vergleichen.

```
var _backupFolder = Folder(Folder.myDocuments + "/indd_backup");
if (_backupFolder.exists == false) _backupFolder.create();
_backupFolder = Folder(_backupFolder + "/" + formatDatum(_date));
if (_backupFolder.exists == false) _backupFolder.create();
```

9–12 Hier wird geprüft, ob die für das Backup benötigten Verzeichnisse existieren. Bei Bedarf werden die Verzeichnisse erstellt.

Mit `Folder()` kann man ein Objekt erstellen, das eine Referenz auf den im Parameter übergebenen Ordner hat.

Im Skript werden die Backups im Verzeichnis *indd_backup* abgelegt. Dieses Verzeichnis soll ein Unterverzeichnis des Ordners werden, in dem das System die eigenen Dokumente ablegt (unter Windows XP z.B. *Eigene Dateien*, unter Mac OS *Dokumente*). Der gesamte Pfad kann nach Belieben angepasst werden (→ Unterkapitel 6.12).

Beachten Sie beim Zusammenbauen von Verzeichnispfaden, dass ein `Folder`-Objekt nur den Namen des Folders enthält. Deswegen muss dem Unterverzeichnis `indd_backup` der Forward Slash / als Verzeichnistrenner mitgegeben werden.

Dann wird in Zeile 10 mit der Abfrage der Eigenschaft `exists` geprüft, ob der Ordner vorhanden ist. Falls sie `false` enthält, muss der Ordner mit der Methode `create()` erstellt werden.

Das Datum formatieren

In den Zeilen 11 und 12 wird das gleiche Verfahren nochmal wiederholt. Hier wird ein Unterverzeichnis mit dem aktuellen Datum angelegt. Das Verzeichnis soll in der Form `YYYY-MM-DD`, für Silvester 2010 also `2010-12-31` angelegt werden. Dieses Format hat den Vorteil, dass im Finder oder Explorer die Ordner in der Erstellungsreihenfolge sortiert werden können. Die Formatierung des in `_date` gespeicherten Datums übernimmt die selbst entwickelte Funktion `formatDatum()`, die nicht im Buch abgedruckt ist.

```
var _backupFile = File(_backupFolder + "/" + formatZeit(_date) + "__"
   + _dok.name);
```

13 Ähnlich wie bei den Verzeichnissen wird mit der Klasse `File()` ein Dateiobjekt erstellt. Der Pfad der neuen Datei setzt sich aus dem soeben erstellten Backup-Ordner aus der Variablen `_backupFolder`, dem Datei- und Verzeichnistrenner / , der aktuellen Uhrzeit und dem Namen der

Datei zusammen. Die Uhrzeit aus dem Datumsobjekt `_date` wird mit der selbst erstellten Funktion `formatZeit()` im Format `HH-MM-SS` (genau Viertel nach elf entspricht also 11-15-00) erstellt. Im Ergebnis hat man ein Dateiobjekt, dessen Name sich aus aktueller Uhrzeit und dem Namen des InDesign-Dokuments zusammensetzt und im Backup-Ordner liegt. Die Datei existiert in diesem Moment allerdings noch nicht.

Das Backup erstellen

```
_dok.fullName.copy(_backupFile);
```

14 Hier wird das eigentliche Backup durchgeführt. Dazu wird die gespeicherte Datei des InDesign-Dokuments in den Backup-Ordner kopiert.

Die Eigenschaft `fullName` eines Dokuments enthält ein `File`-Objekt, das auf die gespeicherte Datei des Dokuments zeigt. Verwechseln Sie die Eigenschaft nicht mit der gleichnamigen Eigenschaft `fullName` eines `File`-Objekts. Letztere enthält einen String mit der plattformneutralen Pfadangabe zur Datei. Die folgende Zeile ist also durchaus sinnvoll:

**Die Eigenschaft `fullName` enthält je nach Objekt unterschiedliche Werte.**

```
alert("Neutraler Pfad: " + app.activeDocument.fullName.fullName);
```

Der zweite Aufruf von `fullName` erfolgt auf dem `File`-Objekt, das in der ersten Eigenschaft enthalten ist.

Das `File`-Objekt hat eine Methode `copy()`, mit der eine Kopie der Datei an dem im Parameter übergebenen Ort erstellt werden kann. Die Kopie enthält jetzt den Stand der Datei nach der letzten Sicherung.

Der Dateiname ist noch verbesserungsbedürftig, da er den Zeitpunkt, an dem die Sicherheitskopie erstellt wurde, reflektiert. Eventuell möchte man aber auch wissen, zu welchem Zeitpunkt die Daten in dieser Datei abgespeichert wurden. Das Skript *11-10_SaveWithBackup-2.jsx* berücksichtigt auch das Datum, an dem die Datei zuletzt verändert wurde, und speichert die Dateien im Backup-Verzeichnis in der Form *Kopierdatum_Änderungsdatum__Name.indd.*

```
_dok.save();
```

15 Zuletzt muss noch das aktuelle Dokument gespeichert werden. Dies geschieht mit der Methode `save()`.

Im nächsten Kapitel zeige ich, wie man einen Menü-Eintrag für das Skript erstellt und es beim Starten von InDesign automatisch aktivieren kann.

## 11.11 Eigene Einträge im Menü erstellen

In InDesign kann man eigene Menü-Einträge für Skripte erstellen. So können Sie Ihre Skripte in die InDesign-Menü-Struktur einhängen und müssen sie nicht mehr über das Bedienfeld Skripten aufrufen. Wenn man dann noch die Möglichkeit nutzt, Skripte direkt beim Start von InDesign zu laden, wird die Bedienung der Skripte deutlich angenehmer.

Gerade wenn Sie Skripte für andere Benutzer entwickeln, sind diese Techniken wichtig. Es hat sich gezeigt, dass die Akzeptanz und Benutzung von Skripten in InDesign deutlich zunehmen, wenn sie in der normalen Menü-Struktur verankert sind.

### 11.11.1 Menü-Einträge

Als Beispiel zeige ich, wie man das Skript zum Erstellen eines Backups aus dem vorherigen Unterkapitel in das Datei-Menü hinter den Eintrag SPEICHERN einhängen kann.

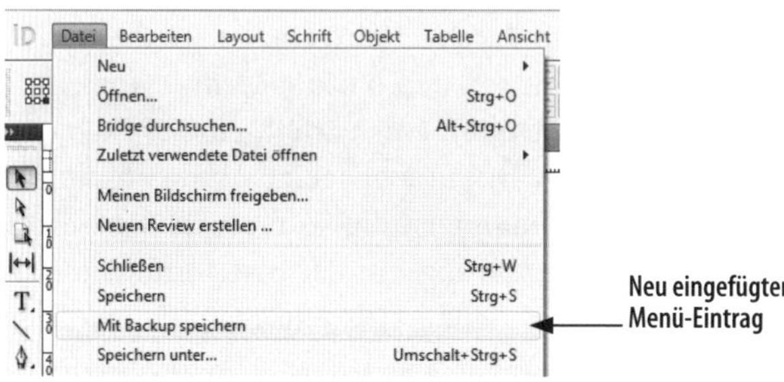


**Abb. 90** Datei-Menü

**Listing 110** Menü-Eintrag erstellen (11-11_Menu Eintrag-1.jsx)

```
1  #target InDesign
2  #targetengine "saveWithBackupSession"
3  var _action = app.scriptMenuActions.add("Mit Backup speichern");
4  _action.eventListeners.add("onInvoke", saveWithBackup);
5  var _hm = app.menus.itemByName("$ID/Main");
6  if (app.scriptPreferences.version >= 7) var _dm = _hm.submenus.
   itemByName("$ID/FileDestinationPanel"); // CS5
7  else var _dm = _hm.submenus.itemByName("$ID/&File"); // CS3/CS4
8  if (_dm.menuItems.itemByName("Mit Backup speichern") == null) {
9    _dm.menuItems.add(_action, LocationOptions.AFTER,_dm.menuItems.
     itemByName("$ID/Save"));
10 }
```

Session anlegen

```
#targetengine "saveWithBackupSession"
```

2 Mit der Festlegung einer eigenen Session (→ Unterkapitel 7.16) stellt man sicher, dass das Skript bis zum Beenden von InDesign erreichbar ist. Variablen und eigene Funktionen sind nur innerhalb einer Session gültig und können deswegen nicht von anderen Skripten beeinflusst werden. Sobald das Skript einmal ausgeführt wurde, erscheint die Session `saveWithBackupSession` in der zweiten Dropdown-Liste des Debug-Bedienfelds vom ESTK. Bei Bedarf könnte man in einem anderen Skript, das in der gleichen Session ausgeführt wird, auf die Funktion `saveWithBackup()` zugreifen.

Menü-Befehl erstellen

```
var _action = app.scriptMenuActions.add("Mit Backup speichern");
_action.eventListeners.add("onInvoke", saveWithBackup);
```

3–4 Zunächst wird ein Objekt von Typ `ScriptMenuAction`, das zum Objekt `Application` gehört, erstellt. Der Parameter der Methode `add()` übernimmt den Namen des Menü-Eintrags.

Dann muss dem `ScriptMenuAction` noch ein `EventListener` hinzugefügt werden. Dieser soll immer dann, wenn der Menü-Eintrag ausgewählt wird, reagieren. Bei der Erstellung werden zwei Parameter übergeben: Der erste beschreibt das Event, der zweite, welche Funktion beim Eintreten des Events ausgeführt werden soll (zu Events siehe Unterkapitel 7.17). Das Event `onInvoke` tritt ein, wenn der Menü-Eintrag ausgewählt wird. Die Funktion `saveWithBackup()` ist weiter unten im Skript enthalten und entspricht weitgehend der Funktion aus dem vorherigen Unterkapitel.

Jetzt ist ein fertiger Menü-Eintrag erstellt, der allerdings noch nicht in ein Menü eingehangen wurde.

```
var _hm = app.menus.itemByName("$ID/Main");
```

5 In der Variablen `_hm` wird eine Referenz auf das Hauptmenü gespeichert. Das Hauptmenü erreicht man über die Sammlung `menus`. Die Menüs werden über die sprachunabhängigen Namen (engl. *locale independent string*) angesprochen. Wenn das Skript nur unter der deutschen Version von InDesign laufen würde, könnte man auch die Namen aus der Benutzeroberfläche übernehmen.

Menü-Einträge ansprechen

Generell sollten Menü-Einträge immer mit den sprachunabhängigen Namen und Menü-Befehle über ihre `ID` angesprochen werden. Da es keine Liste für diese Bezeichnungen gibt, kann man mit dem Skript *11-11_AlleMenus.jsx* eine Textdatei mit den Namen und IDs aller Menüs und Befehle erstellen (die Laufzeit kann mehrere Minuten betragen). Leider werden einige wenige Namen nicht korrekt aufgelöst, andere Menü-Einträge haben mehrere Entsprechungen. Außerdem haben sich einige Bezeichnungen in den verschiedenen Versionen geändert. Hier muss man im Zweifel etwas experimentieren.

```
if (app.scriptPreferences.version >= 7) var _dm = _hm.submenus.
   itemByName("$ID/FileDestinationPanel"); // CS5
else var _dm = _hm.submenus.itemByName("$ID/&File"); // CS3/CS4
```

6–7 Da sich die sprachunabhängige Bezeichnung des Datei-Menüs in CS5 verändert hat, muss zunächst festgestellt werden, welche InDesign-Version eingesetzt wird. Dann kann mit Hilfe der Sammlung `submenus`, die die Untermenüs Datei, Bearbeiten etc. enthält, eine Referenz auf das Datei-Menü in der Variablen `_dm` gespeichert werden.

Menü-Eintrag erstellen

```
if (_dm.menuItems.itemByName("Mit Backup speichern") == null) {
   _dm.menuItems.add(_action, LocationOptions.AFTER,_dm.menuItems.
   itemByName("$ID/Save"));
}
```

8–10 Zunächst wird geprüft, ob der Eintrag Mit Backup speichern bereits vorhanden ist. Wenn dies nicht der Fall ist, wird der Menü-Eintrag erstellt. Dazu wird dem Datei-Menü ein neues Objekt vom Typ `MenuItem` hinzugefügt. Als erster Parameter wird die `ScriptMenuAction`, die vorher in der Variablen `_action` gespeichert wurde, übergeben. Der zweite Parameter legt die Position des neuen Elements in Bezug zum dritten Parameter – einem Menü-Eintrag – fest. Der neue Menü-Eintrag erscheint unter dem Eintrag SPEICHERN.

Menü-Eintrag kontextabhängig einblenden

Das Skript aus dem vorherigen Unterkapitel prüft zu Beginn, ob es sinnvoll ausführbar ist. Diese Prüfung kann man auch in eine eigene Funktion auslagern, die je nach Situation den Menü-Eintrag ein- bzw. ausblendet.

**Listing 111** Menü-Eintrag kontextabhängig (Auszug aus 11-11_Menu Eintrag-2.jsx)

```
3  var _action = app.scriptMenuActions.add("Mit Backup speichern");
4  _action.eventListeners.add("onInvoke", saveWithBackup);
5  _action.eventListeners.add("beforeDisplay", canRun);
   //...
24 function canRun(_event) {
25   var _action = _event.parent;
26   if (app.documents.length > 0 && app.activeDocument.saved == true
   && app.activeDocument.modified == true) {
27     _action.enabled = true;
28   } else {
29     _action.enabled = false;
30   }
31 }
```

5 Für die Prüfung, ob der Eintrag angezeigt werden soll, kann man einen Eventlistener vom Typ `beforeDisplay` verwenden. Bevor der Eintrag angezeigt wird, wird dann immer die Funktion `canRun()` ausgeführt.

24–31 Der Funktion `canRun()` wird von InDesign automatisch das Event, von dem sie ausgelöst wurde, als Parameter übergeben. In Zeile 25 wird dann die eigentliche `ScriptMenuAction` ermittelt – sie ist das Elternelement des Events.

26 Hier wird geprüft, ob die Funktion sinnvoll ausgeführt werden kann – die Prüfung ist im ursprünglichen Skript *11-10_SaveWithBackup-1.jsx* in der zweiten Zeile durchgeführt worden. Wenn die Prüfung erfolgreich ist, wird die `ScriptMenuAction` mit der Eigenschaft `enabled` aktiviert, ansonsten deaktiviert.

Menü-Eintrag entfernen

Der Menü-Eintrag bleibt nur bis zu einem Neustart von InDesign erhalten. Wenn Sie den Eintrag vorher entfernen wollen, benötigen Sie das folgende Skript:

**Listing 112** Menü-Eintrag entfernen (11-11_MenuEintrag Entfernen.jsx)

```
6 var _eintrag = _dm.menuItems.itemByName("Mit Backup speichern");
7 if (_eintrag != null) {
8   _eintrag.remove();
9 }
```

Das Skript muss ebenfalls in der Session `saveWithBackupSession` laufen. In Zeile 3–5 wird wie im vorherigen Skript das Datei-Menü adressiert. Danach wird der Menü-Eintrag in `_eintrag` gespeichert und mit einer if-Abfrage geprüft, ob der Eintrag im Datei-Menü existiert. Wenn `_eintrag` dem Wert `null` entspricht, existiert kein Eintrag. Mit der Methode `remove()` kann der Eintrag gegebenenfalls entfernt werden.

Wenn Sie eigene Untermenüs (Submenu) erstellen, bleiben diese auch nach einem Neustart erhalten. Die folgende Zeile erstellt ein Untermenü Skripte am Ende der Menü-Leiste.

Untermenüs bleiben erhalten

```
app.menus.itemByName("$ID/Main").submenus.add("Skripte") ;
```

Zum Entfernen des Menüs können Sie die folgende Zeile verwenden:

```
app.menus.itemByName("$ID/Main").submenus.itemByName("Skripte").remove()
```

### 11.11.2 Skripte beim Start von InDesign laden

Für eine gute Integration des Skripts in InDesign sollte das Skript automatisch beim Start geladen und der Menü-Eintrag erstellt werden.

Dazu muss das Skript in einen Ordner mit dem Namen *startup scripts* gelegt werden. Die Startskripte von InDesign, wie z.B. *Export As XHTML*, liegen neben dem Ordner *Scripts Panel*. Ich empfehle, eigene Skripte auf der gleichen Ebene zu speichern. Für das Skript würde ich deswegen erst einen Ordner *SaveWithBackup* und in diesem dann den Unterordner *startup scripts* anlegen. Nachdem das Skript hierhin kopiert wurde, brauchen Sie nur noch InDesign neu zu starten.

Wenn man das Skript regelmäßig verwenden möchte, kann man es auf einen Tastaturbefehl legen (Bearbeiten → Tastaturbefehle ... → Produktbereich Skripte).

### 11.11.3 Menü-Befehle per Skript ausführen

Es gibt wenige InDesign-Funktionen, die man nur über einen Menü-Eintrag erreichen kann. Dazu zählt z.B. das Aufrufen von Bedienfeldern. Der folgende Code zeigt, wie man zunächst prüft, ob das Bedienfeld Absatzformate angezeigt wird, und, falls dies nicht der Fall ist, das Bedienfeld öffnet. Anschließend werden die Absatzformate nach Namen sortiert.

**Listing 113**
Befehle direkt aufrufen (11-11_MenuBefehl Aufrufen.jsx)

```
1 #target InDesign
2 var _hm = app.menus.itemByName("$ID/Main");
3 if (app.scriptPreferences.version >= 7) var _afb = _hm.submenus.
  item("$ID/&Window").submenus.item("$ID/StylesSubmenu").menuItems.
  item("$ID/ParaStyles_Menu"); //CS5
4 else var _afb = _hm.submenus.item("$ID/&Window").submenus.
  item("$ID/TypeSubmenu").menuItems.item("$ID/ParaStyles_Menu"); //
  CS3/CS4
5 if (_afb.checked == false) _afb.associatedMenuAction.invoke();
6 app.menuActions.itemByID(8505).invoke();
```

5–6 Es werden jeweils die Aktionen gesucht und mit invoke() ausgeführt. Beim Bedienfeld wird noch mit checked geprüft, ob es eingeblendet ist. Mit diesem Verfahren simulieren Sie den Aufruf über das Menü. Verwenden Sie diese Möglichkeit nur in Ausnahmefällen, da der Zugang über das Objektmodell deutlich performanter und weniger störungsanfällig ist.

**Menü-Befehle sollten immer über die ID referenziert werden.**

# 12 Skript-Workflow mit Word-Dateien

In typischen Publishing-Workflows werden im DTP-Programm Daten aus einem Textverarbeitungsprogramm wie z.B. Word mit Bild und Grafikdaten zusammengeführt. Das folgende Kapitel stellt einen Workflow vor, mit dem viele dieser Arbeitsschritte per Skript erledigt werden. Das Ergebnis ist ein automatisch aufgebautes Dokument, der nötige Feinschliff kann dann manuell erledigt werden.

Gerade für periodische Publikationen, aber auch für einmalige Projekte mit großem Umfang lohnt sich der Aufbau eines solchen Skript-Workflows. Je nach Publikation kann man den Workflow natürlich mit Skripten aus Kapitel 11 oder eigenen Entwicklungen erweitern.

Die Beispieldaten für den Workflow sind dem Kinderbuch *Energie, die uns die Sonne schickt* von Teresa Wurtz entnommen.

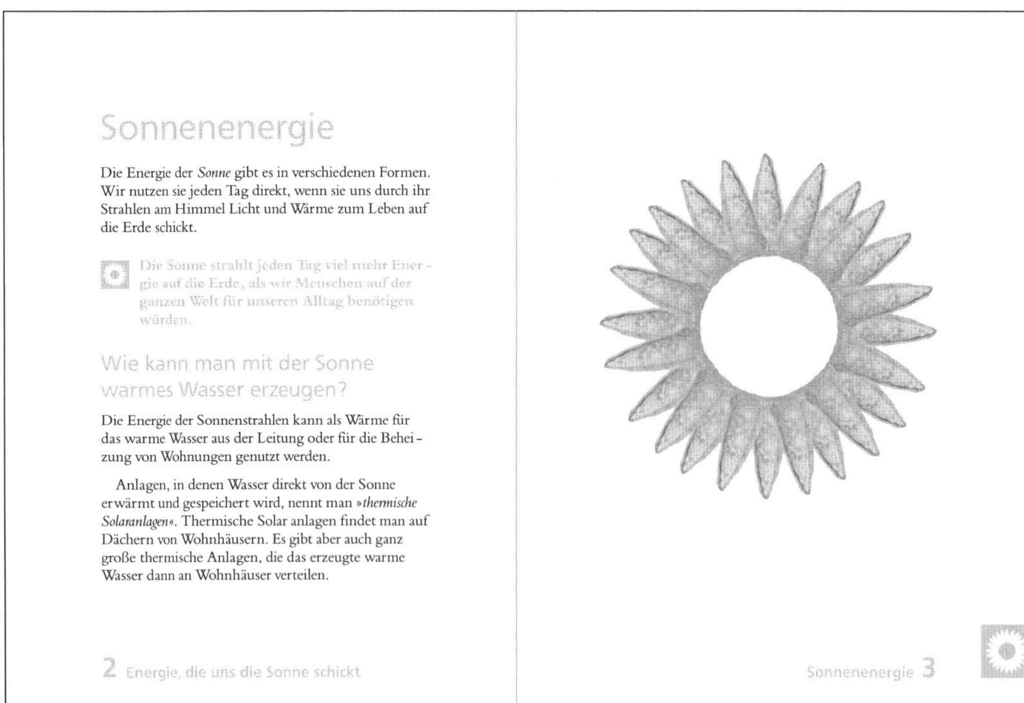

Sonnenenergie

Die Energie der *Sonne* gibt es in verschiedenen Formen. Wir nutzen sie jeden Tag direkt, wenn sie uns durch ihr Strahlen am Himmel Licht und Wärme zum Leben auf die Erde schickt.

Die Sonne strahlt jeden Tag viel mehr Ener-gie auf die Erde, als wir Menschen auf der ganzen Welt für unseren Alltag benötigen würden.

Wie kann man mit der Sonne warmes Wasser erzeugen?

Die Energie der Sonnenstrahlen kann als Wärme für das warme Wasser aus der Leitung oder für die Behei-zung von Wohnungen genutzt werden.

Anlagen, in denen Wasser direkt von der Sonne erwärmt und gespeichert wird, nennt man »*thermische Solaranlagen*«. Thermische Solar anlagen findet man auf Dächern von Wohnhäusern. Es gibt aber auch ganz große thermische Anlagen, die das erzeugte warme Wasser dann an Wohnhäuser verteilen.

2 Energie, die uns die Sonne schickt

Sonnenenergie 3

**Abb. 91**
Doppelseite aus dem Buch *Energie, die uns die Sonne schickt*

## 12.1 Vorhandene Daten und Zielstellung

Voraussetzungen

Bevor man einen Skript-Workflow plant, sollte man sich über Voraussetzungen, Datenbasis und Ziele klar werden. Die Daten für das hier beschriebene Projekt liegen im Ordner *12_Word-Workflow*.

- Manuskript in der Word-Datei *Manuskript.doc*
- Alle Abbildungen im Ordner *Bilder*
- InDesign-Vorlagendatei *Template.indt* mit den Layoutinformationen
- Als Schriften kommen *Bergamo* und *CartoGothic* zum Einsatz.

Überschriften, Hinweise und Auszeichnungen sind in der Word-Datei durchgehend mit Absatz- und Zeichenformaten formatiert. An den Stellen, wo Bilder eingefügt werden sollen, steht der Dateiname der Bilddatei. Der Name ist mit dem Format `Bild` ausgezeichnet. Die Bilddateien liegen in der richtigen Größe und Auflösung im Unterordner *Bilder*.

Alle Kapitel sollen in verschiedenen Farben gestaltet werden. Zu Beginn des Kapitels steht jeweils ein Kapitelkurztitel, der dem Farbnamen aus dem InDesign-Template entspricht. Der Kurztitel ist mit dem Absatzformat `Kapitelstart` ausgezeichnet. Jedes Kapitel hat außerdem ein Icon, das auf der Mustervorlage und im Hinweistext eingesetzt werden soll. Der Name des Icons setzt sich aus dem Kapitelkurztitel und `_icon.jpg` zusammen.

Zielstellung

Ziel ist es, aus Template, Word-Daten und Bildern ein fertig umbrochenes InDesign-Dokument zu erstellen.

1. Der Benutzer des Skripts soll die Word-Datei und die InDesign-Vorlagendatei mit einem Auswahldialog auswählen. Die Inhalte der Word-Datei sollen dann im Template platziert werden.
2. Danach sollen alle Absätze des Dokuments per Skript formatiert werden. Die Formate sollen nach der folgende Aufstellung zugeordnet werden:

| Word-Formatvorlage | InDesign-Format | Art |
|---|---|---|
| Standard | abs | Absatzformat |
| Überschrift1 | u1 | Absatzformat |
| Überschrift2 | u2 | Absatzformat |
| Hinweistext | einschub | Absatzformat |
| Fett | kursiv | Zeichenformat |

Zusätzlich soll der erste Absatz nach einer Überschrift mit dem Absatzformat `abs_ohne_einzug` formatiert werden. Links neben dem Hinweistext soll das Kapitel-Icon platziert werden.

3. Für jedes Kapitel soll eine Mustervorlage erstellt werden. Sie soll auf der Mustervorlage `V-Vorlage` aus der Vorlagendatei basieren. Die Farben der Kolumnentitel sollen an die Kapitelfarbe angepasst werden. Das Kapitel-Icon soll rechts unten in der Kolumne platziert werden.
4. Alle Bilder sollen im Dokument an der Stelle, wo sie auch im Text vorkommen, platziert werden. Die Bilder sollen an der oberen Satzspiegelkante ausgerichtet werden.
5. Auf der letzten Seite soll mit Hilfe der Indexfunktion ein Register aus allen kursiv ausgezeichneten Begriffen erstellt werden.

**Abb. 92**
Übersicht über die Verknüpfung von Daten und Layout

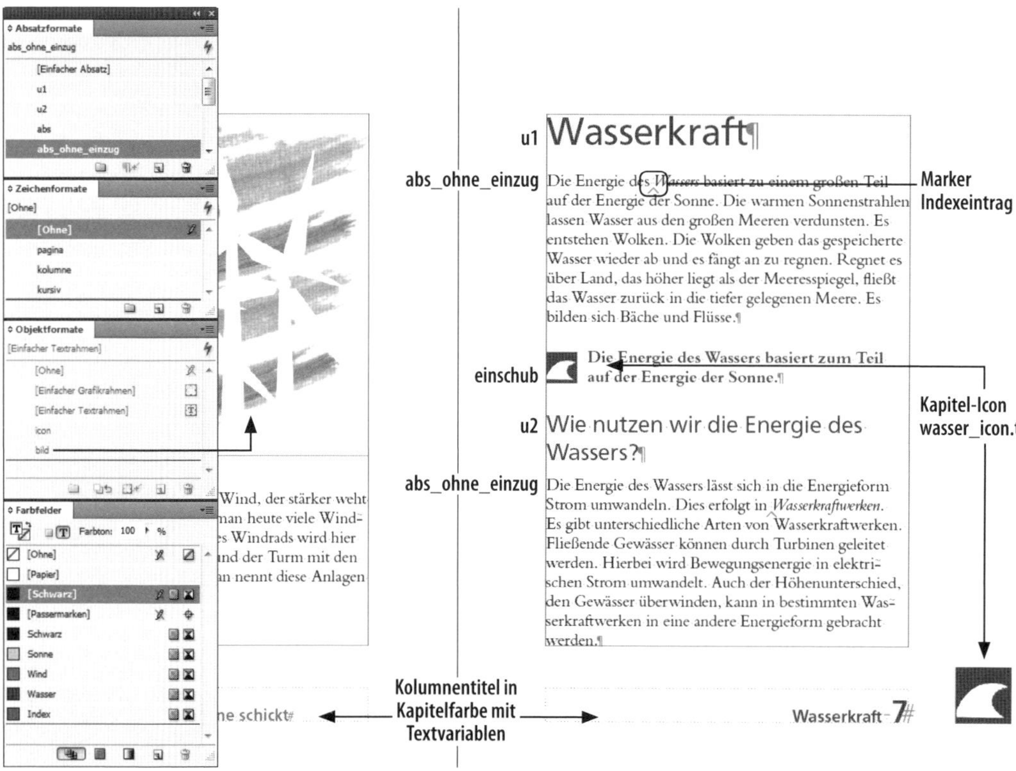


## 12.2 Das Skript planen

Für längere Skripte sollte man sich zunächst Gedanken über den Aufbau und Ablauf des Skripts machen. Ein gut geplantes Skript hat außerdem den Vorteil, dass man es in ähnlichen Situationen leicht anpassen und weiterverwenden kann. Die in der folgenden Beschreibung angegebenen Zeilennummern beziehen sich jeweils auf das Skript *12_WordWorkflow.jsx*. Das Skript und alle Beispieldateien finden Sie im Ordner *TEIL_III* im Bereich *Download* auf der Webseite zum Buch.

Das Skript sollte in der Lage sein zu prüfen, ob das richtige Template und eine importierbare Word-Datei gewählt wurden. Außerdem muss

Aufbau des Skripts

geprüft werden, ob der Ordner für die Bilder und die Bilder selbst vorhanden sind. Zusätzlich müssen alle Voreinstellungen wie z.B. Maßeinheiten und Linealposition vor dem eigentlichen Skript gesetzt werden.

Prüfung und Voreinstellungen finden Sie in Zeile 11–55. Zusätzlich wird mit der Funktion `checkDok()` in Zeile 58 getestet, ob alle Schriften aktiviert und alle benötigten Formatvorlagen vorhanden sind.

Die produktiven Aufgaben des Skripts lassen sich dann in drei Teile aufteilen, die in den Zeilen 35–37 aufgerufen werden:

Funktionen

- Die Funktion `wordImport()` 84 importiert und platziert die Daten aus der Word-Datei (→ Unterkapitel 12.3).
- Die Funktion `styleDoc()` 114 formatiert den Absatz, platziert die Bilder und erstellt die benötigten Mustervorlagen (→ Unterkapitel 12.4).
- Mit der Funktion `createRegister()` 194 wird das Register generiert (→ Unterkapitel 12.5).

Der Funktion `wordImport()` werden die Word-Datei und das Dokument als Parameter übergeben, der von ihr platzierte Textabschnitt wird zurückgeliefert. Dieser wird wiederum als Parameter an `styleDoc()` übergeben.

Zusätzlich werden mehrmals benötigte Standardaufgaben in eigene Funktionen ausgelagert. Einige dieser Funktionen wurden bereits in Kapitel 11 vorgestellt.

Hilfsfunktionen

- Die Funktion `checkOverflow()` 220 übernimmt einen Textabschnitt als Parameter und prüft, ob dessen letzter Textrahmen einen Textüberlauf hat oder leer ist. Entsprechend werden neue Seiten hinzugefügt oder leere Seiten gelöscht. Ab InDesign CS4 kann diese Funktion auch mit der Voreinstellung *Intelligenter Textumfluss* erreicht werden.
- Mit der Funktion `addPageTextFrame()` 238 wird ein Textrahmen auf einer neuen Seite in der Größe des Satzspiegels erstellt. Die im Parameter übergebene Seite dient als Referenzpunkt für die Position der neuen Seite und die anzuwendende Mustervorlage. Die Funktion liefert den neu erstellten Textrahmen zurück (→ Seite 246).
- `getMasterPageItem()` 259 liefert ein benanntes Seitenobjekt zurück, und zwar unabhängig davon, ob es sich noch auf der Musterseite befindet oder bereits gelöst wurde. Wenn kein Objekt gefunden wird, liefert die Funktion `null` zurück.
- Die Funktion `getCapHeight()` 285 ermittelt die Versalhöhe der Schriftart in der aktuellen Schriftgröße.
- Die Funktion `getPageByObject()` 300 liefert die Seite zurück, auf der sich das als Parameter übergebene Objekt befindet. Wenn sich das Objekt nicht auf einer Seite befindet, liefert sie `null` zurück (→ Seite 254).

## 12.3 Word-Dateien importieren

Bei Aufruf der Funktion `wordImport()` ist bereits sichergestellt, dass ein sinnvolles InDesign-Template ausgewählt wurde und dass die Word-Datei existiert.

**Listing 114**
Funktion `wordImport()`

```
84  function wordImport(_wordFile, _dok) {
85  with (app.wordRTFImportPreferences) {
        //...
95      removeFormatting = false;
96      importUnusedStyles = false;
97      resolveParagraphStyleClash =
        ResolveStyleClash.RESOLVE_CLASH_USE_EXISTING;
98      resolveCharacterStyleClash =
        ResolveStyleClash.RESOLVE_CLASH_USE_EXISTING;
99    }
100   var _storyArray = _dok.pages[0].place(_wordFile, [24,28],
      undefined, false, true);
101   var _story = _storyArray[0];
102   try {
103     _dok.paragraphStyles.itemByName("Standard").remove(_dok.
        paragraphStyles.itemByName("abs"));
104   } catch (e) {}
      //...
109   checkOverflow(_story);
110   return _story;
111 }
```

Importoptionen setzen

```
with (app.wordRTFImportPreferences) { //...
```

85–99 Mit einem with-Statement werden die Voreinstellungen für den Word-Import gesetzt. Dieses Verfahren wurde bereits in Unterkapitel 7.6.3 verwendet. Dort finden Sie auch eine Übersicht über die Importoptionen für Word-Dateien. Im konkreten Import ist es wichtig, die Eigenschaft `removeFormatting` auf `false` zu setzen, also die Formatvorlagen beim Import zu übernehmen. In diesem Zusammenhang sollte man die Eigenschaft `resolveParagraphStyleClash` so einstellen, dass im Zweifel die Formate der InDesign-Datei zur Anwendung kommen (Zeile 97–98).

Word-Datei platzieren

```
var _storyArray = _dok.pages[0].place(_wordFile, [24,28], undefined,
   false, true);
var _story = _storyArray[0];
```

100+101 Mit `place()` wird die Word-Datei, die in `_wordFile` referenziert ist, importiert. Wenn die Methode `place()` von einem `Page`-Objekt aufgerufen wird, erstellt sie automatisch einen Textrahmen auf der Seite. Mit dem zweiten Parameter wird die Position des Textrahmens als Array in der Form `[x-Koordinate,y-Koordinate]` übergeben. Die Größe entspricht dann der des Satzspiegels. Mit dem dritten Parameter könnte man bei Bedarf eine Ebene festlegen, hier bleibt er mit `undefined` ungenutzt. Der vierte Parameter steuert, ob die Importoptionen angezeigt werden. Der letzte Parameter regelt, ob der gesamte Inhalt automatisch platziert werden soll. Wenn er auf true steht, platziert InDesign den gesamten Inhalt der Datei auf fortlaufenden Seiten.

Die Methode liefert einen Array zurück, in Zeile 101 wird das erste Element des Arrays in der Variablen _story gespeichert.

Formatvorlagen ersetzen

```
try {
  _dok.paragraphStyles.itemByName("Standard").remove(_dok.
  paragraphStyles.itemByName("abs"));
} catch (e) {}
```

102–108 Innerhalb einer try-catch-Anweisung werden die soeben importierten Formatvorlagen aus der Word-Datei gelöscht und durch die gewünschten ersetzt. Praktisch ist, dass der Methode remove() als Parameter eine Formatvorlage übergeben werden kann, mit der die zu löschende Formatvorlage ersetzt wird.

Die Formatvorlagen müssen innerhalb einer try-catch-Anweisung entfernt werden, da nur vorhandene Formatvorlagen gelöscht werden können. Es ist aber durchaus möglich, dass eine Formatvorlage nicht in der Word-Datei vorhanden war und somit auch nicht importiert wurde. Das Skript würde mit einem Laufzeitfehler abbrechen. Das Skript springt dann in den catch-Block, der in diesem Falle leer ist, und läuft anschließend weiter (zur Fehlerbehandlung siehe Unterkapitel 6.11).

```
checkOverflow(_story);
```

109 Da sich durch die Formatänderungen der Umbruch verändert hat, muss man mit checkOverflow() prüfen, ob neue Seiten benötigt oder Seiten entfernt werden können. Die Funktion erstellt so viele Textrahmen, wie der im Parameter übergebene Textabschnitt benötigt. Dazu wird geprüft, ob der letzte Textrahmen des Story-Objekts überläuft oder leer ist.

In der folgenden Zeile 110 wird die Funktion wordImport() mit return beendet und der Textabschnitt aus _story zurückgeliefert.

Funktion checkOverflow()

Ein Blick in die Funktion checkOverflow() ab Zeile 220 zeigt, dass die Ermittlung des Platzbedarfs von zwei while-Schleifen erledigt wird. Zunächst wird der letzte Textrahmen des Textabschnitts über die Eigenschaft textContainers ermittelt.

Für den Fall, dass dieser einen Textüberlauf hat, werden in der ersten while-Schleife 223 so lange Seiten hinzugefügt, bis es keinen Textüberlauf mehr gibt. Wenn ein großes verankertes Objekt im Textabschnitt einen Textüberlauf verursacht, könnte eine Endlosschleife entstehen. Deswegen wird als zusätzliche Abbruchbedingung geprüft, ob die letzten drei neu erstellten Textrahmen leer sind.

In der zweiten while-Schleife 230 werden alle Textrahmen, die keinen Inhalt haben, sowie die zugehörigen Seiten gelöscht.

Intelligenter Textumfluss

Ab InDesign CS4 kann man das Ergebnis von `checkOverflow()` mit der Option INTELLIGENTER TEXTUMFLUSS erreichen (Sie finden die Option in den Voreinstellungen unter EINGABE). Bei der Verwendung in Skripten ist es dann manchmal notwendig, den Umbruch des Dokuments neu zu berechnen. Dies kann mit der Methode `recompose()`, die zur Klasse `Document` gehört, durchgeführt werden.

## 12.4 Formatierte Texte auswerten

Nachdem das Dokument mit `wordImport()` importiert und platziert wurde, wird in Zeile 36 die Funktion `styleDoc()` aufgerufen. Als Parameter werden das Dokument, der Textabschnitt und der Ordner, in dem sich die Bilder befinden, übergeben. Das folgende Listing zeigt zunächst den Aufbau der Funktion.

**Listing 115**
Funktion styleDoc()

```
function styleDoc(_story, _dok, _bildFolder) {
  var _farbe= _dok.swatches[0];
  var _master = _dok.masterSpreads[0];
  var _newMaster = _master;
  for (var i = 0; i < _story.textContainers.length; i++) {
    var _tc = _story.textContainers[i];
    var _page = getPageByObject(_tc);
    for (k= 0; k < _tc.paragraphs.length; k++) {
      var _par = _tc.paragraphs[k].getElements()[0];
      _par.clearOverrides();
      var _pSName = _par.appliedParagraphStyle.name;
      // Kapitel und Mustervorlagen aufbauen
      if (_pSName == "Kapitelstart") {
        //...
        _par.remove();
        k--;
        continue;
      }
      // Überschriften formatieren
      if (_pSName == "u1" || _pSName == "u2") {
        //...
      // Bilder platzieren
      if (_pSName == "Bild") {
        //...
      // Hinweistext mit Icon versehen
      if (_pSName == "einschub") {
        //...
    } // end for paragraphs
    _page.appliedMaster = _master;
    checkOverflow(_story);
  } // end for textContainers
}
```

Der grundsätzliche Ablauf

Die Idee der Funktion `styleDoc()` ist, jeden Absatz im Textabschnitt, der im Parameter `_story` übergeben wurde, zu besuchen und bei Bedarf eine spezielle Formatierung zuzuweisen, das Bild zu platzieren oder eine Mustervorlage zu erstellen und anzuwenden. Jedes Kapitel soll eine eigene Mustervorlage bekommen. Deswegen muss man alle Seiten, auf denen sich die Textrahmen der Story befinden, besuchen und ihnen die Mustervorlage zuweisen.

Zunächst werden alle Seiten besucht.

Dies erreicht man über zwei for-Schleifen. Die erste for-Schleife von Zeile 118–191 durchläuft alle `TextContainer` und speichert sie jeweils in der Variablen `_tc`. Sie stellt sicher, dass alle Seiten besucht werden. Da die Seiten und Textrahmen beim Import automatisch erstellt wurden, kann man davon ausgehen, dass der Textabschnitt auf fortlaufenden Seiten platziert ist. In Zeile 120 wird mit `getPageByObject()` die Seite, auf der sich `_tc` befindet, ermittelt. Dieser Seite wird, nachdem die zweite for-Schleife durchlaufen wurde, in Zeile 189 die Mustervorlage für das aktuelle Kapitel zugewiesen.

Dann werden alle Absätze durchlaufen.

Die zweite for-Schleife von Zeile 121–188 durchläuft dann alle Absätze des Textrahmens und speichert sie jeweils in der Variablen `_par`. In Zeile 124 wird der Name der Absatzformatvorlage in `_pSName` gespeichert.

Es folgen insgesamt vier if-Abfragen, deren Code nur bei Absätzen, die mit bestimmten Formatvorlagen ausgezeichnet sind, ausgeführt werden soll. Die if-Abfragen prüfen anhand des in `_pSName` gespeicherten Namens, um welchen Absatz es sich handelt.

Formatvorlagen zuweisen

Ein einfaches Beispiel ist der Codeblock der if-Abfrage in Zeile 152. Dieser wird nur bei Überschriften, die mit den Formatvorlagen `u1` oder `u2` ausgezeichnet sind, ausgeführt. Laut Aufgabenstellung muss hier zunächst die Farbe der Überschrift angepasst und dann der nachfolgende Absatz mit der Formatvorlage `abs_ohne_einzug` formatiert werden.

**Listing 116**
Überschriften formatieren

```
152 if (_pSName == "u1" || _pSName == "u2") {
153   _par.fillColor = _farbe;
154   _nextPar = nextParagraph(_lastPar);
155   _nextPar.appliedParagraphStyle = _dok.paragraphStyles.
      itemByName("abs_ohne_einzug");
156   _master = _newMaster;
157   continue;
158 }
```

`_par.fillColor = _farbe;`

153 Mit `_par.fillColor` wird die Farbe des Absatzes festgelegt. In der Variablen `_farbe` befindet sich entweder die Kapitelfarbe, die in der if-Abfrage in Zeile 126 ermittelt wurde, oder, falls das Manuskript keinen mit `Kapitelstart` ausgezeichneten Absatz enthält, die in Zeile 115 festgelegte Default-Farbe Schwarz.

Funktion nextParagraph()

```
_nextPar = nextParagraph(_lastPar);
_nextPar.appliedParagraphStyle = _dok.paragraphStyles.itemByName("abs_
    ohne_einzug");
```

154–155 Der nächste Absatz wird mit der selbst entwickelten Funktion `nextParagraph()` ermittelt und in `_nextPar` gespeichert. Als Parameter wird der Absatz, dessen Nachfolger gesucht wird, übergeben, als Rückgabewert erhält man den gesuchten Absatz. Falls man den letzten Absatz übergeben hat, wird der Wert `null` zurückgeliefert. Die Funktion ist nicht abgedruckt, sie befindet sich in Zeile 323. Bei großen Textmengen ist sie deutlich schneller als die Methode `nextItem()` der Sammlung `Paragraphs`.

Dann wird `_nextPar` die passende Formatvorlage `abs_ohne_einzug` zugewiesen.

```
continue;
```

157 Da keine der folgende if-Abfragen mehr zutreffen kann, wird die for-Schleife mit dem Befehl `continue` angewiesen, die restlichen Anweisungen zu ignorieren, den Zähler zu erhöhen und weiterzulaufen.

Mustervorlagen anlegen und zuweisen

Etwas aufwändiger ist die Erstellung der Mustervorlage für das aktuelle Kapitel. Ein neues Kapitel beginnt, wenn ein Absatz mit dem Format `Kapitelstart` formatiert ist. Die Kapitelfarbe und das Icon können aus dem Kurztitel, den der Absatz beinhaltet, ermittelt werden.

**Listing 117** Mustervorlage erstellen

```
if (_pSName == "Kapitelstart") {
var _kapitelName = _par.words[0].contents;
_farbe = _dok.swatches.itemByName(_kapitelName);
if (_farbe == null) _farbe = _dok.swatches.itemByName("Black");
var _iconName = _kapitelName.toLowerCase() + "_icon.jpg";
var _iconFile = File(_bildFolder + "/" + _iconName);
if (_iconFile.exists) {
  var _newMaster = _dok.masterSpreads.add();
  _newMaster.appliedMaster = _dok.masterSpreads.itemByName(
  "V-Vorlage");
  _newMaster.baseName = _kapitelName;
  _newMaster.namePrefix = _kapitelName[0];
  var _kolIcon = getMasterPageItem("kolumne-icon", _newMaster.
  pages[1]);
  if (_kolIcon != null) {
    _kolIcon.fillColor = _farbe
    _kolIcon.place(_iconFile);
  }
  //...
}
_par.remove();
k--;
continue;
}
```

```
var _kapitelName = _par.words[0].contents;
```

126 Laut Vorgabe enthält der Absatz den Kapitelkurztitel, im Fall des Kapitels `Sonnenenergie` also z. B. `Sonne`.

Kapitelfarbe ermitteln

```
_farbe = _dok.swatches.itemByName(_kapitelName);
if (_farbe == null) _farbe = _dok.swatches.itemByName("Black");
```

127–128 Die Kapitelfarbe sollte im Dokument vorhanden sein und den Namen des Kapitelkurztitels tragen. Für den Fall, dass es keine passende Farbe gibt und der Vergleich in Zeile 127 zutrifft, wird in `_farbe` das Farbfeld Schwarz, das in allen Sprachversionen von InDesign mit dem Namen `Black` adressiert werden kann, gespeichert.

```
var _iconName = _kapitelName.toLowerCase() + "_icon.jpg";
var _iconFile = File(_bildFolder + "/" + _iconName);
```

129–130 Der Name des Icons, das auf der Mustervorlage platziert werden soll, setzt sich aus dem Kapitelkurztitel und dem String `_icon.jpg` zusammen. In Zeile 130 wird mit `File()` die Referenz auf die Bilddatei des Icons hergestellt.

```
if (_iconFile.exists) { //...
```

131–146 Wenn die Bilddatei für das Icon vorhanden ist, wird im Codeblock der if-Abfrage eine neue Mustervorlage erstellt.

Falls das Icon nicht vorhanden ist, wird in diesem Skript keine neue Mustervorlage erstellt und die in einem vorherigen Durchlauf ermittelte bzw. die vor der for-Schleife in Zeile 116 festgelegte weiterverwendet.

Mustervorlage erstellen

```
var _newMaster = _dok.masterSpreads.add();
_newMaster.appliedMaster = _dok.masterSpreads.itemByName("V-Vorlage");
_newMaster.baseName = _kapitelName;
_newMaster.namePrefix = _kapitelName[0];
```

132–135 Zunächst wird eine neue Mustervorlage erstellt und in `_newMaster` gespeichert. Auf die neue Mustervorlage wird dann die Mustervorlage `V-Vorlage` angewendet. So können die festen Seitenobjekte der Mustervorlage `V-Vorlage` auf die neue Mustervorlage übertragen werden. Der Name der Mustervorlage soll sich aus dem ersten Buchstaben des Kurztitels und dem Kurztitel zusammensetzen. Die Mustervorlage für das Kapitel `Sonnenenergie` mit dem Kurztitel `Sonne` heißt dann z. B. `S-Sonne`.

```
var _kolIcon = getMasterPageItem("kolumne-icon", _newMaster.pages[1]);
```

136 Mit Hilfe der Funktion `getMasterPageItem()` wird das mit dem Namen `kolumne-icon` versehene Objekt gelöst und in `_kolIcon` gespeichert.

Funktion `getMasterPageItem()`

Die selbst geschriebene Funktion `getMasterPageItem()` übernimmt als Parameter den Namen des Seitenobjekts und die Seite, auf der es sich befinden soll. Sie liefert das Seitenobjekt, bzw. wenn das Objekt nicht gefunden werden kann, den Wert `null` zurück.

Das Skript setzt voraus, dass die Textrahmen für das Icon auf der Musterseite mit dem `label` (Skriptetikett) bzw. ab CS5 mit dem Namen `kolumne-icon` versehen sind (zur Vergabe von Namen siehe Seite 87). Die Ermittlung des Seitenobjekts ist schwieriger als gedacht, da man berücksichtigen muss, dass das Mustervorlagenobjekt auf der Seite nicht oder nicht mehr vorhanden oder bereits gelöst sein könnte. Die Funktion `getMasterPageItem()` ist im Skript kommentiert, sie befindet sich in Zeile 75 und ist ebenfalls in der Skriptbibliothek *idsHelper.jsx* enthalten.

```
if (_kolIcon != null) {
      _kolIcon.fillColor = _farbe
      _kolIcon.place(_iconFile);
}
```

137–140 Wenn das benannte Mustervorlagenobjekt gefunden wurde, wird zunächst die Hintergrundfarbe auf die Kapitelfarbe umgestellt. Mit `place()` wird dann das in `_iconFile` referenzierte Bild in das Rechteck platziert.

In den folgenden Zeilen werden noch die Textrahmen der Kolumnentitel gelöst und die Kolumnentitel in der Kapitelfarbe eingefärbt.

```
_par.remove();
k--;
```

147+148 Nachdem die Mustervorlage angelegt ist, wird der Absatz, der nur zur Steuerung der Kapitelgrenzen benötigt wurde, gelöscht. Nachdem er entfernt wurde, muss der Zähler `k` noch um einen Wert verringert werden, da ansonsten der nächste Absatz von der for-Schleife übersprungen würde.

Wo wird die Mustervorlage zugewiesen?

Aber wo wird denn die gerade erstellte Mustervorlage angewendet? Hier muss man beachten, dass die neue Mustervorlage erst verwendet werden soll, wenn die Überschrift `u1` vorgekommen ist. Da diese aber immer auf einer neuen Seite beginnt, befindet sich der mit `Kapitelstart` formatierte Absatz noch im Textrahmen der vorherigen Seite. Auf diese Seite muss also noch die alte Mustervorlage angewendet werden.

Die Mustervorlagen werden deswegen erst nach der for-Schleife über die Absätze eines Textrahmens in Zeile 189 zugewiesen. Hier wird die Variable `_master` verwendet, die zunächst noch die alte Mustervorlage enthält. Erst innerhalb der if-Abfrage in Zeile 156, die die Überschrift `u1` verarbeitet, wird der Variablen `_master` die neue Mustervorlage aus `_newMaster` zugewiesen.

Bilder automatisch platzieren

Für den vollständigen automatisierten Import fehlen noch zwei Aufgaben: Die Bilder müssen im Text und das Kapitel-Icon neben dem Hinweistext platziert werden.

Die Dateinamen der Bilder sind in den mit dem Absatzformat `Bild` ausgezeichneten Absätzen enthalten.

**Listing 118**
Bilder platzieren

```
160 if (_pSName == "Bild") {
161   var _bildFile = File(_bildFolder + "/" + _par.words[0].contents);
162   if (_bildFile.exists) {
163     var _rect = _page.rectangles.add();
164     _rect.geometricBounds = _tc.geometricBounds;
165     _rect.place(_bildFile);
166     _rect.appliedObjectStyle = _dok.objectStyles.
        itemByName("bild");
167     _rect.fit(FitOptions.FRAME_TO_CONTENT);
168     _par.remove();
169     k--;
170   }
171   continue;
172 }
```

`if (_pSName == "Bild") { //...`

160–172 In dieser if-Abfrage werden die Absätze, die die Dateinamen der Bilder enthalten, ausgewertet und die zugehörigen Bilder platziert.

`var _bildFile = File(_bildFolder + "/" + _par.words[0].contents);`

161 Im Manuskript ist der einzige Inhalt des Absatzes der Dateiname des Bildes, z.B. `sonne.jpg`. Der vollständige Pfad zur Bilddatei setzt sich aus dem in Zeile 14 erstellten `_bildFolder`, dem Verzeichnistrenner / und dem ersten Wort des Absatzes zusammen.

`if (_bildFile.exists) { //...`

162–170 Wenn die Bilddatei vorhanden ist, wird sie innerhalb der if-Abfrage platziert.

Rechteckrahmen erstellen

```
var _rect = _page.rectangles.add();
_rect.geometricBounds = _tc.geometricBounds;
```

163–164 Dazu wird zunächst ein Rechteck erstellt. Die Größe des Rechtecks wird mit `geometricBounds` an die Größe des Textrahmens angepasst. Damit werden die maximale Bildgröße – die Satzspiegelgröße – und die Position an der oberen Satzspiegelkante eingestellt.

Bild platzieren

`_rect.place(_bildFile);`

165 Mit der Methode `place()` wird das Bild, das in `_bildFile` referenziert wurde, platziert.

```
_rect.appliedObjectStyle = _dok.objectStyles.itemByName("bild");
_rect.fit(FitOptions.FRAME_TO_CONTENT);
```

166–167 Dem Rechteck wird dann das Objektformat `bild` zugewiesen. Mit der Methode `fit()` wird die Größe des Rahmens an die Größe des Bildes angepasst.

Kapitel-Icons platzieren

Als Letztes müssen noch die Kapitel-Icons neben den Hinweistexten positioniert werden.

**Listing 119**
Kapitel-Icon platzieren

```
174 if (_pSName == "einschub") {
175   _par.fillColor = _farbe;
176   if (_iconFile.exists) {
177     var _capHeigt = getCapHeight(_par.characters[0]);
178     var _y1 = _par.characters[0].baseline - _capHeigt;
179     var _x1 = _tc.geometricBounds[1];
180     var _rect = _page.rectangles.add();
181     _rect.geometricBounds = [_y1, _x1, _y1 + 8.2, _x1 + 8.2];
182     _rect.place(_iconFile);
183     _rect.appliedObjectStyle = _dok.objectStyles.
        itemByName("icon");
184     _rect.fit(FitOptions.CONTENT_TO_FRAME);
185     _rect.fit(FitOptions.CENTER_CONTENT);
186   }
187 }
```

```
if (_pSName == "einschub") { //...
```

174–187 In dieser if-Abfrage werden die Hinweistexte, die mit dem Absatzformat `einschub` formatiert sind, bearbeitet.

```
if (_iconFile.exists) { //...
```

176–186 In der Variablen `_iconFile` wurde in der if-Abfrage, die den Kapitelstart behandelt hat (Zeile 125), eine Referenz auf das Icon, das im Kapitel verwendet werden soll, gespeichert.

Buchstabenhöhe mit `getCapHeight()` ermitteln

```
var _capHeigt = getCapHeight(_par.characters[0]);
```

177 Wenn das Kapitel-Icon vorhanden ist, müssen zunächst die Koordinaten für die Position des Bildes berechnet werden. Dafür benötigt man die selbst entwickelte Funktion `getCapHeight()`, die die Versalhöhe eines Buchstabens zurückliefert. Textobjekte haben keine Eigenschaft, in der die Versalhöhe der Schrift gespeichert ist.

Im Skripting kann man den Wert wie folgt ermitteln: Es wird ein neuer Textrahmen an der vertikalen Position `0` erstellt. In den Textrahmenoptionen stellt man dann den Wert für die erste Grundlinie auf Grossbuchstabenhöhe (292):

```
_tf.textFramePreferences.firstBaselineOffset = FirstBaseline.CAP_HEIGHT;
```

Die Versalhöhe entspricht dann der Grundlinie der Schrift, die man aus der Eigenschaft `baseline` auslesen kann (Zeile 293).

```
var _y1 = _par.characters[0].baseline - _capHeigt;
var _x1 = _tc.geometricBounds[1];
```

178+179 Die Koordinaten des Textrahmens ergeben sich dann aus der Grundlinie des Absatzes und dem linken Rand des Textrahmens.

```
var _rect = _page.rectangles.add();
_rect.geometricBounds = [_y1, _x1, _y1 + 8.2, _x1 + 8.2];
```

180–181 Danach wird ein Rechteck erstellt und in `_rect` gespeichert. Die Breite und Höhe des Bildrahmens sollen jeweils 8,2 mm betragen, der Array für die Eigenschaft `geometricBounds` kann somit aus den Koordinaten `_y1` und `_x1` berechnet werden.

```
_rect.place(_iconFile);
```

182 Zum Schluss muss das Icon platziert und mit `fit()` an die Größe des Rahmens angepasst werden.

Alternativ könnte man das Kapitel-Icon, ähnlich wie die Marginalien in Unterkapitel 11.2, als verankertes Objekt platzieren.

## 12.5 Den Index generieren

Zum Abschluss soll noch ein Index aus allen kursiv ausgezeichneten Begriffen gebildet werden. Das Skript basiert auf dem FindAndDo-Skript aus Unterkapitel 4.9. In der Funktion `createRegister()` werden zunächst alle kursiven Textstellen gesucht und in einem Array gespeichert.

**Listing 120**
Indexeinträge aus Textstellen generieren

```
195 if (_dok.indexes.length == 0) {
196   var _dokIndex = _dok.indexes.add();
197 } else {
198   var _dokIndex = _dok.indexes[0];
199 }
200 app.findGrepPreferences = NothingEnum.NOTHING;
201 app.findGrepPreferences.appliedCharacterStyle = app.
    activeDocument.characterStyles.itemByName("kursiv");
202 _ergebnisArray =_dok.findGrep(true);
203 app.findGrepPreferences = NothingEnum.NOTHING;
204
205 for (var i = 0; i < _ergebnisArray.length; i++) {
206   _indexEintrag = _ergebnisArray[i];
207   var _topic = _dokIndex.topics.add(_indexEintrag.contents);
208   _topic.pageReferences.add(_indexEintrag);
209 }
210 var _regPage = _dok.pages.add();
211 _regPage.appliedMaster = _dok.masterSpreads.itemByName("R-
    Register");
212 _dok.indexes[0].generate(_regPage, [24,28], undefined, true);
```

```
if (_dok.indexes.length == 0) {
  var _dokIndex = _dok.indexes.add();
//...
```

195–199 Mit Hilfe der if-Abfrage wird sichergestellt, dass in der Variablen `_dokIndex` das Objekt, welches den Index repräsentiert, gespeichert ist. Falls im Dokument kein Index vorhanden ist, wird ein neuer erstellt, ansonsten wird der Index des Dokuments referenziert.

```
for (var i = 0; i < _ergebnisArray.length; i++) {
   var _indexEintrag = _ergebnisArray[i];
   //...
```

205–209 In der for-Schleife werden alle Fundstellen mit kursivem Text, die in Zeile 202 mit `findGrep()` gefunden wurden, durchlaufen. In `_indexEintrag` wird die Fundstelle gespeichert.

Indexeintrag erstellen

```
var _topic = _dokIndex.topics.add(_indexEintrag.contents);
_topic.pageReferences.add(_indexEintrag);
```

207–208 Wenn man in der Benutzeroberfläche einen Indexeintrag hinzufügt, muss man den entsprechenden Text markieren und im Flyout-Menü des Bedienfelds Index Neuer Seitenverweis (Befehl + U) aufrufen. Im dann erscheinenden Fenster Neuer Seitenverweis ist das markierte Wort in der ersten Themenstufe eingetragen. Unter Art steht dort im Normalfall Aktuelle Seite – also die Seite, auf der sich die Markierung befindet.

Beim Skripting muss dies in zwei Schritten erledigt werden. Die Themenstufen finden Sie im Objektmodell in der Klasse `Topic`, deren Eigenschaft `pageReferences` die Seitenverweise der Indexeinträge enthält.

Für einen Indexeintrag wird zunächst die Themenstufe erstellt. Dazu wird dem Index, der in `_dokIndex` gespeichert ist, ein Objekt vom Typ `Topic` hinzugefügt. Im Parameter wird der Text für die Themenstufe des Indexeintrags übergeben.

Der in `_topic` gespeicherten Themenstufe muss dann mit der Sammlung, die sich in `pageReferences` befindet, ein Seitenverweis hinzugefügt werden. Als Parameter wird ein Textobjekt, auf das der Seitenverweis zeigen soll, übergeben.

Index erstellen

```
_dok.indexes[0].generate(_regPage, [24,28], undefined, true);
```

212 Mit der Funktion `generate()` kann man den Index erstellen. Als Parameter wird die Seite, Position, ggf. die Ebene und ob Übersatz mit aufgenommen werden soll.

# 13 E-Books mit dem EPUB-Format

Das folgende Kapitel zeigt, wie man aus InDesign-Dokumenten effizient E-Books erstellen kann. Mit der zunehmenden Verbreitung von E-Book-Lesegeräten, Tablets wie dem iPad und Smartphones nimmt auch der Umsatz mit elektronischen Büchern zu. Die crossmediale Produktion von Publikationen, die gleichzeitig Daten für den Druck und elektronische Varianten bereitstellt, wird deswegen immer wichtiger.

Bei der Wahl des richtigen Datenformats für elektronische Publikationen herrscht momentan noch große Unsicherheit: Verschiedene Unternehmen entwickeln unterschiedliche Geräte und Formate und es ist noch nicht absehbar, welcher Standard sich letztlich durchsetzen wird.

Das hier vorgestellte Datenformat EPUB scheint momentan der erfolgversprechendste Kandidat für einen allgemeinen E-Book-Standard zu sein. Ein weiterer Pluspunkt ist, dass sich EPUB durch seine offene Struktur automatisiert in viele andere Formate konvertieren lässt.

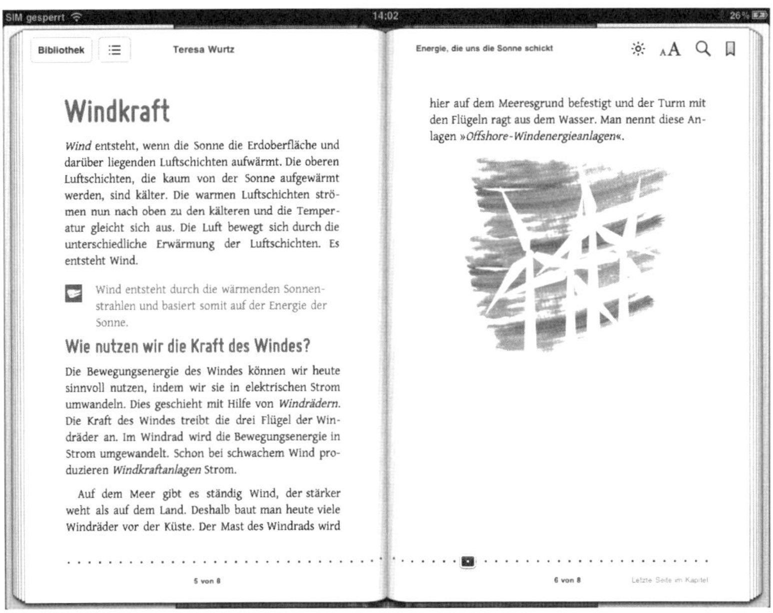


**Abb. 93**
Das in Kapitel 12 erstellte Dokument als E-Book auf dem iPad

Alle aktuellen E-Book-Standards unterstützen vor allem die Art von Publikationen, die linear gelesen werden, also z. B. Belletristik. Bei aufwändig gestalteten Büchern und Zeitschriften mit vielen frei platzierten Abbildungen, Illustrationen und Tabellen ist die Formatierung und Positionierung dieser Objekte auf einer E-Book-Seite noch relativ problematisch.

Der Standard wird noch nicht umfassend unterstützt.

Bei der Unterstützung des EPUB-Formats durch die Lesegeräte ist leider eine Situation entstanden, die an die Anfänge des Internetzeitalters erinnert: Kaum ein Lesegerät unterstützt den EPUB-Standard vollständig und viele interpretieren ihn unterschiedlich. Hier hilft es nur, das fertige E-Book auf vielen Plattformen zu testen und zu prüfen (→ Seite 309).

Grenzen der Formatierung

Wer aus der DTP-Welt kommt, sollte sich keine Illusionen bezüglich der exakten Positionierung und Formatierung von Inhalten machen: EPUB basiert auf den Internetsprachen XHTML und CSS und erbt die Möglichkeiten und Einschränkungen dieser Sprachen. Die individuelle Gestaltung von Seiten bleibt vorerst noch den Printmedien vorbehalten.

Digital Magazines

Neben E-Books wird im Publishing-Umfeld zunehmend von *Digital Magazines* gesprochen. Dieser Ansatz zielt eher auf layoutlastige Dokumente, wie sie im Zeitschriften- und Magazinbereich vorkommen.

Hier handelt es sich meist um Apps für iPhone oder iPad, die Dokumente als Pixel- oder Vektordaten repräsentieren. Mit der zunehmenden Verbreitung von alternativen Tablets werden aber auch andere Plattformen wie z. B. Android wichtig werden. Für diesen Bereich wird Adobe voraussichtlich ab Mitte 2011 die *Digital Publishing Suite* anbieten. Viele lesenswerte Beiträge zu diesem Themenfeld finden Sie im Blog von Haeme Ulrich http://blogs.ulrich-media.ch in der Kategorie *Digital Publishing*.

## 13.1 Das EPUB-Format

Das *EPUB-Format* (EPUB ist eine Abkürzung für *electronic publication*) ist ein offener E-Book-Standard, der bereits 2007 vom International Digital Publishing Forum* entwickelt wurde. Er basiert auf XHTML-Daten, die mit CSS formatiert sind.

Aber warum schon wieder ein neues Format? Die Idee von InDesign bzw. DTP-Programmen allgemein ist, Objekte an einem festgelegten Ort innerhalb einer festen Mediengröße zu platzieren. Das Prinzip von Webseiten und E-Books hingegen ist, dass die Inhalte in verschiedenen Ausgabegrößen – vom iPhone-Display bis zum 24-Zoll-Monitor – angezeigt

* Das IDPF ist ein Zusammenschluss von verschiedenen Unternehmen. Es betreut die Weiterentwicklung der Standards aus denen sich EPUB zusammensetzt. Siehe ↗38

werden können. Die endgültige Formatierung, das so genannte Rendering, erfolgt erst im Browser bzw. auf dem E-Book-Lesegerät.

Je nach Gerät können Styles, Schriftart und -größe angepasst werden – Möglichkeiten, die man nie bei einem Buch erwarten würde. Außerhalb der Printproduktion ist die feste Fixierung auf eine Seitengröße eher kontraproduktiv und Konzepte wie Seitenzahlen, Kolumnentitel oder Fußnoten sind schwer umsetzbar.

Warum PDF nicht ideal ist

Aus diesen Gründen ist die naheliegende Lösung, eine PDF-Datei als E-Book zu verwenden, auch nicht ideal. PDF steht als objektbasierte Seitenbeschreibungssprache in der DTP-Tradition. Auf kleinen Displays sind große Dokumente ohne Skalierung praktisch nicht lesbar. Die Folge: In einer vergrößerten Ansicht muss der Inhalt ständig vertikal und horizontal verschoben werden.

Wenn man sich dieses Widerspruchs bewusst ist und Dokumente nach bestimmten Vorgaben aufbaut, kann man aus Dokumenten, die für den Printbereich gedacht waren, trotzdem gute E-Books erzeugen. Die Regeln für den Dokumentaufbau finden Sie in Unterkapitel 13.3.

**Aufbau einer EPUB-Datei**

Eine EPUB-Datei* ist ein ZIP-Archiv, in dem die Inhaltsdaten, Bilder, Schriften und Steuerinformationen in einer festen Verzeichnisstruktur gesammelt sind. Sie können bei einem vorhandenen EPUB einfach die Dateiendung *.epub* in *.zip* umbenennen und mit einem ZIP-Programm entpacken.

Die folgende Abbildung zeigt die Verzeichnisstruktur innerhalb der von InDesign exportierten EPUB-Datei *13-1_epubTest.epub*. Sie wurde mit InDesign CS5 aus dem Dokument *13-1_epubTest.indd* generiert.

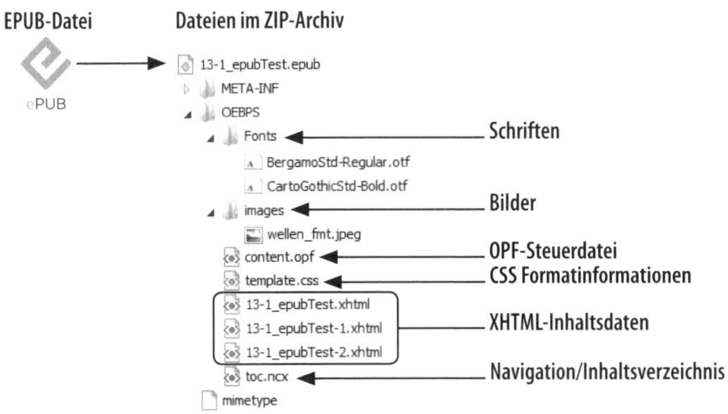


**Abb. 94**
Inhalte einer EPUB-Datei

* Unter dem Namen EPUB sind drei IDPF-Standards zusammengefasst: OCF (Open Container Format) für die Verwaltung und Organisation der im EPUB-Dokument benötigten Dateien; OPF (Open Packaging Format), das sich mit dem Aufbau und der Kompression beschäftigt sowie OPS (Open Publication Structure) für die eigentlichen Inhaltsdaten.

Metainformationen

Im Ordner *META-INF* und in der Datei *mimetype* sind Informationen für das Lesegerät hinterlegt. Falls das E-Book mit DRM geschützt ist, werden diese Informationen in der Datei *encryption.xml*, die sich auch im Ordner *META-INF* befindet, gespeichert.

Inhaltsdaten

Interessant ist der Ordner *OEBPS* (Open eBook Publication Structure), in dem sich die Inhaltsdaten, wie sie von InDesign exportiert werden, befinden.

- Die Datei *content.opf* enthält Metadaten und Angaben, welche Dateien (Texte, Formatierungsanweisungen, Bilder oder Fonts) zum EPUB-Dokument gehören, wo sie liegen und in welcher Reihenfolge sie präsentiert werden sollen.
- In den *XHTML-Dateien* befinden sich die reinen Inhaltsdaten der jeweiligen Publikation. HTML-Daten werden seit jeher für die Darstellung von Inhalten im Internet verwendet. Die hier verwendeten XHTML-Daten unterscheiden sich dadurch, dass sie dem XML-Standard genügen (→ Kapitel 14). Die Inhalte müssen nicht in einer einzigen Datei vorliegen, sondern sollten – wie im Beispiel – auf mehrere Dateien verteilt werden, da Dateien über 300 Kilobyte auf älteren Lesegeräten recht schleppend dargestellt werden. Üblicherweise teilt man sie in Kapitel oder andere sinnvolle Einheiten auf.
- In der Datei *template.css* wird die Formatierung der Inhaltsdaten festgelegt. Mit *Cascading Style Sheets* (CSS) können XHTML-Elemente formatiert und positioniert werden. Die Einbindung der CSS-Datei im XHTML-Dokument erfolgt entsprechend dem Standard mit dem Element `<link>`. In der CSS-Datei legt InDesign für jedes Absatz- und Zeichenformat eine CSS-Regel mit Formatdefinitionen an. Die Verbindung zwischen dieser Information und den XHTML-Elementen geschieht über den Namen der Klasse.
- Im Ordner *Fonts* werden OpenType- oder TrueType-Schriften für das E-Book hinterlegt.
- Im Ordner *images* befinden sich die Abbildungen für die Publikation. Sie werden in XHTML mit dem Element `<img>` im Textfluss aufgerufen und müssen in der OPF-Datei referenziert werden. EPUB unterstützt die gängigen Grafikformate, die auch im Internet verwendet werden.

XHTML und CSS

Die wesentlichen Technologien für das E-Book im EPUB-Format sind die Internet-Standards *XHTML* und *CSS*. Aus Platzgründen können im Buch nur die grundlegenden Zusammenhänge (→ Seite 296) vorgestellt werden. Eine Einführung finden Sie unter ↗39 Auf der Seite von Michael Jendryschik ↗40 finden Sie ein gutes Tutorial zu XHTML und CSS.

**Schriften**

E-Book-Reader unterstützen meist nur wenige Standardschriften, die lediglich weit verbreitete Zeichen enthalten und entsprechend nur einen kleinen Teil des Unicode-Standards abdecken. Wenn benutzerspezifische Schriften verwendet werden sollen, müssen die jeweiligen Schriftdateien (TrueType oder OpenType) in die EPUB-Datei eingebettet und im CSS referenziert werden. Im CSS wird dazu die Eigenschaft `font-family` verwendet, die mit der CSS-Regel `@font-face` festgelegt werden muss.

Anders als beim PDF ist das Einbetten jedoch lizenzrechtlich bedenklich, da durch das Entpacken einer ungeschützten EPUB-Datei die gesamte Schrift extrahiert werden kann. Im Zweifel sollte man besser lizenzfreie Fonts, deren Verbreitung unproblematisch ist, verwenden. Die in diesem Buch als Beispielschriften verwendeten Fonts *CartoGothic* und *Bergamo* dürfen in E-Books eingebettet werden.

Wenn das EPUB mit DRM geschützt wird, werden auch die Schriften verschlüsselt. In diesem Fall sollte die Einbindung kein Problem darstellen – im Zweifel muss man in der Font-Lizenz nachsehen oder den Hersteller kontaktieren.

++ Ein Font-Subset einbetten

Wenn in E-Books nicht lateinische Schriften, also große Fonts mit vielen Glyphen eingebettet werden müssen, werden die EPUB-Dokumente gegebenenfalls sehr groß und viele E-Book-Lesegeräte sehr langsam. Um die Geschwindigkeit der Reader und die Download-Zeiten zu minimieren, können Sie den von Marko Hedler entwickelten Font-Subsetter verwenden. Er prüft im Vorfeld der Produktion, welche Zeichen in den XHTML-Dokumenten verwendet werden, und erstellt ein Subset einer Schrift, das nur die benötigten Zeichen enthält ↗41. Das Programm läuft nur unter Windows.

**Lesegeräte und Software**

Fast alle E-Book-Lesegeräte, die auf der e-Paper-Technologie basieren, unterstützen das EPUB-Format. Mit e-Paper wird eine Technologie bezeichnet, die die Wirkung von normalem Papier auf dem Display nachahmt und ohne Hintergrundbeleuchtung auskommt. Vorteile sind ein ruhiges Schriftbild und eine lange Akku-Laufzeit. Nachteilig ist, dass die meisten Reader nur ein Graustufen-Display besitzen. Es kommen ständig neue Reader auf den Markt, so dass eine Markübersicht an dieser Stelle nicht sinnvoll ist.

Neben diesen klassischen E-Book-Readern kann auch das iPad mit der Anwendung iBook EPUP anzeigen.

Software-Reader Adobe Digital Editions

Auch wenn Sie kein E-Book-Lesegerät besitzen, können Sie mit einigen Software-Readern E-Books lesen bzw. Ihre selbst produzierten E-Books testen. Am besten eignet sich hier der kostenlose EPUB-Viewer *Adobe Digital Editions*. Die hier verwendete Engine zur Anzeige der Inhalte kommt auch in vielen Lesegeräten zum Einsatz.

### EPUB und Mobipocket

Amazon Kindle

Zurzeit sieht es so aus, als ob sich der EPUB-Standard als E-Book-Format in Deutschland durchsetzt. Darüber hinaus ist aber auch der *Mobipocket*-Standard wichtig, der leicht abgewandelt von Amazon für das Lesegerät *Kindle* verwendet wird und vor allem in den USA verbreitet ist.

Mobipocket ist ein proprietäres Datenformat, das aber letztlich auch auf XHTML und CSS basiert. Da es in fast allen Bereichen weniger Features als EPUB unterstützt, ist auch hier eine automatische Konvertierung bzw. Generierung kein Problem. Hier bietet sich das kostenlose Programm calibre ↗42 an.

Ich würde aufgrund der besseren InDesign-Integration momentan immer erst EPUB-Daten erstellen und sie danach in Mobipocket konvertieren. Unabhängig davon stellt Amazon unter ↗43 ein Kindle-Export-Plugin für InDesign zur Verfügung. Das momentan noch experimentelle Plugin unterstützt allerdings weniger Features als der native EPUB-Export.

## 13.2 EPUB exportieren

Seit InDesign CS3 bietet InDesign den Export für das EPUB-Format an. Adobe ist sich noch nicht ganz sicher, wo die Funktion im Menü ihre Heimat haben soll: Sie finden sie in CS3 unter DATEI → MEDIENÜBERGREIFENDER EXPORT → XHTML/DIGITAL EDITIONS, in CS4 unter DATEI → EXPORT FÜR DIGITAL EDITIONS ... und in CS5 unter DATEI → EXPORTIEREN IN → EPUB .... Diese Funktionalität basiert auf einer Skriptlösung. Im Flyout-Menü des Buch-Bedienfelds gibt es ebenfalls einen Eintrag, um alle Dokumente des Buches zu exportieren. Bei Büchern muss das Synchronisations-Quelldokument ausgewählt sein.

Für den produktiven Einsatz empfehle ich mindestens InDesign CS4, da in CS3 einige Fehler enthalten sind, die zu unschönen Ergebnissen im EPUB führen. Zum Testen können Sie das Dokument *13-1_epubTest.indd* verwenden. Die folgenden Screenshots des EPUB-Exports wurden mit der Version CS5 erstellt. Bei älteren Versionen sind die Optionen manchmal an einer anderen Stelle zu finden bzw. noch nicht vorhanden.

Einstellungen beim EPUB-Export

Wenn ein Dokument als EPUB exportiert werden soll, muss man zunächst den Speicherort des E-Books angeben. Danach öffnet sich der Export-Dialog, der aus drei Teilen besteht.

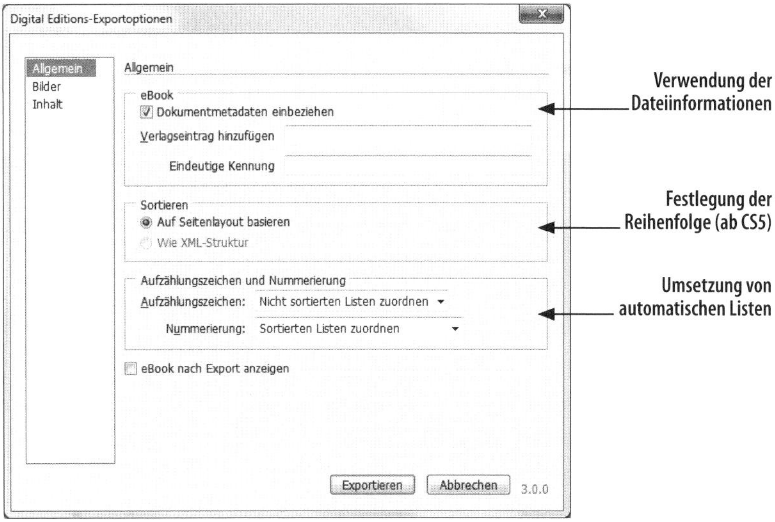


**Abb. 95**
Dialog EPUB-Exportoptionen im Bereich Allgemein

Im Bereich Allgemein kann man zunächst unter eBook festlegen, ob die Metadaten des InDesign-Dokuments (Datei → Dateiinformationen) in das EPUB übernommen werden sollen.

Reihenfolge der Texte und Bilder

Unter Sortieren kann die Reihenfolge der Inhalte festgelegt werden. Diese Funktion ist erst seit CS5 vorhanden und bietet die Möglichkeit, die Reihenfolge der Textabschnitte im E-Book anhand der XML-Struktur zu steuern. Informationen zur XML-Strukturansicht finden Sie in Unterkapitel 14.1.

Im Normalfall werden die Textabschnitte entsprechend dem Seitenlayout exportiert. Hier analysiert der Export jede Seite primär von oben nach unten und sekundär von links nach rechts. Unabhängig davon werden verkettete Textrahmen, also z. B. Textabschnitte, zusammenhängend exportiert. Dies hat zur Folge, dass frei platzierte Objekte, z. B. Bilder, oftmals erst ganz am Ende des E-Books stehen. Einen Lösungsansatz für dieses Problem bietet das Skript aus Unterkapitel 13.4 bzw. die Regeln zum richtigen Aufbau der Dokumente im nächsten Unterkapitel.

In den Dropdown-Listen im Bereich Aufzählungszeichen und Nummerierung kann eingestellt werden, ob automatisch generierte Listen mit dem entsprechenden XHTML-Element umgesetzt oder in statische Texte umgewandelt werden sollen.

In CS3 und CS4 finden Sie in diesem Bereich noch die Einstellungen zur Erstellung von CSS und Schriften. In CS5 sind diese in den Bereich Inhalt gewandert.

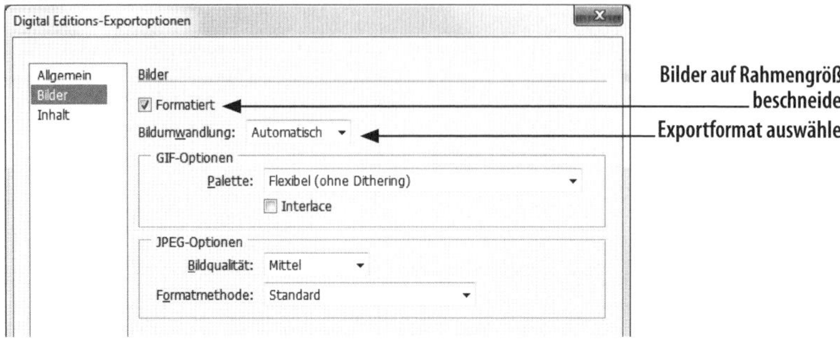


**Abb. 96** Dialog EPUB-Exportoptionen im Bereich Bilder

Im Bereich BILDER finden Sie die Einstellungen für den Bildexport. Interessant ist vor allem die Option FORMATIERT, mit der festgelegt wird, ob die Bilder für den Export auf Rahmengröße beschnitten oder in der Originalgröße in das E-Book eingebunden werden sollen.

Das Export-Skript erledigt automatisch die Konvertierung in JPG- und GIF-Bilder. Alternativ kann man das gewünschte Exportformat in der Dropdown-Liste BILDUMWANDLUNG einstellen. Die Formatoptionen dienen zur Steuerung der Bildqualität.

Die Möglichkeit zum Exportieren aller Bilder finden Sie übrigens auch im XHTML-Export-Dialog, der die Grundlage für den EPUB-Export bildet. Dort werden die Bilder in einem eigenen Ordner neben der XHTML-Datei gespeichert.

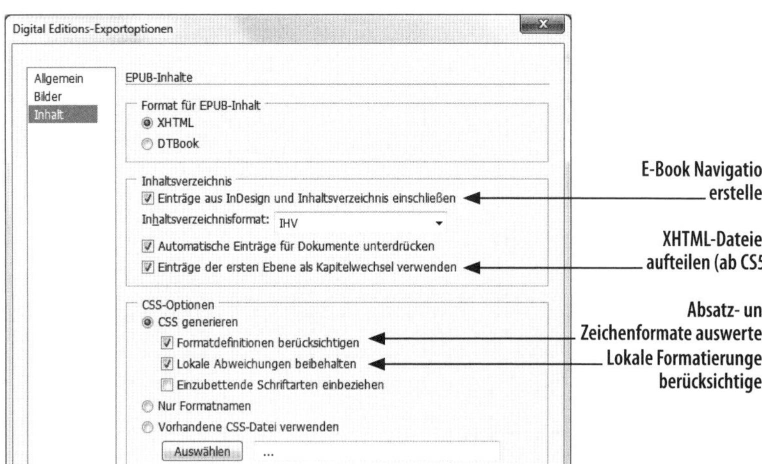


**Abb. 97** Dialog EPUB-Exportoptionen im Bereich Inhalt

Im Bereich INHALT finden Sie die Einstellungen für die Navigation im E-Book und die Exporteinstellungen für die Umsetzung der Formatierungen in CSS.

DTBook wird wahrscheinlich im kommenden EPUB 3-Standard nicht mehr enthalten sein.

Seit InDesign CS4 kann das Format für die Inhaltsdaten in der EPUB-Datei festgelegt werden. Das in der zweiten Option angebotene Format *DTBook* stellt eine Alternative zum XHTML-Standard dar. Trotz seiner reichhaltigen Strukturierungsmöglichkeiten ist dieses Format kaum verbreitet.

Einstellungen zur Navigation

Die Optionen unter INHALTSVERZEICHNIS regeln die Erstellung der Navigation. Da ein Inhaltsverzeichnis auf einer eigenen Seite im E-Book überflüssig ist, haben die meisten Reader eine eigene Navigationsseite oder -leiste, die die Struktur des E-Books abbildet. Die Option EINTRÄGE EINSCHLIESSEN sollte angewählt werden, allerdings muss man vor dem Export ein INHALTSVERZEICHNISFORMAT (LAYOUT → INHALTSVERZEICHNISFORMATE ...) anlegen. Hier werden Absatzformate, die eine bestimmte Überschriftenhierarchie repräsentieren, ausgewählt. Falls im Dokument ein manuelles Inhaltsverzeichnis erstellt wurde, sollte man dieses löschen. Ein automatisch generiertes Verzeichnis wird beim Export erkannt und ignoriert.

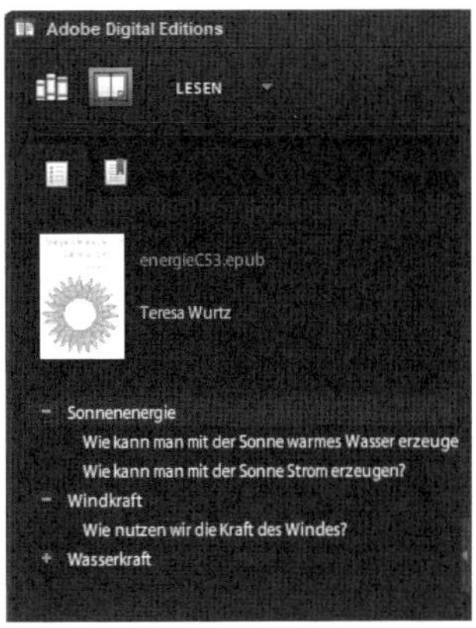


**Adobe Digital Editions**
**Navigationsbereich**

**Cover**
**Erste Seite des Dokuments**

**Struktur des Dokuments**
generiert aus dem Inhaltsverzeichnisformat

**Abb. 98**
Navigation im Software-Reader Digital Editions

Wird ein EPUB-Export für ein Buch ausgeführt, erzeugt InDesign für jedes Dokument eine eigene XHTML-Datei. In der Navigationsleiste erscheinen dann die Namen der einzelnen Dokumente. Mit der Option AUTOMATISCHE EINTRÄGE FÜR DOKUMENTE UNTERDRÜCKEN kann die Anzeige der Dokumentnamen in der Navigation verhindert werden.

Damit die EPUB-Dateien auch in älteren Readern flüssig angezeigt werden, gilt die Faustregel, dass XHTML-Dateien nicht größer als 300 Kilobyte sein sollten. Seit InDesign CS5 gibt es dazu die Funktion EINTRÄGE DER ERSTEN EBENE ALS KAPITELWECHSEL VERWENDEN. Wenn diese Option angewählt ist, wird für jedes Kapitel automatisch eine neue XHTML-Datei erstellt. Vor InDesign CS5 musste man ein neues Buch anlegen, um eine zu große XHTML-Datei aufzuteilen.

**In InDesign CS5 werden die Verweise über Kapitel- oder Dokumentgrenzen hinweg fehlerhaft exportiert. Abhilfe schafft ein Skript von Teus de Jong ↗ 59.**

Der letzte Punkt CSS-OPTIONEN ist der wichtigste beim Export. Hier kann man einstellen, welche Formatierungen aus dem Dokument in welcher Form ins E-Book übernommen werden sollen.

Formatierungsoptionen

Die Steuerung, ob und wie Formatierungsdaten übernommen werden, ist in allen InDesign-Versionen etwas unterschiedlich, das Prinzip aber überall das gleiche. In InDesign CS3 und CS4 wird grundsätzlich eine CSS-Datei mit den Formatinformationen erstellt. Ab CS5 kann man eine eigene CSS-Datei für das E-Book auswählen. Damit die eigenen Styles wirksam werden, müssen die Namen den Klassen entsprechen, die von InDesign im XHTML generiert werden.

In allen InDesign-Versionen kann man wählen, ob die Datei *template.css* mit Formatinformationen gefüllt werden soll oder nicht. Die Optionen dazu sind allerdings etwas verwirrend: In CS3/CS4 kann man innerhalb des CSS-Bereichs im Dialog mit der Option Nur Formatnamen festlegen, dass in die CSS-Datei nur die Namen der Klassen geschrieben werden. Unter CS5 kann man zwischen CSS generieren und Nur Formatnamen wählen. Eine CSS-Datei ohne Formatinformationen ist ein gutes Grundgerüst, wenn man das Styling nachträglich erstellen möchte.

Lokale Abweichungen auswerten

Seit CS4 gibt es mit der Option Lokale Abweichungen/Formatierungen beibehalten die Möglichkeit, Textbereiche, die nicht mit Absatz- oder Zeichenformaten formatiert sind, in das CSS aufzunehmen. Dies führt zu automatisch generierten Klassennamen in der Form `generated-style-1` und sollte nach Möglichkeit vermieden werden.

Schriften einbetten

Mit der Option Einzubettende Schriftarten einbeziehen kann man steuern, ob die Schriften in der CSS-Datei eingetragen und die Schrift-Dateien in die EPUB-Datei eingebettet werden sollen. Wenn Sie die Option abwählen, werden die Standardschriften des Lesegeräts für die Darstellung verwendet.

InDesign bettet die Schriftdateien mit einer schwachen Verschlüsselung ein – die in dem ZIP-Archiv enthaltenen Schriften sind also nicht ohne Weiteres auf einem anderen System verwendbar. Inwieweit diese Verschlüsselung den Ansprüchen der Rechteinhaber genügt, ist unklar. Ich empfehle Schriften zu verwenden, deren Lizenz das Einbetten erlaubt.

Außerdem wird die Verschlüsselung nicht von allen Lesegeräten unterstützt. Eine Alternative ist es, die Schrift-Dateien durch die unverschlüsselten Versionen auszutauschen. Wählen Sie in diesem Fall trotzdem die Option an. Dann werden die Informationen zu den Schriften in die CSS-Datei aufgenommen. Im nächsten Unterkapitel wird beschrieben, wie man die eingebetteten Schrift-Dateien austauschen kann.

Die folgende Tabelle enthält eine Übersicht, welche Objekte und Formate aus InDesign exportiert und wie diese in XHTML bzw. CSS umgesetzt werden. Fette Zeilen beinhalten XHTML-Elemente, normale Zeilen CSS-Eigenschaften.

Tab. 26 Objekte und Formatierungen, die beim EPUB-Export unterstützt werden

| Eigenschaft/Art | Umsetzung und CSS-Eigenschaft | Hinweis |
|---|---|---|
| **Absätze*** | `<p class="Absatzformat">` | Ab CS5 `xml:lang="de"` |
| Schriftart | `font-family: "Schriftname";` | |
| Schriftgröße | `font-size: 0.83em;` | |
| Zeilenabstand | `line-height: 1.20em;` | |
| Ausrichtung | `text-align: left;` | |
| Einzug erste Zeile | `text-indent: 1em;` | |
| Abstand vor/nach | `margin-top: 0.33em; margin-bottom: 0.33em;` | |
| **Nummerierte Liste** | `<ol><li class="Absatzformat">` | Ab CS5 ggf. statisch |
| **Aufzählungsliste** | `<ul><li class="Absatzformat">` | |
| **Harter Zeilenumbruch** | `<br/>` | |
| **Inline-Formatierung** | `<span class="Zeichenformat">` | |
| Fett | `font-weight: bold;` | Nicht in CS3 |
| Kursiv | `font-style: italic;` | Nicht in CS3 |
| Unterstrichen | `text-decoration: underline;` | |
| Durchgestrichen | `text-decoration: line-through;` | |
| Farbe | `color: rgb(0,0,0);` | |
| Kapitälchen | `font-variant: small-caps;` | |
| Versalien | `text-transform: uppercase;` | Ab CS5 |
| Schriftarten | `@font-face {...}` | |
| **Lokale Abweichungen** | `<span class="generated-style">` | Nicht in CS3 |
| **Textabschnitte** | `<div class="story">` | |
| **Tabellen** | `<table class="Tabellenformat">` | |
| **Kopf-/Fußzeilen** | `<thead>` bzw. `<tbody>` | |
| **Rahmen von Bildern** | `<div class="image">`<br>oder `<div class="Objektformat">` | |
| **Verankerte Bilder** | `<p class="Absatzformat">`<br>`<span class="Objektformat">` | In CS4 ohne `<span>` |
| **Bilder** | `<img src=" .../Images/bild.jpeg">` oder<br>`<img class="Objektformat" src="... ">` | In CS4 ohne<br>`class`-Attribut |
| **Gruppen** | `<div class="group">` | |
| **Verankerte Textrahmen** | `<div class="story">` bzw.<br>`<div class="Objektformat">` | |
| **Hyperlinkziele/Textanker** | `<a id="Name des Ankers"/>` | |
| **Hyperlink** | `<a href="Name des Ankers">` | |
| **Fußnoten** | Endnoten mit Hyperlinks | |

* In InDesign CS3/CS4 werden alle Absätze als `<p>`-Elemente exportiert. Ab CS5 werden Überschriften, wenn die Option Inhaltsverzeichnis ausgewählt ist, in die Elemente für Überschriften `<h1>`, `<h2>` etc. exportiert.

Exkurs

### Verbindung von HTML-Elementen mit CSS-Regeln

InDesign erstellt beim Export für alle inhaltstragenden HTML-Elemente ein Attribut mit dem Namen `class`. In der CSS-Datei *template.css* werden dafür die Formatierungsregeln festgelegt.

XHTML-Dateien können in einem normalen Texteditor geöffnet und bearbeitet werden. Als Beispiel zeige ich im Folgenden die Umsetzung eines einfachen Absatzes, der in InDesign mit dem Absatzformat `abs` formatiert war und einen fetten und kursiven Bereich enthielt.

**Listing 121**
Verknüpfung von HTML-Elementen und CSS

```
<p class="abs">Hier ist ein Absatz mit verschiedenen Formatierungen.
Zum Beispiel <span class="fett">fett</span> und <span
class="kursiv">kursiv</span>.</p>
```

Der Absatz wird von einem Element mit dem Namen `p` (engl. paragraph), die Inline-Formatierung vom Element `span` (das englische Wort span kann mit *Bereich* übersetzt werden) umgeben. Das Attribut `class` aus dem Beispiel enthält den Namen einer Klasse, über die Formatierungsinformationen referenziert werden können. Tags und Attribute beschreiben nur, *was* etwas ist, nicht *wie* es aussieht – das steht im CSS.

Formatierungsregeln

Die Formatierung im Browser oder E-Book-Lesegerät wird über die in der CSS-Datei enthaltenen Formatierungsregeln gesteuert. Eine Formatierungsregel setzt sich aus zwei Teilen zusammen: dem so genannten *Selektor*, der bestimmt, welches Element mit welcher Klasse verarbeitet werden soll, und einer Liste von CSS-Eigenschaften innerhalb von geschweiften Klammern. Die Eigenschaften bestimmen das Aussehen und die Position des Elements. Eine einfache Regel sieht so aus:

**Listing 122**
Syntax einer CSS-Regel

```
element.klasse {
   eigenschaft1: wert1;
   eigenschaft2: wert2;
}
```

Für die Formatierung des obigen Beispiels könnte man die folgenden CSS-Regeln anlegen:

**Listing 123**
Beispiele für CSS-Regeln

```
p.abs {
   font-family: "Bergamo";
   font-size: 0.92em;
}
span.fett {
   font-weight: bold;
}
```

Elemente mit dem Namen `<p>` und dem Attribut `class="abs"` werden mit der Schriftart `Bergamo` in der Schriftgröße `0.92em` dargestellt (1 em, *m-space*, entspricht einem Geviert der Standardschriftgröße des Lesegeräts). Im Prinzip handelt es sich bei CSS-Klassen um Formate, wie Sie sie auch aus InDesign kennen. In Unterkapitel 13.5 wird gezeigt, wie man die von InDesign exportierten CSS-Regeln anpassen kann.

## 13.3 Dokumente richtig aufbauen

Um gute Ergebnisse beim EPUB-Export zu erzielen, sollte man InDesign-Dokumente nach bestimmten Regeln aufbauen. Im Netz finden Sie viele zusätzliche Anleitungen. Sehr ausführlich ist die Einführung von Sacha Heck unter ↗44.

### Anwendung von Formaten

Bereits beim Skripting hat sich gezeigt, dass die Verwendung von Formaten die Arbeit deutlich erleichtert. Beim EPUB-Export geht ohne sie gar nichts mehr. Sauber formatierte InDesign-Dokumente können mit dem Export in klar gegliederte XHTML-Dokumente verwandelt werden. Mit einer Anpassung der CSS-Datei kann man sogar Formateinstellungen, die nicht von InDesign exportiert wurden, nachträglich einfügen.

Der Export wertet für die CSS-Regeln nur Schrift- und Absatzinformationen aus. Von Tabellen- und Objektformaten werden lediglich die Namen des jeweiligen XHTML-Elements im Attribut `class` gespeichert. In der CSS-Datei werden also leere Regeln erstellt, die man nun selbst befüllen kann. In Unterkapitel 13.5 wird gezeigt, wie man die CSS-Informationen in EPUB-Dateien anpassen kann. Wenn man sich selbst nicht in XHTML und CSS einarbeiten möchte, sind die Spezialisten, die diese Aufgabe übernehmen, dankbar für sauber strukturierte Daten.

Wenn in einem E-Book Formatattribute, die nicht automatisch exportiert werden (→ Tabelle 26), benötigt werden, kann man diesen mit einer Suchen/Ersetzen-Anfrage ein Zeichenformat zuweisen. Wenn das nicht möglich ist, z.B. bei automatischen Initialbuchstaben oder verschachtelten Formaten, bietet sich das FindAndDo-Skript aus Unterkapitel 4.9 an. In beiden Fällen müssen dann die entsprechenden CSS-Regeln nachträglich erweitert werden.

Um die korrekte Anwendung von Formaten sicherzustellen und lokale Abweichungen auszuschließen, kann ab CS4 mit dem PREFLIGHT gearbeitet werden. Weitere Skripte dazu finden Sie im Unterkapitel 11.6.

**Ab InDesign CS4 können lokale Abweichungen im Preflight geprüft werden (→ Seite 75).**

### Lange Textabschnitte und Inhaltsverzeichnisse

EPUB-Dateien kann man vereinfacht auch als langen Textabschnitt betrachten. Entsprechend spart man sich viel Zeit und Ärger, wenn man bereits bei der Erstellung des Dokuments möglichst große Textabschnitte bildet. Eine Ausnahme kann bei der Arbeit mit Fußnoten gegeben sein: Fußnoten werden als Endnoten ans Ende des Textabschnitts gesetzt, bei einem langen Textabschnitt entsprechend ganz ans Ende.

Wenn konsequent mit Formaten gearbeitet wurde, können meist auch automatisch generierte Inhaltsverzeichnisse verwendet werden. Die dazu angelegten Inhaltsverzeichnisformate können im EPUB-Export weiterverwendet werden.

Bilder sollten für den EPUB-Export verankert werden.

### Bilder nach Möglichkeit verankern

Der EPUB-Export ist seitenorientiert aufgebaut. Allerdings bleiben die Textabschnitte verketteter Textrahmen zusammen. Da der Haupttext meist in einem langen Textabschnitt enthalten ist, kommt es zu der unschönen Situation, dass Bilder oder frei platzierte Objekte, die nicht verankert wurden, erst ganz am Ende des Textes auftauchen. Abhilfe schafft nur das Verankern der Bilder an den Textstellen, zu denen sie gehören. Das Gleiche gilt für Bildunterschriften, die man am besten mit dem Bild gruppiert und dann verankert. Verankerte Objekte sollten in einem eigenen Absatz stehen. Da die Konturenführung verworfen wird, kann nur mit ABSTAND VOR bzw. ABSTAND NACH gearbeitet werden.

In Dokumenten, die man nur für den EPUB-Export aufbaut, ist das alles kein Problem. Bei Altdaten, aber auch in der normalen Printproduktion arbeitet man jedoch selten mit verankerten Objekten, was zu einem relativ hohen Überarbeitungsaufwand führt. Im nächsten Unterkapitel wird ein Skript vorgestellt, mit dem man alle Bilder an der vertikalen Position im Textfluss verankern kann.

### Mustervorlagenobjekte

Alle Objekte, die auf Mustervorlagen liegen, werden beim Export ignoriert. Für Seitenzahlen und Kolumnentitel ist dieses Verhalten auch so gewünscht. Bei anderen Objekten muss man gegebenenfalls prüfen, ob sie vor dem EPUB-Export von der Mustervorlage gelöst werden müssen. Bei benannten Objekten bietet sich ein Skript an.

Erzwungene Trennungen dürfen nur mit dem bedingten Trennstrich ausgeführt werden.

### Manuelle Eingriffe

Manuelle Trennungen dürfen nur mit dem bedingten Trennstrich (BEFEHL + SHIFT + -) und nicht etwa mit einem Bindestrich ausgeführt werden – letzterer verbleibt in den Daten! Ebenso sollten keine Tabulatoren oder Leerzeichen zur Formatierung verwendet werden. Abstände zwischen Absätzen sollten nur mit der dafür vorgesehenen Funktion ABSTAND VOR bzw. ABSTAND NACH umgesetzt werden – vermeiden Sie Leerzeilen. Ein harter Zeilenumbruch sollte nur dann eingesetzt werden, wenn dieser auch im EPUB erscheinen soll – alternativ kann man ihn auch mit einer einfachen Suche vor dem Export ersetzen.

Beachten Sie, dass Sonderzeichen nicht mit Symbolschriften umgesetzt werden. Viele Reader können eingebettete Schriften nicht anzeigen und verwenden stattdessen eine Standardschrift. Gleiches gilt für Schriften, deren Zeichen nicht auf den richtigen Unicode-Codepoints liegen.

### Hyperlinks

Für elektronische Medien und somit auch für E-Books bietet sich die Verwendung von Hyperlinks und ab CS4 von Querverweisen an. Diese werden auch in das E-Book konvertiert. Eine Ausnahme bilden Hyperlinks, die als Hyperlinkziel eine Seite haben. Da es im E-Book keine festen Seitenzahlen gibt, werden Seitenverweise ignoriert. Leider gibt es in CS5 (Version 7.0.3) einen Fehler beim Export von Links, die mit der Exportoption Erste Ebene als Kapitelwechsel verwenden oder aus Büchern mit mehreren Dokumenten erstellt wurden. Kapitel- oder dokumentübergreifende Links funktionieren dann nicht mehr. Dieser Fehler wird hoffentlich bald behoben.

**InDesign CS5 exportiert dateiübergreifende Links fehlerhaft. Mit einem Skript von Teus de Jong ↗59 kann der Fehler behoben werden.**

Falls ein manuelles Inhaltsverzeichnis aus der Printproduktion verwendet werden soll, kann man dieses vor dem Export mit Querverweisen aufwerten. Gleiches gilt für einen Index – obwohl dieser aufgrund der Möglichkeit einer Volltextsuche in elektronischen Medien an Bedeutung verliert.

### Metadaten nicht vergessen

Die Metadaten unter Datei → Dateiinformationen werden beim Export übernommen und sollten ausgefüllt werden – ansonsten muss man sie nachträglich in die EPUB-Datei eintragen. Die folgenden Felder werden beim Export übernommen: Dokumenttitel, Autor, Beschreibung, Stichwörter und Copyright-Informationen.

### XML-Struktur für die Reihenfolge nutzen

Seit InDesign CS5 gibt es die Möglichkeit, die Reihenfolge im EPUB anhand der Anordnung der XML-Elemente in der Strukturansicht selbst festzulegen. Detailinformationen zum Umgang mit XML finden Sie in Kapitel 14, unter ↗45 finden Sie die Dokumentation von Adobe zu diesem Verfahren. Hier reicht es, wenn Sie die Strukturansicht mit Ansicht → Struktur → Struktur einblenden (Befehl + Alt + 1) einblenden. Im Flyout-Menü finden Sie die Funktion Objekte ohne Tags hinzufügen. Mit Hilfe dieser Funktion werden alle Textrahmen und Bilder mit XML-Tags versehen.

Ab CS5 kann die Reihenfolge der Textabschnitte beeinflusst werden.

Um herauszufinden, welches Element an welcher Stelle im Layout verknüpft ist, bieten sich zwei Methoden an. Wenn Sie in der Strukturansicht doppelt auf ein Element klicken, springt InDesign zum entsprechenden Objekt in der Layoutansicht. In der Layoutansicht kann man mit der rechten Maustaste auf einen Rahmen klicken und dann In Struktur markieren wählen, um zum Element in der Strukturansicht zu gelangen.

Per Drag & Drop kann man die Reihenfolge, in der die Objekte exportiert werden sollen, festlegen. Diese Sortierung hat keinen Einfluss auf zusammenhängende Textabschnitte – diese bleiben wie gewohnt beim Export zusammen. Ärgerlich ist, dass die Funktion Objekt ohne Tags hinzufügen nicht funktioniert, wenn Gruppen als verankerte Objekte im Textfluss mitlaufen. Wenn Sie gruppierte Bilder im Textfluss verankern wollen, können Sie dies erst nach dem Hinzufügen der Tags erledigen.

Bei den Exportoptionen muss die Option Wie XML-Struktur im Bereich Sortieren gewählt werden.

## 13.4 Objekte im Textfluss verankern

Eines der größten Probleme beim EPUB-Export sind frei platzierte Objekte, die nicht im Textfluss verankert sind. In der normalen Produktion wird dieses Verfahren häufig verwendet. Die Alternative, alle Bilder zu verankern, ist oftmals aufwändiger und erscheint weniger flexibel. Auch im Dokument, das in Kapitel 12 erstellt wurde, sind die Objekte auf der Seite platziert. Anhand dieses Dokuments stelle ich ein Skript vor, das alle Objekte im Textfluss verankert.

Dokument für den Export vorbereiten

Bevor das Skript ausgeführt wird, sollte man die im vorherigen Unterkapitel beschriebenen Voraussetzungen für den EPUB-Export prüfen und das Dokument ggf. anpassen. Das Beispieldokument *13-4_EnergieOriginal.indd* wurde automatisch, wie in Kapitel 12 beschrieben, aus der Word-Datei generiert.

Checkliste EPUB-Export

- **Konsequente Arbeit mit Formaten:** Durch das Skript wurden die Absatzformate `u1`, `u2` und `einschub` in der Kapitelfarbe eingefärbt. Dadurch sind lokale Abweichungen entstanden. Für den EPUB-Export sollte die Formatierung in ein Zeichenformat, das die Kapitelfarbe reflektiert, umgesetzt werden. Dieses kann man mit der Suche nach der Farbe und der Ersetzung durch das neue Zeichenformat schnell auf die entsprechenden Textstellen anwenden. Wenn es sich um eine regelmäßige Publikation handelt, sollte das Word-Importskript aus Kapitel 12 angepasst werden.
- **Mustervorlagenobjekte prüfen:** Die Kolumne und Seitenzahl sollen nicht in das E-Book übernommen werden. Der Seitenaufbau kann also beibehalten werden.
- **Inhaltsverzeichnisformat anlegen:** Für die Navigation wird ein Inhaltsverzeichnisformat aus den Absatzformaten `u1` und `u2` angelegt.
- **Metadaten anlegen:** Die notwendigen Metadaten müssen im Dialog DATEIINFORMATIONEN eingetragen werden.
- **Überflüssige Teile entfernen:** Der Index wird nicht im E-Book benötigt und aus der Datei gelöscht.

Das angepasste Dokument finden Sie in der Datei *13-4_EnergieFuerEPUB.indd*. Wenn man diese Datei als EPUB exportiert, erhält man ein sauber formatiertes E-Book – allerdings sind alle Bilder an der falschen Position und befinden sich, wie vermutet, am Ende des ersten Textabschnitts. Das folgende Skript schafft Abhilfe. Bei der Ausführung muss die Einfügemarke in dem Textabschnitt, in dem die Bilder verankert werden sollen, platziert werden. Für die Formatierung der verankerten Objekte wurde zusätzlich das Absatzformat `bild` im Testdokument erstellt.

**Listing 124**
Bilder im Textfluss verankern (13-4_Bilder Verankern.jsx)

```
  var _libPath = File("~/Desktop/templib.indl");
  var _lib = app.libraries.add(_libPath);
  var _story = app.selection[0].parent;
  var _parStyle = _dok.paragraphStyles.itemByName("bild");
  var _args = [_story, _parStyle, _lib];
  //... Aufruf bilderVerankern(_args)
  _lib.close();
  _libPath.remove();
  //...
function bilderVerankern(_args) {
  _story = _args[0];
  _parStyle = _args[1];
  _lib = _args[2];
  for (var i = _story.textContainers.length -1; i >= 0; i--) {
    var _tc = _story.textContainers[i];
    var _page = getPageByObject(_tc);
    var _allG = _page.allGraphics;
    _allG.sort(verticalSort);
    for (var k = _allG.length - 1; k >= 0 ; k--) {
      var _frame =_allG[k].parent;
      if (_frame.parent.constructor.name != "Character") {
        if (_tc.lines.length > 0) {
          var _y1 = _frame.geometricBounds[0];
          var _li = _tc.lines.length -1;
          _line = _tc.lines[_li];
          while (_y1 <_line.baseline && _li >= 0) {
              _line = _tc.lines[_li];
              _li--;
          }
        }
        else {
          if (i < _story.textContainers.length -2) _line = _story.
          textContainers[i +1].lines[0];
          else _line = _story.lines[-1];
        }
        var _ipi = _line.paragraphs[0].insertionPoints[-1].index;
        _story.insertionPoints[_ipi].contents = "\r";
        var _par = _story.insertionPoints[_ipi].paragraphs[0];
        _par.appliedParagraphStyle = _parStyle;
        var _asset = _lib.store(_frame);
        var _ao = _asset.placeAsset(_par.insertionPoints[0]);
        var _ao = _ao[0];
        _ao.anchoredObjectSettings.anchoredPosition =
        AnchorPosition.ANCHORED; // Benutzerdefiniert
        _frame.remove();
      }
    } // end for _allG
  } // end for textContainers
}
```

Zu Beginn wird wie z.B. in Unterkapitel 11.1 geprüft, ob ein Dokument geöffnet und ein Textobjekt ausgewählt wurde. Wenn dies der Fall ist, wird die Funktion `bilderVerankern()`, in der der Hauptteil des Skripts enthalten ist, ausgeführt.

In diesem Skript gibt es eine kleine Besonderheit: Vor dem Aufruf von `bilderVerankern()` wird eine temporäre Bibliothek erzeugt, die dann der Funktion als dritter Parameter übergeben wird. Die Bibliothek wird für einen Workaround beim Bildverankern benötigt, bei dem vermieden wird, dass man die Rahmen der Bilder per Copy & Paste verankern muss.

Eine Bibliothek erstellen

```
var _libPath = File("~/Desktop/templib.indl");
var _lib = app.libraries.add(_libPath);
```

8–9 Zunächst wird ein `File`-Objekt für die Bibliothek erstellt, die darin referenzierte Datei wird nach Ablauf des Skripts in Zeile 24 mit `remove()` gelöscht.

Eine Bibliothek kann mit der Methode `add()` über die Sammlung `libraries` erstellt werden. Als Parameter muss der Pfad, in dem die Bibliothek erstellt werden soll, übergeben werden.

Bevor die Datei, die die temporäre Bibliothek enthält, gelöscht wird, muss die Bibliothek in Zeile 23 mit `close()` geschlossen werden. In Zeile 60+61 wird die Bibliothek verwendet.

Mehrere Parameter in einem Array übergeben.

```
function bilderVerankern(_args) {
```

31–68 In der Funktion `bilderVerankern()` werden alle Textrahmen des Textabschnitts besucht und die Bilder, die sich auf der jeweiligen Seite befinden, im Textfluss verankert. Die Funktion übernimmt einen Array mit drei Elementen als Parameter: Im ersten wird der Textabschnitt, in dem die Bilder verankert werden sollen, übergeben. Der zweite enthält das Absatzformat, mit dem der Absatz der verankerten Bilder formatiert werden soll. Der dritte Parameter enthält die Hilfsbibliothek für das Verankern der Objekte. Die Übergabe der Parameter mit einem Array ist notwendig, um die Funktion ab CS4 mit `doScript()` im Undo-Modus auszuführen.

```
for (var i = _story.textContainers.length -1; i >= 0; i--) {
   var _tc = _story.textContainers[i];
   //...
```

35–67 Die Funktion besteht im Wesentlichen aus zwei for-Schleifen: Die erste in Zeile 35 läuft rückwärts durch alle Textrahmen des Textabschnitts, die zweite in Zeile 40 besucht dann alle Bilder, die auf der Seite des Textrahmens platziert sind. Der Textabschnitt muss rückwärts bearbeitet werden, weil sich durch das Verankern der Bilder der Umbruch verschiebt.

```
var _page = getPageByObject(_tc);
```

37 Die Funktion `getPageByObject()` ermittelt die Seite, auf der das im Parameter übergebene Objekt platziert ist. Wenn keine Seite für das Objekt

ermittelt werden kann, liefert sie den Wert null zurück. Die Funktion wurde auf Seite 254 vorgestellt. Gegebenenfalls muss man noch zusätzlich prüfen, ob sich der Textrahmen überhaupt auf einer Seite befindet.

```
var _allG = _page.allGraphics;
_allG.sort(verticalSort);
```

Bilder anhand der vertikalen Position sortieren

38–39 In der Variablen _allG wird der Array gespeichert, der alle Bilder und Grafiken enthält, die auf der Seite platziert sind. Die Sortierung von Graphics-Objekten kann nicht mit der Standardfunktionalität durchgeführt werden. Deswegen wird als Parameter der Name der Funktion, mit der der Array sortiert werden soll, übergeben. Diese Funktion befindet sich in Zeile 96 und wertet im Wesentlichen die vertikale Position über die Eigenschaft geometricBounds des Rahmens aus, der die Grafik beinhaltet. Nach der Sortierung steht der am weitesten oben platzierte Rahmen an der ersten Stelle des Arrays.

```
for (var k = _allG.length - 1; k >= 0 ; k--) {
   var _frame =_allG[k].parent; //...
```

40–66 Der sortierte Array wird in der for-Schleife rückwärts durchlaufen, damit Umbruchverschiebungen – und damit Fehlplatzierungen – vermieden werden können. Alternativ hätte man auch den Array andersherum sortieren und die for-Schleife »normal« laufen lassen können. In Zeile 41 wird der Rahmen, in dem die Grafik platziert ist, in _frame gespeichert.

```
 if (_frame.parent.constructor.name != "Character") { //...
```

Prüfen, ob der Rahmen verankert ist

42–65 Mit dieser if-Abfrage wird ausgeschlossen, dass die Grafik bereits im Textfluss verankert ist und deswegen ignoriert werden kann.

```
if (_tc.lines.length > 0) { //...
```

43–51 Wenn im Textrahmen Zeilen vorhanden sind, wird innerhalb des Codeblocks der if-Abfrage die Zeile, zu deren vertikaler Position die Grafik passt, ermittelt. Diese Abfrage ist wichtig, da es auch Textrahmen geben kann, die keinen Inhalt enthalten, weil dieser von einer darüberliegenden Grafik vollständig verdrängt wird. Diese Situation tritt z.B. auf Seite 2 des Beispieldokuments auf. In diesem Fall wird im else-Block (Zeile 52 im Code) der Referenzzeile die erste Zeile des vorherigen Textrahmens zugewiesen.

```
var _y1 = _frame.geometricBounds[0];
var _li = _tc.lines.length -1;
_line = _tc.lines[_li];
while (_y1 <_line.baseline && _li >= 0) {
   _line = _tc.lines[_li];
   _li--;
}
```

44–50 In der while-Schleife wird die Zeile des Textrahmens, deren Position am nächsten der vertikalen Position des Bildes ist, ermittelt. In baseline ist die vertikale Position der Zeile, in _y1 die des Bildes gespeichert. Nach Ablauf der Schleife hat man eine ungefähre Position im Text, zu der das Bild gehört. Mit dieser Methode kann man natürlich keine inhaltlichen Zuordnungen vornehmen.

Einen neuen Absatz für das Bild erstellen

```
var _ipi = _line.paragraphs[0].insertionPoints[-1].index;
_story.insertionPoints[_ipi].contents = "\r";
var _par = _story.insertionPoints[_ipi].paragraphs[0];
_par.appliedParagraphStyle = _parStyle;
```

56–59 Zunächst wird die letzte Einfügemarke des Absatzes, in dem sich die oben ermittelte Zeile befindet, gesucht. Deren Index wird in _ipi gespeichert. Mit Hilfe des Index kann man nun die gleiche Einfügemarke innerhalb der Story adressieren und mit Hilfe der Eigenschaft contents eine Zeilenschaltung hinzufügen. Da die Zeilenschaltung nach der Einfügemarke hinzugefügt wurde, befindet sich der Index danach im nächsten neuen Absatz. Dieser wird in _par gespeichert und mit dem Absatzformat, das die Abstände der Bilder enthält und in Zeile 11 festgelegt wurde, formatiert.

Mit einer Bibliothek arbeiten

```
var _asset = _lib.store(_frame);
var _ao = _asset.placeAsset(_par.insertionPoints[0]);
_ao = _ao[0];
```

60–62 In diesen Zeilen wird der Bildrahmen innerhalb des Textes verankert. Die Methode mit der Bibliothek ist etwas unorthodox. Sie ist notwendig, weil man mit der Methode move() Seitenobjekte nur auf andere Seiten oder Ebenen verschieben kann. Deswegen bleibt zum Verankern von Objekten nur Copy & Paste oder der hier beschriebene Umweg über die Bibliothek.

In der Variablen _lib befindet sich die Referenz auf die temporäre Bibliothek. Mit store() können Seitenobjekte in der Bibliothek gespeichert werden. In diesem Fall wird der Bildrahmen gespeichert. Der Rückgabewert ist ein Objekt vom Typ Asset, das einem Bibliothekselement entspricht.

Das verankerte Objekt erstellen

Bibliothekselemente können mit der Methode placeAsset() an einer Textstelle oder auf einer Seite platziert werden. Wenn ein Textobjekt übergeben wird, wird das Objekt an der ersten Einfügemarke des Objekts im Textfluss verankert. In diesem Fall wird die Einfügemarke, an der es verankert werden soll, übergeben. Als Rückgabewert bekommt man einen Array. In Zeile 62 wird das erste Element des Arrays erneut in _ao gespeichert. Der Bildrahmen wird durch dieses Verfahren dupliziert.

In Zeile 63 wird noch die Einstellung Position des verankerten Objekts auf Benutzerdefiniert gestellt.

Dieses Verfahren beruht auf einer Idee von Dave Saunders und wurde von ihm für die Platzierung von *Snippets* entwickelt (↗46).

```
_frame.remove();
```

64 Der platzierte Bildrahmen ist durch die Verankerung dupliziert worden, der ursprüngliche Rahmen muss noch mit `remove()` entfernt werden.

Das Skript erzeugt Umbruchverschiebungen.

Das InDesign-Dokument sieht nach der Ausführung des Skripts etwas unübersichtlich aus, weil durch die Verankerung die Positionen der Bilder verrutscht sind. Aus diesem Grund ist es empfehlenswert, das Skript erst kurz vor dem Export auszuführen.

Vom Skript sollte man auch keine Wunder erwarten, oftmals finden sich Bilder im Printlayout nicht an den Stellen, zu denen sie inhaltlich gehören, sondern dort, wo sie aufgrund des beschränkten Platzangebots aus gestalterischen Gründen platziert wurden. In einem E-Book sollten im Idealfall aber richtige Text-Bild-Verknüpfungen erstellt werden. Außerdem sind auch die Kapitel-Icons im Text verankert worden. Da InDesign beim Export die Konturenführung ignoriert, stehen die Icons nach dem Export in einzelnen Zeilen.

Falls man für das EPUB größere Bilddateien benötigt – InDesign speichert die Bilder beim Export in der Rahmengröße mit 72 dpi –, könnte man das Skript mit der Skalierung von Bild und Rahmen erweitern.

Nach Ablauf des Skripts kann man die Datei, wie im Unterkapitel 13.2 beschrieben, in das EPUB-Format exportieren. Wie man EPUB-Dateien bearbeitet und die letzten Feinheiten anpasst, wird im nächsten Unterkapitel gezeigt.

## 13.5 EPUB-Dateien bearbeiten

In den meisten Fällen sind die Ergebnisse des automatischen EPUB-Exports noch überarbeitungsbedürftig. Hier bietet es sich an, die erzeugte EPUB-Datei zu bearbeiten und die Schwächen zu beheben. Zum besseren Verständnis des Kapitels sind Basiskenntnisse von XHTML und CSS hilfreich. Auf Seite 296 finden Sie einen kurzen Exkurs zum Thema. Quellen für den Einstieg in die Technologien finden Sie im Anhang A 3.

Die im Unterkapitel 13.1 erwähnten Bestandteile einer EPUB-Datei sind in einem ZIP-Archiv enthalten. Man kann sie mit einem ZIP-Programm entpacken und anpassen.

EPUB-Editoren

Noch leichter kann man die Dateien mit einem EPUB-Editor bearbeiten, der sicherstellt, dass die EPUB-Dateien standardkonform bearbeitet und verpackt werden. Der sehr übersichtliche Editor *Sigil* kann als Open-Source-Programm unter ↗47 heruntergeladen und frei verwendet werden. Dieser Editor befindet sich noch in der Entwicklung und es ist gut möglich, dass er zukünftig um einige Funktionen erweitert wird. In diesem Unterkapitel wird der Umgang mit dem Editor Sigil in der Version 0.3.2 gezeigt.

Neben Sigil gibt es auch noch die Editoren *eCub* (↗48) und *Jutoh* (↗49). Beide unterstützen neben EPUB auch den Export in Mobipocket und andere Formate, sind aber etwas unübersichtlicher in der Bedienung. Jutoh versucht die WYSIWG-Philosophie umzusetzen.

Wer lieber mit den Rohdaten arbeiten möchte, sollte den XML-Editor *<oXygen/>* (↗50) verwenden, der EPUB-Dateien öffnen und aktualisieren kann.

### 13.5.1 EPUB-Dateien optimieren

Die im vorherigen Unterkapitel erstellte EPUB-Datei *13-4_Energie FuerEPUB.epub* hat noch einige Schwächen. Die Bilder werden in der Originalgröße angezeigt und passen nur selten gut in die Spaltenbreite der Lesegeräte. Hier würde sich eine Skalierung relativ zur jeweiligen Spaltenbreite anbieten. Außerdem stehen die Kapitel-Icons für die Hinweistexte in einer eigenen Zeile. Besser wäre es, wenn diese neben dem Text stehen würden. Zusätzlich wäre es schön, wenn das EPUB ein eigenes Cover hätte. Außerdem sollen noch die verschlüsselten Schriften ausgetauscht werden.

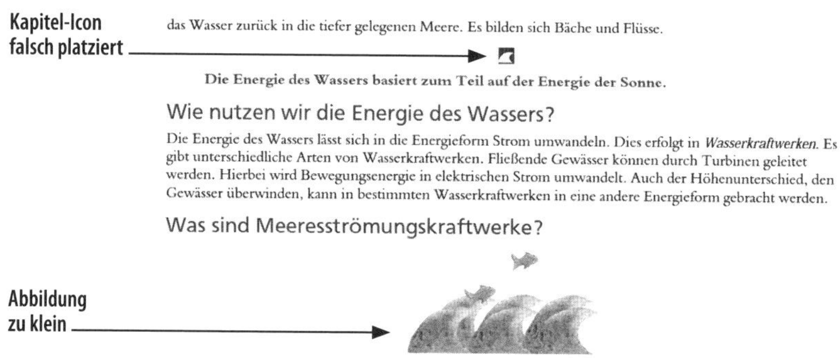


**Abb. 99** Fehler in der EPUB-Datei

CSS anpassen

Die Bilder und Icons sind im InDesign-Dokument jeweils mit einem eigenen Objektformat ausgezeichnet. Entsprechend muss man die CSS-Klassen, die die Darstellung der Bilder und Icons steuern, finden und anpassen.

Wenn man die exportierte EPUB-Datei in Sigil öffnet, sieht man im Navigationsbereich Book Browser eine vereinfachte Struktur der Daten. Interessant sind die Inhaltsdaten im Ordner *Text* und die CSS-Datei im Ordner *Styles*. Die Inhaltsdaten kann man mit einem Doppelklick öffnen. Im Hauptfenster erscheint dann eine gerenderte Vorschau der jeweiligen XHTML-Datei. Mit der Split View von Sigil (Code → Split View; F10) kann man das Hauptfenster in Code und Vorschau aufteilen. In dieser Ansicht lassen sich die einzelnen Elemente des Dokuments innerhalb der XHTML-Datei lokalisieren.

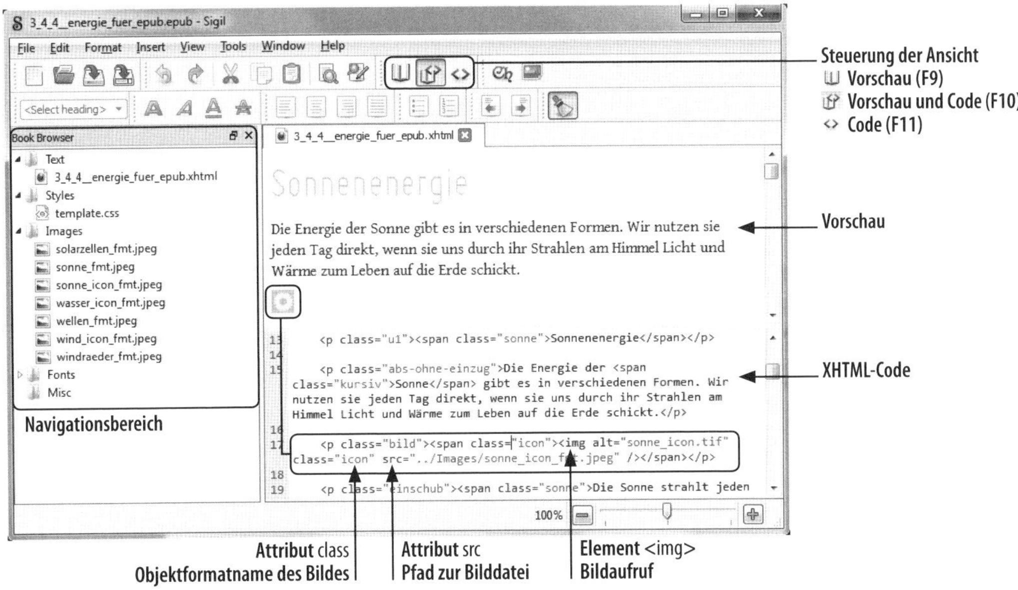


**Abb. 100**
EPUB-Editor Sigil

Um die CSS-Datei anzupassen, sucht man zunächst in der XHTML-Datei die Klassen der Elemente. In der aus InDesign exportierten EPUB-Datei befinden sich die Icons im folgenden XHTML-Konstrukt:

```
<p class="bild"><span class="icon"><img alt="sonne_icon.jpg"
   class="icon" src="../Images/sonne_icon_fmt.jpeg" /></span></p>
```

Die Klassen der Elemente `<img>` und `<span>` haben den Namen des Objektformats `icon` erhalten. Mit dem HTML-Element `<img>` wird dem Browser oder Lesegerät mitgeteilt, dass an dieser Stelle das Bild, welches im Attribut `src` referenziert wird, angezeigt werden soll. Das Element `<span>` ist an dieser Stelle überflüssig, wird aber von InDesign automatisch für den Rahmen des Bildes erzeugt.

Die Klasse der anderen Bilder ist `bild`, ebenfalls der Name des Objektformats.

**InDesign CS4 exportiert nicht die Namen der Objektformate.**

In InDesign CS4 wird das `class`-Attribut bei verankerten Bildern nicht mitexportiert. Wenn Sie mit InDesign CS4 arbeiten, müssen Sie im XHTML-Code allen Icons das Attribut `class="icon"` und allen anderen Bildern `class="bild"` hinzufügen. Eine Übersicht, wie InDesign Objekte und Text beim Export umsetzt, finden Sie in Tabelle 26 auf Seite 295.

Die Formatierung und Positionierung der HTML-Elemente wird über die Styling-Informationen in der CSS-Datei vorgenommen. Mit dem Wissen, welche Klassen angepasst werden müssen, kann man nun die Datei *template.css* aus dem Ordner *Styles* öffnen. Dort wurden durch den Export bereits Formatierungsregeln für viele Klassen angelegt – es fehlen allerdings noch spezielle Regeln für die Bilder. Die folgenden CSS-Regeln müssen ergänzt werden. Der Code kann einfach am Ende der Datei *template.css* eingetragen werden.

**Listing 125**
CSS-Klassen für Icons und Bilder

```
img.bild {
  width: 70% !important;
  max-width: 500px !important;
}
img.icon {
  float: left !important;
  height: 2em !important;
}
```

In der CSS-Regel `img.bild` wird festgelegt, dass alle Bilder auf `70%` der Seitenbreite skaliert werden sollen, maximal jedoch nur `500px` breit werden dürfen. Die Ergänzung `!important` ist für einige Lesegeräte gedacht, die CSS-Positions- und Größenwerte nur im Zusammenhang mit diesem Hinweis auswerten – für normale Webseiten wäre sie nicht notwendig.

In der zweiten CSS-Regel wird das Icon angepasst. Mit `float: left` legt man fest, dass das Bild am linken Rand positioniert wird und vom Fließtext umflossen werden darf. Die Angabe `height: 2em` gibt die Höhe in der Maßeinheit *em* an. Da InDesign auch die Schriftgrößen in em angibt, kann man mit diesem Wert die Größe des Bildes relativ zur Schriftgröße des Hinweistextes (1 em) setzen.

Leider ist das Ergebnis nun immer noch nicht perfekt. Da die Bilder in Absätzen mit dem Absatzformat `bild` stehen, werden hier noch die beim Export erstellten Eigenschaften angewendet. Weiter oben in der CSS-Datei finden Sie die Regel `p.bild`. Löschen Sie innerhalb der geschweiften Klammern alle Eigenschaften bis auf `text-align: center`. Falls Sie die Datei mit InDesign CS3 exportiert haben, müssen Sie auch noch die CSS-Regel `img {max-width: 100%}` entfernen.

Unter ↗51 finden Sie ein EPUB, das zum Testen von CSS-Eigenschaften in verschiedenen Lesegeräten entwickelt wurde. Hier kann man weitere CSS-Eigenschaften, die von vielen Lesegeräten verarbeitet werden, finden.

Cover einbauen

Für das Cover sollte man eine übersichtliche Abbildung wählen, da es oft nur als kleiner Button angezeigt wird. Als Größe sollte man ein 590 Pixel hohes und 750 Pixel breites RGB-Bild im Format JPG, PNG oder GIF wählen. Für das Beispiel kann die Datei *13-5_Cover.jpg* verwendet werden.

Gehen Sie in Sigil mit der Einfügemarke an die erste Position in der ersten XHTML-Inhaltsdatei. Fügen Sie dann mit Insert → Image ein neues Bild hinzu. Das Bild erscheint nun in der Voransicht, die Einfügemarke steht direkt dahinter. Teilen Sie nun die XHTML-Datei mit Insert → Chapter Break in zwei Dateien. Das erste »Kapitel« wird in einer eigenen Datei gespeichert, die die Cover-Abbildung enthält. Nun muss das Bild noch explizit als Cover-Bild ausgezeichnet werden. Dazu wählt man es in der Navigationsansicht im Ordner *Images* aus. Wenn man es nun mit der rechten Maustaste anklickt, kann man im Kontextmenü ADD SEMANTICS → COVER IMAGE anwählen.

Schriften austauschen

Wenn man eigene Schriften im EPUB verwenden möchte, sollte man für eine größtmögliche Kompatibilität die von InDesign verschlüsselten Schriften nachträglich austauschen (→ Seite 289). Wählen Sie die Option beim Export trotzdem an, ansonsten werden die Schriftinformationen nicht ins CSS geschrieben.

In Sigil finden Sie die Schriften im Ordner *Fonts*. Löschen Sie die vorhandenen Dateien aus dem Ordner. Wenn Sie mit der rechten Maustaste auf den Ordner klicken, erscheint ein Kontextmenü. Wählen Sie dort ADD EXISTING ITEMS ... und anschließend die notwendigen Schriftdateien aus.

Die Datei encryption.xml löschen

Im Ordner *META-INF* befindet sich noch die Datei *encryption.xml*, welche die Verschlüsselung beschreibt. Diese ist nun überflüssig geworden. Mit Sigil können Sie diese leider nicht löschen. Ich empfehle die Datei zu speichern, Sigil zu beenden und die EPUB-Datei mit einem grafischen ZIP-Editor zu öffnen. Dort kann man die Datei *encryption.xml* komfortabel entfernen. Unter Windows kann dazu das Programm 7-ZIP (↗52) verwendet werden, unter Mac OS benötigen sie BetterZip (↗53).

**! Die EPUB-Datei sollte nicht entpackt, sondern nur geöffnet werden.**

Vermeiden Sie es, die Datei zu entpacken, da Sie sie sonst wieder standardkonform verpacken müssten! Innerhalb des ZIP-Editors ist das Löschen hingegen kein Problem.

Nach diesen Optimierungen sollten Sie das Ergebnis in einem Lesegerät oder in der Software Digital Editions überprüfen. Bevor die Datei veröffentlicht wird, sollte noch geprüft werden, ob die Datei standardkonform ist.

### 13.5.2 EPUB-Dateien prüfen

Damit möglichst viele Lesegeräte die EPUB-Datei verarbeiten können, kann man mit dem Programm *EpubCheck* ↗54 prüfen, ob die Datei dem IDPF-Standard entspricht. Für EpubCheck muss eine aktuelle Version von Java installiert sein. Die Software kann nur auf der Kommandozeile aufgerufen werden. Nach dem Test einer EPUB-Datei gibt das Programm gegebenenfalls eine Liste mit Fehlern in englischer Sprache aus.

Wenn Sie nicht mit der Kommandozeile arbeiten möchten, finden Sie unter ↗55 eine Software, die eine grafische Benutzeroberfläche für das Programm EpubCheck bereitstellt und die Fehlermeldungen ins Deutsche übersetzt. Dieses Programm läuft nur unter Windows. Unter ↗56 gibt es ein ähnliches Programm für alle Plattformen.

Fehlermeldungen

Wenn ein direkt aus InDesign CS5 exportiertes EPUB geprüft wird, meldet EpubCheck, dass das Metadatumsfeld `date` nicht ausgefüllt ist.

```
ERROR: C:\Users\hp\Projekte\3_4_4__energie.epub/OEBPS/content.opf(2):
   date value '' is not valid, YYYY[-MM[-DD]] expected
```

Das Problem entsteht dadurch, dass beim Export aus InDesign CS5 das entsprechende Metadatenfeld nicht eingetragen wird. Diesen Fehler kann man leicht mit dem Editor Sigil beheben. Gehen Sie dazu in den META-EDITOR (TOOLS → META-EDITOR, F8) und wählen Sie dort den Button ADD BASIC und dann den Eintrag DATE OF PUBLICATION. Anschließend müssen Sie das Feld anpassen und das EPUB speichern.

Wenn Schriften von InDesign eingebettet wurden, gibt es zusätzlich noch Warnungen, dass die im EPUB enthaltenen Schriftdateien verschlüsselt sind und nicht gelesen werden können oder dass diese nicht korrekt in der OPF-Datei eingetragen sind. Dies liegt daran, das InDesign leicht fehlerhafte EPUB-Dateien erstellt. Wenn man die Schriften wie oben beschrieben getauscht hat, verschwindet auch diese Warnung.

# 14 InDesign und XML

XML hat eine starke Verbreitung durch den Einsatz im Internet gefunden – XHTML ist eine Sprache, die auf dem XML-Standard beruht. Darüber hinaus wird es in vielen anderen Bereichen eingesetzt, in denen Daten ausgetauscht werden. Auch wenn der anfängliche Hype um die Sprache vorüber ist, hat sie in der Druckvorstufe einen festen Platz gefunden. In diesem Kapitel wird gezeigt, wie man XML in InDesign bearbeiten und skripten kann.

Idee von XML

XML ist eine Auszeichnungssprache zur Beschreibung strukturierter Informationen. XML legt die Syntax fest, wie Dokumente und Datenformate erstellt werden müssen. Deswegen kann XML in den verschiedensten Bereichen zum Einsatz kommen.

In Formaten, die auf XML beruhen, werden Regeln festgelegt, die beschreiben, wie die Dokumente aufgebaut und strukturiert werden müssen. Diese Regeln sind in einer Grammatik festgelegt, die für viele XML-Dateien gelten kann und üblicherweise in einer externen Datei abgelegt ist. Beispiele sind das bereits genannte XHTML, das Vektordatenformat SVG, DocBook oder DITA, Metadatenformate wie XMP, aber auch das neue Word-Format Office Open XML (WordML) und die InDesign Markup Language (IDML), mit der InDesign-Dokumente beschrieben werden.

IDML

Diese Vielfalt kann grob in datenzentriertes und dokumentzentriertes XML eingeteilt werden. Dokumente in datenzentrierten Formaten wie IDML oder WordML sind für die maschinelle Verarbeitung gedacht und für Menschen schlecht lesbar. Dokumentzentrierte Formate werden aus Sicht des Anwenders strukturiert und sind leichter verständlich. In diesem Kapitel wird die Arbeit mit dokumentzentrierten Daten in InDesign behandelt, unter ↗57 finden Sie einen Ausblick auf das datenzentrierte Format IDML.

Dokumentzentrierte XML-Daten

Ein wichtiger Aspekt des dokumentzentrierten XML ist die Trennung von Struktur, Inhalt und Formatierung. In XML wird beschrieben, um welche Daten es sich handelt – z.B. eine Überschrift der ersten Hierarchie –, aber nicht, wie diese formatiert werden sollen. Im Idealfall erhält man dadurch *medienneutrale Daten*, die sich crossmedial für Print, Web und weitere Ausgabekanäle nutzen lassen. Bei der

Trennung von Inhalt und Formatierung in XHTML und CSS wird dieses Konzept umgesetzt (→ Seite 296).

Die Idee von XML ist nicht so weit von der Arbeit im Bereich DTP entfernt, wie man vielleicht denken könnte: Über das Layout wurde schon immer die Struktur einer Publikation sichtbar gemacht. Wer professionellen Satz erstellt, muss sich mit der Struktur des betreffenden Werkes beschäftigen. In XML-Daten wird diese Sichtweise formalisiert.

Exkurs

## XML-Grundlagen

Die *Extensible Markup Language* (XML; erweiterbare Auszeichnungssprache) wurde 1998 vom World Wide Web Consortium spezifiziert*. XML wird als reiner Text abgespeichert und kann mit einem einfachen Texteditor bearbeitet werden. Wenn man professionell mit XML arbeiten möchte, empfiehlt sich ein XML-Editor wie z. B. <oXygen/> (↗50). Zum Einstieg kann ein normaler Texteditor, das ESTK oder das Programm EditiX (↗60) eingesetzt werden.

Das folgende Beispiel zeigt die Bestandteile und den Aufbau eines XML-Dokuments. Das vollständige Dokument finden Sie in der Datei *14_Rezepte.xml*.

**Listing 126**
XML-Dokument

```
<?xml version="1.0" encoding="UTF-8"?>
<!DOCTYPE kochbuch SYSTEM "kochbuch-grammatik.dtd">
<kochbuch>
  <rezept>
    <titel>Pizzateig</titel>
    <zutaten>
      <zutat>
        <menge>400 g</menge>
        <name>Weizenmehl &lt; Type 550</name>
    </zutat>
    <!-- Weitere Zutaten -->
  </zutaten>
  <beschreibung>
    <schritt>Das <kursiv>Mehl</kursiv> auf die Arbeitsfläche geben,
    in der Mitte eine Mulde für die Hefe drücken.</schritt>
    <!-- ... -->
  </beschreibung>
  <bild-container>
    <bild href="file://bilder/pizzateig.jpg"/>
  </bild-container>
</rezept>
<rezept>
  <!-- Das nächste Rezept ... -->
</rezept>
</kochbuch>
```

* Eine deutsche Übersetzung der Spezifikation finden Sie unter ↗58

Bevor der Aufbau des Dokuments besprochen wird, zeige ich die wichtigsten Bestandteile von XML-Daten.

Elemente

`<markupTag>Text</markupTag>`
*Elemente* dienen zur Auszeichnung der Inhalte, sie beschreiben den Inhalt, den sie enthalten. Ein Element besteht aus einem Start-Tag `<markupTag>` und einem End-Tag `</markupTag>`. Ein Element kann Text oder weitere Elemente beinhalten. Elemente können verschachtelt `<a>text<b>text</b>text</a>` werden, dürfen sich aber nicht überschneiden ~~`<a>text<b>text</a>text</b>`~~. Weiterhin gibt es leere Elemente, die die Form `<markupTag/>` haben. Sie werden z.B. zum Referenzieren von Bildern verwendet `<bild .../>`, deren Daten nicht Bestandteil der XML-Datei sind.

Ein XML-Dokument muss genau ein *Root-Element* auf der obersten Ebene enthalten, das alle weiteren Elemente umschließt, im Beispiel das Element `<kochbuch>`. XML-Dokumente haben Baumstrukturen, wie sie aus dem Objektmodell bekannt sind.

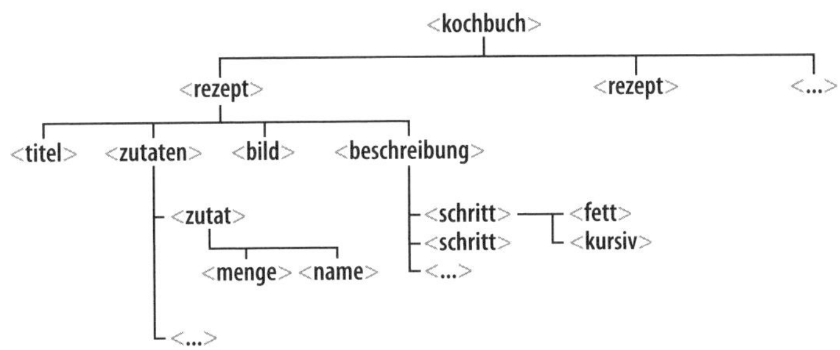


**Abb. 101**
Das Dokument in der Baumstruktur

Typisch für XML-Strukturen sind *Container-Elemente*, mit denen Inhalte zusammengefasst werden. Im Beispiel umfasst das Container-Element `<beschreibung>` mehrere Elemente `<schritt>`, die jeweils einen Arbeitsschritt beschreiben.

Weiterhin unterscheidet man zwischen so genannten *Block-Elementen*, die einen Absatz bilden, und denen, die innerhalb eines Absatzes z.B. für eine Auszeichnung zuständig sind, so genannten *Inline-Elementen*. Im Beispiel sind `<titel>`, `<zutat>` und `<schritt>` Block-Elemente, `<fett>` und `<kursiv>` dagegen Inline-Elemente.

Namen und Reihenfolge der Elemente sind in der Grammatik für das XML-Dokument festgelegt, die unten beschrieben wird.

Attribute

`<markupTag attribut="wert"/>`
Elemente können mit *Attributen* versehen werden, die Zusatzinformationen enthalten. Sie treten immer als Name-Wert-Paar auf. Im Beispiel wird die Bilddatei, die vom Element `<bild>` repräsentiert wird, mit dem Attribut `href` referenziert. Ein anderer typischer Anwendungsfall ist das Attribut `class` in XHTML, mit dem eine CSS-Regel festgelegt wird, die die Formatierung des Elements steuert.

Kommentare

```
<!-- Weitere Zutaten -->
```

Kommentare können an beliebiger Position innerhalb des XML-Dokuments auftreten.

Außerdem gibt es noch *Processing Instructions* (Verarbeitungsanweisungen) und *CDATA-Abschnitte*, die bei der Verarbeitung mit InDesign keine Rolle spielen.

Maskierung der Metazeichen

Wie bei Regulären Ausdrücken und JavaScript müssen auch in XML die Metazeichen maskiert werden. Die Zeichen < und & müssen an jeder Stelle, die Zeichen " bzw. ' nur innerhalb von Attributwerten maskiert werden.

Zeichenreferenzen und Entities

Dazu werden so genannte *Zeichenreferenzen* verwendet. Es gibt benannte Zeichenreferenzen (*character entitiy reference*) und numerische Zeichenreferenzen (*numeric character reference*). Bei numerischen Zeichenreferenzen wird der vierstellige hexadezimale Unicode-Codepoint in der folgenden Schreibweise verwendet: ሴ. Benannte Zeichenreferenzen müssen in einer Grammatik festgelegt werden. Sie werden oft als *Entity* bezeichnet. Im Standard sind bereits die folgenden Zeichen als benannte Zeichenreferenz definiert:

**Tab. 27** Zeichenreferenzen in XML

| Zeichen | Benannte Zeichenreferenz (Entity) | Numerische Zeichenreferenz (hexadezimal) |
|---|---|---|
| < | < | < |
| > | > | > |
| " | " | " |
| ' | ' | ' |
| & | & | & |

In der Beispieldatei wird im ersten Element <name> das Zeichen < mit < als Entity eingesetzt. Zur Maskierung wird also entweder die benannte oder numerische Zeichenreferenz anstatt des eigentlichen Zeichens gesetzt. InDesign erledigt die Maskierung übrigens automatisch. Wenn Sie XML-Daten in einem textbasierten Editor bearbeiten, müssen sie selber darauf achten.

Zum Verständnis der Datei sind noch die folgenden Punkte wichtig:

XML-Deklaration

```
<?xml version="1.0" encoding="UTF-8"?>
```

1 In der ersten Zeile eines XML-Dokuments befindet sich die *XML-Deklaration*. Sie wird benötigt, damit eine Software erkennen kann, dass es sich um eine XML-Datei handelt – die Daten sind in einer normalen Textdatei gespeichert. Wichtig ist die Festlegung der Zeichenkodierung im Attribut `encoding`. In den meisten Fällen wird mit der Unicode-Kodierung UTF-8 gearbeitet (→ Seite 142).

```
<!DOCTYPE kochbuch SYSTEM "kochbuch-grammatik.dtd">
```

Grammatik

2 In einer XML-Grammatik wird der logische Aufbau des Dokuments festgelegt. Sie beschreibt das Format bzw. Regelwerk der XML-Sprache. Eine Grammatik wird normalerweise für viele XML-Dokumente, so genannte *XML-Instanzen*, verwendet und meistens vom Auftraggeber vorgegeben – es kann sich dabei entweder um eine eigene Entwicklung oder einen Standard wie DocBook oder DITA handeln.

Document Type Definition

Die Grammatik kann in verschiedenen Formaten abgespeichert werden. Im Publishing-Bereich wird oft mit der *Document Type Definition* (DTD) gearbeitet. Für XHTML legt eine DTD fest, welche Elemente und Attribute verwendet werden dürfen und in welcher Reihenfolge bzw. Struktur sie auftreten müssen.

Neben DTDs kommen auch noch andere Grammatiken zum Einsatz: Verbreitet sind *XML Schema* und *RelaxNG*, die aber beide nicht von InDesign unterstützt werden.

Die DTD referenzieren

Im Beispiel wird mit Hilfe der Dokumenttypdeklaration `DOCTYPE` die DTD aus der Datei `kochbuch-grammatik.dtd` referenziert. Diese DTD wurde von mir für die Beispieldaten und Übungen in diesem Buch erstellt. Die DTD finden Sie in der Datei *kochbuch-grammatik.dtd*. In diesem Buch kann ich leider nicht auf die Erstellung von DTDs eingehen. Sie können sie mit einem Text- oder XML-Editor öffnen und analysieren.

Um das XML-Dokument prüfen zu können, wird nach dem Aufruf `<!DOCTYPE ...>` das Root-Element `<kochbuch>` festgelegt, ab dem die Strukturen geprüft werden sollen. Mit `SYSTEM` wird festgelegt, dass es sich um eine lokale Datei handelt. Hier muss die Datei `kochbuch-grammatik.dtd` im gleichen Verzeichnis wie die XML-Datei liegen. Alternativ könnte auch mit `PUBLIC` eine dem Programm bekannte Grammatik referenziert werden. Für XHTML wäre der so genannte *Public Identifier* z.B. `"-//W3C//DTD XHTML 1.0 Strict//EN"`. InDesign kennt keine Public Identifier, es muss also immer mit lokalen DTDs gearbeitet werden.

Validierung

Wenn das XML-Dokument den Regeln der Grammatik entspricht, spricht man von *validen* Daten. Die Prüfung kann mit InDesign oder einem XML-Editor vorgenommen werden und wird *Validierung* genannt.

Wohlgeformt

Die Angabe eines `DOCTYPE` ist optional, ohne diese Angabe kann die Datei jedoch nicht validiert werden. Dann kann nur geprüft werden, ob die oben genannten Syntaxregeln des XML-Standards eingehalten wurden. Wenn dies der Fall ist, spricht man von *wohlgeformten* Daten.

Dieser Exkurs bietet aus Platzgründen nur einen kurzen Überblick. Wenn Sie komplexe XML-Dokumente oder Grammatiken erstellen wollen, finden Sie unter ↗61 eine ausführlichere Einführung. Die Informationen unter ↗62 bieten einen guten Einstieg zum Einsatz von XML in der Verlagswelt.

## 14.1 XML in InDesign

Das XML-Konzept von InDesign besteht darin, die XML-Informationen vollständig vom Layout zu trennen. Dies bedeutet, dass sowohl XML-Daten, die nicht im Layout erscheinen, als auch Layoutelemente, die nicht in den XML-Daten enthalten sind, möglich sind. Einerseits ist dieser Ansatz sehr flexibel, da es oft Layoutelemente gibt, die nicht in die XML-Daten übernommen werden sollen. Andererseits wird durch die strikte Trennung die Bearbeitung fehleranfällig. Als Beispiel für die Problematik sei hier die kursive Auszeichnung eines Elements genannt: Man kann zwar eine Liste von XML-Elementen mit Absatz- bzw. Zeichenformaten formatieren, sobald diese Zuordnung erfolgt ist, besteht jedoch keinerlei Verknüpfung mehr zwischen Element und Format. Konkret bedeutet dies, dass bei einer späteren Auszeichnung mit dem Zeichenformat nicht das passende Element in den Daten erzeugt wird. Ebenso wenig wird bei der Zuweisung eines Elements automatisch die Formatierung angewendet.

InDesign ist kein XML-Editor.

Ein weiteres Problem sind die eingeschränkten Bearbeitungsmöglichkeiten von InDesign im Vergleich zu einem XML-Editor. Das größte Problem ist, dass InDesign die Arbeit mit XML nicht kontextsensitiv unterstützt. In guten Editoren ist es üblich, dass nur die von der Grammatik an der entsprechenden Stelle erlaubten Elemente und Attribute zum Einfügen angeboten werden – InDesign zeigt immer alle Elemente an und bietet keine Unterstützung beim Erstellen von Attributen.

Die Bearbeitung von XML-Daten in InDesign ist aus diesen Gründen nur selten empfehlenswert. Im nächsten Unterkapitel werden verschiedene Workflows mit XML und InDesign vorgestellt. Nur wenn man sich für einen bidirektionalen Workflow entscheidet, ist die Arbeit mit XML innerhalb von InDesign notwendig.

Unabhängig davon stelle ich hier die wesentlichen Möglichkeiten vor, da man damit ein gutes Gefühl für den Zugriff auf XML-Daten per Skripting bekommt.

### XML importieren

Vor dem XML-Import in ein InDesign-Dokument sollte man sich die beteiligten Dateien verdeutlichen.

**Abb. 102** Zusammenhang von XML-Datei, DTD und InDesign-Dokument

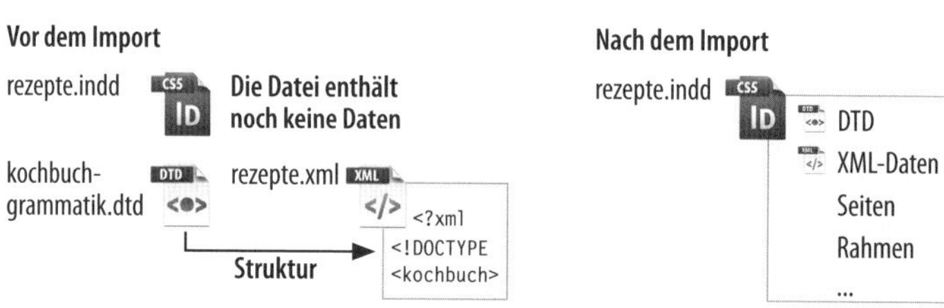

Nachdem man eine XML-Datei und die zugehörige DTD in ein InDesign-Dokument importiert hat, sind diese im Dokument gekapselt – im Prinzip ähnlich wie bei einer EPUB-Datei, in deren ZIP-Archiv auch verschiedene Daten liegen.

Für das Beispiel öffnen Sie zunächst das Dokument *14-1_Rezepte.indd* in InDesign. Wählen Sie anschließend die Funktion DATEI → XML IMPORTIEREN .... Im folgenden Datei-Auswahldialog wählen Sie die Datei *14-1_RezepteFuerImport.xml*. Im Auswahldialog muss die Option XML-IMPORTOPTIONEN ANZEIGEN angewählt sein. Mit den Importoptionen legt man – ganz ähnlich wie beim Import von Word-Dateien – fest, wie die XML-Daten in das Dokument übernommen werden sollen.

**Abb. 103**
XML-Importoptionen

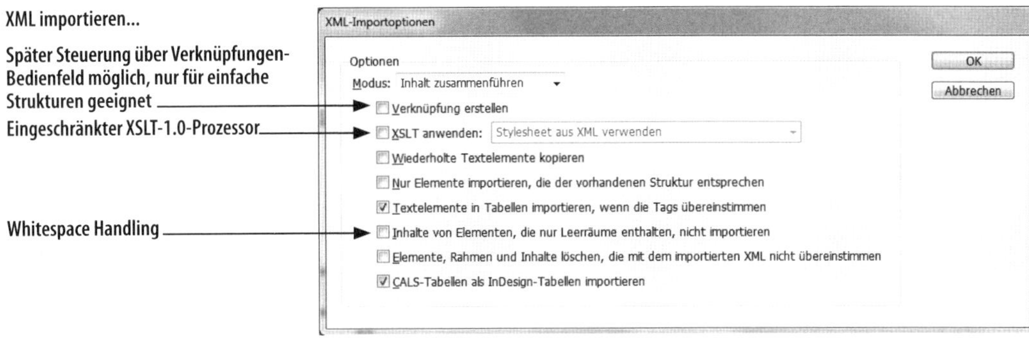


Im Normalfall wird als Modus INHALT ZUSAMMENFÜHREN ausgewählt. Die Option INHALT ANHÄNGEN fügt die Daten zu einer eventuell bereits vorhandenen XML-Struktur hinzu.

Wenn die Option VERKNÜPFUNG ERSTELLEN gewählt wird, kann ein verändertes Quelldokument – ähnlich wie eine Bildverknüpfung – bei Bedarf aktualisiert werden. Dies funktioniert aber nur, wenn sich die XML-Strukturen nicht verändern.

Mit der Option XSLT ANWENDEN kann man die Daten beim Import mit einem XSLT-Stylesheet verändern. Dazu benötigen Sie eine XSLT-Datei mit den entsprechenden Transformationsregeln. Für das Beispiel soll die Option nicht angewendet werden.

---

**Extensible Stylesheet Language Transformation (XSLT)**

Mit XSLT (*Extensible Stylesheet Language Transformation*) können XML-Daten in andere Datenstrukturen transformiert werden. Mit einer solchen Transformation kann man z.B. bestimmte Elemente ausblenden, Zwischenüberschriften generieren, Gruppierungen bilden und Verzeichnisse sortieren. Ein einfaches Beispiel zum Experimentieren stellt die Datei *14-1_RezepteImport.xsl* bereit. Unter ↗63 finden Sie eine Einführung in die Sprache XSLT.

Leider unterstützt der interne XSLT-Prozessor von InDesign nur einen Ausschnitt aus dem Standard XSLT 1.0, so dass der Funktionsumfang häufig nicht ausreicht. Wenn man auf den vollen Funktionsumfang von XSLT 2.0 zugreifen möchte, muss man die Transformation außerhalb von InDesign mit einem aktuellen XLST 2.0-Prozessor durchführen. Wenn Sie keinen der oben genannten XML-Editoren verwenden, kann ich für die Durchführung der Transformation das Programm *Kernow* ↗64 empfehlen, welches eine grafische Benutzeroberfläche für den XSLT-Prozessor *Saxon* ↗65 anbietet.

---

Statische Vorlagen

Die Optionen Wiederholte Textelemente kopieren, Nur Elemente importieren, die der vorhandenen Struktur entsprechen und Elemente, Rahmen und Inhalte löschen ... sind nur für statische Vorlagen sinnvoll, die mit festen Daten-/Objektverknüpfungen arbeiten. Dazu muss allerdings ein nach bestimmten Regeln vorbereitetes Dokument vorliegen. Diese Lösungen sind jedoch recht unflexibel, mit einem Skript kann man weitaus bessere Ergebnisse erzielen (→ Unterkapitel 14.3).

Whitespace

Einer näheren Betrachtung bedarf noch die Option Inhalte von Elementen, die nur Leerräume enthalten, nicht importieren. In vielen XML-Dokumenten sind die XML-Elemente zur besseren Lesbarkeit mit Tabulatoren oder Leerzeichen eingerückt. Im XML-Bereich spricht man von *Whitespace*. Diese Leerräume werden bei der Darstellung normalerweise zu einem Leerzeichen konsolidiert. Zeilenschaltungen für Absätze werden automatisch für bestimmte Elemente erzeugt. In XHTML ist z.B. festgelegt, dass das Element <p> ein Block-Element ist und als Absatz dargestellt werden soll. Leider ist der Umgang von InDesign mit Whitespace eher unglücklich gelöst worden. Entweder stellt InDesign alle Zeichen zwischen texttragenden Block-Elementen dar oder entfernt den Leerraum vollständig. Danach sind meist keine Zeilenschaltungen mehr vorhanden. Die XML-Datei besteht dann nur noch aus einer Zeile und ist praktisch nicht mehr zu bearbeiten.

**Abb. 104**
Umsetzung des Whitespace in InDesign

**XML-Quelldaten**

```
<abs>Absatz1</abs>
    <abs>Absatz2 weiter eingerückt</abs>
<abs>Absatz3</abs>
```

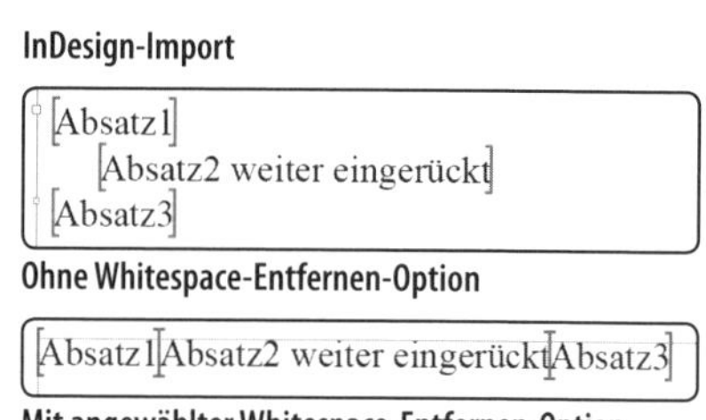


Abhilfe schafft das Skript in Unterkapitel 14.3. Alternativ kann man die XML-Dokumente mit Hilfe von XSLT vorbereiten.

Die Datei *14-1_RezepteFuerImport.xml* enthält nur sinnvollen Whitespace, hier sollten Sie die Option abwählen.

Alle Entities müssen bekannt sein.

Abschließend noch ein Hinweis: Es können nur wohlgeformte XML-Dateien importiert werden. Das heißt insbesondere, dass in den Daten enthaltene benannte Zeichenreferenzen (*Entities*) deklariert sein müssen, da sie beim Import aufgelöst werden. Die Deklaration von Entities kann entweder im Dokument selbst oder in einer verknüpften DTD erfolgen.

### XML formatieren

Strukturansicht

Nachdem die Datei importiert wurde, sehen Sie erst einmal keine Änderung, weil die XML-Daten noch vom Layout getrennt sind. Die XML-Daten sind zunächst nur in der Strukturansicht (Ansicht → Struktur → Struktur einblenden, Befehl + Alt + 1) sichtbar. Hier werden alle XML-Operationen ausgeführt, die nicht auf Textebene stattfinden. Dazu zählen insbesondere Umstrukturierungen und das Einfügen von Attributen, aber auch die DTD-Verknüpfung und die Validierung der XML-Daten. In der Strukturansicht wird die Baumstruktur der XML-Daten sehr gut sichtbar. Sie eignet sich daher für eine Gesamtübersicht über die Daten.

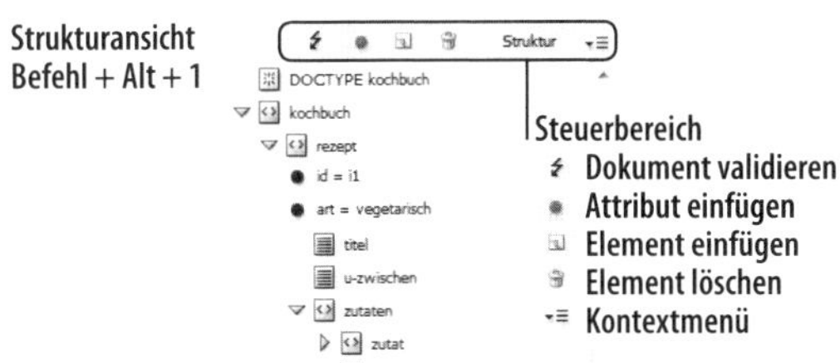


**Abb. 105** Strukturansicht

- DOCTYPE Element
- Element
- Textabschnitt
- Text
- Text (nicht platziert)
- Abbildung
- Abbildung (nicht platziert)
- Tabelle
- Tabellenzelle
- Tabellenzelle in Fußzeile
- Tabellenzelle in Kopfzeile
- Attribut
- Processing Instruction
- Kommentar

Elemente verknüpfen

Damit die XML-Daten im Layout sichtbar werden, müssen sie mit einem Textrahmen verknüpft werden. Hierzu zieht man mit der Maus das Element, das positioniert werden soll (im Beispiel das Root-Element `<kochbuch>`), in den Textrahmen hinein. Im Beispieldokument ist der Textrahmen auf der zweiten Seite bereits für die Verknüpfung von der Musterseite gelöst. Der neue Status ist gut am veränderten Icon in der Strukturansicht erkennbar. Wenn Sie die Einstellung Ansicht → Struktur → Rahmen mit Tags einblenden wählen, wird der verknüpfte Textrahmen farblich gekennzeichnet. Die Farbe entspricht der Farbe des Elements im Tags-Bedienfeld (Fenster → Tags; ab CS5 Fenster → Hilfsprogramme → Tags). Nun sind die Inhalte der XML-Datei platziert, aber noch nicht formatiert. Beim Platzieren des XML-Elements im Layout werden die Bilder, die im Attribut `href` des Elements `<bild>` referenziert waren, automatisch geladen und im Textfluss verankert.

Formatierungen zuordnen

Für eine automatische Formatierung können in InDesign XML-Elemente bestimmten Formaten zugeordnet werden. Im Flyout-Menü der Strukturansicht finden Sie dazu die Funktion Tags zu Formaten zuordnen.

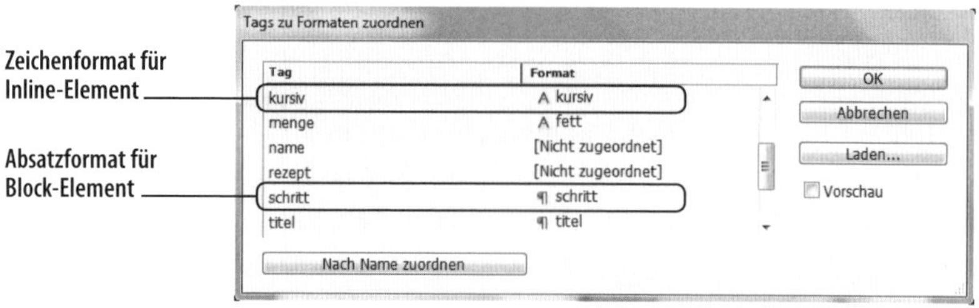


**Abb. 106** Tags zu Formaten zuordnen

Die Zuordnung zeigt, dass für XML-Elemente jeweils entsprechende Layoutfunktionen zuständig sind: Absatzformate werden entsprechend Block-Elementen zugewiesen, Zeichenformate den korrespondierenden Inline-Elementen. Ebenso können Tabellen- und Zellenstile zugewiesen werden. Im Beispieldokument sind bereits Absatz- und Zeichenformate angelegt. Da die Namen der Tags und Formate übereinstimmen, können Sie mit der Funktion Nach Namen zuordnen Tags mit Formaten verknüpfen. Im Dokument *14-1_xmlBearbeiten.indd* habe ich zusätzlich noch dem Element `<menge>` das Zeichenformat `fett` zugeordnet.

Für einfach strukturierte Dokumente ist diese Funktion ausreichend; sobald die Strukturen jedoch komplexer werden, stößt dieses Verfahren leider schnell an seine Grenzen: Gleichnamige Elemente mit unterschiedlichen Formatvorgaben, z. B. ein Element `<head>` für Überschriften in verschiedenen Hierarchiestufen, können nicht differenziert werden. Wünschenswert wäre die Möglichkeit, mit XPath-Ausdrücken (→ Seite 332) die Hierarchie zu benennen und somit Formatierungen in Abhängigkeit von der Struktur oder sogar von Attributen vorzunehmen.

### Bilder, Tabellen und Formatierungen mit Attributen steuern

Eine weitere Möglichkeit, XML-Elemente zu formatieren, liegt im Einsatz von speziellen Attributen, die InDesign beim Import erkennt und auswertet. Die entsprechenden Attribute müssen allerdings in einem vorhergehenden Schritt, z. B. mittels XSLT, in die Daten eingebracht werden.

Hier ist zu beachten, dass die Attribute mit dem Adobe-InDesign-*Namespace* (Namensraum) `aid` bzw. `aid5` deklariert werden. Mit einem Namespace kann man die Zugehörigkeit von Elementen oder Attributen zu einer Grammatik festlegen und sie dadurch eindeutig unterscheiden. Zum Beispiel beschreibt das Element `<p>` in XHTML einen Absatz, in einer anderen XML-Grammatik könnte `<p>` für eine Person stehen. Wenn der Namensraum im Root-Element deklariert wird, kann er in allen nachfolgenden Elementen verwendet werden. Im Rezepte-Beispiel könnte das so aussehen:

**Der Namensraum aid bzw. aid5 muss deklariert werden.**

```
<kochbuch xmlns:aid="http://ns.adobe.com/AdobeInDesign/4.0/"
   xmlns:aid5="http://ns.adobe.com/AdobeInDesign/5.0/">
```

Ab InDesign CS2 kann der Namensraum `aid` verwendet werden, mit CS3 kam `aid5` hinzu. Für welche Attribute sie jeweils zum Einsatz kommen, können Sie Tabelle 28 entnehmen. Die Zuweisung eines Absatzformats wird z.B. mit dem Attribut pstyle vorgenommen. In Kombination mit dem Namensraum ergibt sich:

```
<titel aid:pstyle="titel">Pizzateig</titel>
```

In der Datei *14-1_RezepteMitAttributen.xml* finden Sie eine beispielhafte Umsetzung. In den XML-Daten angelegte Formate, die nicht im Dokument vorhanden sind, werden von InDesign automatisch beim Import erstellt.

Tabellen

Weiterhin gibt es noch die Möglichkeit, Tabellen mittels Attributen zu kennzeichnen – hier ist darauf zu achten, dass die Tabellenstruktur der InDesign-Tabellenstruktur entsprechen muss. Die Struktur ist etwas ungewöhnlich und besteht nur aus einem Container-Element, in dem sich alle Zellen befinden. Das Container-Element muss mit aid:table="table" gekennzeichnet werden, hier muss auch die Anzahl der Zeilen aid:trows und Spalten aid:tcols angegeben werden. Alle Zellen müssen mit aid:table="cell" gekennzeichnet werden. In der Datei *14-1_Tabelle.xml* finden Sie eine InDesign-Tabelle.

Bilder

Außerdem können noch Bilder mit dem Attribut href in den Daten verknüpft werden, dies allerdings ohne die Angabe eines Namespace. Als Wert kann ein Dateiname oder ein Dateipfad angegeben werden. Wenn ein Pfad angegeben wird, muss dieser mit file:// beginnen. Dieses Verfahren wird auch für die automatische Platzierung der Bilder im gerade besprochenen Beispiel verwendet.

**Tab. 28**
XML-Steuerung über Attribute

| Attribut | Namespace | Beschreibung |
|---|---|---|
| href="file://Pfad zur Bilddatei" | | Bild wird als verankertes Objekt im Textfluss positioniert |
| aid:pstyle="Name des Formats" | aid | Attribut für Absatzformate |
| aid:cstyle="Name des Formats" | aid | Attribut für Zeichenformate |
| aid:table="table" | aid | Zugehöriges Element ist eine Tabelle |
| aid:trows="#" | aid | Anzahl der Tabellenzeilen |
| aid:tcols="#" | aid | Anzahl der Spalten |
| aid5:tablestyle="Formatname" | aid5 | Tabellenformat für zugehörige Tabelle |
| aid:table="cell" | aid | Zugehöriges Element ist eine Zelle |
| aid:theader="" | aid | Zugehörige Zelle gehört zur Kopfzeile |
| aid:tfooter="" | aid | Zugehörige Zelle gehört zur Fußzeile |
| aid5:cellstyle="Name des Formats" | aid5 | Zellenformat für zugehörige Zelle |
| aid:crows="#" | aid | Anzahl Zeilen, die vertikal verbunden werden (rowspan) |
| aid:ccols="#" | aid | Anzahl Spalten, die horizontal verbunden werden (colspan) |
| aid:ccolwidth="Breite in Punkt" | aid | Spaltenbreite in Punkt |

Die jeweiligen Namespaces müssen deklariert werden:
xmlns:aid="http://ns.adobe.com/AdobeInDesign/4.0/" xmlns:aid5="http://ns.adobe.com/AdobeInDesign/5.0/"

## XML bearbeiten

Zur Visualisierung der XML-Daten steht in InDesign neben der Strukturansicht noch der Textmodus (Bearbeiten → Im Textmodus bearbeiten, Befehl + Y) zur Verfügung. Dieser ist für die Arbeit innerhalb von platzierten Container-Elementen gedacht. In Kombination mit dem Tags-Bedienfeld (Fenster → Tags; ab CS5 Fenster → Hilfsprogramme → Tags) können hier XML-Elemente neu angelegt, eingefärbt und umbenannt werden. Leider werden die Attribute im Textmodus nicht angezeigt und können deswegen auch nicht verändert oder eingefügt werden. Für die Pflege von Attributen muss die Strukturansicht verwendet werden.

**Abb. 107** Textmodus und Tags-Bedienfeld

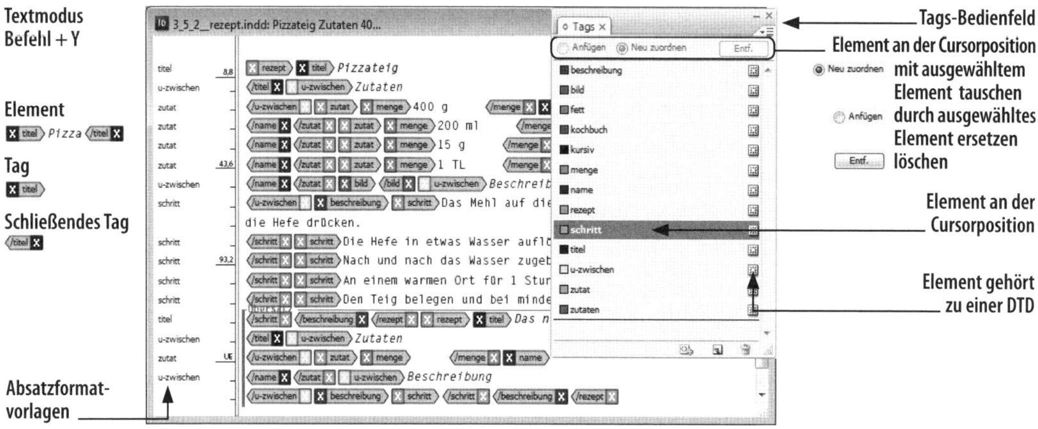


Bei der Verwendung des Tags-Bedienfelds ist darauf zu achten, dass gemäß der Voreinstellung von InDesign immer das Element verändert wird, in dem sich die Einfügemarke befindet. Soll hingegen ein Element neu hinzugefügt werden, muss zunächst Anfügen ausgewählt werden.

**Gegebenenfalls muss sowohl das Element als auch das Format angewendet werden.**

Im Textmodus wird auch nochmal die Trennung von Struktur und Layout deutlich. Auch wenn das Tag und das Absatzformat `fett` über Tags zu Formaten zuordnen … verknüpft sind, wird einem Text, der nachträglich mit dem Element `<fett>` ausgezeichnet wird, nicht automatisch das Zeichenformat `fett` zugewiesen. Dies kann nur mit Doppelpflege, also dem nachträglichen Zuweisen von Element und Zeichenformat, umgangen werden.

Abschließend noch ein Tipp: Über die Funktion In Struktur markieren aus dem Kontextmenü der Einfügemarke kann man zwischen Textmodus oder Layoutansicht und der Strukturansicht wechseln. Von der Strukturansicht gelangt man per Doppelklick auf ein verknüpftes Element an die Stelle, in der es im Layout platziert ist.

## Validieren

InDesign kann eine DTD (Document Type Definition) importieren und die XML-Daten gegen diese validieren. Die Funktionen sind über das

Flyout-Menü der Strukturansicht erreichbar. Es kann ab dem Root-Element oder ab einem ausgewählten Element gegen die DTD validiert werden. Die Fehler werden im unteren Bereich der Strukturansicht aufgelistet. Bei vielen Fehlern bietet es sich an, die Fehlerliste schrittweise durchzugehen und zunächst Teilbäume zu validieren. Im Beispieldokument ist bereits die DTD *kochbuch-grammatik.dtd* importiert.

**XML exportieren**

Die im Dokument enthaltenen XML-Daten können mit Datei → Exportieren → Format XML oder mit der Funktion XML exportieren ... aus dem Flyout-Menü der Strukturansicht exportiert werden. Die Optionen und Einstellungen beim Export sind recht übersichtlich. Interessant ist die Option Umbruch, Leerraum und Sonderzeichen neu zuordnen. Wenn die Option angewählt ist, werden die im Folgenden beschriebenen Zeichen als Leerzeichen exportiert – dies kann manchmal notwendig sein, um valide Daten zu exportieren.

Absatzenden und harte Zeilenumbrüche

InDesign exportiert Absatzenden und harte Zeilenumbrüche mit dem etwas unüblichen Paragraph Separator (Unicode `2029`) bzw. Line Separator (Unicode `2028`). Eigentlich ist die Idee nicht schlecht, eindeutige und dafür vorgesehene Unicode-Zeichen zu verwenden. Problematisch ist dabei nur, dass diese Zeichen von fast keinem Programm interpretiert und somit in Text-/XML-Editoren bestenfalls als Kästchen dargestellt werden. Außerdem sind es keine zugelassenen Whitespace-Zeichen: Bei der Validierung von exportierten Daten kommt es durch diese unzulässigen Zeichen zu Fehlern.

Da aber in InDesign die Umsetzung von Block-Elementen explizit über Absatzenden zwischen den Elementen erzeugt werden muss, entsteht das Problem, entweder nicht valide Daten zu exportieren oder die Zeilenwechsel innerhalb der Textelemente unterzubringen, wo sie allerdings auch nicht so recht hingehören.

Spezialzeichen

Der zweite Problembereich sind Spezialzeichen von InDesign, die teilweise gar nicht in Unicode abbildbar sind und von InDesign an Codepoints gesetzt werden, die eigentlich für andere Steuerzeichen gedacht sind. Diese werden entweder beim Export verworfen oder bei entsprechender Export-Option als Leerzeichen umgesetzt. Glücklicherweise betrifft das nur wenige Zeichen:

- Das Endzeichen für geschachtelte Formate (InDesign-Codepoint `0003`)
- Das »Einzug bis hierhin«-Zeichen (`0007`)
- Den nach rechts austreibenden Tabulator (`0008`)
- Alle manuellen Spalten- und Seitenwechsel (`000D`)
- Generierte Seitenzahlen, Textvariablen und Abschnittsmarken (`0018`)
- Nicht mit Elementen versehene verankerte Objekte (`FFFC`)
- Indexeinträge (`FEFF`), Fußnoten (`0004`) und Querverweise

Lösungen

Zur Umgehung des Whitespace-Problems mit den Unicode-Zeichen `2018` bzw. `2019` bietet sich alternativ eine nachgelagerte XSLT-Transformation an, die die Daten wieder in die gewünschte Form bringt. Die Spezialzeichen können nicht in die Export-Daten eingebracht werden. Hier helfen nur selbst entwickelte Skripte weiter, die diese Zeichen z. B. in Processing Instructions umwandeln. Ein Beispielskript finden Sie unter ↗66.

Den Bildexport steuern

Unter der Registerkarte BILDER des XML-Export-Dialogs kann man den Export der Bilder einstellen. Alle im XML-Datenstrom verknüpften Bilder können mit den gleichen Optionen wie beim EPUB-Export (→ Seite 292) exportiert werden.

XHTML-Export

Wenn man Altdaten oder Dokumente, die nicht mit XML-Strukturen angelegt wurden, exportieren muss, hilft einem der XML-Export nicht weiter. Es gibt zwar im Flyout-Menü der Strukturansicht die Funktion OBJEKTE OHNE TAGS HINZUFÜGEN, sie ist aber wenig hilfreich, da sie die Elemente der Seitenobjekte in der Erstellungsreihenfolge erstellt – dies entspricht der Sortierung der Sammlung `PageItems` im Skripting. Das ist allerdings eher selten die strukturell richtige Reihenfolge.

Alternativ bietet sich der XHTML-Export an, auf dem auch die Erstellung der EPUB-Dateien beruht. Die Funktion finden Sie in CS3 unter DATEI → MEDIENÜBERGREIFENDER EXPORT → XHTML/DREAMWEAVER, in CS4 unter DATEI → EXPORT FÜR DREAMWEAVER … und in CS5 unter DATEI → EXPORTIEREN IN → DREAMWEAVER ….

Die Optionen sind recht ähnlich zu denen im EPUB-Export, die im Unterkapitel 13.2 besprochen wurden.

++

Der XHTML-Export ist ein Skript.

Der XHTML-Export beruht auf einer Skriptlösung und ist damit theoretisch für eigene Zwecke erweiterbar. Der Quellcode der Skripte ist im Software Development Kit (SDK) offengelegt. Dieses können Sie unter ↗67 herunterladen. Nachdem Sie das Archiv entpackt haben, finden Sie die Skripte im Ordner *source/public/components/xhtmlexport*.

Die Skripte und Methoden, die beim XHTML-Export eingesetzt werden, sind recht anspruchsvoll. Sie sind im Dokument *Feature Development with Scripting* (↗68) beschrieben.

## 14.2 Zusammenspiel von XML und InDesign

Die Idee, medienneutrale XML-Daten zur Erstellung von hochwertigen Layouts zu verwenden, ist bestechend. In gut strukturierten Daten findet man alle Informationen, die für den Layoutaufbau notwendig sind. Wenn man diesen Ansatz mit dem Import eines Word-Dokuments vergleicht, wie er in Kapitel 12 vorgestellt wurde, fallen drei Vorteile ins Auge:

1. XML-Daten entsprechen bestimmten Regeln, ihre Gültigkeit kann geprüft werden.
2. Die Strukturen sind festgelegt und können beim Skripting ausgewertet werden.
3. In Attributen können präzise Zusatzinformationen für das Layout gespeichert werden.

Skript-Workflows lassen sich so deutlich effizienter gestalten. Dabei sollte man bedenken, dass eine Strukturierung mit XML immer auch eine Vereinheitlichung der Daten bedeutet – von manch liebgewonnener Ausnahme sollte man sich verabschieden. Zunächst stellt sich aber die Frage, woher die XML-Daten kommen.

**Datenquellen**

Im einfachsten Fall bekommen Sie den Auftrag, XML-Daten zu verarbeiten. Dann können Sie gleich weiter unten nachsehen, ob die Daten für InDesign geeignet sind.

XML-Datenquellen erschließen

Häufig passiert es, dass XML-Daten vorhanden sind oder leicht zugänglich gemacht werden könnten, aber schlicht »übersehen« werden. So kann man z.B. aus vielen Content-Management-Systemen (CMS), wie sie für Webseiten eingesetzt werden, XML-Daten exportieren. Ebenfalls haben manche Webshop-Systeme, Product-Information-Management-Systeme oder Terminverwaltungsprogramme die Möglichkeit, XML-Daten bereitzustellen.

Eine weitere Möglichkeit ist es, Word-Manuskripte in XML zu konvertieren. Dieses Vorgehen bietet sich an, wenn bereits ein XML-Workflow vorhanden ist. Eine automatische Konvertierung bringt allerdings zunächst keinen Vorteil zum normalen Word-Import, da bei einer automatischen Konvertierung keine zusätzlichen Informationen gewonnen werden können. Für die Vereinheitlichung der Daten oder die Anreicherung mit Informationen sind manuelle Nacharbeiten in den XML-Daten notwendig.

Eine vorherige Konvertierung kann außerdem sinnvoll sein, wenn die XML-Daten in InDesign weiter bearbeitet und wieder exportiert werden sollen. Der Aufwand, einen XML-Workflow einzurichten, ist nur dann zu rechtfertigen, wenn eine wiederkehrende oder besonders umfangreiche Publikation umgesetzt werden soll.

### Mögliche Workflows

In der Produktion lassen sich drei grundsätzliche Workflow-Varianten unterscheiden:

Single Source Publishing

In einem *Single Source Publishing*-Workflow wird das Layout möglichst automatisiert, z. B. mit einem Importskript, aus den XML-Daten erstellt. Inhaltliche Änderungen nach dem Import müssen sowohl im InDesign-Dokument als auch im Datenbestand ausgeführt werden. In diesen Szenarien versucht man einen hohen Automatisierungsgrad zu erreichen, so dass der Layoutaufbau entweder wiederholt oder zu einem späten Produktionszeitpunkt vorgenommen werden kann.

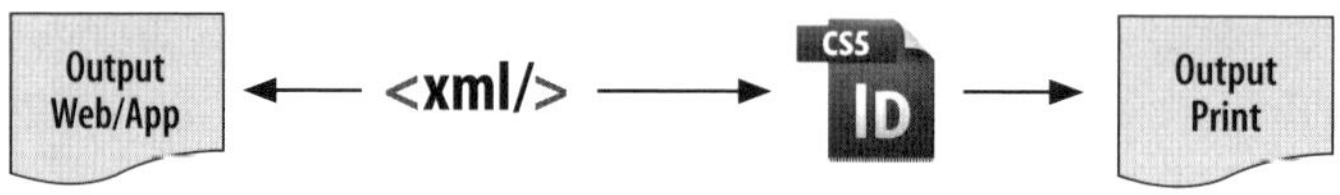


Bidirektional

Bei *bidirektionalen* Workflows (auch bekannt als *Roundtripping*) kommt es zu einer Datenrückführung nach dem Layoutprozess. Die XML-Daten müssen nach der Freigabe aus InDesign wieder exportiert werden. Primär soll hier der Mehrwert der Korrekturläufe für die Weiterverwendung in anderen Medien erhalten bleiben. Nachteilig ist eine deutlich höhere Komplexität bei der Arbeit in InDesign.

Datenextraktion

Eine weitere Möglichkeit ist die *Datenextraktion* aus dem fertig gestalteten InDesign-Dokument. Hier wird die jeweilige Publikation zunächst klassisch fertig gestellt und nach der Freigabe übernommen. Diese Variante kommt z. B. für Übersetzungen mit Translation-Memory-Systemen (TMS) oder Archivierungen zum Einsatz. Hier können entweder die Datenformate wie IDML oder die Inhaltsdaten per Skript analysiert werden. Wenn Dokumentstrukturen ausgewertet werden sollen, muss zwingend mit strikten Konventionen gearbeitet werden. Ein reiner Datenexport kann in vielen Fällen gut über den XHTML-Export abgebildet werden.

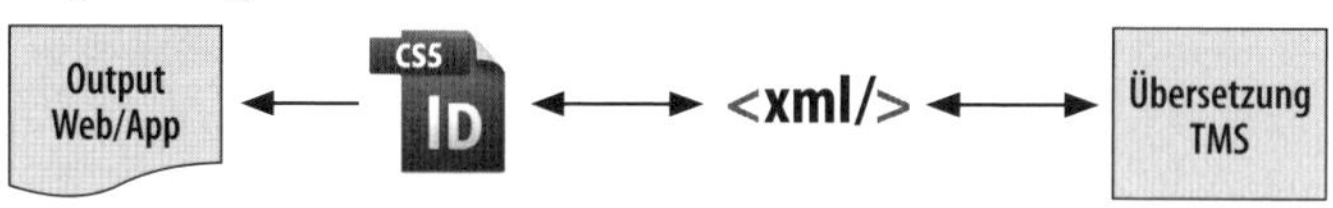


Wann immer möglich, empfehle ich die Verwendung eines reinen Single Source Publishing-Workflows. Bidirektionale Workflows haben ein hohes Fehlerpotenzial bei der Bearbeitung in InDesign. Der Workflow Datenextraktion ist nur für Übersetzungen oder ähnliche Ansätze interessant.

Eine Transformation ist fast immer notwendig.

Unabhängig davon sollten Sie beachten, dass medienneutrale XML-Daten meist noch für die spezifische Verwendung transformiert werden müssen. Konkret bedeutet dies, dass zwischen InDesign oder einer Webseite eine XSLT-Transformation durchgeführt werden muss.

Exkurs

### Database Publishing

Unabhängig von den genannten Workflows liegen strukturierte Daten oft in Datenbanken vor. Diese kann man per *Database Publishing* verarbeiten. Im Database Publishing wird die Automatisierung durch InDesign-Plugins, die eine Schnittstelle zur Datenbank bereitstellen, erreicht. Hier ist immer ein kostenpflichtiges Plugin erforderlich, InDesign selbst kann nicht mit einer Datenbank verbunden werden. Auch über Skripting gibt es keine sinnvolle Möglichkeit, eine Datenbankverbindung aufzubauen. Unabhängig davon sind einige Plugins gut per Skript steuerbar.

Typische Produkte des Database Publishing sind Kataloge und Preislisten. Die Plugins beruhen auf einem Template-basierten Ansatz. Das heißt, man bereitet das Layout in InDesign vor und verknüpft dann Textrahmen und Textstellen mit Datenfeldern aus der Datenbank. Dies ähnelt dem Verfahren, das die Funktion DATENZUSAMMENFÜHRUNG für CSV-Daten anbietet. Mit den meisten Plugins ist ein bidirektionales Update der Datenquelle möglich. Oft wird der Open Database Connectivity-Standard* (ODBC) unterstützt, über den praktisch alle Datenbanken ansprechbar sind.

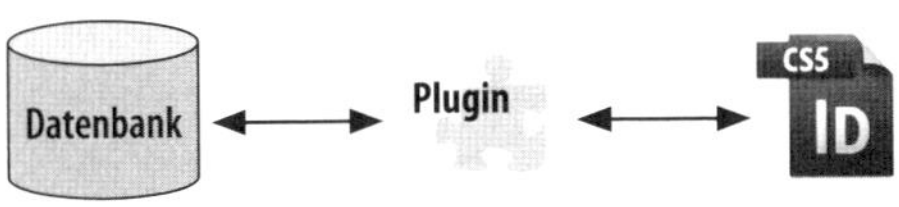


Weil die Arbeit im Database Publishing oft sehr produktspezifisch ist und die Plugins durchgehend kostenpflichtig sind, stelle ich in diesem Buch keinen detaillierten Workflow vor. Die folgende Tabelle grenzt die Einsatzgebiete von XML und Database-Publishing-Plugins voneinander ab.

**Tab. 29** XML vs. Database Publishing

| Einsatzgebiet | XML-Skript-Workflow | Database-Publishing-Plugin |
|---|---|---|
| Daten liegen in einer Datenbank vor | ✗ | ✓ Anbindung möglich? |
| Daten liegen als XML vor | ✓ | (✓) Plugin unterstützt XML? |
| Mengensatz/Buchsatz mit dokumentzentriertem XML | ✓ | ✗ |
| Bidirektionale Anbindung | (✓) Bearbeitung komplex | ✓ |
| Kleine Datenmengen | ✓ | – |
| Skripting notwendig | ✓ | – |
| Datenextraktion | ✓ | ✗ |

Eine Marktübersicht finden Sie unter ↗69. Als preiswerte Einsteiger-Plugins sind EasyCatalog ↗70 und Smart Catalog ↗71 zu nennen, die beide auch skriptbar sind.

* ODBC ist eine standardisierte Datenbankschnittstelle. Sofern ein ODBC-Treiber existiert, können über diese Schnittstelle verschiedene Datenbanktypen angesprochen werden.

**Grenzen automatisierter Datenverarbeitung**

Prinzipiell lässt sich jedes regelbasierte Layout mit strukturierten Daten umsetzen. Viele Layoutregeln können jedoch technisch nicht eindeutig umgesetzt werden oder die Implementierung ist zu komplex. Oft scheitern auch Projekte daran, dass keine eindeutigen Layoutvorgaben formuliert werden.

Neben den reinen Layoutfragen ergeben sich noch inhaltliche Aspekte, die ebenfalls nur schwer automatisiert verarbeitet werden können. An welcher Stelle in einem Absatz auf ein Bild Bezug genommen wird und wo infolgedessen eine optimale Bildpositionierung in der Gesamtkomposition der Seite vorzunehmen ist, wird programmgesteuert selten optimal ausgeführt.

Neben den technischen Einschränkungen gilt bei der Layoutautomatisierung auch die Regel, dass die Umsetzung vieler kleiner Details hohe Kosten verursacht. Oftmals ist es schlicht ökonomischer, letzte Korrekturen selbst vorzunehmen.

## 14.3 Skripting mit XML

In Verbindung mit Skripting wird die Arbeit mit XML richtig effektiv. Über das Objektmodell können die XML-Daten im Dokument ausgelesen und die beschränkten Möglichkeiten des nativen Imports erweitert werden. Durch die Baumstruktur der XML-Daten lassen sie sich recht intuitiv ansteuern und verarbeiten.

Das folgende Skript zeigt die grundsätzlichen Möglichkeiten beim Umgang mit XML in InDesign. Die Mustervorlagen werden in Abhängigkeit von der Art des Rezepts, die im Attribut `art` angegeben ist, vergeben. Außerdem werden die automatisch platzierten Bilder gelöst und an der Satzspiegeloberkante gemeinsam mit den Bildlegenden platziert.

Für die Ausführung muss die Datei *14-3_xmlTemplate.indd* in InDesign geöffnet sein; in dieser Datei wurden bereits, wie auf Seite 319 beschrieben, den Tags die richtigen Formate zugewiesen. Für den XML-Import kann die Datei *14-3_SkriptImport.xml* verwendet werden, in der für jedes Bild eine Legende enthalten ist.

**Listing 127**
XML per Skript importieren und bearbeiten (14-3_xmlBasics.jsx)

```
function xmlImport(_dok) {
  with (_dok.xmlImportPreferences) {
    importStyle = XMLImportStyles.MERGE_IMPORT;
    createLinkToXML = false;
    allowTransform = false;
    repeatTextElements = false;
    importTextIntoTables = false;
    ignoreWhitespace = false;
    removeUnmatchedExisting = false;
    importCALSTables = false;
  }
```

```
33    var _xmlFile = File.openDialog("Bitte XML Datei auswählen");
34    _dok.importXML(_xmlFile);
35    var _root = _dok.xmlElements[0];
      //...
40    for (var i = 0; i < _root.xmlElements.length; i++) {
41      var _rezept = _root.xmlElements[i];
42      if (_rezept.xmlAttributes.itemByName("art").value ==
            "hauptgericht") {
43        _master = _dok.masterSpreads.itemByName ("h-hauptgericht");
44      }
        //Andere Arten auswerten...
51      var _page = _dok.pages.add();
52      _page.appliedMaster = _master;
53      var _page2 = _dok.pages.add();
54      _page2.appliedMaster = _master;
55      var _tf = getMasterPageItem("tf", _page);
56      var _tf2 = getMasterPageItem("tf", _page2);
57      _tf.nextTextFrame = _tf2;
58      _rezept.placeXML (_tf);
59      var _bc= _rezept.xmlElements.itemByName("bild-container");
60      if (_bc != null) {
61        // Bild platzieren
62        var _gbBild = getBounds(_page2);
63        var _bild = _bc.xmlElements.itemByName("bild");
64        var _rect = _bild.placeIntoFrame(_page2, _gbBild);
65        _rect.appliedObjectStyle = _osBild;
66        _rect.fit(FitOptions.FRAME_TO_CONTENT);
67        _gbBild = _rect.geometricBounds;
68        // Legende Platzieren
69        var _leg = _bc.xmlElements.itemByName("legende");
70        if (_leg != null) {
71          _gbLeg =
            [_gbBild[2],_gbBild[1],_gbBild[2] + 4.5, _gbBild[3]];
72          var _rect = _leg.placeIntoFrame(_page2, _gbLeg);
73          _rect.applyObjectStyle(_osLeg, true);
74        }
75      }
76    } // end for
77  }
```

Bevor die Methode `xmlImport()` aufgerufen wird, wird wie in Unterkapitel 11.1 geprüft, ob ein Dokument geöffnet ist. Weiterhin werden die Voreinstellungen gesetzt. Der Methode `xmlImport()` wird das aktive Dokument als Parameter übergeben.

XML importieren

```
with (_dok.xmlImportPreferences) {
   importStyle = XMLImportStyles.MERGE_IMPORT;
   //...
}
```

23–32 Ähnlich wie beim Word-Import (→ Unterkapitel 7.6.3) werden mit einem with-Statement die Voreinstellungen für den XML-Import gesetzt. Über die Eigenschaft `xmlImportPreferences` hat man Zugriff auf ein Objekt vom Typ `XMLImportPreference`, das die Optionen aus dem Import-Dialog abbildet.

```
var _xmlFile = File.openDialog("Bitte XML Datei auswählen");
_dok.importXML(_xmlFile);
```

33–34 Zunächst muss man mit einem Datei-Auswahldialog die zu verarbeitende XML-Datei auswählen. Wählen Sie hier die Datei *14-3_Skript Import.xml*. Mit `importXML()` wird die Datei importiert, als Parameter wird das `File`-Objekt aus `_xmlFile` übergeben.

Eine DTD könnte man ähnlich mit der Methode `importDtd()` importieren.

XML-Elemente adressieren

```
var _root = _dok.xmlElements[0];
```

35 In dieser Zeile wird das Root-Element in der Variablen `_root` gespeichert. Die gesamte XML-Struktur wird später mit Hilfe dieser Variablen angesteuert werden. Die Kindelemente eines XML-Elements befinden sich jeweils in der Sammlung `xmlElements`. Hier bietet sich die Methode `itemByName()` an, mit der gezielt Elemente über den Namen des Tags adressiert werden können. Beachten Sie, dass Elemente und Tags in verschiedenen Objekten enthalten sind. So hat ein Objekt vom Typ `XMLElement` keine Eigenschaft `name`, sondern man muss zunächst über die Eigenschaft `markupTag` das Objekt vom Typ `XMLTag` adressieren, welches dann die Eigenschaft `name` enthält. Den Tag-Namen des Root-Elements könnte man also mit der folgenden Zeile adressieren und ausgeben:

```
alert("Tag-Name: " + _root.markupTag.name);
```

Falls das Element Textinhalte enthält, können die Textobjekte über die Eigenschaft `xmlContent` adressiert werden. Beachten Sie hier, dass dieses Objekt auch eventuelle Kindelemente enthält und nicht einem XML-Textknoten entspricht.

```
for (var i = 0; i < _root.xmlElements.length; i++) {
   var _rezept = _root.xmlElements[i];
   //...
}
```

40–76 In dieser for-Schleife werden die Kindelemente der ersten Ebene besucht. Laut DTD darf das XML-Element nur `<rezept>`-Elemente enthalten. Deswegen kann man in Zeile 41 jeweils ein Kochrezept in der Variablen `_rezept` speichern. Wenn auch andere Elemente erlaubt wären, könnte man mit einer if-Abfrage die Namen der Tags prüfen und verschiedene Fälle behandeln.

Attribute

```
if (_rezept.xmlAttributes.itemByName("art").value == "hauptgericht") {
   _master = _dok.masterSpreads.itemByName("h-hauptgericht");
}
//...
```

42–50 In diesen Abfragen wird anhand des Attributs `art` entschieden, welche Mustervorlage für das Rezept verwendet werden soll. Das

Attribut ist verpflichtend und darf laut DTD nur die Werte vorspeise, hauptgericht oder dessert enthalten. Falls das Attribut optional wäre, müsste man mit einer vorgelagerten if-Abfrage prüfen, ob das Attribut überhaupt vorhanden ist, da es sonst beim Zugriff auf die Eigenschaft value zu einem Laufzeitfehler kommen könnte. Dies kann mit dem Vergleich _rezept.xmlAttributes.itemByName("art") != null gemacht werden.

In der Variablen _master befindet sich nach der Auswertung des Attributs die passende Mustervorlage für das Rezept.

XML platzieren

```
var _page = _dok.pages.add();
//...
var _tf = getMasterPageItem("tf", _page);
//...
_rezept.placeXML(_tf);
```

51–58 Für jedes Rezept werden zwei neue Seiten im Dokument erstellt, die mit den passenden Mustervorlagen formatiert werden. Auf den Musterseiten befindet sich jeweils ein Textrahmen, der mit dem Skriptetikett bzw. Namen tf gekennzeichnet ist. Er wird mit der selbst geschriebenen Funktion getMasterPageItem() ermittelt (→ Seite 279.

Das Container-Element <rezept> wird dann mit der Methode placeXML() in den Textrahmen, der als Parameter _tf übergeben wurde, platziert. In diesem Skript werden alle Rezepte in eigene Textrahmen platziert, in Unterkapitel 14.1wurde nur das Root-Element platziert.

```
var _bc = _rezept.xmlElements.itemByName("bild-container");
if (_bc != null) { //...
```

59–75 Zunächst wird mit itemByName() das Kindelement <bild-container>, welches die Elemente <bild> und <legende> enthalten kann, adressiert. Da das Element laut DTD optional ist, muss in Zeile 60 geprüft werden, ob es vorhanden ist. Wenn ja, werden Bild und Legende in den folgenden Zeilen aus dem Textfluss entfernt und auf der rechten Seite an der oberen Satzspiegelkante platziert.

Funktion getBounds()

```
var _gbBild = getBounds(_page2);
var _bild = _bc.xmlElements.itemByName("bild");
var _rect = _bild.placeIntoFrame(_page2, _gbBild);
```

62–64 Zunächst wird der Satzspiegel mit der selbst entwickelten Funktion getBounds() ermittelt. Diese Funktion liefert die Koordinaten passend zur Verwendung in der Eigenschaft geometricBounds. Sie ist nicht abgedruckt, den Code finden Sie ab Zeile 121.

XML-Elemente in einem verankerten Rahmen platzieren

Mit der Methode placeIntoFrame() wird nun das Bild in einen eigenen Rechteckrahmen platziert. Der erste Parameter enthält die Seite, auf der der Rahmen erstellt werden soll. Im zweiten Parameter werden die Koordinaten für das neue Rechteck übergeben. Danach wird noch das Objektformat bild angewendet und die Größe des Rahmens der des Bildes angepasst.

Falls eine Legende vorhanden ist, wird diese mit dem gleichen Verfahren unterhalb des Bildes platziert.

Zugehörige XML-Elemente finden

Mit dem hier gezeigten Verfahren sind Sie in der Lage, XML-Daten auszuwerten und Layouts aufzubauen. Abschließend möchte ich noch das Verfahren zeigen, mit dem man von einem Objekt zum zugehörigen XML-Element gelangt.

Alle Tabellen- und Rahmenobjekte haben die Eigenschaft `associatedXMLElement`, mit der man das verknüpfte XML-Element adressieren kann. Textobjekte können mit mehr als einem XML-Element verknüpft sein und haben entsprechend die Eigenschaft `associatedXMLElements`, die einen Array mit den zugehörigen XML-Elementen enthält.

## 14.4 XML-Rules

Eine weitere empfehlenswerte Möglichkeit beim Aufbau von Layouts ist die Verwendung von so genannten *XML-Rules*. Der Vorteil von diesem Verfahren ist, dass nicht das ganze XML-Dokument analysiert werden muss, um ein bestimmtes Element zu finden, sondern gezielt bestimmte Elemente adressiert werden können. Denken Sie an eine tief verzweigte XML-Struktur, die mit der im vorherigen Unterkapitel gezeigten Methode in vielen verschachtelten for-Schleifen durchlaufen werden müsste. Die Steuerung erfolgt mit so genannten *XPath*-Ausdrücken, deren Spezifikation Teil der XML-Familie ist. Diese XML-Verarbeitungsmöglichkeit kann nur per Skript erreicht werden.

Ab InDesign CS4 kann man mit der Methode `evaluateXPathExpression()` noch leichter auf XML-Elemente zugreifen.

Exkurs

**Elemente mit XPath adressieren**

Die *XML Path Language* (XPath) ist eine Abfragesprache, um Teile eines XML-Dokuments zu adressieren.* Sie wird hauptsächlich für die XSLT-Programmierung verwendet, kann aber auch davon losgelöst z. B. im InDesign-Skripting verwendet werden. In den empfohlenen XML-Editoren ist XPath gut integriert. Sie können dort beispielsweise den aktuellen XPath an der Position der Einfügemarke ausgeben. Die folgenden Beispiele beziehen sich auf das Dokument *14_Rezepte.xml*, das auf Seite 312 vorgestellt wurde.

Alle Elemente finden

Ein XPath-Ausdruck ähnelt einer Dateipfadangabe, nur dass innerhalb von XML-Daten weitaus mehr Möglichkeiten zur Adressierung bestehen. Ein einfacher XPath-Ausdruck setzt sich aus einer Folge von Lokalisierungsschritten zusammen, die mit einem Forward-Slash / getrennt werden. So kann man mit `/kochbuch/rezept` alle Rezepte der

* Eine deutsche kommentierte Übersetzung des Standards finden Sie unter ↗72

XML-Datei adressieren. Wenn man nicht vom Root-Element starten will, können mit einem doppelten // alle Elemente des Dokuments adressiert werden. Der Ausdruck `//rezept` findet alle Rezepte, selbst wenn diese innerhalb von verschiedenen Hierarchiestufen vorkommen würden. Ein klassisches Beispiel ist die Adressierung von Inline-Elementen wie z.B. `fett`, die in verschiedenen Block-Elementen vorkommen können. Letztlich entspricht die Adressierung mit dem doppelten Slash der Zuordnung in der Funktion TAGS ZU FORMATEN ZUORDNEN ....

Mit einem XPath-Ausdruck könnte man noch eine genauere Lokalisierung vornehmen und mit `//fett/kursiv` alle Elemente finden, die mit den Elementen fett und kursiv umgeben sind. Beachten Sie jedoch, dass dieser Ausdruck an die Reihenfolge der Elemente gebunden ist. Wenn das Element `fett` ein Kindelement von `kursiv` ist, wird es nicht gefunden.

Die Ergebnisse einschränken

Optional können Filter zur Reduktion der Ergebnisse eingesetzt werden. Diese beziehen sich entweder auf die Position des Elements oder den Inhalt von Attributen. Mit `/kochbuch/rezept[1]` kann das erste Rezept adressiert werden (die Zählung der Elemente beginnt zur Abwechslung bei 1). Mit `//rezept[@art="hauptgericht"]` kann man alle Rezepte selektieren, deren Attribut `art` dem Wert `hauptgericht` entspricht, mit `//rezept[@art="hauptgericht"]/titel` die Überschriften dieser Rezepte. Beachten Sie, dass Attribute im Filter mit dem `@` gekennzeichnet werden müssen.

Bei Bedarf kann man auch Attribute direkt adressieren. Mit `//*[@href]` würde man alle Attribute mit dem Namen `href` finden, die auch zu verschiedenen Elementen gehören könnten.

Eine umfassendere Einführung in XPath-Ausdrücke finden Sie unter ↗73.

### Skripting mit XML-Rules

XML-Rule-Prozessor

Mit XML-Rules kann man XML-Elemente per XPath adressieren und diese dann gesammelt per Skript bearbeiten. Für die Auswertung der XML-Rules stellt InDesign im Objektmodell einen *XML-Rule-Prozessor* zur Verfügung. Er wertet die XPath-Ausdrücke aus und liefert die zutreffenden Elemente zurück. Diese können dann per Skript bearbeitet werden.

Für das Skript können das Dokument *14-4_xmlTemplate.indd* und die XML-Datei *14-4_Rezepte.xml* verwendet werden. Das folgende Skript zeigt neben dem Einsatz der XML-Rules, wie man das Whitespace-Problem (→ Seite 318) auch ohne den Einsatz einer XLST-Transformation in den Griff bekommen kann. Es bietet sich als Grundgerüst für die Formatierung von beliebigen XML-Daten an.

**Listing 128**
Einsatz von XML-Rules
(14-4_xmlRules.jsx)

```
function xmlImport(_dok) {
  _importMap = [];
  // Block-Elemente
  _importMap.push(["//rezept[@art='hauptgericht']/titel",
  "titel-haupt", "block", "\r"]);
  //...
  var _xmlFile = File.openDialog("Bitte wählen Sie die zu
  verarbeitende XML Datei aus");
  //...
  _dok.importXML(_xmlFile);
  // Dokument formatieren
  var _root = _dok.xmlElements[0];
  for (i = 0; i < _importMap.length; i++) {
    var _map = _importMap[i];
    var _xpath = _map[0];
    var _node = null;
    if (_map[2]== "block") _pStyle = getStyle(_map);
    if (_map[2]== "inline") _cStyle = getStyle(_map);
    // Die eigentliche XML-Rule
    try {
      var _proc = app.xmlRuleProcessors.add([_xpath]);
      var _match = _proc.startProcessingRuleSet(_root);
      while(_match!=undefined) {
        _node = _match.element;
        if (_map[2]== "block") {
          _node.insertTextAsContent(_map[3],
          XMLElementPosition.afterElement);
          _node.applyParagraphStyle(_pStyle);
        }
        if (_map[2]== "inline") {
          _node.insertTextAsContent(_map[3],
          XMLElementPosition.afterElement);
          _node.applyCharacterStyle(_cStyle);
        }
        _match = _proc.findNextMatch();
      }
    }
    catch(e) {
      alert("Es ist ein Fehler aufgetreten: " + e);
    }
    _proc.endProcessingRuleSet();
    _proc.remove();
  } // end for
  //...
}
```

In der Methode `xmlImport()` ist das eigentliche Skript enthalten. Ihr wird das aktive Dokument als Parameter übergeben.

Formatzuordnung

```
_importMap = [];
_importMap.push(["XPath", "Absatzformat", "block", "\r"]);
_importMap.push(["XPath", "Zeichenformat", "inline", ""]);
```

23–34 Der Array `_importMap` übernimmt und erweitert die Informationen, die beim klassischen Import in der Zuordnungsliste der Funktion TAGS ZU FORMATEN ZUORDNEN ... enthalten sind. Er wird später zur Steuerung der XML-Rules verwendet. Jedes Array-Element enthält einen weiteren Array mit vier Elementen. Das erste Element enthält den XPath zum Element, das verarbeitet werden soll. Das zweite Element enthält den Namen des Absatz- oder Zeichenformats, das dritte wird zur Unterscheidung von Block- und Inline-Elementen verwendet. Im vierten Element kann das Zeichen, das an das Element angehangen werden soll, übergeben werden. Der Array `_importMap` kann mit beliebig vielen Zuordnungen erweitert werden. Wenn man z.B. allen Elementen `<schritt>` das Absatzformat `schritt-abs` zuweisen möchte, ergibt sich die folgenden Zeile:

```
_importMap.push(["//schritt", "schritt-abs ", "block", "\r"]);
```

Mit `//schritt` werden alle Elemente im Dokument adressiert. An der zweiten Stelle wird der Name des Absatzformats übergeben. Da es sich um einen Absatz handelt, wird an der dritten Stelle `block` übergeben. Mit `\r` wird dem Absatz eine normale Zeilenschaltung angehangen.

Denkbar ist auch die Erweiterung der Zuordnungsinformationen mit weiteren Steuertypen wie `objekt` für Objektformate oder z.B. die automatische Umsetzung von Fußnoten.

```
_dok.importXML(_xmlFile);
```

52 Der Import der XML-Datei ähnelt dem im vorherigen Unterkapitel gezeigten Verfahren. Für dieses Skript wird die Importeinstellung `ignoreWhitespace = true` verwendet, so dass alle Leerräume beim Import entfernt werden.

Die Zuordnungstabelle auswerten

```
for (i = 0; i < _importMap.length; i++) {
   var _map = _importMap[i];
   var _xpath = _map[0];
   var _node = null;
   if (_map[2]== "block") _pStyle = getStyle(_map);
   if (_map[2]== "inline") _cStyle = getStyle(_map)
   //...
```

55–83 In der for-Schleife werden alle Zuordnungen, die in `_importMap` gespeichert sind, verarbeitet. In der Variablen `_xpath` wird der XPath für die XML-Rule gespeichert, die Variable `_node` wird für die spätere Verwendung initialisiert. In Abhängigkeit vom Typ der Zuordnung wird dann mit Hilfe der selbst entwickelten Funktion `getStyle()` das Absatz- oder Zeichenformat gespeichert. Die Funktion ist nicht abgedruckt, Sie finden den Code in Zeile 95.

Funktion `getStyle()`

Anatomie einer XML-Rule

```
try {
   var _proc = app.xmlRuleProcessors.add([_xpath]);
   var _match = _proc.startProcessingRuleSet(_root);
   while(_match!= undefined) {
      _node = _match.element;
      //Verarbeitung des Elements...
      _match = _proc.findNextMatch();
   }
}
catch(e) {
   alert("Es ist ein Fehler aufgetreten: " + e);
}
_proc.endProcessingRuleSet();
_proc.remove();
```

62–82 Hier befindet sich die eigentliche XML-Rule. Der hier abgedruckte Code bildet nur das Skelett. Der produktive Teil, die Verarbeitung des Elements in Zeile 67–74, wird später besprochen.

Die Auswertung des XPath-Ausdrucks und die Verarbeitung der Ergebnisse finden innerhalb einer try-catch-Anweisung statt.

Den XML-Rule-Prozessor starten

Zunächst wird mit `add()` ein neuer XML-Rule-Prozessor erstellt und in der Variablen `_proc` gespeichert. Als Parameter kann ein Array mit XPath-Ausdrücken übergeben werden. Im konkreten Skript enthält der Array immer nur ein Element, den XPath der gerade zu verarbeitenden Zuordnung aus `_importMap`. Mit der Methode `startProcessingRuleSet()` wird die Auswertung des XPath-Ausdrucks gestartet. Als Parameter muss das Element, ab dem die Auswertung beginnen soll, übergeben werden. Im Beispiel soll die gesamte Struktur berücksichtigt werden, entsprechend wird das Root-Element übergeben. Als Rückgabewert erhält man ein Objekt vom Typ `XMLRuleMatchData`, das den ersten Treffer enthält und hier in der Variablen `_match` gespeichert wird.

Alle Treffer besuchen

Die folgende while-Schleife wird so lange ausgeführt, wie der XML-Rule-Prozessor aus `_proc` weitere XML-Elemente finden kann. Die Ausführungsbedingung ist, dass in `_match` ein gültiges Objekt enthalten ist. Das eigentliche Element – genauer gesagt könnte es sich bei einem entsprechenden XPath auch um ein Attribut oder anderes XML-Objekt handeln – befindet sich in der Eigenschaft `element` und wird im Beispiel für die weitere Verarbeitung in der Variablen `_node` gespeichert.

Den nächsten Treffer aufrufen

Den nächsten Treffer in der Ergebnisliste für den XPath-Ausdruck findet man mit der Methode `findNextMatch()`. Die Variable `_match` wird mit dem neuen Treffer überschrieben.

Wenn alle Treffer abgearbeitet wurden, endet die while-Schleife und der XML-Rule-Prozessor wird mit `endProcessingRuleSet()` beendet und `remove()` endgültig gelöscht.

Elemente entfernen

Falls Sie in der Verarbeitung das vom XML-Rule-Prozessor adressierte XML-Element löschen oder die XML-Struktur verändern möchten, müssen Sie zunächst die Methode `skipChildren()` aufrufen. Diese verhindert, dass in Elementen, die nicht mehr existieren, nach dem XPath gesucht wird. Ein Beispiel finden Sie in der Datei *14-4_ElementEntfernen.jsx*.

Weitere Informationen zur Arbeit des XML-Rule-Prozessors und zur Reihenfolge bei der Auswertung der Baumstrukturen finden Sie im InDesign Scripting Guide von Adobe.

Die Treffer verarbeiten

```
if (_map[2]== "block") {
   _node.insertTextAsContent(_map[3], XMLElementPosition.afterElement);
   _node.applyParagraphStyle(_pStyle);
}
```

67–70 Die Verarbeitung für Block- und Inline-Elemente ist recht ähnlich. Zunächst wird das Zeichen, das im Zuordnungs-Array an der vierten Stelle steht, mit der Methode `insertTextAsContent()` eingefügt. Für Block-Elemente ist das im Beispiel immer eine normale Zeilenschaltung. Mit dem zweiten Parameter wird die Position, wo der Text eingefügt werden soll, mit einem Wert aus der Aufzählung `XMLElementPosition` angegeben. Bei Block-Elementen wird mit `applyParagraphStyle()` das in Zeile 59 ermittelte Absatzformat angewendet. Bei Inline-Elementen kommt die Methode `applyCharacterStyle()` zum Einsatz.

Whitespace-Problematik

Dieses Verfahren löst das Whitespace-Problem leider nicht in allen Fällen. Wenn ein Block-Element nur Inline-Elemente als Kinder hat, wird der Leerraum zwischen den Inline-Elementen entfernt, da InDesign nicht erkennen kann, dass er sinntragend ist.

```
<p><fett>Erstes</fett> <fett>Zweites</fett></p>
```

Nach dem Import würde das Leerzeichen zwischen den beiden Wörtern fehlen. Im Skript *14-4_xmlRulesSaveWhiteSpace.jsx* finden Sie eine Lösung, die Whitespace innerhalb von diesen Block-Elemente erhält. Dazu werden die XML-Daten zunächst in JavaScript-Klassen als normale Textdaten importiert. Dann werden alle Block-Elemente mit einem Unicode-Zeichen aus der Private Use Area (Unicode-Codepoint `E000`) maskiert und die Datei wird wieder gespeichert. Nun erkennt InDesign beim Import alle Block-Elemente, das Zeichen `E000` wird nach dem Import durch einen leeren String ersetzt und so sicher aus den Daten entfernt.

Ab InDesign CS4 XPath-Ausdrücke direkt auswerten

Unabhängig von der Verwendung von XML-Rules gibt es seit InDesign CS4 die Möglichkeit, XPath-Ausdrücke direkt auf einem Objekt vom Typ `XMLElement` mit der Methode `evaluateXPathExpression()` auszuwerten. Als Rückgabewert erhält man einen Array mit den getroffenen Objekten. Die folgende Zeile zeigt den Einsatz:

```
var _array = _element.evaluateXPathExpression("XPath");
```

# Anhang

## A 1 JavaScript Library idsHelper.jsx

Die Skripting-Bibliothek *idsHelper.jsx* enthält zwei Klassen, die hilfreiche Methoden für die Entwicklung von Skripten zur Verfügung stellen. Die vollständige Bibliothek finden Sie im Download-Paket zum Buch im Ordner *Allgemeine_Skripte*. Unter ↗74 stelle ich aktualisierte Versionen der Bibliothek zur Verfügung.

Wenn Sie die Bibliothek verwenden möchten, müssen Sie diese über `#include` in Ihre Skripte einbinden.

**Listing 129**
Einbinden der Bibliothek idsHelper.jsx

```
1 #target InDesign
2 #include "idsHelper.jsx"
3 var _ids = idsTools();
4 _ids.getPageByObject(app.selection[0]);
```

2 Über `#include` können beliebige Skriptdateien eingebunden werden. Hier muss die Datei *idsHelper.jsx* im gleichen Verzeichnis wie die Skriptdatei liegen, es können auch relative Pfade angegeben werden.

3 Die Bibliothek enthält die Klassen `idsTools` und `idsMap`. Hier wird ein Objekt der Klasse `idsTools` in der Variablen `_ids` gespeichert. Über `_ids` kann man wie in Zeile 4 auf die Methoden der Klasse zugreifen.

Im Folgenden erkläre ich kurz die wichtigsten Methoden der Bibliothek. Eine vollständige Dokumentation finden Sie unter http://indd-skript.de/idshelper.

### Methoden aus idsTools

In der Klasse `idsTools` sind die Methoden aus Kapitel 11 und einige weitere Helferlein gesammelt.

`getPageByObject()` und `getSpreadByObject()`

Mit `getPageByObject(_objekt)` kann man die Seite ermitteln, auf der sich das im Parameter übergebene Objekt befindet, mit `getSpreadByObject(_objekt)` entsprechend den Druckbogen.

`fitTextFrame()`

Mehrspaltige Textrahmen mit Textüberlauf können nicht mit der Methode `fit()` angepasst werden. Die Methode `fitTextFrame(_tf, _step)` vergrößert den im ersten Parameter übergebenen Textrahmen so lange, bis er keinen Textüberlauf mehr aufweist. Als zweiter Parameter wird die Schrittweite, mit der der Textrahmen vergrößert werden soll, übergeben.

`nextParagraph()` und `nextChar()`

Bei längeren Textabschnitten sollten die Methoden `previousItem()` und `nextItem()` von `Text`-Objekten vermieden werden. Schneller arbeiten Sie mit den Methoden `nextParagraph(_par)` bzw. `nextChar(_char)`, denen das Zeichen bzw. der Absatz als Parameter übergeben werden muss.

`arraySortDE()`

Die Methode `arraySortDE()` kann der Array-Methode `sort()` als Parameter übergeben werden: `_array.sort(arraySortDE)`. Mit ihrer Hilfe wird die Sortierung unter Berücksichtigung deutscher Umlaute durchgeführt.

`readTextFile()` und `writeTextFile()`

Die Methoden `readTextFile(_file)` und `writeTextFile(_file, _string)` helfen beim Einlesen bzw. Erstellen von Textdateien. Der Methode `readTextFile(_file)` muss ein `File`-Objekt als Parameter übergeben werden, sie liefert den Inhalt als String zurück. Der Methode `writeTextFile(_file, _string)` muss ein `File`-Objekt und der String, der in die Textdatei geschrieben werden soll, übergeben werden.

### Assoziatives Array in idsMap

Eine *Map* oder ein *Assoziatives Array* ist eine Art Array, mit dem man über einen Namen bzw. Schlüssel auf einzelne Werte zugreifen kann. Das folgende Listing zeigt das Vorgehen:

**Listing 130**
Umgang mit `idsMap`

```
1  #target InDesign
2  #include "idsHelper.jsx"
3  var _map = idsMap();
4  _map.pushItem("key1","Ein Wert");
5  _map.pushItem("key2","Ein anderer Wert");
6  alert("Es sind " + _map.length + " Werte gespeichert.");
7  alert("Bei [Key1] ist der Wert " + _map.getItem("key1"));
8  alert("Schlüssel [key2] ist enthalten " + _map.hasItem("key2"));
9  _map.removeItem("key2");
```

Methoden und Eigenschaften von `idsMap`

Mit dem Aufruf `idsMap()` 2 wird eine neues Objekt erstellt. Mit der Methode `pushItem()` 3+4 kann ein neuer Eintrag erstellt werden. Im ersten Parameter wird der Schlüssel, im zweiten der Wert übergeben. In der Eigenschaft `length` 5 ist die Anzahl der Elemente enthalten. Mit der Methode `getItem()` 6 kann ein Wert anhand seines Schlüssels abgerufen werden. Mit `hasItem()` kann geprüft werden, ob ein Eintrag für den im Parameter übergebenen Schlüssel existiert. Mit der Methode `removeItem()` 8 wird ein Eintrag anhand eines Schlüssels gelöscht.

# A 2 GREP-Referenz

## Metazeichen für die Suche

### Reservierte Zeichen

Zeichen, die im **Suchbegriff** mit einem \ maskiert werden müssen: \ . * + ? ( ) {} [ ^ $ | ~

### Standardzeichenklassen

Wenn ein Großbuchstabe verwendet wird, wird genau das Gegenteil gefunden. \D findet alles außer Ziffern.

| GREP | Beschreibung |
|---|---|
| . | Alle Zeichen außer Umbruchzeichen |
| \u | Alle Großbuchstaben (uppercase). Findet keine elektronisch versal gestellten Texte. |
| \l | Alle Kleinbuchstaben (lowercase) |
| [\u\l] | Beliebiger Buchstabe |
| \w | Alle Wortzeichen (inklusive Zahlen und Unterstrich _ ohne Bindestrich -) |
| \d | Alle Ziffern (digits) 0 bis 9. Keine Brüche und nur elektronisch hoch- oder tiefgestellte Zahlen. |
| \s | Leerräume und Umbruchzeichen. InDesign CS3/Mac findet nur Tabulatoren, Umbrüche und das Leerzeichen, keine Festabstände. |
| \r | Alle Umbruchzeichen (Absatzende) außer \n (harter Zeilenumbruch). Die Umkehrung mit \R funktioniert nicht, keine echte Zeichenklasse. |

### Eigene Zeichenklassen

Innerhalb **eigener Zeichenklassen** müssen die folgenden Zeichen maskiert werden: ] ^ - \ ~

| GREP | Beschreibung |
|---|---|
| [] | Alle Zeichen innerhalb der eckigen Klammern. Es können Bereiche angegeben werden [a-zA-Z]. |
| [^] | Eigene Zeichenklasse negieren |

### Zeichen per Codepoint oder Unicode-Name

| GREP | Beschreibung |
|---|---|
| \x{####} | Vierstelliger Unicode-Codepoint, z. B. \x{0020} (Leerzeichen) |
| \N{Unicode-Name} | Zeichen über englischen Unicode-Namen, z. B. \N{Space} (Leerzeichen) |
| [[.Unicode-Name.]] | Wie \N{Unicode-Name} |

### Wichtige Unicode-Properties

Unicode-Properties können ab CS4 eingesetzt werden. Mit `\P` erfolgt die Negation der Properties. In eigenen Zeichenklassen können keine Unicode-Properties eingesetzt werden.

| Kurzform | Lange Form | Beschreibung |
|---|---|---|
| **\p{L*}** | **\p{letter}** | **Alle Buchstaben der vier folgenden Klassen** |
| \p{Ll} | \p{lowercase_letter} | Alle Kleinbuchstaben |
| \p{Lu} | \p{uppercase_letter} | Alle Großbuchstaben |
| \p{Lt} | \p{titlecase_letter} | Anfangsbuchstaben, die sich von Großbuchstaben unterscheiden (spezielle Schriftsysteme, siehe ↗76 oder ↗77) |
| \p{Lm} | \p{modifier_letter} | Diakritische Zeichen, die das vorangehende Zeichen modifizieren (Unicode 02B0–02FF) |
| \p{Lo} | \p{letter_other} | Buchstaben, die nicht von den oben genannten Klassen erfasst werden |
| **\p{Z*}** | **\p{separator}** | **Alle Leerräume und Umbruchzeichen ohne Tabulator** |
| \p{Zs} | \p{space_separator} | Alle Leerräume ohne die Umbruchzeichen und ohne Tabulator |
| \p{Zl} | \p{line_separator} | Line-separator (Unicode 2028) (wird beim XML-Export verwendet) |
| \p{Zp} | \p{paragraph_separator} | Paragraph-separator (Unicode 2029) (wird beim XML-Export verwendet) |
| **\p{S*}** | **\p{symbol}** | **Mathematische, Währungs- und sonstige Symbole** |
| \p{Sm} | \p{math_symbol} | Mathematische Symbole |
| \p{Sc} | \p{currency_symbol} | Währungssymbole |
| \p{Sk} | \p{modifier_symbol} | Bedeutungsverändernde Symbole wie Akzente |
| \p{So} | \p{other_symbol} | Wingdings, Dingbats aus verschiedenen Unicode-Bereichen |
| **\p{N*}** | **\p{number}** | **Alle Ziffern** |
| \p{Nd} | \p{decimal_digit_number} | Ziffern von 0 – 9 |
| \p{Nl} | \p{letter_number} | Römische Ziffern mit den Codepoints (2150–218F) |
| \p{No} | \p{other_number} | Hoch- und tiefgestellte Ziffern und Brüche |
| **\p{P*}** | **\p{punctuation}** | **Satzzeichen, Striche, Anführungen usw.** |
| \p{Pd} | \p{dash_punctuation} | Divis, Gedankenstrich usw., keine bedingten Trennstriche oder automatischen Trennungen |
| \p{Ps} | \p{open_punctuation} | Öffnende Klammern wie ({[ |
| \p{Pe} | \p{close_punctuation} | Schließende Klammern |
| \p{Pi} | \p{initial_punctuation} | Öffnende Anführungen, aber nicht " |
| \p{Pf} | \p{final_punctuation} | Schließende Anführungen, aber nicht " |
| \p{Po} | \p{other_punctuation} | Sonstige Satzzeichen: .,:?! /% & … |

Die Liste ist eine Auswahl aus der vollständigen Übersicht von Peter Kahrel in *GREP in InDesign CS3/CS4*. Unter ↗78 sind die genauen Inhalte der Blöcke, von denen sich viele Properties ableiten, beschrieben.

## Posix-Ausdrücke

Die Tabelle enthält Ausdrücke, die die Standardzeichenklassen erweitern. Die Negation erfolgt mit [^[:alnum:]]. Posix-Ausdrücke können nicht in eigenen Zeichenklassen verwendet werden.

| GREP | Beschreibung |
|---|---|
| [[:alnum:]] | Buchstaben und Zahlen (alphanumeric characters) [\u\l\d] |
| [[:alpha:]] | Groß- und Kleinbuchstaben (alphabetic characters) [\u\l] |
| [[:blank:]] | Leerzeichen und Tabulator [ \t] |
| [[:punct:]] | Satzzeichen, Striche, Anführungen usw. (punctuation) [,;!?\- ...] |
| [[:graph:]] | Sichtbare Zeichen [^ \t\n\r] |
| [[:xdigit:]] | Hexadezimale Ziffer [0-9a-fA-F] |
| [[:unicode:]] | Alle Zeichen, deren Codepoint größer 255 (Hex 00FF) ist (alle Zeichen außer den Unicode-Bereichen Basis-Lateinisch und Lateinisch-1, Ergänzung) |
| [[=a=]] | Buchstabenäquivalent, alle Formen des Buchstabens [áàâ ...] |

## Positionen

| GREP | Beschreibung |
|---|---|
| ^ | Anfang des Absatzes |
| $ | Ende des Absatzes |
| \b | Wortgrenze |
| \B | Keine Wortgrenze |
| \< | Wortanfang |
| \> | Wortende |
| \A | Anfang des Textabschnitts |
| \z oder \Z | Ende des Textabschnitts. Unter CS3 ignoriert \z die Textabschnitte in Tabellenzellen. |

## Wiederholungen

| Wiederholungszeichen | Beschreibung |
|---|---|
| ? | Null oder ein Mal |
| * | Null oder mehrere Male |
| + | Ein oder mehrere Male |
| ?? | Null oder ein Mal (kürzeste Entsprechung/non greedy) |
| *? | Null oder mehrere Male (kürzeste Entsprechung/non greedy) |
| +? | Ein oder mehrere Mal (kürzeste Entsprechung/non greedy) |
| {n} | Der Suchbegriff muss exakt n-mal vorkommen. |
| {n,m} | Der Suchbegriff-Ausdruck muss mindestens n-mal und darf maximal m-mal vorkommen. |
| {n,} | Der Suchbegriff-Ausdruck muss mindestens n-mal und darf öfter vorkommen. |
| {n,}? | Der Suchbegriff-Ausdruck muss mindestens n-mal und darf öfter vorkommen (non greedy). |

### Entsprechungen – Fundstellen in der Suche markieren

<table>
<tr><th>GREP</th><th>Beschreibung</th></tr>
<tr><td>()</td><td>Fundstelle, markierter Unterausdruck</td></tr>
<tr><td>(?:)</td><td>Fundstelle nicht markieren, nicht markierter Unterausdruck</td></tr>
<tr><td>|</td><td>Variante, oder (entweder|oder)</td></tr>
<tr><td>\1 ...\9</td><td>Fundstelle/markierten Unterausdruck innerhalb der Suche verwenden</td></tr>
</table>

### Look Around Assertions/Umgebung

| Assertion | Beschreibung |
|---|---|
| (?<=Präfix) | Positives Lookbehind |
| (?<!Präfix) | Negatives Lookbehind |
| (?=Suffix) | Positives Lookahead |
| (?!Suffix) | Negatives Lookahead |

### Modifizierer

| GREP | Beschreibung |
|---|---|
| (?i) | Nicht zwischen Groß- und Kleinschreibung unterscheiden (case insensitive) |
| (?-i) | Zwischen Groß- und Kleinschreibung unterscheiden (Standardeinstellung) |
| (?s) | Gesamten Textabschnitt durchsuchen (der . trifft auch Umbruchzeichen; single line mode) |
| (?-s) | Suchbegriff muss innerhalb eines Absatzes liegen (Standardeinstellung) |
| (?x) | Leerzeichen im Ausdruck ignorieren |
| (?-x) | Leerzeichen im Ausdruck nicht ignorieren (Standardeinstellung) |
| (?:) | Klammer wird nicht als Fundstelle gezählt |
| (?#comment?) | Kommentar |
| (?m) | ^ und $ treffen vor bzw. nach einem harten Zeilenumbruch \n und einem Umbruchzeichen \r (multi line mode; »Mehrzeilig« ein; Standardeinstellung) |
| (?-m) | ^ und $ treffen nur am Anfang und Ende des Textabschnitts (multi line mode; »Mehrzeilig« aus) |

## Metazeichen für die Ersetzung

Zeichen, die bei der **Ersetzung** maskiert werden müssen: \ $ ~

### Fundstellen verwenden

| GREP | Beschreibung |
|---|---|
| $0 | Gesamten Suchtreffer in der Ersetzung verwenden |
| $1 ...$9 | Fundstelle/markierten Unterausdruck in der Ersetzung verwenden |
| ~c | Zwischenablage einfügen |
| ~C | Zwischenablage unformatiert einfügen |

## Sonderzeichen für Suche und Ersetzung

In den folgenden Tabellen sind zusätzlich die Unicode-Codepoints und ggf. die Eigenschaft in der Aufzählung `SpecialCharacters` enthalten. Beachten Sie, dass einige Spezialzeichen auf Unicode-Codepoints liegen, die eine andere Bedeutung haben. Die Tabelle enthält die Codepoints, wie sie von InDesign verwendet werden.

### Leerräume

| GREP | Zeichen | Beschreibung | Unicode | SpecialCharacters. |
|---|---|---|---|---|
| `[ ]` | . | Leerzeichen, definiert über die Schriftart | 0020 | |
| `\t` | » | Tabulator | 2009 | |
| `~S` | ^ | Geschütztes normales Leerzeichen, variabel bei Blocksatz | 00A0 | `NONBREAKING_SPACE` |
| `~s` | ^ | Geschütztes normales Leerzeichen fester Breite | 202F | `FIXED_WIDTH _NONBREAKING_SPACE` |
| `~m` | ⌶ | Geviert, Größe der Schrift (12 pt = 12 pt Breite) | 2003 | `EM_SPACE` |
| `~>` | ⌶ | Halbgeviert | 2002 | `EN_SPACE` |
| `~3` | • | Drittelgeviert | 2004 | `THIRD_SPACE` |
| `~4` | : | Viertelgeviert | 2005 | `QUARTER_SPACE` |
| `~%` | : | Sechstelgeviert | 2006 | `SIXTH_SPACE` |
| `~<` | ⌣ | Achtelgeviert | 2009 | `THIN_SPACE` |
| `~\|` | ⁚ | 24tel-Geviert | 200A | `HAIR_SPACE` |
| `~.` | ! | Interpunktionsleerzeichen, Breite eines Satzzeichens in der aktuellen Schrift | 2008 | `PUNCTUATION_SPACE` |
| `~/` | # | Ziffernleerzeichen, Breite einer Ziffer in der aktuellen Schrift | 2007 | `FIGURE_SPACE` |
| `~f` | ~ | Ausgleichsleerzeichen, treibt Blocksatz aus | 2001 | `FLUSH_SPACE` |

### Umbruchzeichen

| GREP | Zeichen | Beschreibung | Unicode | SpecialCharacters. |
|---|---|---|---|---|
| `\r` | | Alle Umbruchzeichen außer harter Zeilenumbruch, in der Ersetzung Standardumbruchzeichen | | |
| `~b` | ¶ | Standardumbruchzeichen, Zeilenschaltung | 000D | |
| `\n` | ¬ | Harter Zeilenumbruch | 000A | `FORCED_LINE_BREAK` |
| `~M` | ⌄ | Spaltenumbruch | 000D | `COLUMN_BREAK` |
| `~R` | ⌄ | Rahmenumbruch | 000D | `FRAME_BREAK` |
| `~P` | • | Seitenumbruch | 000D | `PAGE_BREAK` |
| `~L` | : | Umbruch für ungerade Seiten | 000D | `ODD_PAGE_BREAK` |

| GREP | Zeichen | Beschreibung | Unicode | SpecialCharacters. |
|---|---|---|---|---|
| ~E | ∵ | Umbruch für gerade Seiten | 000D | EVEN_PAGE_BREAK |
| ~k | \| | Bedingter Zeilenumbruch | 200B | DISCRETIONARY_LINE _BREAK |

## Spezialzeichen

| GREP | Zeichen | Beschreibung | Unicode | SpecialCharacters. |
|---|---|---|---|---|
| ~h | \ | Verschachteltes Format hier beenden | 0003 | END_NESTED_STYLE |
| ~F | | Marker für Fußnote | 0004 | |
| ~i | † | Einzug bis hierhin | 0007 | INDENT_HERE_TAB |
| ~y | ≯ | Nach rechts austreibender Tabulator | 0008 | RIGHT_INDENT_TAB |
| | | Marker für Tabelle | 0016 | |
| ~v | | Textvariable | 0018 | TEXT_VARIABLE |
| ~# | | Alle Seitenzahlen | | |
| ~N | | Automatische Seitenzahl | 0018 | AUTO_PAGE_NUMBER |
| ~X | | Nächste Seitenzahl | 0018 | NEXT_PAGE_NUMBER |
| ~V | | Vorherige Seitenzahl | 0018 | PREVIOUS_PAGE_NUMBER |
| ~x | | Abschnittsmarke | 0019 | SECTION_MARKER |
| ~- | - | Bedingter Trennstrich | 00AD | DISCRETIONARY_HYPHEN |
| ~k | \| | Bedingter Zeilenumbruch | 200B | DISCRETIONARY_LINE_BREAK |
| ~j | ˇ | Verbindung unterdrücken | 200C | ZERO_WIDTH_NONJOINER |
| | │ | Verbindung erzwingen | 200D | ZERO_WIDTH_JOINER (ab CS5) |
| ~a | ¥ | Marker für verankertes Objekt | FFFC | |
| ~I | ⁝^ | Marker für Indexeintrag | FEFF | |

## Variablen

| GREP | Zeichen | Beschreibung | Unicode | SpecialCharacters. |
|---|---|---|---|---|
| ~v | | Alle Variablen | 0018 | TEXT_VARIABLE |
| ~Y | | Lebender Kolumnentitel (Absatzformat) | 0018 | |
| ~Z | | Lebender Kolumnentitel (Zeichenformat) | 0018 | |
| ~u | | Benutzerdefinierter Text | 0018 | |
| ~T | | Letzte Seitenzahl | 0018 | |
| ~H | | Kapitelnummer | 0018 | |
| ~S | | Erstellungsdatum | 0018 | |
| ~o | | Änderungsdatum | 0018 | |

| GREP | Zeichen | Beschreibung | Unicode | SpecialCharacters. |
|---|---|---|---|---|
| ~D | | Ausgabedatum | 0018 | |
| ~l | | Dateiname | 0018 | |
| ~J | | Metadatenbeschriftung | 0018 | |

## Anführungszeichen

| GREP | Zeichen | Beschreibung | Unicode | SpecialCharacters. |
|---|---|---|---|---|
| " | | Alle doppelten Anführungszeichen | | |
| ' | | Alle einfachen Anführungszeichen | | |
| ~" | " | Gerade Anführungen, Zollzeichen | 0022 | DOUBLE_STRAIGHT_QUOTE |
| ~{ | | Öffnende doppelte Anführung (sprachabhängig) | | DOUBLE_LEFT_QUOTE |
| ~} | | Schließende doppelte Anführung (sprachabhängig) | | DOUBLE_RIGHT_QUOTE |
| ~' | ' | Gerades einfaches Anführungszeichen | 0027 | SINGLE_STRAIGHT_QUOTE |
| ~[ | | Öffnende einfache Anführung (sprachabhängig) | | SINGLE_LEFT_QUOTE |
| ~] | | Schließende einfache Anführung (sprachabhängig) | | SINGLE_RIGHT_QUOTE |

## Symbole

| GREP | Zeichen | Beschreibung | Unicode | SpecialCharacters. |
|---|---|---|---|---|
| ~_ | — | Geviertstrich | 2014 | EM_DASH |
| ~= | – | Gedankenstrich, Halbgeviertstrich | 2013 | EN_DASH |
| \- | - | Bindestrich | 002D | |
| ~- | - | Bedingter Trennstrich | 00AD | DISCRETIONARY_HYPHEN |
| ~~ | - | Geschützter Trennstrich | 2011 | NONBREAKING_HYPHEN |
| ~8 | • | Aufzählungszeichen | 2022 | BULLET_CHARACTER |
| ~2 | © | Copyright-Symbol | 00A9 | COPYRIGHT_SYMBOL |
| ~e | … | Ellipse, Auslassungszeichen | 2026 | ELLIPSIS_CHARACTER |
| ~7 | ¶ | Absatzmarke | 00B6 | PARAGRAPH_SYMBOL |
| ~r | ® | Eingetragene Marke | 00AE | REGISTERED_TRADEMARK |
| ~d | ™ | Trademark-Symbole | 2122 | TRADEMARK_SYMBOL |
| ~6 | § | Paragrafenzeichen | 00A7 | SECTION_SYMBOL |
| \\ | \ | Backslash, umgekehrter Schrägstrich | 005C | |
| \^ | ^ | Caret-Zeichen, Zirkumflex | 005E | |
| ° | ° | Gradzeichen | 00B0 | DEGREE_SYMBOL |

# A 3 Ressourcen und Literatur

Die folgende Übersicht enthält Internetquellen, Ressourcen und Bücher, die ich für die Automatisierung von InDesign hilfreich finde. Naturgemäß ist diese Liste nicht vollständig. Unter ↗79 finden Sie eine stets aktuelle Version dieser Liste.

## Reguläre Ausdrücke

### Reguläre Ausdrücke in InDesign

Neben den in Unterkapitel 10.1 vorgestellten Ressourcen kann ich noch die folgenden Quellen und Bücher empfehlen.

Peter Kahrel
GREP in InDesign CS3/CS4
O'Reilly, 2008 ↗80

Jochen Uebel
Unter ↗81 finden Sie regelmäßige Blog-Beiträge zum Thema GREP (und InDesign).

Laurent Tournier
Der Blog ↗82 ist französischsprachig. Hier finden Sie interessante GREP-Techniken.

InDesigns GREP-Funktion basiert auf der Boost-Library. Die Referenz finden Sie unter: ↗83

### Reguläre Ausdrücke

Jeffrey E. F. Friedl
Reguläre Ausdrücke
O'Reilly, 2007, 3. Auflage ↗84

Jan Goyvaerts & Steven Levithan
Regular Expressions Cookbook
O'Reilly, 2009 ↗85

Auf Jan Goyvaerts Seite ↗86 finden Sie neben einer Einführung auch sehr anspruchsvolle Informationen und Diskussionen zum Thema Reguläre Ausdrücke.

## JavaScript

### JavaScript-Sprachkern

Alle mir bekannten JavaScript-Tutorials und -Einführungen beziehen sich auf die Entwicklung von Webseiten. Die Folgenden bieten einen guten Überblick über den Sprachkern.

SelfHTML ↗87

Core JavaScript 1.5 Reference ↗107

David Flanagan
JavaScript: The Definitive Guide
O'Reilly, 2001, 5. Auflage ↗88

Douglas Crockford
JavaScript: The Good Parts
O'Reilly, 2008 ↗89

Steven Levithan betreibt unter ↗90 seinen Blog zu JavaScript und Regulären Ausdrücken. Interessant ist u.a. seine Bibliothek ↗91, um Datums- und Zeitangaben zu formatieren.

### InDesign JavaScript/ExtendScript

Bitte beachten Sie auch die Zusammenstellung in Unterkapitel 2.3 und 5.2.

Auf der Übersichtsseite ↗92 von Adobe finden Sie unter anderem das JavaScript-Handbuch und viele hilfreiche Beispielskripte.

Im InDesign Developer Center ↗93 finden Sie weitere Ressourcen, unter anderem auch die Dokumentation *Feature Development with Scripting*.

Peter Kahrel
InDesign mit JavaScript automatisieren
Deutsche Übersetzung von Martin Fischer
O'Reilly, 2007 ↗94

Gerald Singelmann
InDesign-Scripting für Grafiker ↗95

Daniel Sterchi
InDesign-Special: Automation mit Scripting ↗96

## EPUB

Adobes Anleitungen zum Erstellen von EPUB finden Sie unter ↗97. Technische Informationen finden Sie unter ↗98.

Auf dem Blog von Sacha Heck finden Sie die lesenwerten Beiträge ↗99 und ↗100.

Rufus Deuchler
How to Create an eBook with Adobe® InDesign® CS5
Rufus Deuchler, 2010
ASIN B0048EK1P8
Zum Testen verschiedener E-Book-Lesegeräte können Sie unter ↗101 Rufus Deuchlers *CSS and XHTML Tags for ePub* herunterladen.

Elizabeth Castro
Epub für iPad, Kindle & Co.: Ebooks erstellen und optimieren von Text bis Multimedia
Addison-Wesley, 2011

### XHTML und CSS

Michael Jendryschik
Einführung in XHTML, CSS und Webdesign
Addison-Wesley, 2006

## XML

### Indesign

Jim Maivald & Cathy Palmer
A Designer's Guide to Adobe InDesign and XML
Adobe Press/Peachpit, 2007

Die technische Referenz von Adobe ↗102 und ↗103

Daniel Sterchi
InDesign-Special: Layout mit XML ↗104

### Allgemein

SelfHTML ↗105

pagina
Das Kompendium ↗106

Frank Bongers
XSLT 2.0 und XPath 2.0
Galileo Press, 2008, 2. Auflage

Sehr fundierte Einführung in XPath 2.0:
Michael Kay
XPath 2.0 Programmer's Reference
Wrox Press, 2004

## InDesign/Typografie

Gerald Singelmann
Adobe InDesign CS3 – Das Nachschlagewerk für Fortgeschrittene
Galileo Design, 2007

Friedrich Forssman und Ralf de Jong
Detailtypografie: Nachschlagewerk für alle Fragen zu Schrift und Satz
Hermann Schmidt, 2004, 4. Auflage

# Index